Die Bücherkiepe

Kiepenheuer ist ein charaktervoller Name, mit dem Klang nach der norddeutschen Küste. Hat ein Vorfahre im Hafen die Schiffe bestiegen, mit Körben, ganzen Türmen leerer Körbe, die er den ausfahrenden Fischern abtrat? Aus ihren Netzen schütteten sie nachher das Gewimmel der gefangenen Fische in die Kiepen. Ihr Heuer schätzte die Ware und trug sie zum Markt.

Heinrich Mann

Ludwig Bechsteins Märchenbuch

Mit 187 Holzschnitten
nach Originalzeichnungen von
Ludwig Richter

1988
Gustav Kiepenheuer Verlag
Leipzig und Weimar

Neudruck der zweiten illustrierten Ausgabe
von ›Ludwig Bechstein's Märchenbuch‹, Leipzig 1857,
nach dem in der Deutschen Staatsbibliothek, Berlin/DDR,
befindlichen Exemplar
Orthographie und Interpunktion wurden modernisiert, grammatische
und lautliche Eigentümlichkeiten aber weitgehend beibehalten
Die Zusammenstellung der Auskünfte besorgte Klaus-Dieter Sommer
Mit einem Porträt Ludwig Bechsteins

ISBN 3-378-00112-7

Dritte Auflage
Lizenz Nr. 396/265/50/88 LSV 7108
Gesamtherstellung: Karl-Marx-Werk Pößneck V15/30
Schrift: Baskerville-Antiqua
Reihengestaltung: Renate Schiwek
Typographie: Lore Jacobi
Printed in the German Democratic Republic
Bestell-Nr. 788 472 0
01280

Märchen.

Vom tapferen Schneiderlein

Es war einmal ein Schneiderlein, das saß in einer Stadt, die hieß Romadia; das hatte auf eine Zeit, da es arbeitete, einen Apfel neben sich liegen, darauf setzten sich viele Fliegen, wie das Sommerszeiten so gewöhnlich, die angelockt waren von dem süßen Geruch des Apfels. Darob erzürnte sich das Schneiderlein, nahm einen Tuchlappen, den es eben wollte in die Hölle fallen lassen, schlug auf den Apfel und befand im Hinsehn, daß damit sieben Fliegen erschlagen waren. Ei, dachte bei sich das Schneiderlein, bist du solch ein Held?! Ließ sich stracklich einen blanken Harnisch machen und auf das Brustschild mit goldnen Buchstaben schreiben: Sieben auf einen Streich. Darauf zog das Schneiderlein mit seinem Harnisch angetan umher auf Gassen und Straßen, und die es sahen, vermeinten, der Held habe sieben Männer auf *einen* Streich gefällt, und fürchteten sich.

Nun war in demselben Lande ein König, dessen Lob weit und breit erschallte, zu dem begab sich der faule Schneider, der gleich nach seiner Heldentat Nadel, Schere und Bügeleisen an den Nagel gehangen, trat in den Hof des Königspalastes, legte sich alldort in das Gras und entschlief. Die Hofdiener, so aus und ein gingen, den Schneider in dem reichen Harnisch sahen und die Goldschrift lasen, verwunderten sich sehr, was doch jetzt, zu Friedenszeiten, dieser streitbare Mann an des Königs Hof tun wolle. Er däuchte sie ohne Zweifel ein großer Herr zu sein.

Des Königs Räte, so den schlafenden Schneider gleichfalls gesehen, taten solches Sr. Majestät, ihrem allergnädigsten König, zu wissen mit dem untertänigsten Bemerken, daß, so sich kriegerischer Zwiespalt erhebe, dieser Held ein sehr nützlicher Mann werden und dem Lande gute Dienste leisten könne. Dem König gefiel diese Rede wohl, sandte alsbald nach dem geharnischten Schneider und ließ ihn fragen, ob er Dienste begehre. Der Schneider antwortete, ebendeshalb sei er hergekommen und bäte die Königliche Majestät, wo höchstdieselbe ihn zu brauchen gedächte, ihm allergnädigst Dienste zu verleihen. Der König sagte dem Schneiderlein Dienste zu, verordnete ihm ein stattliches Losament und Zimmer und gab ihm eine gute Besoldung, von der es, ohne etwas zu tun, herrlich und in Freuden leben konnte.

Da währete es nicht lange Zeit, so wurden die Ritter des Königs, die nur eine karge Löhnung hatten, dem guten Schneider gram und hätten gern gewollt, daß er beim Teufel wäre, fürchteten zumal, wenn sie mit ihm uneins würden, möchten sie ihm nicht sattsam Widerstand leisten, da er ihrer sieben allwege auf einen Streich totschlagen würde, sonsten hätten sie ihn gern ausgebissen, und so sannen sie täglich und stündlich darauf, wie sie doch von dem freislichen Kriegsmann kommen möchten. Da aber ihr Witz und Scharfsinn etwas kurz zugeschnitten war, wie ihre Röcklein, so fanden sie keine List, den Helden vom Hofe zu entfernen, und zuletzt wurden sie Rates miteinander, alle zugleich vor den König zu treten und um Urlaub und Entlassung zu bitten, und das taten sie auch.

Als der gute König sahe, daß alle seine treuen Diener um eines einzigen Mannes willen ihn verlassen wollten, ward er traurig wie nie zuvor und wünschte, daß er den Helden doch nie möge gesehen haben; scheute sich aber doch, ihn hinwegzuschicken, weil er fürchten mußte, daß er samt all seinem Volk von ihm möchte erschlagen und hernach sein Königreich von dem stracklichen Krieger möchte besessen werden. Da nun der König in dieser schweren Sache Rat suchte, was doch zu tun sein möge, um alles gütlich abzutun und zum besten zu lenken, so ersann er letztlich eine List, mit welcher er vermeinte, des Kriegsmannes (den niemand für einen Schneider schätzte) ledig zu werden und abzukommen. Er sandte sogleich nach dem Helden und sprach zu ihm, wie er (der König) wohl vernommen, daß ein gewaltigerer und stärkerer Kampfheld auf Erden nimmer zu finden sei denn er (der Schneider). Nun hauseten im nahen Walde zwei Riesen, die täten ihm aus der Maßen großen Schaden mit Rauben, Morden, Sengen und Brennen im Lande umher, und man könne ihnen weder mit Waffen noch sonstwie beikommen, denn sie erschlügen alles, und so er sich's nun unterfangen wolle, die Riesen umzubringen und brächte sie wirklich um, so solle er des Königs Tochter zur ehelichen Gemahlin und das halbe Königreich zur Aussteuer erhalten, auch wolle der König ihm hundert Reiter zur Hilfe gegen die Riesen mitgeben.

Auf diese Rede des Königs ward dem Schneiderlein ganz wohl zumute und däuchte ihm schön, daß es sollte eines Königs Tochtermann werden und ein halbes Königreich zur Aussteuer empfangen; sprach daher kecklich, er wolle gern dem König, seinem allergnädigsten Herrn, zu Diensten stehen und die Riesen umbringen und sie wohl ohne Hilfe der hundert Reiter zu töten wissen. Darauf verfügte er sich in den Wald, hieß die hundert Reiter, die ihm auf des Königs

Befehl dennoch folgen mußten, vor dem Walde warten, trat in das Dickicht und lugte umher, ob er die Riesen irgendwo sehen möchte. Und endlich nach langem Suchen fand er sie beide unter einem Baume schlafend und also schnarchend, daß die Äste an den Bäumen, wie vom Sturmwind gebogen, hin- und herrauschten.

Der Schneider besann sich nicht lange, las schnell seinen Busen voll Steine, stieg auf den Baum, darunter die Riesen lagen, und begann den einen mit einem derben Steine auf die Brust zu werfen, davon der Riese alsbald erwachte, über seinen Mitgesellen zornig ward und fragte, warum er ihn schlüge. Der andere Riese entschuldigte sich bestens, so gut er's vermochte, daß er mit Wissen nicht geschlagen, es müsse denn im Schlafe geschehen sein; da sie nun wieder entschliefen, faßte der Schneider wieder einen Stein und warf den andern Riesen, der nun auffahrend über seinen Kameraden sich erzürnte und fragte, warum er ihn werfe, der aber nun auch nichts davon wissen wollte. Als beiden Riesen nun die

Augen nach einigem Zanken vom Schlafe wieder zugegangen waren, warf der Schneider abermals gar heftig auf den andern, daß er es nun nicht länger ertragen mochte und auf seinen Gesellen, von dem er sich geschlagen vermeinte, heftig losschlug; das wollte denn der andere Riese auch nicht leiden, sprangen beide auf, rissen Bäume aus der Erde, ließen aber doch zu allem Glück den Baum stehen, darauf der Schneider saß, und schlugen mit den Bäumen so heftig aufeinander los, bis sie einander gegenseitig totschlugen.

Als der Schneider von seinem Baume sahe, daß die beiden Riesen einander totgeschlagen hatten, ward ihm besser zumute, als ihm jemals gewesen, stieg fröhlich vom Baume, hieb mit seinem Schwerte jeglichem Riesen eine Wunde oder etliche und ging aus dem Walde hervor zu den Reitern. Die fragten ihn, ob er die Riesen entdeckt oder ob er sie nirgends gesehen habe. »Ja«, sagte der Schneider, »entdeckt und gesehen und alle zwei totgeschlagen – habe ich, und sie liegen lassen unter einem Baume.« Das war den Reitern verwunderlich zu hören, konnten und wollten's nicht glauben, daß der eine Mann so unverletzt von den Riesen sollte gekommen sein und sie noch dazu totgeschlagen haben, ritten nun selbst in den Wald, dies Wunder zu beschauen, und fanden es also, wie der Schneiderheld gesagt hatte. Darob verwunderten sich die Reiter gar sehr und empfanden einen grauslichen Schrecken, ward ihnen auch noch übler zumute denn vorher, da sie fürchteten, der Sieger werde sie alle umbringen, wenn er ihnen feind würde; ritten heim und sagten dem König an, was geschehen.

Da nun der Schneider zum Könige kam, seine Tat selbst anzeigte und die Königstochter samt dem halben Königreich begehrte, gereute den König sein Versprechen, das er dem unbekannten Kriegsmann gegeben, gar übel, denn die Riesen waren nun erwürgt und konnten keinen Schaden mehr tun; dachte darüber nach, wie er des Helden mit Fug abkommen möchte, und war nicht im mindesten gesonnen, ihm die Tochter zu geben. Sprach daher zum Schneider, wie er in einem andern Walde leider noch ein Einhorn habe, das ihm sehr großen Schaden tue an Fischen und Leuten; dasselbe solle er doch auch noch fangen, und so er dieses vollbringe, wolle der König ihm die Tochter geben. Der gute Schneider war auch das zufrieden, nahm einen Strick, ging hin zu jenem Walde, allwo das wilde Einhorn hauste, und befahl seinen Zugeordneten, draußen vor dem Walde zu warten, er wolle allein hineingehen und allein die Tat bestehen, wie er die gegen die zwei Riesen auch allein und ohne andere Hilfe bestanden. Als der Schneider eine Weile im Walde umherspaziert war, ersieht er das Einhorn, das gegen ihn daherrennt mit vorgestrecktem Horn und will ihn umbringen. Er aber war nicht unbehende, wartete, bis das Einhorn gar nahe an ihn herankam, und als es nahe bei ihm war, schlüpfte er rasch hinter den Baum, neben dem er zu allernächst stand, und da lief das Einhorn, das im vollen Rennen war und sich nicht mehr wenden konnte, mit aller Hast gegen den Baum, daß es ihn mit seinem spitzen Horn fast durch und durch stieß und das Horn unverwandt darin stecken blieb. Da trat der Schneider, als er das Einhorn am Baume festzappeln sah, hervor, schlang ihm den mitgenommenen Strick um den Hals, band es an den Baum vollends fest, ging heraus zu seinen Jagdgesellen und zeigte ihnen seinen Sieg über das wilde Einhorn an. Darauf ging das Schneiderlein zum König, tät demütiglich Meldung von der glücklichen Erfüllung des königlichen Wunsches und erinnerte bescheidentlich an das königliche zweimalige Versprechen. Darob ward der König über die Maßen traurig, wußte nicht, was zu tun sei, da der Schneider der Tochter begehrte, die er doch nicht haben sollte. Und begehrte noch eins an den Kriegsmann. Dieser solle nämlich auch das grausame Wildschwein, das in einem dritten Walde liefe und alles verwüste, einfahen, und so er auch dieses vollbringe, dann wolle der König ihm die Tochter ohne allen Verzug geben, wolle ihm auch seine ganze Jägerei zur Hilfe beiordnen.

Der Schneider zog, nicht sonderlich erbaut von des Königs abermaligem Begehren, mit seinen Gesellen zum Walde hinaus und befahl ihnen, als der Forst erreicht war, draußen zu bleiben. Des waren die Jäger gar herzlich froh und zufrieden, denn das Wildschwein hatte sie schon öfter dermaßen empfangen, daß ihrer viele das Wiederkommen auf immer vergessen hatten und sie alle nicht mehr begehrten, ihm nachzustellen, dankten daher dem Schneider sehr aufrichtig, daß er sich allein in die Fahrnis wage und sie in Numero Sicher dahintenlasse. Der Schneider war noch nicht lange in den Wald getreten, so wurde das Wildschwein seiner ansichtig und stürzte auf ihn zu mit schäumendem Rachen und wetzenden Hauern und wollte ihn gleich zu Boden rennen, so daß sein Herz erzitterte und er sich schnell nach Rettung

umsah. Da stand zum Glück eine alte verfallene Kapelle in dem Walde, darin man vorzeiten Ablaß geholt, und da der Schneider nahe dabei stand und die Kapelle ersah, sprang er mit einem Satz hinein, aber auch der Türe gegenüber mit einem Luftsprung durch ein Fenster, darin keine Scheiben mehr waren, wieder heraus, und alsbald folgte ihm die Wildsau, die nun in der Kapelle rumorte, der Schneider aber lief flugs um das Häuslein herum, wischte vor an die Türe, warf sie eilends zu und versperrte so das grausame Gewild in das Kirchlein, ging dann hin zu den Jagdgesellen, zeigte ihnen seine Tat an, die kamen hin, befanden die Sache also wahr und richtig und ritten heim mit großer Verwunderung, dem König Bericht erstattend. Ob nun die Nachricht vom abermaligen glückhaften Sieg des heldenhaften Kriegsmannes den König mehr froh oder mehr traurig gemacht, das mag ein

jeglicher, selbst mit geringem Verstand, leichtlich ermessen, denn der König mußte nun dem Schneider die Tochter geben oder fürchten, daß dieser seine Heldenkraft, davon er drei so erstaunliche Proben gegeben, gegen ihn selber wenden dürfte. Doch ist wohl zweifelsohne, hätte der König vollends gewußt, daß der Held ein Schneider wäre, so hätte er ihm lieber einen Strick zum Aufhenken, denn seine Tochter geschenkt. Ob nun aber der König einem Manne ohne Herkunft und ohne Geburt, außer der von seiner Mutter, seine Tochter mit kleiner oder mit großer Bekümmernis, gern oder ungern gebe, danach fragte Schneiderlein gar wenig oder gar nicht, genug, er war stolz und froh, des Königs Tochtermann geworden zu sein. Also wurde die Hochzeit nicht mit allzu großer Freudigkeit von königlicher Seite begangen, und aus einem Schneider war ein Königseidam geworden, ja ein König.

Als eine kleine Zeit vergangen war, hörte die junge Königin, wie ihr Herr und Gemahl im Schlafe redete, und vernahm deutlich die Worte: »Knecht, mache mir das Wams – flicke mir die Hosen – spute dich – oder ich – schlage dir das Ellenmaß über die Ohren!« Das kam der jungen Königsgemahlin sehr verwunderlich vor, merkte schier, daß ihr Gemahl ein Schneider sei, zeigte das ihrem Herrn und Vater an und bat ihn, er möge ihr doch von diesem Manne helfen. Solche Rede durchschnitt des Königs Herz, daß er habe seine einzige Tochter einem Schneider antrauen müssen, tröstete sie auf das beste und sagte, sie solle nur in der künftigen Nacht die Schlafkammer öffnen, so sollten vor der Türe etliche Diener stehen, und wenn sie wieder solche Worte vernähmen, sollten diese Diener hineingehen und den Mann geradezu umbringen. Das ließ sich die junge Frau gefallen und verhieß also zu tun. Nun hatte der König aber einen Waffenträger am Hofe, der war dem Schneider hold und hatte des Königs untreue Rede gehört, verfügte sich daher eilend zu dem jungen König und eröffnete ihm das schwere Urteil, das über ihn soeben jetzt ergangen und gefällt war, und bat ihn, er möge seines Leibes sich nach besten Kräften wehren. Dem sagte der Schneiderkönig ob seines Warnens großen Dank, und er wisse wohl, was in dieser Sache zu tun sei. Wie nun die Nacht gekommen war, begab sich zu gewohnter Zeit der junge König mit seiner Gemahlin zur Ruhe und tat bald, als ob er schliefe. Da stand die Frau heimlich auf und öffnete die Tür, worauf sie sich wieder ganz still niederlegte. Nach einer Weile begann der junge König wie im Schlafe zu reden, aber mit heller Stimme, daß die draußen vor der Kammer es wohl hören konnten: »Knecht, mache mir die Hosen – bletze mir – das Wams, oder ich will dir das Ellenmaß über die Ohren schlagen. Ich – hab sieben auf *einen* Streich – totgeschlagen – zwei Riesen hab ich – totgeschlagen – das Einhorn hab ich gefangen – die Wildsau hab ich auch gefangen – sollt ich die fürchten – die draußen vor der Kammer stehen?«

Als die vor der Kammer solche Worte vernahmen, so flohen sie nicht anders, als jagten sie tausend Teufel, und keiner wollte der sein, der sich an den Schneider wagte. Und so war und blieb das tapfere Schneiderlein ein König all sein Lebetag und bis an sein Ende.

Das Märchen von den sieben Schwaben

Es waren einmal sieben Schwaben, die wollten große Helden sein und auf Abenteuer wandern durch die ganze Welt. Damit sie aber ein gut Gewaffen hätten, zogen sie zunächst in die weltberühmte Stadt Augsburg und gingen sogleich zu dem geschicktesten Meister allda, um sich mit Wehr und Waffen zu versehen. Denn sie hatten nichts Geringeres im Sinne, als das gewaltige Ungetüm zu erlegen, das zur selben Zeit in der Gegend des Bodensees gar übel hausete. Der Meister staunte schier, als er die sieben sah, öffnete aber flugs seine Waffenkammer, die für die wackeren Gesellen eine treffliche Auswahl bot. »Bygott!« rief der Allgäuer, »send des au Spieß? So oaner wär mer grad reacht zume Zahnstihrer. For mi ischt e Spieß von siebe Mannslengene noh net lang gnueg.« – Drob schaute ihn der Meister wiederum an mit einem Blick, der den Allgäuer beinahe verdroß. Denn dieser lugte zurück mit grimmigen Augen, und bei einem Haar hätt's etwas gegeben, wenn der Blitzschwab nicht just zur rechten Zeit sich ins Mittel gelegt. »Hotz Blitz!« rief er, »du hoscht reacht und i merk doin Maining: Wie alle siebe for oin, so for älle siebe noh oin Spieß.« Dem Allgäuer war dies nicht ganz klar, aber weil's den andern just eben recht, so sagte er: »Joh.« Und der Meister fertigte in weniger als einer Stunde den Spieß, der sieben Mannslängen maß. – Ehe sie aber die Werkstatt verließen, kaufte sich jeder noch etwas Apartes, der Knöpflesschwab einen Bratspieß, der Allgäuer einen Sturmhut mit einer Feder drauf, der Gelbfüßler aber Sporen für seine Stiefel, indem er bemerkte, solche seien nicht nur gut zum Reiten, sondern auch zum Hintenausschlagen. Als der Seehaas sich endlich einen Harnisch gewählt, pflichtete ihm der Spiegelschwab in solcher Vorsicht vollkommen bei, meinte aber, es sei besser, den Harnisch hinten als vorn anzulegen. Und kaufte sich ein altes Barbierbecken aus der Rumpelkammer des Meisters, groß genug, um seine untere Kehrseite zu bedecken. »Merk's: han i Kurasche und gang i voran, noh brauch i koan Harnisch, goht's aber hintersche und fällt mer d' Kurasche anderswohnah, noh ischt der Harnisch an seinn reachte Blatz.«

Und nachdem die sieben Schwaben wie ehrliche Leute alles richtig bis auf Heller und Pfennig bezahlt, auch als gute Christen bei St. Ulrich eine Messe gehört und zuletzt noch beim Metzger am Göppinger Tore gute Augsburger Würste eingekauft hatten, so zogen sie zum Tore hinaus ihres Weges weiter. Den Spieß aber hielten sie alle sieben und gingen in einer Reihe hintereinander, daß sie schier aussahen wie angespießte Lerchen. Voran ging der Herr Schulz, der Allgäuer, als der mannlichste unter ihnen, dann kam der Jokkele, genannt der Seehaas, hierauf der Marle, genannt der Nestelschwab, dem folgte der Jerkle, war der Blitzschwab geheißen, hernach ging der Michel, Spiegelschwab zubenamset, dann kam der Hans, Knöpflesschwab, und zuletzt kam Veitle, das war der Gelbfüßler. Der Herr Schulz wurde der Allgäuer geheißen, weil er aus Allgau gebürtig war; der Seehaas hatte am Bodensee gesessen; der Nestelschwab führte darum seinen Namen, weil er statt der Knöpfle Nesteln hatte, er mußte aber bei den Hosen fast immer mit der Hand nachhelfen und halten, dieweil die Nesteln oftmalen abgerissen waren. Der Blitzschwab hieß also, weil er sich die Redensart ›Hotz Blitz!‹ angewöhnt hatte. Der Spiegelschwab hatte die Gewohnheit, seine Nase allezeit an dem Vorderteil seiner Jacke abzuputzen, die davon einen gewissen Spiegelglanz annahm; das schaffte jenem den saubern Namen. Knöpflesschwab war ein Mann, der verstand gute Knöpfle oder Spätzle zu kochen, das ist im bayerischen Deutsch Knödel, und im sächsischen Deutsch Klöße. Der Gelbfüßler endlich war aus der Bopfinger Landschaft, deren Einwohner die Umwohner Gehlfießler schimpfen. Darum, daß sie einstmals einen Wagen voll Eier, den sie ihrem Herzog als Abgabe bringen müssen, recht voll stampfen wollten und die Eier mit den Füßen festgetreten, davon denn die Eier etwas weniges zerbrochen und die Füße der Bopfinger gegilbt hätten.

Zogen nun die sieben allesamt gutes Mutes mit ihrem Spieß dahin, kamen eines Heumondtages in der späten Dämmerung über eine grüne Wiese, da hob sich eine Horniß nicht weit von ihnen mit feindlichem Gebrummel hinter einer Dornhecke hervor und flog vorüber. Darob erschrak der Schulz, Allgäuer, mächtiglich und begann Angstschweiß zu schwitzen und schrie seinen Kriegsgesellen zu: »Horchet! Horchet! der Feind drommelt schoh!« Da schmeckte der Jokkele, der dicht hinter dem Schulzen ging, einen übeln Geruch und rief: »Wohl! wohl! 's ist ebbes in der Näche! I schmeck schaun 's Pulver!« Da nahm der Herr Schulz Reißaus, ließ den Spieß fahren und sprang über einen Zaun, kam aber gerade auf die Zinken eines Rechens zu springen, und da fuhr ihm der Stiel ins Gesicht und gab ihm einen ungewaschnen Schlag. Der Schulz vermeinte, der Feind haue auf ihn ein, und schrie: »Gieb Bardohn! i ergeb me.« Die andern sechs waren nachgesprungen über den Zaun, und da sie ihren Anführer also schreien hörten, so schrien sie alle: »Ergibscht du de, noh ergeb i me au! Ergibscht du de, noh ergeb i me au!« Aber es war niemand vorhanden, der die sieben Schwaben gefangennehmen wollte; und da sie das merkten, schämten

sie sich ihrer wenigen Herzhaftigkeit und verschwuren sich, diese ihre erste Heldentat nicht weiterzuerzählen.

Weiter so kamen die sieben Schwaben auf ihrem Zuge in einen Hohlweg, und wie sie so tapfer darauflosmarschierten, merkten sie nicht, daß ein großmächtiger Bär im Wege lag, bis der Allgäuer fast mit der Nase an ihn stieß. Als er ihn nun sah, war er hin vor Schreck, stolperte und stieß mit dem Spieße geradezu auf den Bären los, wozu er aber nichts konnte, und schrie dazu gottsjämmerlich: »E Bär! E Bär!« Vermeinte, sein letztes Brot wäre gebacken und bereits verzehrt. Doch rührte sich der Bär nicht, dieweil er maustot war. Des war der Allgäuer hocherfreut, schaute nun nach seinen Brüdern und sah mit neuem Schreck, daß alle mäusleinstill für tot auf dem Boden lagen, meinte, er habe sie gar mit dem Spieße hinterrücks erstochen, und erhub ein Wehegeschrei. Als die am Boden Liegenden vermerkten, daß der Bär den Allgäuer nicht aufgefressen, denn sie waren nur vor Schreck dahin gepurzelt, lugten sie vorsichtig in die Höh, und wie sie sahen, daß der Bär tot war, erhoben sie sich frisch und gesund, traten um den Bären herum und auf ihn und untersuchten, wie tief wohl die Wunde sei, die der Spieß ihm beigebracht, fanden aber keine, und der Blitzschwab sagte:

»Hotz Blitz! Der Bär ischt verreckt und schoh lang tot!« – »Joh, joh«, sprach der Jockele, »mer schmeckt de Brohde.« Wurden eins, dem Bär das Fell abzuziehen und als Siegeszeichen mit sich zu führen, das Aas aber liegenzulassen. »Jetzt kennet d' Schoof de Bäre fressen, wie er d' Schoof gfresse hod!« sprach einer unter ihnen, und so zogen sie fürbaß mit ihrem Bärenfell und ihrem Spieß.

Kamen nun just in einen Wald und gerieten tiefer und tiefer in die Stauden hinein, bis sie darin steckenblieben. Die Bäume standen zuletzt so dicht, daß des Fortkommens kein Gedanke war, bis der Allgäuer endlich vor einem derben Stamme stehenblieb, den Spieß erhob und wie ein Löw brüllte: »Bygott! durch muß e.« Sprach's und rannte den Spieß mit solcher Gewalt zur Seite des Baums in den Boden, daß der Knöpflesschwab zwischen Baum und Spieß eingeklemmt wurde wie ein Treibkeil und sich weder rühren noch regen konnte. Und das war eben kein Kinderspiel, denn jetzt stockte der Zug vollends, konnte keiner vor- noch rückwärts. Zwar machten die Gesellen einige mächtige Versuche, den Knöpflesschwab aus der Klemme herauszuziehen, aber es war eitel Mühen: der Hans saß fest und wankte nicht. Da war es plötzlich, als ob dem Allgäuer ein großer Gedanke durch das Hirn dämmerte; er lugte um sich und rief: »Bygott! i mießt 's Teufels sei, wenn mer Gott net helfe dät!« Und er sagte: »Hui Ochs!« und packte den Baum mit gewaltiger Faust und riß ihn heraus samt Wurzel, Stumpf und Stiel. Der Knöpflesschwab, mehr tot als lebendig, schnellte heraus just wie der Ball beim Pritschenschlagen, flog sechs Klafter himmelanwärts und plumpte hernieder, daß die Erde drob wakkelte. Die fünf andern aber schauten gar ehrerbietig zu dem Allgäuer empor, denn erst jetzt ging ihnen ein Licht auf, welchen Fund sie an dem Herrn Schulz getan.

Um ein weniges weiter zeigte sich's abermals, daß der Allgäuer das Herz nicht im Sprungriemen trug, denn als die sieben sich aus den Stauden herausgefunden, kam ein Bräuer aus München des Wegs, der trieb ein Rudel Borstenvieh vor sich her, und man konnt's ihm auf hundert Schritt ansehen, wes Landes Kind er war. Blieb groß und breit stehen, als er

die sieben mit dem Spieß erblickte, und zog ein Gesicht, als wollt er die wackern Leut auslachen. Gleich war der Blitzschwab vor ihn her und fragte protzig: »Was luegscht Gsell? hoscht du noh koan Schwohbe gseah?« – »O genug«, gab jener zurück, »bei mir daheim auf der Malzdarre laufen sie zu Tausenden herum.« Meinte spottweise die schwarzen Käfer, also geheißen, weiß keine Menschenseele warum. Das war genug, um dem Blitzschwab, der zuzeiten giftig war wie ein Maifrosch, die Laus über den Grind laufen zu lassen. Machte sich an den Bayer heran und gab ihm flugs eine Watschel, daß jenem die Augen hell aufblitzten und die Ohren summten, just ebenso wie die große Horniß. Der Bayer, nicht faul, langte mit den Armen weitmächtig aus, um dem Schwäblein auch eine zu versetzen; und es wär auch eine gewesen, an die er sein Lebtag gedacht hätte. Nun war aber der Blitzschwab ein putziges Kerlchen, drehte sich auf einem Beine siebenmal herum und hatte sein Lebtag nichts besser gelernt als das Ausreißen. So kam es, daß der Bayer gar mächtiglich in die Luft schlug, sich um und um drehte wie ein Kreisel, stolperte und zu Boden stürzte wie ein Wiesbaum. Das half ihm zum Garaus; der Blitzschwab stürzte über ihn her wie ein Quekkenhamster und packte ihn an der Gurgel, während die andern Hände und Füße hielten und lustig darauflostrommelten. Er wäre ihrer aber doch letztlich noch Herr geworden, weil er ein großer starker Kerl war, wäre nicht auch der Allgäuer über ihn hergefallen wie ein Maltersack. Da mußte er Abbitte tun, wohl oder übel, denn das Häuflein ließ nicht eher locker und ledig.

Und es geschah, daß die guten Gesellen auf ihrer Weiterreise an einen weiten blauen See kamen, so dünkete es ihnen, denn es war alleweil etwas dämmerig geworden, der schlug Wellen im Wind, und droben an seinem Abhang standen die sieben Schwaben und lugten hinunter, wie sie wohl am geschwindesten über diesen See kommen möchten. Es war aber kein Wasser da drunten, sondern ein Feld voll Flachses, der so recht in seiner schönsten, blauen Blüte stand.

»Hotz Blitz!« rief der Blitzschwab, »was ischt doh z' tuan? Über des wild Wasser müßet mer nüber.«

»Allgäuer, trag du es nüber wie der hoilich Krischdof ed Pilgersleut«, sagte der Seehaas. – »Bygott!« antwortete der Allgäuer, »in's Wasser gieng i wohl, wenn's net tiefer gieng als an de Hals.« Der Nestelschwab griff mit der Hand an seinen Hosenbund, das edle Kleidungsstück festzuhalten, daß es ihm nicht entfalle, während er mit der andern Hand schwimmen täte; dem Knöpflesschwab war das Ding gar nicht einerlei, er lugte scharf, ob kein Haifisch, Walfisch oder Krokodil im Wasser brause; und so standen auch die andern ganz verlegen da, bis der Blitzschwab sich hinter ihnen herumdrückte und ein Paar hinunterstieß, indem er ausrief: »Frisch gwohgt ischt halb gschwomme.« Da die nicht untersanken, faßte sich auch der Gelbfüßler ein Herz und tat einen Hupf hinunter; ihm folgte der Blitzschwab und der Nestelschwab mit besserem Vertrauen, und zuletzt ritt der Allgäuer auf dem Spieße hinab und plumpte drunten einer auf den andern, bis sie merkten, daß sie mit der Nase ins Feld gefallen waren, und allgemach mit etwas gequetschten Rippen sich wieder aufmachten, den Spieß auffischten und an ihm wiederum fürbaß schritten.

Bis zur Stunde hatten die sieben einträchtig an dem Spieße gehalten, war weder Unrecht noch Unfried zwischen ihnen vorgekommen. Da kam der böse Feind und säete Zwietracht zwischen dem Blitzschwab und dem Spiegelschwab mitten hinein. Das trug sich folgendermaßen zu. Als die Schar ein gut Stück weiterkam, war es schon Nacht, und der Mond ging eben auf. Da wurde es dem Spiegelschwab wunderlich zumute, just wie daheim, und meinte: »Jetzt hent mers gwonne, Memmenge ischt nemme weit.« Lugt ihn der Blitzschwab verwundert an und fragt, wie er das wissen könne. Der Spiegelschwab lachte pfiffig: »Werd joh doch de Memmenger Mond kenne.« Drob lachte jener, daß ihm das Wasser aus den Augen rannte, und schrie: »Hotz Blitz! Gsell, wie bischt du so blitzdumm!« Nun vertrug zwar der Spiegelschwab einen derben Puff, hatten ihn oft schon kurz und lang geheißen, aber für dumm gelten wollte er nicht. Das war so eben seine empfindliche Seite. Dies kaum gesagt, hatte der Blitzschwab daher auch schon seine Dachtel. Fuhren nun zusammen, die beiden, gerade wie ein paar Metzgerhunde und draschen sich schier um die Wette, den andern zur Kurzweil, bis endlich der Seehaas den Allgäuer bat, Frieden zu stiften. Der ließ sich nicht lange bitten, sondern packte sogleich den Blitzschwaben am Hosenbündel und hielt ihn in der Luft wie einen Frosch; er mochte zappeln, wie er wollte. Inzwischen ließ der Spiegelschwab nicht nach, den Blitzschwaben aufs Brett zu klopfen; daher ergriff der Allgäuer auch diesen und hielt ihn am Leibe unter der Gurgel so steif und fest, daß er bockstarr dastand und nicht mucksen konnte. »Bygott!« rief der Herr Schulz, »i will euch Mores lehre, ihr donnderschlechtige Strohlkerle.« Schüttelte den einen und drosselte den andern immer ärger und ärger, bis sie endlich einander das Wort gegeben, daß sie wieder gut Freund sein wollten, was sie denn auch geblieben von der Zeit an bis an ihren Tod.

Es wies sich auch bald aus, daß der Spiegelschwab gar nicht so dumm gewesen, wie der Blitzschwab allermeist geglaubt, denn als sie zwei Viertelstunden Weges gegangen, kamen sie richtig nach Memmingen, wie jener aus dem Monde prophezeit. Aber als ob just dieses Städtlein dem Spiegelschwaben heut nur Unglück bringen sollte, so geschah es alsbald wieder, daß es dem Armen zu Haut und Haaren ging. »Durch Memmenge ganget mer net«, hatte er gesagt, und als man ihn ob der Ursache gefragt, hatte er den Kopf geschüttelt und gemeint, er wisse das selbst am besten! Gingen deshalb rings um die Stadtmauer, die sieben, um just am andern Ende wieder die Heerstraße zu gewinnen. Aber da hat sich's denn wiederum augenfällig gezeigt, daß der Mensch seinem Schicksal nicht entgehen könne. Denn ehe sich's der Spiegelschwab versehen, sprang aus einem Hopfengarten ein Weib auf ihn zu, eine rechte Runkunkel, und schrie in einem Ton, der durch Mark und Bein ging: »Bischt endlich wieder doh, du Schlingel? Wo bischt so lang rumkalfaktert, du Galgenstrick?« Dem Spiegelschwab wurde es grün und gelb vor den Augen und vermeinte, sein Ende sei gekommen, denn die Alte war niemand anders als seine liebwerte Ehehälfte, die er mir nichts dir nichts sitzengelassen, als er hinausgezogen war mit den andern Gesellen auf die Wanderschaft. Hier galt's, nicht lange zu überlegen, war daher flugs mit einem Satze hinüber in die Hopfengärten zum großen Jubel der andern, die schier bersten wollten vor Lachen. Aber die Alte, schnell wie eine Bachstelze auf den spindeldürren Füßen, war hurtig hinterdrein, und es hätte wohl einen argen Strauß gegeben zwischen den beiden, wenn dem Spiegelschwaben nicht gerade zu guter Stunde ein Schelmenstückchen eingefallen wäre. Er hatte nichts zu tragen, weil er nichts hatte als das Bärenfell; das tat ihm nun guten Dienst. Eilig warf er es über den Kopf, schlüpfte behend in die Tatzen und lief nun auf allen vieren, nicht anders als ein leibhaftiger Bär, rannte brummend auf das Weib zu, umfing sie mit den scharfen Krallen und drückte und herzte sie, daß ihr Hören und Sehen verging. Die Alte war froh, als sie dem Schalk entronnen, der nun freudig mit den andern von dannen zog. Von Stund an

aber schreibt sich der Brauch, daß böse Männer von ihren Ehehälften gar häufig Brummbären genannt werden.

»Uf Leid folgt Freid!« rief der Allgäuer und zeigte nach dem Leutkircher Tor, wo ein Wirtshaus stand, über dessen Tür zu lesen war: ›Hier schenkt man Märzenbier aus!‹ War keiner unter den sieben, der nicht gern einen Trunk Bier geschenkt genommen hätte, richteten daher im Nu ihre Schritte nach dem Wirtshaus und langten mit dem Spieße in der Hausflur an, in demselben Augenblick, als der dicke Bräuer vor die Tür trat, nach dem Wetter auszulugen. Als der die Schar erblickte mit dem furchtbaren Spieß, wurde es ihm eben nicht warm um's Herz, zog aber schnell sein Käppchen und fragte höflich nach ihrem Begehr. »Se wellet e bißle sei Bier brobiere«, sagte der Allgäuer und schritt schnurstracks mit den Gesellen in die Zechstube. Da ward's dem Wirt klar, daß die Gesandtschaft mit dem Spieße abgeschickt sei von der schwäbischen Kreisregierung, wie wohl zuzeiten geschieht, um das Bier zu kosten und zu prüfen, ob es preiswürdig sei. Rannte daher spornstreichs in den Keller und holte ein Körble vom Besten herauf, wie er nur für sich und seine Leute gebraut. Das Körble war leer im Umsehen, das zweite in noch kürzerer Zeit, und als die sieben in weniger als zwei Stunden nahe an einen halben Eimer getrunken, meinte der Wirt, er sehe, daß es ihnen schmecke. Der Blitzschwab aber, der immer das Maul vorweg hatte, sagte: »'s kennt besser sei, wenn net z' wenig Malz und Hopfe drin wär.« — »Das ist nicht wahr«, versetzte der Wirt, der ein Schalk war, »Hopfen und Malz ist nicht zuwenig darin, aber zuviel Wasser.« Da merkte der Blitzschwab, daß er seinen Mann gefunden, trank noch ein Mäßle und sagte den Spruch, der ihm einfiel:

»In Langesalz, in Langesalz«
(kennt au Memmenge hoiße, sagte er)
»Braut mer drui Bier aus oinem Malz,
Es erschte hoißet se de Kern,
Des drinket d' Burgemoischter gern,
Es andre hoißt es Mittelbier,
Des setzt mer de gmoane Leud fir;
Es dritt des hoißt Kovent,
Drink di potz Sapperment!«

Zogen dann allesamt fürbaß, und der Wirt in Memmingen schwört heute noch Stein und Bein, daß das Häuflein nichts anders gewesen als des Memminger Kreises Oberbierbeschauer.

»Uf Leid folgt Freid!« hatte der Allgäuer gesagt, ohne zu bedenken, daß das weise Sprüchlein umgekehrt sich noch bei weitem häufiger bewahrheitet. Es sollte nun einmal Regen und Sonnenschein auf der abenteuerlichen Fahrt der sieben Gesellen fast immer abwechseln, drum war's eben kein Wunder, daß das arme Häuflein gar bald wieder in die Tinte geriet. Noch drehte und wirbelte es in ihren Köpfen von dem überreichlich genossenen Märzenbier, da harrte ihrer schon wieder das tückische Geschick. Zogen eben bei Kronburg vorüber, da lauschte der gestrenge Herr Junker aus dem Fenster. Mochte ihm nicht recht geheuer vorkommen mit der lustigen Schar, die auch dem Äußern nach nicht eben allzu reputierlich einherzog. Er rief deshalb seinen Schergen und sagte: »Lug einmal nach den Landstreichern da drüben – scheint mir eine saubere Sippschaft zu sein.« Der Scherg nahm sieben Bullenbeißer mit sich, jeder groß genug, um zur Not mit einem Bären kämpfen zu können, und stieg hinab, Jagd auf die unglücklichen Schwaben zu machen. Hatte sie bald ereilt, und da der Blitzschwab schnippisch war wie immer, machte der Haltmichfest kurze Sache und nahm das Häuflein mit sich. Zwar wollte der Allgäuer nicht so ohne weiteres mitgehen, als aber die Hunde gar grimmig knurrten, da senkte er den Spieß mit den Ohren zugleich und trabte hinterdrein. Wurden nun sämtlich vor den Junker von Kronburg geführt, der ein strenges Verhör begann. Der Seehaas machte den Sprecher für alle und erzählte getreulich: wie in der Gegend am Bodensee ein schreckliches Tier hause, und da hätten sie sich denn als brave Landsleute und biedere Männer zusammengetan aus allen schwäbischen Gauen, um das Land vom Ungeheuer zu befreien.

Das aber glaubte der Junker nicht, sondern blieb bei seiner Meinung, sie seien Strolche und Diebsgesindel, und ließ sie in das Häusle, das ist ins Gefängnis, stecken.

»So geht 's in Schnitzlebutz Häusle,
Doh singet und tanzet die Mäusle
Und bellet die Schnecken im Häusle – «

hat der Blitzschwab im Häusle gesungen, aber ganz still, wie ein Mäusle.

Es hatte aber der Junker erst tags zuvor, da ihn das Zipperlein plagte, den löblichen Entschluß gefaßt, ein Zuchthaus zu stiften zum Schrecken aller Gauner und Tagediebe, zu Nutz und Frommen der Bürgerschaft und zur Aufklärung des gemeinen Volkes. Da kamen ihm die sieben Schwaben eben recht. Sonst war er ein gar frommer und milder Herr, der sogar seinen eigenen Bauern nicht mehr Wolle abschor, als er eben nötig hatte, um sich selbst warm zu kleiden. Befahl daher auch, daß man den Gefangenen Nahrung reichen solle, soweit sie des bedürften. Der Spiegelschwab aber, der ihn wohl kannte und wußte, daß Schmalhans in dessen Küche und Keller hauste, legte seinen Plan darauf an, welchen er den Gesellen mitteilte. Wie also der Scherg mittags eine große Pfanne voll kleiner Klöße, die sie Milchspätzle nennen, brachte, sprach der Blitzschwab zum Knöpflesschwaben: »Die ghairet wohl for di?« Der Scherg meinte, das sei wohl für alle genug. Der Knöpflesschwab aber sagte, er wolle lugen, ob's für ihn lange, setzte sich und aß die Pfanne allein aus, so daß kein Krümchen noch Bröckchen übrigblieb. Der Scherg erschrak und lief zum Junker, meinend, man müsse für die Landstreicher eine ganze Braupfanne voll Spätzle auf einmal kochen, und das sei, dünke ihm, noch nicht genug. Da ging der Junker von und auf Kronburg in sich und meinte, er sei dem schwäbischen Kreis und der Menschheit kein so großes Opfer schuldig, daß er sich aushungern lassen sollte in seinem Schloß um einiger wenigen Strolche willen. Stracks wurden die sieben in Freiheit gesetzt, nur daß ihnen der Junker noch einen Steckbrief mit auf den Weg gab, um andere Behörden und Kerkerknechte pflichtschuldigst vor des Knöpflesschwaben großer Freßsucht zu warnen.

Nach mehr als einem andern Abenteuer, das zuviel wäre zu erzählen, gelangten die Schwaben an einen großen See, und da sagte der Seehaas, der ihn gleich erkannte: »Des ischt der Bodesee.« An dessen Ufern sollte, wie die Sage ging, das gefährliche Ungeheuer hausen, welches zu bekämpfen und zu erledigen die sieben Schwaben sich bekanntlich fest vorgenommen hatten. Da sie nun des Sees ansichtig geworden und zugleich des Waldes, in dem das Ungeheuer sich aufhielt, man wußte nicht, war es ein gräulicher Lindwurm oder ein feuerspeiender Drache, so fiel ihnen zumeist das Herz in die Hosen, sie machten halt und zündeten ein Feuerlein an, auf daß der Knöpflesschwab noch zu guter Letzt (denn wer konnte wissen, ob das Untier sie nicht allesamt mit Haut und Haar verschlingen werde, mit oder ohne Spieß) eine Mahlzeit Knöpfle oder Spätzle bereite, und stellten während dem Essen Todesbetrachtungen an. »Joh«, sagte der Allgäuer und seufzte recht von unten rauf, »'s ischt e Sach, wenn mer bei sich so recht bedenkt, daß mer zum letzten Mohl in seim Leben z' Mittag ißt.« Und wieder seufzte er und sagte: »'s ischt e Sach!«, und der Knöpflesschwab fing an still vor sich hin zu flennen, wobei er jedoch des Essens nicht vergaß. Als aber der Allgäuer zum dritten Mal ganz erschrecklich tief seufzte und sagte: »'s ischt e Sach!«, da fingen sie alle an so erbärmlich zu flennen und zu heulen, daß es einen wilden Heiden hätte erbarmen können. Der Nestelschwab allein ließ sich das Sterben nicht zu Herzen gehen; »denn«, sagte er, »mein Mutter hat mir oft gesagt, daß mein Stündlein gar niemals kommen würde.« Heulte aber dennoch aus gutem Willen zur Gesellschaft mit. Als sie aber endlich nicht mehr konnten, fiel's ihnen doch ein, daß es Zeit sei, ihre Schlachtordnung herzurichten; dabei gab es aber allerlei Span und Zwietracht. Der Allgäuer sagte, er sei bislang emmer der Vorderscht gwe, 's wär jetzt Zeit, daß er au emohl der Henterscht sei, und es soll der Blitzschwob voran. Der meinte aber: »Kurasche han i gnueg em Leib, aber net Leib gnueg for d' Kurasche und dehs Bescht von Ongheuer.« Der Spiegelschwab wischte sich die Nase am Ärmel und tat den Vorschlag, es solle doch wohl besser sein, wenn einer für alle sterbe, und meinte, der Knöpflesschwab könne ihnen diesen kleinen Gefallen tun; der aber schrie Zetermordio, als habe ihn das Ungeheuer schon am Schlafittich. Und so sprachen und stritten sie noch eine Weile hin und her, bis sie sich friedsam einigten und hurtiglich mit ihrem Spieße vorwärts schritten, gerade auf den Wald zu, wo das Untier hausen sollte. Ehe sie den erreichten, kamen sie an einen Rain davor, da saß ein Has und machte ein Männlein und streckte die langen Löffel in die Höh; das war den Schwaben grauentlich anzuschauen, hemmten darum ihren Schritt, hielten Rat und besannen sich, ob sie vorwärts rücken und aufs Untier einrücken sollten mit lang vorgestrecktem Spieß oder ob sie sich zur Flucht wenden sollten; doch hielt jeder fest am Spieß. Da nun der Veitle hinten am meisten in Numero Sicher war, schwoll ihm der Kamm, und er schrie dem Schulzen zu, der vorne stand:

»Stoßt zue in äller Schwobe Name,
Sonscht wünscht ih, daß ihr möcht erlahme!«

Der Hans, des Veitle Gehlfießlers Vordermann, Knöpfles-schwab, spottete der Kurasche des Veitle, indem er sagte:

»Beim Element, du hoscht guat schwätze,
Du bischt der Letscht beim Drachahetze!«

Dem Michel sträubte die Herzhaftigkeit das Haar empor, er blickte gar nicht hin nach dem Ungeheuer, sondern sprach mit abgewandtem Gesicht, indem er den Ärmel seinem Gesicht näherte:

»Es wird net fehle um a Hoar,
So ist es wohl der Teufel gar!«

Jergle lugte dem Michel ins Gesicht und schauete auch gar nicht hin nach dem Bescht von Ungeheuer, indem er zaghaft beistimmte:

»Blitz! ischt er's net, so ischt's sei Mueder,
Oder 's Teufels sei Stiefbrueder!«

Dem Marle Nestelschwab, der sich schon ziemlich weit vorn am Spieß befand, daran die Schwaben gingen, gefiel sein Platz nicht, und er hatte einen guten Einfall; er kehrte sich auch um, da er nicht für nötig fand, das Ungeheuer anzusehen, und rief dem Veit zu:

»Gang, Veitle, gang, gang du vorahn,
I will dohente for di stahn!«

Veitle drückte aber seine Ohren auf und tat, als hörte er nicht, worauf der Marle zu Jockele sagte:

»Gang, Jockele, gang, gang du vorahn,
Du hoscht Sporn und Stiefel ahn,
Daß di der Drach net beiße kahn!«

Aber Jockele fand seinen Trost darinnen, daß der Allgäuer an der Spitze des Spießes der sieben Schwaben und des zu bestehenden Abenteuers stand, und sagte:

»Der Schulz, der mueß der Erschte sei,
Denn ehm gebiehrt die Ehr allei.«

Schulz Allgäuer faßte sich ein Herz und sprach mutig, da es nun einmal in die unvermeidliche Gefahr ging:

»So zieht denn herzhaft in de Streit,
Dohran erkennt mer tapfre Leut.«

Und so ging es in Gottes Namen und im Sturmschritt auf das Ungeheuer los, und als dem Schulzen das Herz pfupferte, konnte er sich seiner Angst nicht erwehren und schrie: »Hau huelhau! Hau, hauhau!« Da erschrak der Has und gab spornstreichs Fersengeld querfeldein und lief, was er laufen konnte. Jetzt rief Schulz Allgäuer freudiglich:

»Potz Veitle, luag, luag, was ischt das?
Es Ohngeheuer ischt noh e Haas!«

»Hoschts gsehe? Hoschts gsehe?« fragten sich nun die andern untereinander. »Hotz Blitz! E Ding wie ne Kalb!« rief der Blitzschwab. Der Nestelschwab tat seinen größten Fluch: »Mit Verlaub! Daß dih es Mäusle beiß! E Tier wie ne Mastochs!« – »Oho!« rief der Knöpflesschwab. »En Elefand ischt noh e Katz gege des Ohntier.« – »Bygott!« erwiderte der Allgäuer, »wenn des koa Haas gweh ischt, noh woiß i de Dreimännerwei vom Rachebutzer net z' unterschaide!«

»Noh, noh!« vermittelte der Seehaas. »Haas her! Haas hen! E Seehaas ischt halt greßer und gremmiger, als älle Haase im Heilige Remische Reich.« – »Wie der Seewei seurer und herber als älle Wei im Heilige Remische Reich«, sagte hinten der Gehlfüßler, und über diese Anzüglichkeit hätte ihm der Seehaas fast ein paar Watscheln gegeben, denn es kränkte ihn schwer, daß der Veitle über den Seewein spottete, der ihm

von Kindesbeinen an geschmeckt. Mit den Seeweinen verhält es sich aber also: Es gibt ihrer drei Arten, zum ersten der Sauerampfer, schmeckt nur ein weniges besser als Essig und verzieht das Maul nur ein bißchen, zumal wenn man sich daran gewöhnt hat. Die zweite Gattung ist Dreimännerwein geheißen, steht im Geschmack noch zehn Grad unter Essig und wurde so getauft, weil man behauptet, daß derjenige, so ihn zu trinken verurteilt, von zweien gehalten werden muß, während ihn ein dritter eingießt. Die dritte Sorte ist der Rachenputzer, hat die rühmliche Eigenschaft, daß er Schleim und alles andere abführt, tut aber dabei not, daß wer sich mit dem Wein im Leib schlafen legt, in der Nacht sich wecken lasse, damit er sich umkehren möge, sonst möchte ihm der Rachenputzer ein Loch in den Magen fressen.

Da nun das Abenteuer mit dem Ungeheuer von den sieben Schwaben so glückhaft bestanden war, so wurden sie eins, nunmehr von ihren Taten auszuruhen und wieder friedlich heimzuziehen. Zuvor aber tat not, ein Siegeszeichen zu errichten, das der Mit- und Nachwelt ihren Triumph auf ewige Zeiten vermelde. Da nun unmöglich war, wie vorzeiten tapfere Ritter getan, die Drachenhaut in einer Kirche aufzuhängen, dieweil kein Drache sein Fell zu Markte getragen und der Has in seinem Balg wohlbehalten entkommen war, so wurden die guten Gesellen dahin eins, ihr Bärenfell und ihren Spieß als eine Trophäe in die nächstgelegene Kapelle zu stiften, die hieß man hernach die Kapell zum schwäbischen Heiland. Dort wird wohl der Spieß noch hängen, das Bärenfell aber haben die Motten verzehrt, und die Sperlinge haben die Haare in ihre Nester getragen.

Vom Schwaben, der das Leberlein gefressen

Als unser lieber Herr und Heiland noch auf Erden wandelte, von einer Stadt zur andern, das Evangelium predigte und viele Zeichen tat, kam zu ihm auf eine Zeit ein guter einfältiger Schwab, und fragte ihn: »Mein Leidengesell, wo willt du hin?« So sagte der Schwab: »Willt du mich mit dir lassen?« – »Ja«, antwortete unser Herrgott, »wenn du fromm sein willt und weidlich beten.« Das sagte der Schwab zu. Als sie nun miteinander gingen, kamen sie zwischen zwei Dörfer, darinnen läutete man. Der Schwab, der gern schwätzte, fragte unsern Herrgott: »Mein Leidengesell, was läutet man da?« Unser Heiland, dem alle Dinge wissend waren, antwortete: »In dem einen Dorfe läutet man zu einer Hochzeit, in dem andern zum Begängnis eines Toten.« – »Gang du zum Toten!« sprach der Schwab, »so will ich zur Hochzeit gehn.«

Darauf ging unser Herrgott in das Dorf und machte den Toten wieder lebendig, da schenkte man ihm hundert Gulden. Der Schwab tät sich auf der Hochzeit um, half einschenken, einem Gast um den andern und auch sich selbst, und als die Hochzeit zu Ende war, da schenkte man ihm einen Kreuzer. Das war der Schwab wohl zufrieden, machte sich auf den Weg und kam wieder zu unserm Herrgott. Alsbald wie der Schwab diesen von weitem sahe, hub er sein Kreuzerlein in die Höhe und schrie: »Lug, mein Leidengesell! Ich hab Geld; was hast denn du?«, trieb also viel Prahlens mit seinem Kreuzerlein. Unser Herrgott lachet seiner und sprach: »Ach, ich hab wohl mehr als du!«, tät den Sack auf und ließ den Schwaben die hundert Gulden sehen. Der aber war nicht unbehend, warf geschwind sein armes Kreuzerlein unter die hundert Gulden und rief: »Gemein, gemein! Wir wollen alles gemein miteinander haben!« Das ließ unser Herrgott gut sein.

Nun, als sie weiter miteinander gingen, begab es sich, daß sie zu einer Herde Schafe kamen, da sagte unser Herrgott zum Schwaben: »Gehe, Schwab, zu dem Hirten, heiße ihm uns ein Lämmlein zu geben, und koche uns das Gehänge oder Geräusch zu einem Mahle.« – »Ja!« sagte der Schwab, tat, wie ihm der Herr geheißen, ging zum Hirten, ließ sich ein Lämmlein geben, zog's ab und bereitete das Gehänge zum Essen. Und im Sieden da schwamm das Leberlein stets empor; der Schwab drückt's mit dem Löffel unter, aber es wollte nicht unten bleiben, das verdroß den Schwaben über alle Maßen. Nahm deshalb ein Messer, schnitt das Leberlein, dieweil es gar war, voneinander und aß es. Und als nun das Essen auf den Tisch kam, da fragte unser Herrgott, wo denn das Leberlein hingekommen wär? Der Schwab aber war gleich

mit der Antwort bei der Hand, das Lämmlein habe keines gehabt. »Ei!« sagte unser Herrgott, »wie wollte es denn gelebt haben, ohne ein Leberlein?« Da verschwur sich der Schwab hoch und teuer: »Es hat bei Gott und allen Gottesheiligen keines gehabt!« Was wollte unser Herrgott tun? Wollte er haben, daß der Schwab stillschwieg, mußt er wohl zufrieden sein.

Nun begab es sich, daß sie wiederum miteinander spazierten, und da läutete es abermals in zwei Dörfern. Der Schwab fragte: »Lieber, was läutet man da?« – »In dem Dorf läutet man zu einem Toten, in dem andern zur Hochzeit!« sagte unser Herrgott. »Wohl!« sprach der Schwab. »Jetzt gang du zur Hochzeit, so will ich zum Toten!« (Vermeinte, er wolle auch hundert Gulden verdienen.) Fragte den Herrn weiter: »Lieber, wie hast du getan, daß du den Toten auferwecket hast?« – »Ja«, antwortete der Herr, »ich sprach zu ihm, steh auf im Namen des Vaters, Sohnes und Heiligen Geistes! Da stand er auf.« – »Schon gut, schon gut!« rief der Schwab, »nun weiß ich's wohl zu tun!« und zog zum Dorfe, wo man ihm den Toten entgegentrug. Als der Schwab das sahe, rief er mit heller Stimme: »Halt da! Halt da! Ich will ihn lebendig machen, und wenn ich ihn nit lebendig mache, so henkt mich ohne Urteil und Recht.«

Die guten Leute waren froh, verhießen dem Schwaben hundert Gulden und setzten die Bahre, darauf der Tote lag, nieder. Der Schwab tät den Sarg auf und fing an zu sprechen: »Steh auf im Namen der Heiligen Dreifaltigkeit!« Der Tote aber wollte nicht aufstehen. Dem Schwaben ward angst, er sprach seinen Segen zum andern und zum dritten Mal, als aber jener Tote sich nicht erhob, so rief er voll Zorn: »Ei, so bleib liegen in tausend Taufel Namen!« Als die Leute diese gottlose Rede hörten und sahen, daß sie von dem Gecken betrogen waren, ließen sie den Sarg stehen, faßten den Schwaben und eileten demnächst mit ihm dem Galgen zu, warfen die Leiter an und führten den Schwaben hinauf.

Unser Herrgott zog fein gemachsam seine Straße heran, da er wohl wußte, wie es dem Schwaben ergehen werde, wollte doch sehen, wie er sich stellen würde, kam nun zum

Gericht und rief: »O guter Gesell, was hast du doch getan? In welcher Gestalt erblick ich dich?« Der Schwab war blitzwild und begann zu schelten, der Herr hätte ihm den Segen nicht recht gelehrt. »Ich habe dich recht belehrt«, sprach der Herr. »Du aber hast es nicht recht gelernt und getan, doch dem sei, wie ihm wolle. Willt du mir sagen, wo das Leberlein hinkommen ist, so will ich dich erledigen!« – »Ach!« sagte der Schwab, »das Lämmlein hat wahrlich kein Leberlein gehabt! Wes zeihest du mich?« – »Ei, du willst's nur nicht sagen!« sprach der Herr. »Wohlan, bekenn es, so will ich den Toten lebendig machen!« Der Schwab aber fing an zu schreien: »Henket mich, henket mich! So komm ich der Marter ab. Der will mich zwingen mit dem Leberlein, und hört doch wohl, daß das Lämmlein kein Leberlein gehabt hat! Henket mich nur stracks und flugs!«

Wie solches unser Herrgott hörte, daß sich der Schwab eher wollt henken lassen als die Wahrheit gestehen, befahl er, ihn herabzulassen, und machte nun selbst den Toten lebendig.

Als sie nun miteinander wieder von dannen zogen, sprach unser Herrgott zum Schwaben: »Komm her, wir wollen miteinander das gewonnene Geld teilen und dann voneinander scheiden, denn wenn ich dich allewege und überall sollte vom Galgen erledigen, würde mir das zuviel.« Nahm also die zweihundert Gulden und teilte sie in drei Teile. Als solches der Schwab sahe, fragte er: »Ei, Lieber, warum machst du drei Teile, so doch unsrer nur zween sind?« – »Ja«, antwortete unser lieber Herrgott, »der eine Teil, der ist mein; der andere Teil, der ist dein, und der dritte Teil, der ist dessen, der das Leberlein gefressen hat!« Als der Schwab solches hörte, rief er fröhlich aus: »So hab ich's bei Gott und allen lieben Gottesheiligen doch gefressen!« Sprach's und strich auch den dritten Teil ein und nahm also Urlaub von unserm lieben Herrgott.

Die Probestücke des Meisterdiebes

Es wohnten in einem Dorfe ein Paar sehr arme alte Leute mutterseelenallein in einem geringen Häuslein, das ganz weit draußen stand, und hörte gerade mit diesem Häuslein das Dorf auf. Die beiden Alten waren brav und fleißig, aber sie hatten keine Kinder. Einen Sohn, einen einzigen, hatten sie gehabt, aber der war ein ungeratener Bube gewesen und heimlich auf und davon gegangen, hatte auch sein Lebetag nichts wieder von sich hören und sehen lassen, und so glaubten die beiden Alten, ihr Einziger sei lange tot und bei Gott gut aufgehoben.

Nun saßen einstmals die beiden Alten vor ihrer Haustür, an einem Feiertage, da fuhr zum Dorfe herein ein stattlicher Wagen, den zogen sechs schöne Rosse, und darin saß ein einzelner Herr, hintenauf stand ein Bedienter, dessen Hut und Rock von Gold und Silber nur so starrte. Der Wagen fuhr durch das ganze Dorf, und die Bäuerlein, die gerade aus der Kirche kamen, meinten schier, es fahre ein Herzog oder gar ein König vorbei, denn solche Pracht konnte der Edelmann, der droben im alten Schloß wohnte, nicht aufwenden. Da hielt mit einem Male der Wagen vor dem letzten Häuslein still, der Bediente sprang vom Bocke und öffnete dem darinsitzenden Herrn den Schlag, welcher ausstieg und auf die beiden Alten zueilte, die sich ganz bestürzt von ihrer Bank erhoben hatten. Er bot ihnen freundlich guten Tag und Handschlag und fragte, ob er nicht ein Gericht Kartoffelhütes mit ihnen essen könne. Darüber verwunderte sich am meisten das Mütterlein, aber der junge hübsche und sehr vornehm gekleidete Herr stillte alsbald ihr Staunen, indem er sagte, daß ihm noch kein Koch diese Hütes habe recht machen können, er wolle sie einmal von Landleuten zubereitet essen, wie in seiner Jugend. Da luden die Alten den edlen Junker, für den sie den Fremdling hielten, freundlich in ihre Hütte, und er ließ den Wagen mit Kutscher und Bedienten einstweilen in das Wirtshaus fahren. Das Mütterlein holte eilends Kartoffeln aus dem kleinen Keller des Häusleins herauf, schälte, rieb und preßte sie, ließ Wasser sieden, tat die geballten Klöße, zu denen sie etwas Schmalz getan, hinein und segnete dieses Essen mit dem frommen Spruch: »Gott behüt es«, davon denn auch die Klöße an vielen Orten Südthüringens Hütes heißen. In dieser Zeit, daß die Alte ihr Mahl bereitete, war ihr Mann mit dem Fremdling in das Hausgärtchen gegangen, wo er an kurz zuvor gepflanzten jungen Bäumen sich eine kleine Beschäftigung machte und nachsah, ob die Pfähle, an welche die Stämmchen mit Weide gebunden waren, noch festhielten und der Wind keine Weide losgerissen hatte, und wo dies geschehen war, da band der Alte jedes Stämmchen wieder fest. Da hub der junge Fremde an zu fragen: »Warum bindet Ihr dieses kleine Stämmchen dreimal an?« – »Ja!« sprach der Alte, »da hat es drei Krümmen, darum bind ich's fest, daß es geradewächst.« – »Das ist recht, Alter!« sprach der Fremde; »aber dort habt Ihr ja einen alten krummen Knorz von Baum! Warum bindet Ihr den nicht auch an einen Pfahl auf, daß er gerade wird?« – »Hoho!« lachte der Alte, »alte Bäume, wenn sie krumm sind, werden nicht wieder gerad. Wenn man sie gerade haben will, muß man sie jung gut ziehen.« – »Habt Ihr auch Kinder?«

fragte der Fremde weiter. »O lieber Gott, Euer Gnaden!« antwortete der Mann, »gehabt hab ich einen Jungen, war ein erzer Nichtsnutzer, hat wilde böse Streiche gemacht und ist mir zuletzt davongelaufen und sein Lebtag nicht wiedergekommen. Wer weiß, wo ihn der liebe Gott hingeführt hat oder der Böse.« – »Warum habt Ihr denn euern Sohn nicht beizeiten gerad gezogen, wie diese da, eure Bäumchen!« sprach betrübt und vorwurfsvoll der Fremde. »Wenn er nun ein ungeratner krummer Knorz und Wildling worden, so ist's eure Schuld. Aber wenn er euch nun wieder unter die Augen käme, würdet Ihr ihn wohl erkennen?« – »Weiß auch nicht, lieber Herr!« erwiderte der Bauer, »er wird wohl in die Höhe geschossen sein, wenn er noch lebt, doch hatte er ein Muttermal am Leibe, daran allenfalls könnt ich ihn kennen. Der kommt aber doch erst am Nimmermehrstag wieder heim.« Da zog der Fremde seinen Rock aus und zeigte dem Alten ein Muttermal; der schlug die Hände übern Kopf zusammen und schrie: »Herr Jes's! Du bist mein Sohn – aber nein – du bist so schrecklich fürnehm. Bist du denn ein Graf geworden oder gar ein Herzog?« – »Das nicht, Vater«, sprach der Sohn leise, »aber etwas anders, ein Spitzbub bin ich geworden, weil Ihr mich nicht geradegezogen habt, doch laßt's gut sein, ich hab meine Kunst tüchtig studiert, bin nicht etwa so ein miserabler Pfuscher, wie's ihrer viele gibt.«

Der alte Mann war ganz stumm vor Schreck und vor Freude, führte den Sohn an der Hand ins Haus und zur Mutter, die justement die Klöße fertig hatte und auftrug, und sagte ihr alles. Da fiel das Mütterlein ihrem Sohn an das Herz und um den Hals, küßte ihn und weinte und sagte: »Dieb hin, Dieb her! Du bist doch mein lieber Sohn, den ich unterm Herzen getragen habe, und mir hüpft das Herz hoch in der Brust, daß ich dich in meinen alten Tagen wiedergesehen! Ach, was wird dein Herr Pate sagen, droben auf dem Schloß der Edelmann!« – »Ja!« sprach dazwischen der Vater, während alle drei nun miteinander tapfer in die Klöße einhieben, »dein Herr Pate wird nichts von dir wissen wollen, bei so bewandten Umständen, wie es mit dir steht; er wird dich am Ende an dem lichten Galgen zappeln lassen.« –

»Nun, besuchen will ich ihn doch, den Herrn Paten!« antwortete der Sohn, ließ seinen Wagen anspannen und fuhr aufs Schloß hinauf.

Der Edelmann war sehr erfreut, seinen Paten, den er als armes Kind aus Gnaden zur Taufe gehoben, so stattlich wieder vor sich treten zu sehen, als dieser sich ihm zu erkennen gab. Aber darüber freute er sich nicht im mindesten, als auf Befragen, was er denn in der Welt geworden sei, der junge Pate zur Antwort gab, er wäre ein ausgelernter Spitzbube geworden. Sann also bald darüber nach, wie er mit guter Art einen so gefährlichen Menschen inzeiten loswerden möcht.

»Wohlan!« sprach der Edelmann zu seinem Paten, »wir wollen sehen, ob du das deinige ordentlich gelernt hast und ein so großer Dieb geworden bist, den man mit Ehren laufen lassen kann, oder nur so ein kleiner, den man an den ersten besten Galgen henkt. Letzteres werde ich in meinem Gerichtsbann mit dir unfehlbar tun, wenn du nicht die drei Proben bestehst, die ich dir auferlegen werde!« – »Nur her damit, gestrenger Herr Pate! Ich fürchte mich vor keiner Arbeit.«

Der Edelmann sann eine kleine Weile nach, dann sprach er: »Hör an! Dieses sind die drei Proben. Zum ersten: stiehl mir mein Leibpferd aus dem Stalle, den ich wohl bewachen lasse von Soldaten und Stalleuten, die jeden totschlagen, der Miene macht, in den Stall zu dringen. Zum andern stiehl mir, wenn ich mit meiner Frau im Bette liege, das Bettuch unterm Leibe weg und meiner Frau den Trauring vom Finger, doch wisse, daß ich geladene Pistolen zur Hand habe. Zum dritten und letzten – und merke, das ist das schwerste Stück: stiehl mir Pfarrer und Schulmeister aus der Kirche und hänge sie beide lebend in einem Sack in meinen Schornstein. Tor und Türen im Schlosse sollen dir dazu offenstehen.«

Der Meisterdieb bedankte sich freundlich bei seinem Herrn Paten, daß er ihm so leichte Stücklein aufgegeben, und ging seiner Wege, um in nächster Nacht gleich das erste Stück auszuführen. Der Edelmann traf alle Anstalten, sein Leibroß gut bewachen zu lassen. Sein erster Reitknecht mußte sich daraufsetzen, ein anderer Diener mußte den

Zaum fassen, ein dritter den Schwanz, und vor die Türe ordnete der Herr eine Soldatenwache. Die wachten und wachten, froren und fluchten, denn es war kalt, und alle waren durstig; da zeigte sich ein altes müdes Mütterlein, das trug ein Fäßlein auf einem Korbe, hüstelte schwer und keuchte zum Schloßhof hinein. Das Fäßlein weckte in der Seele der Soldaten ganz besonders anziehende Gedanken, nämlich die, daß möglicherweise Branntwein darin sein könne und daß Branntwein ein Spezifikum gegen den Nachtfrost sei und gegen die bösen Nebel. Riefen daher das alte Mütterlein zum Feuer, daß sich's wärme, und forschten nach dem Inhalt des Fäßleins. Richtig geahnet! Branntwein war darin, und noch dazu veredelter, Doppelpomeranzen, Spanischbitter oder so eine Sorte. Auch war das Fäßlein nicht tückischerweise verpicht und verspundet, sondern es war ein Hähnlein daran, und die Frau hatte, das war das Beste, den Branntwein zu verkaufen. Da kauften die Soldaten ein Becherlein ums andere, riefen's auch den Wächtern im Stalle zu, daß draußen im Hofe der Weizen blühe, und das alte Frauchen hatte alle Hände voll zu tun mit Einschenken, so daß ihr Fäßlein schier leer war. Die alte Frau war aber kein anderer Mensch als der

Erzdieb, der sich gut verkleidet und in den Schnaps einen barbarischen Schlaftrunk gemischt hatte. Es währte gar nicht lange, so fiel ein Soldat nach dem andern in Schlaf, und den Wächtern im Stalle fielen die Augen zu, und es war gut, daß der Dieb schon im Stalle bei dem Pferde stand, so konnte er den Reitknecht in seinen Armen auffangen, als dieser gerade vom Pferde fiel, und ihn sanft rittlings auf die Schranke setzen und was weniges anbinden, damit der gute Mensch nicht etwa auch da herunterfalle und Schaden leide. Dem Leibkutscher, der den Zaum hielt und in der Ecke schnarchte, lieh der Dieb einen Strick in die Hand, und dem Stallknecht statt des Roßschweifes ein Strohseil. Dann nahm er eine Pferdedecke, schnitt sie in Stücken, wickelte sie um des Rosses Füße, schwang sich in den Sattel und heidi, hast du nicht gesehen – zum Stall und zum offengebliebenen Schloßtor hinaus.

Als es heller Tag geworden, sah der Edelmann zum Fenster hinaus und sah einen stattlichen Reiter dahergaloppiert kommen auf einem nicht minder stattlichen Roß, das ihm so bekannt vorkam. Der Reiter hielt an und bot guten Morgen hinauf zum Schloßfenster. »Guten Morgen, Herr Pate! Euer Pferd ist Goldes wert!« – »Ei daß dich alle Teufel!« rief der Edelmann, wie er sah, daß das Pferd seine Schecke war. »Du bist ein Gaudieb! Nu, nu – nur zu! Laß deine Kunst weiter sehen!« Der Edelmann nahm seine Reitpeitsche und ging

nach dem Stalle voller Zorn; als er aber die wunderlichen Gruppen der noch immer schlafenden Wächter sah, mußte er laut auflachen; gedachte aber bald in seinem Herzen: wenn der Gauner diese Nacht kommt, mir das Bettuch zu stehlen, will ich ihm eine Kugel durch den Kopf schießen, denn solch einen gefährlichen Kerl möchte ich nicht in meiner Nähe wissen.

Da nun die Nacht herbeigekommen war, legte sich der Edelmann mit seiner Frau zu Bette, und neben sich legte er eine geladene Pistole und unterschiedliche andere Wehr und Waffen, schlief auch nicht ein, sondern blieb wachsam, horchte und lauschte, ob sich nichts regte. Lange blieb alles still, jetzt endlich, es war schon ziemlich dunkel, war es, als würde eine lange Leiter angelehnt, und bald darauf wurde draußen am Fenster die Gestalt eines Menschen sichtbar, der hereinsteigen wollte. »Erschrick nicht, Frau!« rief leise der Edelmann, nahm die Pistole, zielte gut, drückte los und schoß den Räuber mitten durch den Kopf, dieser wankte, und gleich darauf hörte man unten einen schweren Fall. »Der steht nicht wieder auf«, sprach der Edelmann, »doch möcht ich Aufsehen vermeiden, ich will deshalb geschwind die Leiter hinuntersteigen, daß im Hause kein Lärm wird, und den Erschossenen beiseite schaffen.« Das war der Edelfrau recht, und ihr Mann tat, wie er gesagt. Bald darauf kam er wieder herauf und sprach zur Frau: »Der ist mausetot, ich will den armen Teufel aber doch, ehe ich ihn in die Grube werfe, in einen Leinlacken hüllen, und da er um deines Ringes willen sein Leben hat lassen müssen, so wollen wir ihm diesen anstecken; gib mir den Ring und auch das Bettuch.« Die Frau gab beides her, und jener stieg eilend wieder hinunter. Es war aber nicht der Edelmann, sondern der Meisterdieb, der, um sein Stücklein auszuführen, vom ersten besten Galgen (damals gab es in Deutschland noch alle Wege viele Galgen) einen frisch Gehenkten abgeschnitten und ihn dann auf seine Schultern geladen hatte, als er die Leiter emporstieg. Wie drinnen der Schuß fiel, ließ er den Leichnam hinunterstürzen, stieg eilend die Leiter herab und versteckte sich. Und wie nun der Edelmann herunterkam und sich mit dem vermeintlich Erschossenen zu schaffen machte, wischte er rasch hinauf ins Zimmer der Frau, ahmte des Paten Stimme nach und forderte Ring und Bettuch.

Am andern Morgen sah der Edelmann wieder nach seiner Gewohnheit zum Fenster hinaus, da ging drunten ein Mann auf und ab, der hatte, wie es schien, Leinwand zu verkaufen, mindestens trug er ein zusammengeschlagenes Bündel über der Schulter und ließ einen schönen Ring in der Morgensonne blitzen und funkeln. Mit einem Male rief der Mann hinauf: »Schönsten guten Morgen, Herr Pate! Ich wünsche Ihnen und der Frau Patin recht wohl geruht zu haben!« – Der Edelmann war wie vom Donner gerührt, als er seinen Paten, den er die vorige Nacht mit eigner Hand erschossen und mit derselben Hand in eine Grube geworfen, leibhaftig stehen sah, und fragte hastig seine Frau nach Ring und Tuch. »Nun, du hast mir's ja diese Nacht abverlangt!« erwiderte die Dame. »Der Satan! Aber ich nicht!« tobte der Edelmann – doch gab er sich bald wieder, in Erwägung, daß der kühne Dieb noch mehr hätte nehmen können. Er machte dem Paten eine Faust zum Fenster hinaus und rief: »Erzgauner! Das dritte! Das dritte bringt dich sicherlich an den Galgen!«

In der nächsten Nacht darauf begab sich etwas Seltsames auf dem Gottesacker. Der Schulmeister, der diesem zunächst wohnte, wurde es zuerst gewahr und meldete es dem Herrn

Pfarrer. Über den Gräbern wandelten kleine brennende Lichtlein in unsteter Bewegung umher. »Das sind die armen Seelen, Schulmeister!« flüsterte der Pfarrer mit Grausen. Plötzlich erschien eine große schwarze Gestalt auf den Stufen der Kirchtüre, die rief mit hohlem Tone:

»Kommt all' zu mir, kommt all' zu mir,
Der Jüngste Tag ist vor der Tür!
O Menschenkinder, betet still!
Die Toten sammeln schon ihr Gebein!
Wer mit mir in den Himmel will,
Der kreuch in diesen Sack hinein!«

»Wollen wir?« fragte der Schulmeister den Pfarrer mit Zähneklappern. »Zeit wär's, vorm Torschluß. Der heilige Apostel Petrus ruft uns, das ist keine Frage. Aber Reisegeld?« — »Ich habe mir zwanzig Kronen erdarbt«, wisperte das Schulmeisterlein. »Ich habe hundert Dicketonnen für den Notfall zurückgelegt!« sprach der Pfarrer. »Holen wir's und nehmen's mit!« riefen beide und taten also, dann näherten sie sich der schwarzen Gestalt mit Furcht und Zittern. Diese war der Meisterdieb; er hatte Krebse gekauft und ihnen brennende Wachslichterlein auf den Rücken geklebt, das waren die armen Seelen, hatte einen Mönchsbart und eine Mönchskutte und einen Hopfensack, in den er die beiden Schwarzröcke aufnahm, nachdem er ihnen ihr Erspartes abgenommen. Jetzt schnürte er den Sack zu und schleifte ihn hinter sich her durch das Dorf und durch einen Tümpfel, wobei er rief: »Jetzt geht's durch das Rote Meer!«, dann durch den Bach:

»Jetzt geht's durch den Bach Kidron«, dann durch die Schloßflur, allwo es kühl war: »Jetzt geht's durch das Tal Josaphat«, dann zur Treppe hinauf: »Dieses ist schon die Himmelsleiter«, endlich hing er den Sack im Schornstein auf an einen Haken, daran man die Schinken räuchert, machte darunter einen ziemlichen Qualm und rief mit schrecklicher Stimme: »Dieses ist das Fegefeuer! Dieses dauert etwelche Jahre!« und machte sich fort. Da schrien Pfarrer und Schulmeister Zetermordio, daß das ganze Hausgesinde zusammenlief. Der Meisterdieb aber trat kecklich zum Edelmann: »Herr Pate, meine dritte Probe ist auch gelöst. Pfarrer und Schulmeister hängen im Schornstein, und so es Euch gefällig, könnt Ihr sie selber zappeln sehen und schreien hören!« – »O du Erzschalk und Erzgauner, du Erzbösewicht und Meisterdieb aller Meisterdiebe!« rief der Edelmann und gab gleich Befehl, jene aus dem Fegefeuer zu erlösen. »Du hast mich überwunden, hebe dich von dannen! Hier hast du ein Goldstück. Hebe dich von dannen, komme mir nicht wieder vor Augen, und laß dich für dein Geld henken, wo es dir gefällig ist.«

»Danke zum allerschönsten, gestrenger Herr Pate, und will so tun!« antwortete der Spitzbub, »aber wollt Ihr nicht die Pfänder auslösen, die ich redlich erworben habe? Euer Leibroß mit zweihundert Kronen, Eurer Gemahlin Trauring und das Tuch mit hundert Kronen, des Pfarrers und Schulmeisters Geld mit hundertundzwanzig Kronen! Wo nicht, so fahr ich damit von dannen.« Den Edelmann rührte fast der Schlag; er sprach: »Lieber Pate, das war ja alles nur ein Spaß, du wirst diese Güter nicht an dir behalten wollen; ich schenke dir ja das Leben.« – »Nun, so will ich gehen und Euch die Sachen alle herbringen!« sprach der Meisterdieb; ging und ließ seinen Wagen anspannen, seinen alten Vater und seine Mutter hineinsetzen, setzte sich selbst auf des Edelmanns Roß, steckte den prächtigen Ring an den Finger und schickte dem Edelmann nur das Bettuch mit einem Brieflein, darin stand: ›Gebt dem Pfarrer und dem Schulmeister ihr Geld zurück, sonst stiehlt Euch Eure Frau

Dero untertäniger Pate und Meisterdieb.‹

Da bekam der Edelmann große Furcht, trug den Schaden und wollte nichts mehr von seinem Paten wissen, erfuhr auch nichts mehr von ihm, denn der war mit seinen Eltern in ein fernes Land gezogen und ein ehrlicher und angesehener Mann geworden.

Die verzauberte Prinzessin

Es war einmal ein armer Handwerksmann, der hatte zwei Söhne, einen guten, der hieß Hans, und einen bösen, der hieß Helmerich. Wie das aber wohl geht in der Welt, der Vater hatte den bösen mehr lieb als den guten.

Nun begab es sich, daß das Jahr einmal ein mehr als gewöhnlich teures war und dem Meister der Beutel leer ward. Ei! dachte er, man muß zu leben wissen. Sind die Kunden doch so oft zu dir gekommen, nun ist es an dir, höflich zu sein und dich zu ihnen zu bemühen. Gesagt getan. Frühmorgens zog er aus und klopfte an mancher stattlichen Tür; aber wie es sich denn so trifft, daß die stattlichsten Herren nicht die besten Zahler sind, die Rechnung zu bezahlen hatte niemand

Lust. So kam der Handwerksmann müde und matt des Abends in seine Heimat, und trübselig setzte er sich vor die Türe der Schenke ganz allein, denn er hatte weder das Herz, mit den Zechgästen zu plaudern, noch freute er sich sehr auf das lange Gesicht seines Weibes. Aber wie er da saß in Gedanken versunken, konnte er doch nicht lassen, hinzuhören auf das Gespräch, das drinnen geführt ward. Ein Fremder, der eben aus der Hauptstadt angelangt war, erzählte, daß die schöne Königstochter von einem bösen Zauberer gefangengesetzt sei und müsse im Kerker bleiben ihr lebelang, wenn nicht jemand sich fände, der die drei Proben löste, welche der Zauberer gesetzt hatte. Fände sich aber einer, so wäre die Prinzeß sein und ihr ganzes herrliches Schloß mit all seinen Schätzen. Das hörte der Meister an, zuerst mit halbem Ohr, dann mit dem ganzen und zuletzt mit allen beiden, denn er dachte: Mein Sohn Helmerich ist ein aufgeweckter Kopf, der wohl den Ziegenbock barbieren möchte, so das einer von ihm heischte; was gilt's, er löst die Proben und wird der Gemahl der schönen Prinzeß und Herr über Land und Leute. Denn also hatte der König, ihr Vater, verkündigen lassen. – Schleunig kehrte er nach Haus und vergaß seine Schulden und Kunden über der neuen Mär, die er eilig seiner Frau hinterbrachte. Des andern Morgens schon sprach er zum Helmerich, daß er ihn mit Roß und Wehr ausrüsten wolle zu der Fahrt, und wie schnell machte der sich auf die Reise! Als er Abschied nahm, versprach er seinen Eltern, er wolle sie samt dem dummen Bruder Hans gleich holen lassen in einem sechsspännigen Wagen; denn er meinte schon, er wäre König. Übermütig, wie er dahinzog, ließ er seinen Mutwillen aus an allem, was ihm in den Weg kam. Die Vögel, die auf den Zweigen saßen und den Herrgott lobten mit Gesang, wie sie es verstanden, scheuchte er mit der Gerte von den Ästen, und kein Getier kam ihm in den Weg, daran er nicht seinen Schabernack ausgelassen hätte. Und zum ersten begegnete er einem Ameisenhaufen; den ließ er sein Roß zertreten, und die Ameisen, die erzürnt an sein Roß und an ihn selbst krochen und Pferd und Mann bissen, erschlug und erdrückte er alle. Weiter kam er an einen klaren Teich, in dem schwam-

men zwölf Enten. Helmerich lockte sie ans Ufer und tötete deren elf, nur die zwölfte entkam. Endlich traf er auch einen schönen Bienenstock; da machte er es den Bienen, wie er es den Ameisen gemacht. Und so war seine Freude, die unschuldige Kreatur nicht sich zum Nutzen, sondern aus bloßer Tücke zu plagen und zu zerstören.

Als Helmerich nun bei sinkender Sonne das prächtige Schloß erreicht hatte, darin die Prinzessin verzaubert war, klopfte er gewaltig an die geschlossene Pforte. Alles war still; immer heftiger pochte der Reiter. Endlich tat sich ein Schiebfenster auf, und hervor sah ein altes Mütterlein mit spinnewebfarbigem Gesichte, die fragte verdrießlich, was er begehre. »Die Prinzeß will ich erlösen«, rief Helmerich, »geschwind, macht mir auf.« – »Eile mit Weile, mein Sohn«, sprach die Alte; »morgen ist auch ein Tag, um neun Uhr werde ich dich hier erwarten.« Damit schloß sie den Schalter.

Am andern Morgen um neun Uhr, als Helmerich wieder erschien, stand das Mütterchen schon seiner gewärtig mit einem Fäßchen voll Leinsamen, den sie ausstreute auf eine schöne Wiese. »Lies die Körner zusammen«, sprach sie zu dem Reiter, »in einer Stunde komme ich wieder, da muß die Arbeit getan sein.« – Helmerich aber dachte, das sei ein alberner Spaß und lohne es nicht, sich darum zu bücken; er ging derweil spazieren, und als die Alte wiederkam, war das Fäßchen so leer wie vorher. »Das ist nicht gut«, sagte sie. Darauf nahm sie zwölf goldene Schlüsselchen aus der Tasche und warf sie einzeln in den tiefen dunklen Schloßteich. »Hole die Schlüssel herauf«, sprach sie, »in einer Stunde komme ich wieder, da muß die Arbeit getan sein.« Helmerich lachte und tat wie vorher. – Als die Alte wiederkam und auch diese Aufgabe nicht gelöst war, da rief sie zweimal: »Nicht gut! nicht gut!« Doch nahm sie ihn bei der Hand und führte ihn die Treppe hinauf in den großen Saal des Schlosses; da saßen drei Frauenbilder, alle drei in dichte Schleier verhüllt. »Wähle, mein Sohn«, sprach die Alte, »aber sieh dich vor, daß du recht wählst. In einer Stunde komme ich wieder.« Helmerich war nicht klüger, da sie wiederkam, als da sie wegging; übermütig aber rief er aufs Geratewohl: »Die zur Rechten wähl ich.« – Da warfen alle drei die Schleier zurück; in der Mitte saß die holdselige Prinzeß, rechts und links zwei scheußliche Drachen, und der zur Rechten packte den Helmerich in seine Krallen und warf ihn durch das Fenster in den tiefen Abgrund.

Ein Jahr war verflossen, seit Helmerich ausgezogen, die Prinzeß zu erlösen, und noch immer war bei den Eltern kein sechsspänniger Wagen angelangt. »Ach!« sprach der Vater, »wäre nur der ungeschickte Hans ausgezogen statt unsres besten Buben, da wäre das Unglück doch geringer.« – »Vater«, sagte Hans, »laßt mich hinziehn, ich will's auch probieren.« Aber der Vater wollte nicht, denn was dem Klugen mißlingt, wie führte das der Ungeschickte zu Ende? Da der Vater ihm Roß und Wehr versagte, machte Hans sich heimlich auf und wanderte wohl drei Tage denselben Weg zu Fuß, den der Bruder an einem geritten war. Aber er fürchtete sich nicht und schlief des Nachts auf dem weichen Moos unter den grünen Zweigen so sanft wie unter dem Dach seiner Eltern; die Vögel des Waldes scheuten sich nicht vor ihm, sondern sangen ihn in Schlaf mit ihren besten Weisen. Als er nun an die Ameisen kam, die beschäftigt waren, ihren neuen Bau zu vollenden, störte er sie nicht, sondern wollte ihnen helfen, und die Tierchen, die an ihm hinaufkrochen, las er ab, ohne sie zu

töten, wenn sie ihn auch bissen. Die Enten lockte er auch ans Ufer, aber um sie mit Brosamen zu füttern; den Bienen warf er die frischen Blumen hin, die er am Wege gepflückt hatte. So kam er fröhlich an das Königsschloß und pochte bescheiden am Schalter. Gleich tat die Türe sich auf, und die Alte fragte nach seinem Begehr. »Wenn ich nicht zu gering bin, möchte ich es auch versuchen, die schöne Prinzeß zu erlösen«, sagte er. »Versuche es, mein Sohn«, sagte die Alte, »aber wenn du die drei Proben nicht bestehst, kostet es dein Leben.« — »Wohlan, Mütterlein«, sprach Hans, »sage, was ich tun soll.« Jetzt gab die Alte ihm die Probe mit dem Leinsamen. Hans war nicht faul, sich zu bücken, doch schon schlug es drei Viertel, und das Fäßchen war noch nicht halbvoll. Da wollte er schier verzagen; aber auf einmal kamen schwarze Ameisen mehr als genug, und in wenigen Minuten lag kein Körnlein mehr auf der Wiese. Als die Alte kam, sagte sie: »Das ist gut!« und warf die zwölf Schlüssel in den Teich, die sollte er in einer Stunde herausholen. Aber Hans brachte keinen Schlüssel aus der Tiefe; so tief er auch tauchte, er kam nicht an den Grund. Verzweifelnd setzte er sich ans Ufer; da kamen die zwölf Entchen herangeschwommen, jede mit einem goldenen Schlüsselchen im Schnabel, die warfen sie ins feuchte Gras. So war auch diese Probe gelöst, als die Alte wiederkam, um ihn nun in den Saal zu führen, wo die dritte und schwerste Probe seiner harrte. Verzagend sah Hans auf die drei gleichen Schleiergestalten; wer sollte ihm hier helfen? Da kam ein Bienenschwarm durchs offene Fenster geflogen, die kreisten durch den Saal und summten um den Mund der drei Verhüllten. Aber von rechts und links flogen sie schnell wieder zurück, denn die Drachen rochen nach Pech und Schwefel, wovon sie leben; die Gestalt in der Mitte umkreisten sie alle und surrten und schwirrten leise: »Die Mittle, die Mittle.« Denn da duftete ihnen der Geruch ihres eigenen Honigs entgegen, den die Königstochter so gern aß. Also, da die Alte wiederkam nach einer Stunde, sprach Hans ganz getrost: »Ich wähle die Mittle.« Und da fuhren die bösen Drachen zum Fenster hinaus, die schöne Königstochter aber warf ihren Schleier ab und freute sich der Erlösung und ihres schönen Bräutigams. Und Hans sandte dem Vater der Prinzeß den schnellsten Boten und zu seinen Eltern einen goldenen Wagen, mit sechs Pferden bespannt, und sie alle lebten herrlich und in Freuden, und wenn sie nicht gestorben sind, leben sie heute noch.

Der Teufel ist los
oder
Das Märlein, wie der Teufel den Branntwein erfand

Es hatten einmal zwei Landesherren einen Grenzstreit; da waren auf jeder Seite Zeugen, die das Recht behaupteten, und darunter waren zwei, die hatten vom Teufel die Schwarzkunst erlernt und ihm dafür ihre Seelen verschrieben.

Diese beiden haben einmal ein jeder in der Nacht wollen falsche Grenzsteine setzen, so, wie jeder von ihnen die Grenze behauptete, und haben die Steine mit schwarzer Kunst wollen machen, daß sie aussähen, als ob sie schon viele, viele Jahre da gestanden hätten. Da sind sie alle zwei als feurige Männer hinauf auf die Höhe gegangen. Und wie der eine hinaufkommt, da ist der andere schon da. Aber keiner hat etwas von dem andern gewußt, daß dieser denselben Gedanken hatte.

Da fragte der eine den andern: »Was machst du da?«

»Was hast du danach zu fragen? Sage mir zuvor, was du da machen willst?«

»Grenzsteine will ich setzen und will den Grenzzug machen, wie dieser eigentlich sein muß.«

»Das habe ich selbst schon getan, und da stehen die Steine, und so geht der Grenzzug.«

»Das ist nicht richtig, und so geht der Grenzzug. Mein Herr hat gesagt, ich hätte recht, und ich solle nicht nachgeben.«

»Wer ist denn dein Herr? Das wird auch ein schöner Musjö sein!«

»Der Teufel ist mein Herr! Hast du nun Respekt?«

»Das ist nicht wahr, das ist *mein* Herr, und mein Herr hat mir gesagt, ich habe recht und solle nicht nachgeben. Packe dich den Augenblick, oder es geht dir schlecht!«

Und so kamen die zwei hintereinander, und zuletzt da gab der eine feurige Mann dem andern eine Maulschelle, daß ihm der Kopf herabflog und kullerte den ganzen Berg hinab. Und der feurige Mann ohne Kopf rannte hinter seinem feurigen Kopfe her und wollte ihn haschen und ihn sich wieder aufsetzen. Aber er konnte ihn nicht einholen bis ganz drunten im Graben.

Wie nun der eine dem andern die Maulschelle gegeben hatte und jener hinter seinem Kopfe herlief, da kam auf einmal ein dritter feuriger Mann dazu und fragte den, der oben blieb: »Was hast du da gemacht?«

»Was geht es dich an, und was hast du mir zu befehlen? Den Augenblick packe dich deiner Wege, oder ich mache es dir geradeso wie jenem.«

»Halunke! Hast du nicht mehr Respekt vor mir? Weißt du nicht, daß ich dein Herr, der Teufel, bin?«

»Und wenn du zehnmal der Teufel selbst bist, so liegt mir daran gar nichts; du kannst mich meinetwegen recht schön rein machen!«

»Diesen Gefallen will ich dir tun, du sollst aber dein Lebtag daran gedenken.«

Und da fing der Teufel an und machte ihn rein, daß die Feuerputzen auf dem ganzen Bergrücken herumflogen.

Aber wie er ihn so rein machte, da ersah mein feuriger Mann den günstigen Augenblick und griff hin und erwischte den Teufel im Nacken, hielt ihn fest und sagte ihm:

»Nun bist du in meiner Gewalt; nun sollst du sehen, daß du in der Menschen Händen bist! Du hast dein Leben lang genug armen Leuten den Hals herumgedreht, nun sollst du auch selbst einmal erfahren, wie es tut, wenn einem der Hals umgedreht wird!«

Und fing an und wollte dem Teufel den Hals umdrehen. Wie der Teufel sah, daß der feurige Mann Ernst mit ihm machte, legte er sich aufs Bitten und gab ihm die himmelbesten Worte, er solle ihn doch gehen lassen und solle ihm den Hals nicht herumdrehen; er wolle ihm auch alles tun, was er nur von ihm verlangte. Da sagte ihm der: »Weil du also erbärmlich tust, so will ich dich nur gehen lassen; aber zuvor mußt du mir meine Verschreibung wiedergeben, in welcher ich dir meine Seele verschrieben habe, und mußt mir auch versprechen, ja du mußt mir das bei deiner Großmutter beschwören, daß du kein Teil mehr an mir haben willst, auch all dein Lebetage von keinem Menschen dir wieder die Seele verschreiben lassen.«

Wollte der Teufel wohl oder übel, einmal stak er in der Klemme, und wenn er loskommen wollte und wollte nicht den Hals herumgedreht haben, so mußte er in einen sauern Apfel beißen, und gab ihm seine Verschreibung wieder und versprach's ihm und verschwur sich bei seiner Großmutter, daß er keinen Teil mehr an ihm haben wolle und wolle auch alle sein Lebetag von keinem Menschen sich wieder lassen die Seele verschreiben. Wie er das alles getan hatte, ließ jener den Teufel los.

Wie aber der Teufel wieder ledig war, da tat er einen Sprung zurück, daß ihn jener nicht etwa unversehens noch einmal erwische, und stellte sich hin und sagte: »So, nun bin ich wieder ledig; wenn ich dir, du Schalksnarr, nun auch deine Verschreibung wiedergegeben habe und habe dir versprochen und beschworen, daß ich kein Teil mehr an dir haben wolle, so habe ich dir doch nicht versprochen, daß ich den Hals dir nicht auch umdrehen wolle, so ich wieder ledig wäre. Und auf dem Flecke da sollst du alleweil sterben, dafür, daß du mich gegurgelt hast und hast mir wollen den Hals umdrehen!«

Und damit fuhr der Teufel auf ihn hinein und wollte ihm den Garaus machen, der aber riß aus und lief zum Wald hinein. Und der Teufel immer hinter ihm her. Endlich ersah es jener und kam an eine alte Buche, die war hohl und hatte unten ein Loch. Da kroch er geschwind hinein und wollte sich verstecken vor dem Teufel. Aber er war nicht weit genug hineingekrochen, und die Fußzehe guckte ihm noch heraus. Und weil er über und über feurig war, da leuchtete die Zehe durch die Nacht, und der Teufel wurde es gewahr, wo jener sich hin versteckt hatte, und kam und wollte ihn an der Fußzehe erwischen.

Aber der in seinem Baume hörte es, wie der Teufel getappt

kam, wie er nach ihm greifen und ihn erwischen wollte; da zog er sich vollends hinein und machte sich weiter im Baume hinauf. Da kroch der Teufel auch hinein, und jener machte immer weiter im Baume hinauf und der Teufel immer hinter ihm her. Endlich da hatte der Baum oben in der Höhe ein weites Astloch, da kam jener dran und kroch heraus. Und wie er draußen war, da nahm er etwas und verkeilte das Astloch, wo er herausgekrochen war, und stieg geschwind herab und verkeilte auch das untere Loch und machte es mit schwarzer Kunst so fest, daß es der Teufel selbst und seine Großmutter und die ganze Hölle nicht wieder aufbringen konnten. Darnach ging er seiner Wege.

Und da steckte nun der Teufel in der alten Buche und konnte nicht herauskommen, und half ihm alles nichts, er mußte drin steckenbleiben. Und da hat er lange Zeit darin gesteckt, und vielmal zu jener Zeit, wenn Leute des Wegs über jenen Berg gegangen sind, da haben sie ihn darin hören blöken und grunzen in seiner Buche. Endlich aber, wie der Holzschlag dort hinauf gekommen ist, da ist die Buche abgehauen worden. Da ist er endlich wieder herausgekommen und ist wieder frei geworden, der Teufel. Wie er nun wieder los war, da machte er sich auf und ging heim in die Hölle und wollte sehen, wie es aussähe. Aber da war alles leer darin, wie es in der Kirche in der Woche ist, und war keine Seele mehr zu hören noch zu sehen. Seit der Teufel damals fortgegangen und nicht wiedergekommen war und auch kein Mensch nicht gewußt hatte, wo er hingekommen war, da war nicht eine einzige Seele wieder in die Hölle gekommen. Und da war seine Großmutter aus Herzeleid gestorben, und wie die tot war, da packten alle die armen Seelen, die dazumal in der Hölle waren, auf und machten sich auf und davon und gingen alle miteinander in den Himmel. Und da stand er mausmutterstern-allein in der Hölle und wußte seines Leides keinen Rat, wie er's wohl anfinge, daß er wieder arme Seelen bekäme, weil er es nicht mehr tun durfte, und hatte es damals bei seiner Großmutter verschwören müssen, daß er von keinem Menschen sich wieder wollte die Seele verschreiben lassen, und auf andere Weise bekam er damals keine Menschen in die

Hölle. Und da stand er und wußte seines Herzeleids kein Ende und wollte sich die Hörner aus dem Kopfe raufen vor lauter Herzeleid und Jammer. – Da fiel ihm auf einmal etwas ein.

Wie er in der alten Buche gesteckt hatte und nicht herausgekonnt, da war ihm zuletzt die Zeit lang geworden, und da hatte er über allerlei nachsimuliert und den Branntwein erdacht und erfunden. Das fiel ihm alleweil mitten in seinem Herzeleide wieder ein, und da dachte er sich, das müsse ein Mittelchen sein, wie er doch wieder arme Seelen in die Hölle bekommen könne.

Und da packte er auf der Stelle auf und ließ die Hölle Hölle sein und ging nach Nordhausen und wurde ein Schnapsbrenner und machte Branntwein drein und drauf und schenkte ihn in die Welt hinein. Und er zeigte auch den Nordhäusern allen miteinander, wie der Schnaps gemacht wird, und versprach ihnen viel Geld und Gut, wenn sie's lernten und Branntwein brennten. Und die Nordhäuser ließen sich's auch nicht zweimal sagen und wurden alle Schnapsbrenner und machten Branntwein und schenkten ihn in die Welt hinein. Seit dieser Zeit schreibt sich's her, daß bis auf den heutigen Tag soviel Branntwein in Nordhausen gebrennt wird wie an keinem andern Orte in der ganzen Welt.

Aber wie sich's der Teufel gedacht hatte, also ging es auch. Wenn die Leute erst ein wenig Branntwein im Leibe hatten, da fingen sie an zu fluchen und zu schwören und fluchten und schwuren ihre Seele zum Teufel, daß sie der Teufel bekam, wenn sie gestorben waren, und brauchte ihnen darum nicht zu dienen, wie er sonst hatte tun müssen, wenn er eine arme Seele hatte haben wollen. Und wenn sie sich den Kopf erst richtig vollgesoffen hatten im Branntwein, da fingen sie auch an und zankten sich und prügelten sich und brachen sich selber die Hälse, daß sich der Teufel nicht erst brauchte die Mühe zu geben und brauchte sie ihnen herumzudrehen. Und wenn der Teufel sonst mit aller Mühe und Not hatte alle Wochen einmal eine arme Seele in die Hölle bekommen können, da kamen sie jetzt dutzend- und schockweise alle Tage hinein, und es dauerte kein Jahr, da war die Hölle zu klein geworden und konnte der Teufel die Seelen nicht mehr unterbringen und mußte ein ganz neues Stück lassen anbauen an die Hölle.

Und kurz und gut, seit der Teufel aus der alten Buche jedesmal wieder losgekommen ist, seit der Zeit ist der Branntwein aufgekommen, und seit der Branntwein in der Welt ist, da kann man erst recht eigentlich sagen: »Der Teufel ist los!«

Der Schmied von Jüterbog

Im Städtlein Jüterbog hat einmal ein Schmied gelebt, von dem erzählen sich Kinder und Alte ein wundersames Märlein. Es war dieser Schmied erst ein junger Bursche, der einen sehr strengen Vater hatte, aber treulich Gottes Gebote hielt. Er tat große Reisen und erlebte viele Abenteuer, dabei war er in seiner Kunst über alle Maßen geschickt und tüchtig. Er hatte eine Stahltinktur, die jeden Harnisch und Panzer undurchdringlich machte, welcher damit bestrichen wurde, und gesellte sich dem Heere Kaiser Friedrichs II. zu, wo er kaiserlicher Rüstmeister wurde und den Kriegszug nach Mailand und Apulien mitmachte. Dort eroberte er den Heer- und Bannerwagen der Stadt und kehrte endlich, nachdem der Kaiser gestorben war, mit vielem Reichtum in seine Heimat zurück. Er sah gute Tage, dann wieder böse, und wurde über hundert Jahre alt. Einst saß er in seinem Garten unter einem alten Birnbaum, da kam ein graues Männlein auf einem Esel geritten, das sich schon mehrmals als des Schmiedes Schutzgeist bewiesen hatte. Dieses Männchen herbergte bei dem Schmied und ließ den Esel beschlagen, was jener gern tat, ohne Lohn zu heischen. Darauf sagte das Männlein zu Peter, er solle drei Wünsche tun, aber dabei das Beste nicht vergessen. Da wünschte der Schmied, weil die Diebe ihm oft die Birnen gestohlen, es solle keiner, der auf den Birnbaum gestiegen, ohne seinen Willen wieder herunter können – und weil er auch in der Stube öfters bestohlen worden war, so wünschte er, es solle niemand ohne seine Erlaubnis in die Stube kommen können, es wäre denn durch das Schlüsselloch. Bei jedem dieser törichten Wünsche warnte das Männlein: »Vergiß das Beste nicht!«, und da tat der Schmied den dritten Wunsch, sagend: »Das Beste ist ein guter Schnaps, so wünsche ich, daß diese Bulle niemals leer werde!« – »Deine Wünsche sind gewährt«, sprach das Männchen, strich noch über einige Stangen Eisen, die in der Schmiede lagen, mit der Hand, setzte sich auf seinen Esel und ritt von dannen. Das Eisen war in blankes Silber verwandelt. Der vorher arm gewordene Schmied war wieder reich und lebte fort und fort bei gutem Wohlsein, denn die nie versiegenden Magentropfen in der Bulle waren, ohne daß er es wußte, ein Lebenselixier. Endlich klopfte der Tod an, der ihn so lange vergessen zu haben schien; der Schmied war schein-

bar auch gern bereitwillig, mit ihm zu gehen, und bat nur, ihm ein kleines Labsal zu vergönnen und ein paar Birnen von dem Baum zu holen, den er nicht selbst mehr besteigen könne aus großer Altersschwäche. Der Tod stieg auf den Baum, und der Schmied sprach: »Bleib droben!«, denn er hatte Lust, noch länger zu leben. Der Tod fraß alle Birnen vom Baum, dann gingen seine Fasten an, und vor Hunger verzehrte er sich selbst mit Haut und Haar, daher er jetzt nur noch so ein scheußlich dürres Gerippe ist. Auf Erden aber starb niemand mehr, weder Mensch noch Tier, darüber entstand viel Unheil, und endlich ging der Schmied hin zu dem klappernden Tod und akkordierte mit ihm, daß er ihn fürder in Ruhe lasse, dann ließ er ihn los. Wütend floh der Tod von dannen und begann nun auf Erden aufzuräumen. Da er sich an dem Schmied nicht rächen konnte, so hetzte er ihm den Teufel auf den Hals, daß dieser ihn hole. Dieser machte sich flugs auf den Weg, aber der pfiffige Schmied roch den Schwefel voraus, schloß seine Türe zu, hielt mit den Gesellen einen ledernen Sack an das Schlüsselloch, und wie Herr Urian hindurchfuhr, da er nicht anders in die Schmiede konnte, wurde der Sack zugebunden, zum Amboß getragen und nun ganz unbarmherziglich mit den schwersten Hämmern auf den Teufel losgepocht, daß ihm Hören und Sehen verging, er ganz mürbe wurde und das Wiederkommen auf immer verschwur. Nun lebte der Schmied noch gar lange Zeit in Ruhe, bis er, wie alle Freunde und Bekannte ihm gestorben waren, des Erdenlebens satt und müde wurde. Machte sich deshalb auf den Weg und ging nach dem Himmel, wo er bescheidentlich am Tore anklopfte. Da schaute der heilige Petrus herfür, und Peter der Schmied erkannte in ihm seinen Schutzpatron und Schutzgeist, der ihn oft aus Not und Gefahr sichtbarlich errettet und ihm zuletzt die drei Wünsche gewährt hatte. Jetzt aber sprach Petrus: »Hebe dich weg, der Himmel bleibt dir verschlossen; du hast das Beste zu erbitten vergessen: die Seligkeit!« – Auf diesen Bescheid wandte sich Peter und gedachte sein Heil in der Hölle zu versuchen und wanderte wieder abwärts, fand auch bald den rechten, breiten und vielbegangenen Weg. Wie aber der Teufel erfuhr, daß der Schmied von Jüterbog im Anzuge sei, schlug er das Höllentor ihm vor der Nase zu und setzte die Hölle gegen ihn in Verteidigungsstand. Da nun der Schmied von Jüterbog weder im Himmel noch in der Hölle seine Zuflucht fand und auf Erden es ihm nimmer gefallen wollte, so ist er hinab in den Kyffhäuser gegangen zu Kaiser Friedrichen, dem er einst gedient. Der alte Kaiser, sein Herr, freute sich, als er seinen Rüstmeister Peter kommen sah, und fragte ihn gleich, ob die Raben noch um den Turm der Burgruine Kyffhausen flögen. Und als Peter das bejahte, so seufzte der Rotbart. Der Schmied aber blieb im Berge, wo er des Kaisers Handpferd und die

Pferde der Prinzessin und die der reitenden Fräulein beschlägt, bis des Kaisers Erlösungsstunde auch ihm schlagen wird. – Und das wird geschehen nach dem Munde der Sage, wenn dereinst die Raben nicht mehr um den Berg fliegen und auf dem Ratsfeld nahe dem Kyffhäuser ein alter dürrer abgestorbener Birnbaum wieder ausschlägt, grünt und blüht. Dann tritt der Kaiser hervor mit all seinen Wappnern, schlägt die große Schlacht der Befreiung und hängt seinen Schild an den wieder grünen Baum. Hierauf geht er ein mit seinem Gesinde zu der ewigen Ruhe.

Hänsel und Gretel

Es war einmal ein armer Holzhauer, der lebte mit seiner Frau und zwei Kindern in einer dürftigen Waldhütte. Die Kinder hießen Hänsel und Gretel, und wie sie so heranwuchsen, gebrach es immer mehr den armen Leuten an Brot. Auch wurde die Zeit immer schwerer und alle Nahrung teurer, das machte den beiden Eltern große Sorge. Eines Abends, als sie ihr hartes Lager gesucht hatten, seufzte der Mann: »Ach Frau, wie wollen wir nur die Kinder durchbringen, da der Winter herankommt und wir für uns selbst nichts haben!« Und da erwiderte die Mutter: »Keinen andern Rat weiß ich, als daß du sie in den Wald führst, je eher, je lieber, gibst jedem noch ein Stücklein Brot, machst ihnen ein Feuer an, befiehlst sie dem lieben Gott und gehst hinweg.«

»O lieber Gott! wie soll ich das vollbringen an meinen eigenen Kindern, Frau?« fragte der Holzhauer bekümmert. »Nun wohl, so laß es bleiben!« fuhr die Frau böse heraus, »so kannst du eine Totenlade für uns alle viere zimmern und die Kinder Hungers sterben sehen!«

Die zwei Kinder, welche der Hunger in ihrem Moosbettchen noch wach erhielt, hörten mit an, was die Mutter und der Vater miteinander sprachen, und das Schwesterlein begann zu weinen, Hänsel aber tröstete es und sprach: »Weine nicht, Gretel, ich helfe uns schon«, wartete, bis die Alten schliefen, wischte aus der Hütte, suchte im Mondschein weiße Steinchen, verbarg sie wohl und schlich wieder herein, worauf er und das Schwesterlein bald entschlummerten.

Am Morgen geschah nun, was die Eltern vorher besprochen. Die Mutter reichte jedem Kind ein Stück Brot und sagte: »Das ist für heute alles; haltet's zu Rate.« Gretel trug das Brot, Hänsel trug heimlich seine Steinchen, der Vater hatte seine Holzaxt im Arm, die Mutter schloß das Haus zu und folgte mit einem Wasserkruge nach. Hänsel machte sich hinter die Mutter, so daß er der letzte war auf dem Wege, guckte oft zurück nach dem Häuschen, und wie er es nicht sah, ließ er gleich ein weißes Steinchen fallen und nach ein paar Schritten wieder eins und so immer fort.

Nun waren alle mitten in dem tiefen Walde, und da machte der Vater ein Feuer an, wozu die Kinder des Reisigs viel herbeitrugen, und die Mutter sagte zu den Kindern: »Ihr seid wohl müde, jetzt legt euch an das Feuer und schlaft, indes wir Holz fällen, nachher kommen wir wieder und holen euch ab.«

Die Kinder schlummerten ein wenig, und als sie erwachten, stand die Sonne hoch im Mittag, das Feuer war abgebrannt, und da Hänsel und Gretel Hunger hatten, verzehrten sie ihr Stücklein Brot. Wer nicht kam, das waren die Eltern. Und nachher sind die Kinder wieder eingeschlafen, bis es dunkel wurde, da waren sie noch immer allein, und Gretel fing an zu weinen und sich zu fürchten. Hänsel tröstete sie aber und sagte: »Fürchte dich nicht, Schwester, der liebe Gott ist ja bei uns, und bald geht der Mond auf, da gehen wir heim.«

Und wirklich ging bald darauf der Mond in voller Pracht auf und leuchtete den Kindern auf den Heimweg und beglänzte die silberweißen Kieselsteine. Hänsel faßte Gretel bei der Hand, und so gingen die Kinder miteinander fort ohne Furcht und ohne Unfall, und wie der frühe Morgen graute, da sahen sie des Vaters Dach durch die Büsche schimmern, kamen an das Waldhäuslein und klopften an. Wie die Mutter die Tür öffnete, erschrak sie ordentlich, als sie die Kinder sah, wußte nicht, ob sie schelten oder sich freuen sollte, der Vater aber freute sich, und so wurden die beiden Kinder wieder mit Gottwillkommen in das Häuslein eingelassen.

Es währte aber gar nicht lang, so wurde die Sorge aufs neue laut, und jenes Gespräch und der Beschluß, die Kinder in den Wald zu führen und sie dort allein und in des Himmels Fürsorge zu lassen, wiederholten sich. Wieder hörten die Kinder das traurige Gespräch mit an, bekümmerten Herzens, und der kluge Hänsel machte sich vom Lager auf, wollte wieder blanke Steine suchen, aber da war die Türe des Waldhäusleins fest verschlossen, denn die Mutter hatte es gemerkt und darum die Türe zugemacht. Doch tröstete Hänsel abermals das weinende Schwesterlein und sagte: »Weine nicht, lieb Gretel, der liebe Gott weiß alle Wege, wird uns schon den rechten führen.«

Am andern Morgen in der Frühe mußten alle aufstehen, wieder in den Wald zu wandern, und da empfingen die Kinder wieder Brot, noch kleinere Stücklein wie zuvor, und der Weg ging noch tiefer in den Wald hinein; Hänslein aber zerbröckelte heimlich sein Brot in der Tasche und streute statt jener Steine Krümlein auf den Weg, meinte, danach sich mit dem Schwesterchen wohl zurückzufinden. Und nun geschah alles, wie zuvor auch; ein großes Feuer wurde entzündet, und die Kinder mußten wieder schlafen, und wie sie aufwachten, waren sie allein, und die Eltern kamen nimmer wieder. Und der Mittag kam, und Gretel teilte ihr Stückchen Brot mit Hänsel, weil der seines verstreut in lauter Bröselein auf dem Weg, und dann schliefen sie wieder ein und erwachten abends verlassen und einsam. Gretel weinte, Hänsel aber war gottgetrost, meinte, den Weg durch die Brotbröselein wohl zu finden, wartete, bis der Mond aufgegangen war, nahm dann die Gretel bei der Hand und sprach zu ihr: »Komm, Schwester, nun gehen wir heim.«

Aber wie Hänsel die Krümlein suchte, war ihrer keines mehr da, denn die Waldvögelein hatten alle, alle aufgepickt und sie sich wohl schmecken lassen. Und da wanderten die Kinder die ganze Nacht durch den Wald, kamen bald vom Wege ab, verirrten sich und waren sehr traurig. Endlich schliefen sie ein auf weichem Moos und erwachten hungrig, wie der Morgen graute, denn sie hatten keinen Bissen Brot

mehr und mußten ihren Durst und Hunger nur mit den schönen Waldbeeren stillen, die da und dort standen. Und wie sie so im Walde herumirrten, ohne Weg und Steg zu finden, siehe, da kam ein schneeweißes Vöglein geflogen, das flog immer vor ihnen her, als wenn es den Kindern den Weg zeigen wollte, und sie gingen dem Vöglein fröhlich nach. Mit einem Male sahen sie ein kleines Häuschen, auf dessen Dach das Vöglein flog; es pickte darauf, und wie die Kinder ganz nahe daran waren, konnten sie sich nicht genug freuen und wundern, denn das Häuschen bestand aus Brot, davon waren die Wände, das Dach war mit Eierkuchen gedeckt, und die Fenster waren von durchsichtigen Kandiszuckertafeln. Das war den Kindern recht, sie aßen vom Häusleindach und von einer zerbrochenen Fensterscheibe. Da ließ sich plötzlich drinnen eine Stimme vernehmen, die rief:

»Knusper, knusper, kneischen!
Wer knuspert mir am Häuschen?«

Darauf antworteten die Kinder:

»Der Wind, der Wind,
Das himmlische Kind!«

und aßen weiter, denn sie waren sehr hungrig gewesen und schmeckte ihnen ganz vortrefflich.

Da ging die Tür des Häusleins auf und trat ein steinaltes, krummgebücktes, triefäugiges Mütterlein heraus von nicht geringer Häßlichkeit, Gesicht und Stirne voll Runzeln und inmitten eine große, große Nase. Hatte auch grasgrüne Augen.

Die Kinder erschraken nicht wenig, die Alte aber tat ganz freundlich und sagte: »Ei, traute Kindlein, kommt doch herein ins Häuschen, kommt doch herein! Da gibt's noch viel bessern Kuchen!«

Die Kinder folgten der Alten gerne, und drinnen trug die Alte auch auf, daß es eine Lust war. Da gab es Herz, was magst du. Biskuit und Marzipan, Zucker und Milch, Äpfel und Nüsse und köstlichen Kuchen. Und während die Kinder immerfort aßen und fröhlich waren, richtete die Alte zwei Bettchen zu von feinen Dunenkissen und lilienweißen Linnen, dahinein brachte sie die Kinder zur Ruhe, die meinten im Himmel zu sein, beteten einen frommen Abendsegen und entschliefen alsbald.

Es hatte aber mit der Alten ein gar schlimmes Bewenden. Sie war eine böse und garstige Hexe, welche die Kinder fraß, die sie durch ihr Brot- und Kuchenhäuslein anlockte, nachdem sie sie erst recht fettgefüttert.

Dies hatte sie auch mit Hänsel und Gretel im Sinne. In aller Frühe stand die Alte schon vor dem Bette der noch süß schlafenden Kinder, freute sich über ihren Fang, riß Hänsel aus dem Bette und trug ihn nach dem eng vergitterten Gänsestall, verstopfte ihm auch, damit er nicht schreie, den Mund. Dann weckte sie die arme Gretel mit Heftigkeit und schrie sie mit rauher Stimme an: »Steh auf, faule Dirne! Dein Bruder steckt im Stall, wir müssen ihm ein gutes Essen kochen, auf daß er fett wird und für mich einen guten Braten gibt!«

Da erschrak die Gretel zum Tode, weinte und schrie, half aber nichts, sie mußte gehorchen und aufstehn, Essen kochen helfen und durfte es selbst nach dem Stalle tragen und mit ihrem eingesperrten Bruder weinen. Sie selbst ward von der Hexe gar gering gehalten. Das dauerte so eine Zeit, während welcher die Alte öfters nach dem Stalle schlich und Hänsel befahl, einen Finger durch das Gitter zu stecken, damit sie fühle, ob er fett werde. Hänsel aber steckte immer ein dürres Knöchelchen heraus, und sie verwunderte sich, daß der Junge trotz dem guten Essen so mager blieb. Endlich war sie das müde und sprach zur Gretel: »Kurz und gut, heute wird er gebraten«, und machte ein mächtiges Feuer in den Backofen, der neben dem Häuschen stand, da schob sie hernach Brot hinein, damit sie frischbackenes zum Braten habe. Das Gretel wußte seines Herzens keinen Rat, und endlich hieß ihm die alte Hexe sich auf die Schiebeschaufel zu setzen und in den Backofen zu lugen, die Alte wollte sie nur ein bissel in den Ofen schieben, damit die Gretel sehe, ob das Brot braun sei, eigentlich aber wollte sie das arme Mägdlein gleich zuerst darin braten.

Da kam aber das schneeweiße Vögelein geflogen und sang: »Hüt dich, hüt dich, sieh dich für!« Und da gingen der Gretel die Augen auf, daß sie der Alten böse List durchschaute und sagte: »Zeiget mir's zuvor, wie ich's machen muß, dann will ich's tun.« Gleich setzte sich die Alte auf das Ofenbrett, und die Gretel schob am Stiel und schob sie so weit in den Backofen, als der Stiel lang war, und dann klapp, schlug sie das eiserne Türlein vor dem Ofen zu, schob den Riegel vor, und da der Ofen noch erstaunlich heiß war, mußte die alte Hexe drinnen brickeln und braten und elendiglich umkommen zum Lohn ihrer Übeltaten. Gretel aber lief zum Hänsel, ließ den aus dem Gänsestall, und der kam heraus und fiel vor Freude dem treuen Schwesterchen um den Hals, küßten sich und weinten vor Freude und dankten Gott.

Und da war das weiße Vöglein wieder da und auch viele, viele andre Waldvöglein, die flogen auf das Kuchendach des Häusleins, darauf war ein Nest, und daraus nahm jedes Vöglein ein buntes Steinchen oder eine Perle und trugen sie hin zu den Kindern, und Gretel hielt sein Schürzchen auf, daß es alle die vielen Steinchen fasse. Das schneeweiße Vöglein sang:

»Perlen und Edelstein
Für die Brotbröselein.«

Da merkten die Kinder, daß die Vöglein dankbar dafür waren, daß Hänsel Brotkrumen auf den Weg gestreut hatte, und nun flog das weiße Vöglein wieder vor ihnen her, daß es ihnen den Weg aus dem Walde zeige. Bald kamen sie an ein mächtiges Wasser, da standen sie ratlos und konnten nicht weiter und nicht darüber. Plötzlich aber kam ein großer schöner Schwan geschwommen, dem riefen die Kinder zu: »O schöner Schwan, sei unser Kahn!« Und der Schwan neigte seinen Kopf und ruderte zum Ufer und trug die Kinder, eins nach dem andern, hinüber ans andre Ufer. Das weiße Vöglein aber war schon hinübergeflattert und flog immer vor den Kindern her, bis sie endlich aus dem Walde kamen, wieder an der Eltern kleines Haus.

Der alte Holzhauer und seine Frau saßen traurig und still in dem engen Stüblein und hatten großen Kummer um die Kinder, bereueten auch viele tausendmal, daß sie dieselben fortgelassen, und seufzten: »Ach, wenn doch der Hänsel und die Gretel nur noch ein allereinzigesmal wiederkämen, ach, da wollten wir sie nimmermehr wieder allein im Walde lassen« — da ging gerade die Türe auf, ohne daß erst angeklopft worden wäre, und Hänsel und Gretel traten leibhaftig herein! Das war eine Freude! Und als nun vollends erst die kostbaren Perlen und Edelsteine zum Vorschein kamen, welche die Kinder mitbrachten, da war Freude in allen Ecken, und alle Not und Sorge hatte fortan ein Ende.

Das Rotkäppchen

Es war einmal ein gar allerliebstes, niedliches Ding von einem Mädchen, das hatte eine Mutter und eine Großmutter, die waren gar gut und hatten das kleine Ding so lieb. Die Großmutter absonderlich, die wußte gar nicht, wie gut sie's mit dem Enkelchen meinen sollte, schenkt' ihm immer dies und das und hatte ihm auch ein feines Käppchen von rotem Sammet geschenkt, das stand dem Kind so überaus hübsch, und das wußte auch das kleine Mädchen und wollte nichts andres mehr tragen, und darum hieß es bei alt und jung nur das Rotkäppchen. Mutter und Großmutter wohnten aber nicht beisammen in einem Häuschen, sondern eine halbe Stunde voneinander, und zwischen den beiden Häusern lag ein Wald. Da sprach eines Morgens die Mutter zum Rotkäppchen: »Liebes Rotkäppchen, Großmutter ist schwach und krank geworden und kann nicht zu uns kommen. Ich habe Kuchen gebacken, geh und bringe Großmutter von dem Kuchen und auch eine Flasche Wein und grüße sie recht schön von mir und sei recht vorsichtig, daß du nicht fällst und etwa die Flasche zerbrichst, sonst hätte die kranke Großmutter nichts. Laufe nicht im Walde herum, bleibe hübsch auf dem Wege und bleibe auch nicht zu lange aus.«

»Das will ich alles so machen, wie du befiehlst, liebe Mutter«, antwortete Rotkäppchen, band ihr Schürzchen um, nahm einen leichten Korb, in den es die Flasche und den Kuchen von der Mutter legen ließ, und ging fröhlichen Schrittes in den Wald hinein. Wie es so völlig arglos dahinwandelte, kam ein Wolf daher. Das gute Kind kannte noch keine Wölfe und hatte keine Furcht. Als der Wolf näher kam, sagte er: »Guten Tag, Rotkäppchen!« – »Schönen Dank, Herr Graubart!« – »Wo soll es denn hingehen so in aller Frühe, mein liebes Rotkäppchen?« fragte der Wolf. »Zur alten Großmutter, die nicht wohl ist!« antwortete Rotkäppchen. »Was willst du denn dort machen? Du willst ihr wohl was bringen?« – »Ei freilich, wir haben Kuchen gebacken, und Mutter hat mir auch Wein mitgegeben, den soll sie trinken, damit sie wieder stark wird.«

»Sage mir doch noch, mein liebes scharmantes Rotkäppchen, wo wohnt denn deine Großmutter? Ich möchte wohl einmal, wenn ich an ihrem Hause vorbeikomme, ihr meine Hochachtung an den Tag legen«, fragte der Wolf.

»Ei, gar nicht weit von hier, ein Viertelstündchen, da steht ja das Häuschen gleich am Walde, Ihr müßt ja daran vorbeigekommen sein. Es stehen Eichenbäume dahinter, und im Gartenzaun wachsen Haselnüsse!« plauderte das Rotkäppchen.

O du allerliebstes, appetitliches Haselnüßchen, du – dachte bei sich der falsche böse Wolf. Dich muß ich knacken, das ist einmal ein süßer Kern. – Und tat, als wolle er Rotkäppchen noch ein Stückchen begleiten, und sagte zu ihm: »Sieh nur, wie da drüben und dort drüben so schöne Blumen stehen, und horch nur, wie allerliebst die Vögel singen! Ja, es ist sehr schön im Walde, sehr schön, und wachsen so gute Kräuter hierinne, Heilkräuter, mein liebes Rotkäppchen.«

»Ihr seid gewiß ein Doktor, werter grauer Herr?« fragte Rotkäppchen, »weil Ihr die Heilkräuter kennt. Da könntet

Ihr mir ja auch ein Heilkraut für meine kranke Großmutter zeigen!«

»Du bist ein ebenso gutes als kluges Kind!« lobte der Wolf. »Ei freilich bin ich ein Doktor und kenne alle Kräuter, siehst du! hier steht gleich eins, der Wolfsbast, dort im Schatten wachsen die Wolfsbeeren, und hier am sonnigen Rain blüht die Wolfsmilch, dort drüben findet man die Wolfswurz.«

»Heißen denn *alle* Kräuter nach dem Wolf?« fragte Rotkäppchen.

»Die besten, nur die besten, mein liebes, frommes Kind!« sprach der Wolf mit rechtem Hohn. Denn alle, die er genannt, waren Giftkräuter. Rotkäppchen aber wollte in ihrer Unschuld der Großmutter solche Kräuter als Heilkräuter pflücken und mitbringen, und der Wolf sagte:

»Lebewohl, mein gutes Rotkäppchen, ich habe mich gefreut, deine Bekanntschaft zu machen; ich habe Eile, muß eine alte schwache Kranke besuchen!«

Und damit eilte der Wolf von dannen und spornstreichs nach dem Hause der Großmutter, während das Rotkäppchen sich schöne Waldblumen zum Strauße pflückte und die vermeintlichen Heilkräuter sammelte.

Als der Wolf an das Häuschen der Großmutter des Rotkäppchens kam, fand er es verschlossen und klopfte an. Die Alte konnte nicht vom Bette aufstehen und nachsehen, wer da sei, und rief: »Wer ist draußen?«

»Das Rotkäppchen!« rief der Wolf mit verstellter Stimme. »Die Mutter schickt der guten Großmutter Wein und auch Kuchen! Wir haben gebacken!«

»Greife unten durch das Loch in der Türe, da liegt der Schlüssel!« rief die Alte, und der Wolf tat also, öffnete die Türe, trat in das Häuschen, in das Stübchen und verschlang die Großmutter ohne weiteres – zog ihre Kleider an, legte sich in ihr Bett und zog die Decke über sich her und die Bettvorhänge zu. Nach einer Weile kam das Rotkäppchen; es war

sehr verwundert, alles so offen zu finden, da doch sonst die Großmutter sich selbst gern unter Schloß und Riegel hielt, und wurd ihm schier bänglich um das junge Herzchen.

Wie das Rotkäppchen nun an das Bett trat, da lag die alte Großmutter, hatte eine große Schlafhaube auf und war nur wenig von ihr zu sehen, und das Wenige sah gar schrecklich aus. »Ach, Großmutter, was hast du so große Ohren?« rief das Rotkäppchen. – »Daß ich dich damit gut hören kann!« war die Antwort. – »Ach, Großmutter! Was hast du für große Augen!« – »Daß ich dich damit gut sehen kann!« – »Ei, Großmutter, was hast du für haarige große Hände!« – »Daß ich dich damit gut fassen und halten kann!« – »Ach, Großmutter, was hast du für ein so großes Maul und so lange Zähne!« – »Daß ich dich damit gut fressen kann!« Und damit fuhr der ganze Wolf grimmig aus dem Bette heraus und fraß das arme Rotkäppchen. Weg war's.

Jetzt war der Wolf sehr satt, und es gefiel ihm sehr im Stübchen der Alten und in dem weichen Bett, und legte sich wieder hin und schlief ein und schnarchte, daß es klang, als schnarre ein Räderwerk in einer Mühle.

Zufällig kam ein Jäger vorbei, der hörte das seltsame Geräusch und dachte: Ei, ei, die arme alte Frau da drinnen hat einen bösen Schnarcher am Leib, sie röchelt wohl gar und liegt im Sterben! Du mußt hinein und nachsehen, was mit ihr ist. – Gedacht, getan; der Jäger ging in das Häuschen, da fand er den Herrn Isegrimm im Bette der Alten liegen, und die Alte war nirgends zu erblicken. »Bist *du* da?« sprach der Jäger und riß die Kugelbüchse von der Schulter. »Komm du her, du bist mir oft genug entlaufen!« – Schon legte er an – da fiel ihm ein: Halt – die Alte ist nicht da, am Ende hat der Unhold sie mit Haut und Haar verschlungen, war ohnedies nur ein kleines dürres Weiblein. Und da schoß der Jäger nicht, sondern er zog seinen scharfen Hirschfänger und schlitzte ganz sanft dem fest schlafenden Wolf den Bauch auf, da guckte ein rotes Käppchen heraus, und unter dem Käppchen war ein Köpfchen, und da kam das niedliche allerliebste Rotkäppchen heraus und sagte: »Guten Morgen! Ach, was war das für ein dunkles Kämmerchen da drinnen!« – Und hinter dem Rotkäppchen zappelte die alte Großmutter, die war auch noch lebendig, vielen Platz hatten sie aber nicht gehabt im Wolfsbauch. – Der Wolf schlief noch immer steinfest, und da nahmen sie Steine, gerade wie die alte Geiß im Märchen von den sieben Geißlein, füllten sie dem Wolf in den Bauch und nähten den Ranzen zu, hernach versteckten sie sich, und der Jäger trat hinter einen Baum, zu sehen, was der Wolf endlich anfangen werde. Jetzt wachte der Wolf auf, machte sich aus dem Bett heraus, aus dem Stübchen, aus dem Häuschen und humpelte zum Brunnen, denn er hatte großen Durst. Unterwegs sagte er: »Ich weiß gar nicht, ich weiß gar nicht, in meinem Bauch wackelt's hin und her, hin und her, wie Wackelstein – sollte das die Großmutter und Rotkäppchen sein?« – Und wie er an den Brunnen kam und trinken wollte, da zogen ihn die Steine, und er bekam das Übergewicht und fiel hinein und ertrank. So sparte der Jäger seine Kugel; er zog den Wolf aus dem Brunnen und zog ihm den Pelz ab, und alle drei, der Jäger, die Großmutter und das Rotkäppchen, tranken den Wein und aßen den Kuchen und waren seelenvergnügt, und die Großmutter wurde wieder frisch und gesund, und Rotkäppchen ging mit ihrem leeren Körbchen nach Hause und dachte: Du willst niemals wieder vom Wege ab und in den Wald gehen, wenn es dir die Mutter verboten hat.

Der alte Zauberer und seine Kinder

Es lebte einmal ein böser Zauberer, der hatte vorlängst zwei zarte Kinder geraubt, einen Knaben und ein Mägdlein, mit denen er in einer Höhle ganz einsam und einsiedlerisch hauste. Diese Kinder hatte er, Gott sei's geklagt, dem Bösen zugeschworen, und seine schlimme Kunst übte er aus einem Zauberbuche, das er als seinen besten Schatz verwahrte.

Wenn es nun aber geschah, daß der alte Zauberer sich aus seiner Höhle entfernte und die Kinder allein in derselben zu-

rückblieben, so las der Knabe, welcher den Ort erspäht hatte, wohin der Alte das Zauberbuch verbarg, in dem Buche und lernte daraus gar manchen Spruch und manche Formel der Schwarzkunst und lernte selbst ganz trefflich zaubern. Weil nun der Alte die Kinder nur selten aus der Höhle ließ und sie gefangenhalten wollte bis zu dem Tage, wo sie dem Bösen zum Opfer fallen sollten, so sehnten sie sich um so mehr von dannen, berieten miteinander, wie sie heimlich entfliehen wollten, und eines Tages, als der Zauberer die Höhle sehr zeitig verlassen hatte, sprach der Knabe zur Schwester: »Jetzt ist es Zeit, Schwesterlein! Der böse Mann, der uns so hart gefangenhält, ist fort, so wollen wir uns jetzt aufmachen und von dannen gehen, so weit uns unsere Füße tragen!« Dies taten die Kinder, gingen fort und wanderten den ganzen Tag.

Als es nun gegen den Nachmittag kam, war der Zauberer nach Hause zurückgekehrt und hatte sogleich die Kinder vermißt. Alsobald schlug er sein Zauberbuch auf und las darin, nach welcher Gegend die Kinder gegangen waren, da hatte er sie wirklich fast eingeholt; die Kinder vernahmen schon seine zornig brüllende Stimme, und die Schwester war voller Angst und Entsetzen und rief: »Bruder, Bruder! Nun sind wir verloren; der böse Mann ist schon ganz nahe!« Da wandte der Knabe seine Zauberkunst an, die er gelernt hatte aus dem Buche; er sprach einen Spruch, und alsbald wurde seine Schwester zu einem Fisch, und er selbst wurde ein großer Teich, in welchem das Fischlein munter herumschwamm.

Wie der Alte an den Teich kam, merkte er wohl, daß er betrogen war, brummte ärgerlich: »Wartet nur, wartet nur, euch fange ich doch!« und lief spornstreichs nach seiner Höhle zurück, Netze zu holen und den Fisch darin zu fangen. Wie er aber von hinnen war, wurden aus dem Teich und Fisch wieder Bruder und Schwester, sie bargen sich gut und schliefen aus, und am andern Morgen wanderten sie weiter und wanderten wieder einen ganzen Tag.

Als der böse Zauberer mit seinen Netzen an die Stelle kam, die er sich wohl gemerkt hatte, war kein Teich mehr zu sehen, sondern es lag eine grüne Wiese da, in der es wohl Frösche, aber keine Fische zu fangen gab; da wurde er noch zorniger wie zuvor, warf seine Netze hin und verfolgte weiter die Spur der Kinder, die ihm nicht entging, denn er trug eine Zaubergerte in der Hand, welche ihm den richtigen Weg zeigte.

Und als es Abend war, hatte er die wandernden Kinder beinahe wieder eingeholt; sie hörten ihn schon schnauben und brüllen, und die Schwester rief wieder: »Bruder, lieber Bruder! Jetzt sind wir verloren, der böse Feind ist dicht hinter uns!«

Da sprach der Knabe wiederum einen Zauberspruch, den er aus dem Buche gelernt, und da ward aus ihm eine Kapelle am Weg und aus dem Mägdlein ein schönes Altarbild in der Kapelle.

Wie nun der Zauberer an die Kapelle kam, merkte er wohl, daß er abermals geäfft war, und lief fürchterlich brüllend um dieselbe herum; er durfte sie aber nicht betreten, weil das immer im Pakt der Zauberer mit dem Bösen stand, daß sie niemals eine Kirche oder eine Kapelle betreten durften.

»Darf ich dich auch nicht betreten, so will ich dich doch mit Feuer anstoßen und auch zu Asche brennen!« schrie der Zauberer und rannte fort, sich aus seiner Höhle Feuer zu holen.

Während er nun fast die ganze Nacht hindurch rannte, wurden aus der Kapelle und dem schönen Altarbild wieder Bruder und Schwester; sie bargen sich und schliefen, und am dritten Morgen wanderten sie weiter und wanderten den ganzen Tag, während der Zauberer, der einen weiten Weg hatte, ihnen aufs neue nachsetzte. Als er mit seinem Feuer dahin kam, wo die Kapelle gestanden, stieß er mit der Nase an einen großen Steinfelsen, der sich nicht mit Feuer anstoßen und zu Asche verbrennen ließ, und dann rannte er mit wütenden Sprüngen auf der Spur der Kinder weiter fort.

Gegen Abend war er ihnen nun ganz nahe, und zum drittenmal zagte die Schwester und gab sich verloren; aber der Knabe sprach wieder einen Zauberspruch, den er aus dem Buche gelernt, da ward er eine harte Tenne, darauf die Leute dreschen, und sein Schwesterlein war in ein Körnlein verwandelt, das wie verloren auf der Tenne lag.

Als der böse Zauberer herankam, sah er wohl, daß er zum drittenmal geäfft war, besann sich aber diesmal nicht lange, lief auch nicht erst wieder nach Hause, sondern sprach auch einen Spruch, den er aus dem Zauberbuche gelernt hatte; da ward er in einen schwarzen Hahn verwandelt, der schnell auf das Gerstenkorn zulief, um es aufzupicken; aber der Knabe sprach noch einmal einen Zauberspruch, den er aus dem Buche gelernt, da wurde er schnell ein Fuchs, packte den schwarzen Hahn, ehe er noch das Gerstenkorn aufgepickt hatte, und biß ihm den Kopf ab, da hatte der Zauberer, wie dies Märlein, gleich ein Ende.

Die Goldmaria und die Pechmaria

Es war einmal eine Witwe, die hatte zwei Töchter, eine rechte Tochter und eine Stieftochter; beide hießen Maria. Die rechte Tochter war nicht gut und fromm, dagegen war die Stieftochter ein bescheidenes, sittiges Mädchen, das aber gar viele Kränkungen und Zurücksetzungen von Mutter und Schwester erdulden mußte. Doch sie war stets freundlich, tat die Küchenarbeiten unverdrossen und weinte nur manchmal heimlich in ihrem Schlafkämmerlein, wenn sie von Mutter und Schwester so viel Unbilliges zu leiden hatte. Aber bald war sie dann allemal wieder heiter und frischen Mutes und sprach zu sich selbst: »Sei ruhig, der liebe Gott wird dir schon helfen.« Dann tat sie fleißig ihre Arbeit und machte alles nett und sauber. Ihrer Mutter arbeitete sie immer nicht genug; eines Tages sagte diese sogar: »Maria, ich kann dich nicht länger zu Hause behalten, du arbeitest wenig und issest viel, und deine Mutter hat dir kein Vermögen hinterlassen, auch dein Vater nicht, es ist alles mein, und ich kann und mag dich nicht länger ernähren, daher du ausgehen mußt, dir einen Dienst bei einer Herrschaft zu suchen.« Und sie buk von Asche und Milch einen Kuchen, füllte ein Krüglein mit Wasser, gab beides der armen Maria und schickte sie aus dem Hause.

Maria war sehr betrübt ob dieser Härte; doch schritt sie mutig durch die Felder und Wiesen und dachte: Es wird dich schon jemand als Magd aufnehmen, und vielleicht sind fremde Menschen gütiger als die eigene Mutter. Als sie Hunger fühlte, setzte sie sich ins Gras nieder, zog ihren Aschenkuchen hervor und trank aus ihrem Krüglein, und viele Vöglein flatterten herbei, pickten an ihrem Kuchen, und sie goß Wasser in ihre Hand und ließ die munteren Vöglein trinken. Und da verwandelte sich unvermerkt ihr Aschenkuchen in eine Torte, ihr Wasser in köstlichen Wein. Gestärkt und freudig zog die arme Maria weiter und kam, als es dunkel wurde, an ein seltsam gebautes Haus, davor waren zwei Tore, eins sah pechschwarz aus, das andere glänzte von purem Gold. Bescheiden ging Maria durch das minder schöne Tor in den Hof und klopfte an die Haustüre. Ein Mann von schreckbar wildem Ansehen tat die Türe auf und fragte barsch nach ihrem Begehren. Sie sprach zitternd: »Ich wollte nur fragen, ob Ihr nicht so gütig sein möchtet, mich über Nacht zu beherbergen?« Und der Mann brummte: »Komm herein!« Sie folgte ihm und bebte noch mehr zusammen, als sie drinnen im Zimmer nichts weiter sah und hörte als Hunde und Katzen und deren abscheuliches Geheul. Es war außer dem wilden Türschemann (so hieß dieser Mensch) niemand weiter in dem ganzen Hause.

Nun brummte der Türschemann der Maria zu: »Bei wem willst du schlafen, bei mir oder bei Hunden und Katzen?« Maria sprach: »Bei Hunden und Katzen.« Da mußte sie aber gerade neben ihm schlafen, und er gab ihr ein schönes weiches Bette, daß Maria ganz herrlich und ruhig schlief. Am Morgen brummte Türschemann: »Mit wem willst du frühstücken, mit mir oder mit Hunden und Katzen?« Sie sprach: »Mit Hunden und Katzen.« Da mußte sie mit ihm trinken, Kaffee und süßen Rahm. Wie Maria fortgehen wollte, brummte Türschemann abermals: »Zu welchem Tor willst du hinaus, zum Goldtor oder zum Pechtor?«, und sie sprach: »Zum Pechtor.« Da mußte sie durchs goldene gehen, und wie sie durchging, saß Türschemann oben darauf und schüttelte so derb, daß das Tor erzitterte und daß Maria ganz von Gold überdeckt war, das von dem Goldtore auf sie herabfiel.

Nun ging sie wieder heim, und ins elterliche Haus eintretend, kamen ihre Hühner, die sie sonst immer gefüttert, ihr freudig entgegengeflogen und -gelaufen, und der Hahn schrie: »Kikiriki, da kommt die Goldmarie! Kikiriki!« Und ihre Mutter kam die Treppe herunter und knixte so ehrfurchtsvoll vor der goldenen Dame, als wenn es eine Prinzessin wäre, die ihr die Ehre ihres Besuches schenkte. Aber Maria sprach: »Liebe Mutter, kennst du mich denn nicht mehr? Ich bin ja die Maria.«

Jetzt kam auch die Schwester, ganz erstaunt und verwundert wie die Mutter und beide voll Neides, und Maria mußte erzählen, wie wunderbar es ihr ergangen und wie sie zu dem Golde gekommen war.

Nun nahm sie ihre Mutter wohl auf und hielt sie auch besser wie zuvor, und Maria wurde von jedermann geehrt und geliebt; bald fand sich auch ein braver junger Mann, der Marien als Gattin heimführte und glücklich mit ihr lebte.

Der andern Maria aber wuchs der Neid im Herzen, und sie beschloß, auch fortzugehen und übergoldet wiederzukommen. Ihre Mutter gab ihr süßen Kuchen und Wein mit auf die Reise, und wie Maria davon aß und Vöglein geflogen kamen, um auch mit zu schmausen, jagte sie dieselben ärgerlich fort. Ihr Kuchen aber verwandelte sich unvermerkt in Asche und ihr Wein in mattes Wasser. Am Abend kam Maria ebenfalls an Türschemanns Tore; sie ging stolz zu dem goldenen hinein und klopfte dann an die Haustüre. Wie Türschemann auftat und nach ihrem Begehren fragte, sagte sie schnippisch: »Nun, ich will hier übernachten.« Und er brummte: »Komm herein!« Dann fragte er auch sie: »Bei wem willst du schlafen, bei mir oder bei Hunden und Katzen?« Sie sagte schnell: »Bei Euch, Herr Türschemann!« Aber er führte sie in die Stube, wo Hunde und Katzen schliefen, und schloß sie hinein. Am Morgen war Mariens Angesicht häßlich zerkratzt und zerbissen. Türschemann brummte wieder: »Mit wem willst du Kaffee trinken, mit mir oder mit Hunden und Katzen?« – »Ei, mit Euch«, sagte sie, und mußte nun gerade wieder mit Katzen und Hunden trinken. Nun wollte sie fort. Türschemann brummte abermals: »Zu welchem Tor willst du hinaus, zum Goldtor oder zum Pechtor?«, und sie sagte: »Zum Goldtor, das versteht sich!« Aber dieses wurde sogleich verschlossen, und sie mußte zum Pechtor hinaus, und Türschemann saß obendrauf, rüttelte und schüttelte, daß das Tor wackelte, und da fiel so viel Pech auf Marien herunter, daß sie über und über voll wurde.

Als nun Maria voll Wut ob ihres häßlichen Ansehens nach Hause kam, krähte der Gluckhahn ihr entgegen: »Kikiriki, da kommt die Pechmarie! Kikiriki!« Und ihre Mutter wandte sich voll Abscheu von ihr und konnte nun ihre häßliche Tochter nicht vor den Leuten sehen lassen, die hart gestraft blieb darum, daß sie so auf Gold erpicht gewesen.

Gevatter Tod

Es lebte einmal ein sehr armer Mann, hieß Klaus, dem hatte Gott eine Fülle Reichtum beschert, der ihm große Sorgen machte, nämlich zwölf Kinder, und über ein kleines, so kam noch ein Kleines, das war das dreizehnte Kind. Da wußte der arme Mann seiner Sorge keinen Rat, wo er doch einen Paten hernehmen sollte, denn seine ganze Sipp- und Magschaft hatte ihm schon Kinder aus der Taufe gehoben, und er durfte nicht hoffen, noch unter seinen Freunden eine mitleidige Seele zu finden, die ihm sein jüngstgebornes Kindlein hebe. Gedachte also an den ersten besten wildfremden Menschen sich zu wenden, zumal manche seiner Bekannten ihn in ähnlichen Fällen schon mit vieler Hartherzigkeit abschlägig beschieden hatten.

Der arme Kindesvater ging also auf die Landstraße hinaus, willens, dem ersten ihm Begegnenden die Patenstelle seines Kindleins anzutragen. Und siehe, ihm begegnete bald ein gar freundlicher Mann, stattlichen Aussehens, wohlgestaltet, nicht alt, nicht jung, mild und gütig von Angesicht, und da kam es dem Armen vor, als neigten sich vor jenem Manne die Bäume und Blümlein und alle Gras- und Getreidehalme. Da dünkte dem Klaus, das müsse der liebe Gott sein, nahm seine schlechte Mütze ab, faltete die Hände und betete ein Vaterunser. Und es war auch der liebe Gott, der wußte, was Klaus wollte, ehe er noch bat, und sprach: »Du suchst einen Paten für dein Kindlein! Wohlan, ich will es dir heben, ich, der liebe Gott!«

»Du bist allzu gütig, lieber Gott!« antwortete Klaus verzagt. »Aber ich danke dir; du gibst denen, welche haben, einem Güter, dem andern Kinder, so fehlt es oft beiden am Besten, und der Reiche schwelgt, der Arme hungert!« Auf diese Rede wandte sich der Herr und ward nicht mehr gesehen. Klaus ging weiter, und wie er eine Strecke gegangen war, kam ein Kerl auf ihn zu, der sah nicht nur aus wie der Teufel, sondern war's auch, und fragte Klaus, wen er suche? – Er suche einen Paten für sein Kindlein. – »Ei, da nimm

mich, ich mach es reich!« – »Wer bist du?« fragte Klaus. »Ich bin der Teufel!« – »Das wär der Teufel!« rief Klaus und maß den Mann vom Horn bis zum Pferdefuß. Dann sagte er: »Mit Verlaub, geh heim zu dir und zu deiner Großmutter; dich mag ich nicht zum Gevatter, du bist der Allerböseste! Gott sei bei uns!«

Da drehte sich der Teufel herum, zeigte dem Klaus eine abscheuliche Fratze, füllte die Luft mit Schwefelgestank und fuhr von dannen. Hierauf begegnete dem Kindesvater abermals ein Mann, der war spindeldürr wie eine Hopfenstange, so dürr, daß er klapperte; der fragte auch: »Wen suchst du?« und bot sich zum Paten des Kindes an. »Wer bist du?« fragte Klaus. »Ich bin der Tod!« sprach jener mit ganz heiserer Stimme. – Da war der Klaus zum Tod erschrocken, doch faßte er sich Mut, dachte: Bei dem wär mein dreizehntes Söhnlein am besten aufgehoben, und sprach: »Du bist der Rechte! Arm oder reich, du machst es gleich. Topp! Du sollst mein Gevattersmann sein! Stell dich nur ein zu rechten Zeit, am Sonntag soll die Taufe sein.«

Und am Sonntag kam richtig der Tod und ward ein ordentlicher Dot, das ist Taufpat des Kleinen, und der Junge wuchs und gedieh ganz fröhlich. Als er nun zu den Jahren gekommen war, wo der Mensch etwas erlernen muß, daß er künftighin sein Brot erwerbe, kam zu der Zeit der Pate und hieß ihn mit sich gehen in einen finstern Wald. Da standen allerlei Kräuter, und der Tod sprach: »Jetzt, mein Pat, sollt du dein Patengeschenk von mir empfahen. Du sollt ein Doktor über alle Doktoren werden durch das rechte wahre Heilkraut, das ich dir jetzt in die Hand gebe. Doch merke, was ich dir sage. Wenn man dich zu einem Kranken beruft, so wirst du meine Gestalt jedesmal erblicken. Stehe ich zu Häupten des Kranken, so darfst du versichern, daß du ihn gesund machen wollest, und ihn von dem Kraute eingeben; wenn er aber Erde kauen muß, so stehe ich zu des Kranken Füßen; dann sage nur: Hier kann kein Arzt der Welt helfen und auch ich nicht. Und brauche ja nicht das Heilkraut gegen meinen mächtigen Willen, so würde es dir übel ergehen!«

Damit ging der Tod von hinnen und der junge Mensch auf die Wanderung, und es dauerte gar nicht lange, so ging der Ruf vor ihm her und der Ruhm, dieser sei der größte Arzt auf Erden, denn er sahe es gleich den Kranken an, ob sie leben oder sterben würden. Und so war es auch. Wenn dieser Arzt den Tod zu des Kranken Füßen erblickte, so seufzte er und sprach ein Gebet für die Seele des Abscheidenden; erblickte er aber des Todes Gestalt zu Häupten, so gab er ihm einige Tropfen, die er aus dem Heilkraut preßte, und die Kranken genasen. Da mehrte sich sein Ruhm von Tage zu Tage.

Nun geschah es, daß der Wunderarzt in ein Land kam, dessen König schwer erkrankt darniederlag, und die Hofärzte gaben keine Hoffnung mehr seines Aufkommens. Weil aber die Könige am wenigsten gern sterben, so hoffte der alte König noch ein Wunder zu erleben, nämlich daß der Wunderdoktor ihn gesund mache, ließ diesen berufen und versprach ihm den höchsten Lohn. Der König hatte aber eine Tochter, die war so schön und so gut wie ein Engel.

Als der Arzt in das Gemach des Königs kam, sah er zwei Gestalten an dessen Lager stehen, zu Häupten die schöne weinende Königstochter und zu Füßen den kalten Tod. Und die Königstochter flehte ihn so rührend an, den geliebten Vater zu retten, aber die Gestalt des finstern Paten wich und wankte nicht. Da sann der Doktor auf eine List. Er ließ von raschen Dienern das Bette des Königs schnell umdrehen und gab ihm geschwind einen Tropfen vom Heilkraut, also daß der Tod betrogen war und der König gerettet. Der Tod wich erzürnt von hinnen, erhob aber drohend den langen knöchernen Zeigefinger gegen seinen Paten.

Dieser war in Liebe entbrannt gegen die reizende Königstochter, und sie schenkte ihm ihr Herz aus inniger Dankbarkeit. Aber bald darauf erkrankte sie schwer und heftig, und der König, der sie über alles liebte, ließ bekanntmachen, welcher Arzt sie gesund mache, der solle ihr Gemahl und hernach König werden. Da flammte eine hohe Hoffnung durch des Jünglings Herz, und er eilte zu der Kranken – aber zu ihren Füßen stand der Tod. Vergebens warf der Arzt seinem Paten flehende Blicke zu, daß er seine Stelle verändern und ein wenig weiter hinauf, womöglich bis zu Häupten der Kranken treten möge. Der Tod wich nicht von der Stelle, und die Kranke schien im Verscheiden, doch sah sie den Jüngling um ihr Leben flehend an. Da übte des Todes Pate noch einmal seine List, ließ das Lager der Königstochter schnell umdrehen und gab ihr geschwind einige Tropfen vom Heilkraut, so daß sie wieder auflebte und den Geliebten dankbar anlächelte. Aber der Tod warf seinen tödlichen Haß auf den

Jüngling, faßte ihn an mit eiserner eiskalter Hand und führte ihn von dannen in eine weite unterirdische Höhle. In der Höhle da brannten viele tausend Kerzen, große und halbgroße und kleine und ganz kleine; viele verloschen und andere entzündeten sich, und der Tod sprach zu seinem Paten: »Siehe, hier brennt eines jeden Menschen Lebenslicht; die großen sind den Kindern, die halbgroßen sind den Leuten, die in den besten Jahren stehen, die kleinen den Alten und Greisen, aber auch Kinder und Junge haben oft nur ein kleines, bald verlöschendes Lebenslicht.«

»Zeige mir doch das meine!« bat der Arzt den Tod, da zeigte dieser auf ein ganz kleines Stümpchen, das bald zu erlöschen drohte. »Ach, liebster Pate!« bat der Jüngling, »wolle mir es doch erneuen, damit ich meine schöne Braut, die Königstochter, freien, ihr Gemahl und König werden kann!« — »Das geht nicht!« versetzte kalt der Tod. »Erst muß eins ganz ausbrennen, ehe ein neues auf- und angesteckt wird.«

»So setze doch gleich das alte auf ein neues!« sprach der Arzt — und der Tod sprach: »Ich will so tun!« Nahm ein langes Licht, tat als wollte er es aufstecken, versah es aber absichtlich und stieß das kleine um, daß es erlosch. In demselben Augenblick sank der Arzt um und war tot.

Wider den Tod kein Kraut gewachsen ist.

Hirsedieb

In einer Stadt wohnte ein sehr reicher Kaufmann, der hatte am Haus einen großen und prächtigen Garten, in dem auch ein Stück Land mit Hirse besäet war. Da nun dieser Kaufmann einmal in seinem Garten herumspazierte – es war zur Frühjahrszeit, und der Same stand frisch und kräftig –, so sah er zu seinem größten Ärger und Verdruß, daß verwichene Nacht von frecher Diebeshand ein Teil von seinem Hirsesamen abgegrast worden war, und gerade dieses Gartenäckerlein, darauf er alle Jahre Hirse hinsäete, war ihm ganz besonders lieb, wie manchmal die Menschen eine ausschließliche Vorliebe für eine Sache haben. Er beschloß, den Dieb zu fangen und dann nachdrücklich zu strafen oder dem Gericht zu übergeben. Daher er seine drei Söhne, Michel, Georg und Johannes, zu sich rief und sprach: »Heute nacht war ein Dieb in unserm Garten und hat mir einen Teil Hirsesamen abgegrast, was mich höchlich ärgert. Dieser Frevler muß gefangen werden und soll mir büßen! Ihr, meine Söhne, mögt nun wachen die Nächte hindurch, einer um den andern, und welcher den Dieb fängt, soll von mir eine stattliche Belohnung bekommen.« Der Älteste, Michel, wachte die erste Nacht; er nahm sich etliche geladene Pistolen und einen scharfen Säbel, auch zu essen und zu trinken mit, hüllte sich in einen warmen Mantel und setzte sich hinter einen blühenden Holunderbusch, hinter dem er bald hart und fest einschlief. Wie er am hellen Morgen erwachte, war ein noch größeres Stück Hirsesamen abgegrast als in voriger Nacht. Und wie nun der Kaufmann in den Garten kam und das sahe und merkte, daß sein Sohn, anstatt zu wachen und den Dieb zu fangen, geschlafen hatte, ward er noch ärgerlicher und schalt und höhnte ihn als einen braven Wächter, der ihm samt seinen Pistolen und Säbel selbst gestohlen werden könne!

Die andre Nacht wachte Georg; dieser nahm sich nebst den Waffen, die sein Bruder vorige Nacht bei sich geführt, auch noch einen Knittel und starke Stricke mit. Aber der gute Wächter Georg schlief ebenfalls ein und fand am Morgen, daß der Hirsedieb wieder tüchtig gegraset hatte. Der Vater ward ganz wild und sagte: »Wenn der dritte Wächter ausgeschlafen hat, wird die Hirsesaat vollends zum Kuckuck sein, und es wird dann keines Wächters mehr bedürfen!«

Die dritte Nacht kam nun an Johannes die Reihe. Dieser nahm trotz allem Zureden keine Waffen mit; doch hatte er sich im geheimen mit recht probaten Waffen gegen den Schlaf versehen; er hatte sich Disteln und Dornen gesucht und diese, als er sich abends in den Garten an seinen Wächterplatz verfügt, vor sich aufgebaut. Wenn er nun einnicken wollte, stieß er allemal mit der Nase an die Stacheln und wurde gleich wieder munter. Als die Mitternacht herbeikam, hörte er ein Getrappel, es kam näher und näher, machte sich in den Hirsesamen, und da hörte Johannes ein recht fleißiges Abraufen. Halt, dachte er, da hab ich dich! und er zog einen Strick aus der Tasche, schob leise die Dornen zurück und schlich dem Dieb vorsichtig näher. Als er hinzukam – wer hätte sich das vermutet? –, war der Dieb – ein allerliebstes kleines Pferdchen. Johannes war innerlich erfreut; hatte auch mit dem Einfangen gar keine Mühe; das Tierchen folgte ihm willig zum Stall, den Johannes fest verschloß. Und nun konnte er noch ganz gemach in seinem Bette ausschlafen. Früh, als seine Brüder aufstiegen und hinunter in den Garten gehen wollten, sahen sie mit Staunen, daß Johannes in seinem Bette lag und schlief. Da weckten sie ihn und verhöhnten ihn mit allerlei Neckreden, daß er der beste Wächter sei, da er sogar nicht einmal die Nacht ausgehalten habe auf seiner Wache. Aber Johannes sagte: »Seid ihr nur ganz stille, ich will euch den Hirsedieb schon zeigen.« Und sein Vater und seine Brüder mußten ihm zum Stalle folgen, wo das wunderseltsame Pferdlein stand, von dem niemand zu sagen wußte, woher es gekommen und wem es zugehöre. Es war allerliebst anzusehen, von zartem und schlankem Bau und dazu ganz silberweiß. Da hatte der Kaufmann eine große Freude und schenkte seinem wackern Johannes das Pferdchen als Belohnung, der nahm es freudig an und nannte es Hirsedieb.

Bald vernahmen die Brüder, daß eine schöne Prinzessin verzaubert wäre im Schloß, das auf dem gläsernen Berge stehe, zu welchem niemand wegen der großen Glätte emporklimmen könne. Wer aber glücklich hinauf und dreimal um das Schloß herumreite, der erlöse die schöne Prinzessin und bekomme sie zur Gemahlin. Gar unendlich viele hätten schon den Bergritt probiert, wären aber alle wieder herabgestürzt und lägen tot umher.

Diese Wundermär erscholl durchs ganze Land, und auch die drei Brüder bekamen Lust, ihr Glück zu versuchen, nach dem gläsernen Berg zu reiten und – womöglich die schöne Prinzessin zu gewinnen. Michel und Georg kauften sich junge, starke Pferde, deren Hufeisen sie tüchtig schärfen ließen, und Johannes sattelte seinen kleinen Hirsedieb, und so ging es aus zum Glücksritt. Bald erreichten sie den gläsernen Berg, der Älteste ritt zuerst, aber ach – sein Roß glitt aus, stürzte mit ihm nieder, und beide, Roß und Mann, vergaßen das Wiederaufstehen. Der zweite ritt, aber ach – sein Roß glitt aus, stürzte mit ihm nieder, und beide, Mann und Roß, vergaßen auch das Aufstehen. Nun ritt Johannes, und es ging

trapp, trapp, trapp, trapp, trapp, und sie waren dreimal ums Schloß herum, als wenn Hirsedieb schon hundertmal diesen gefährlichen Weg gelaufen wäre. Nun standen sie vor der Schloßtüre; diese ging auf, und es trat die reizendschöne Prinzessin heraus; sie war ganz in Seide und Gold gekleidet und breitete freudig die Arme gegen Johannes aus. Und derselbe stieg schnell vom Pferdlein und eilte, die holde Prinzessin und somit sein ganzes überaus großes Glück zu umfangen.

Und die Prinzessin wandte sich zum Pferdlein, liebkosete dasselbe und sprach: »Ei, du kleiner Schelm, warum warst du mir denn entlaufen, daß ich nicht mehr die einzige Nachtstunde, die mir vergönnet war, unten auf der grünen Erde zu weilen, genießen konnte, da du mich nicht mehr den gläsernen Berg hinunter- und wieder herauftrugst? Nun darfst du uns nimmermehr verlassen.« – Und da ward Johannes gewahr, daß sein Hirsediebchen das Zauberpferdlein seiner himmelschönen Prinzessin war. Seine Brüder kamen wieder auf von ihrem Fall, Johannes aber sahen sie nicht wieder, denn der lebte glücklich und allen Erdensorgen entrückt mit seinem Engel im Zauberschloß auf dem gläsernen Berge, aber auch zu diesem Berge fand kein Menschenkind mehr den Weg, weil der Zauber gelöst und die Prinzessin von ihrem Bann befreit worden war durch ihr kluges Rößlein, das den rechten Befreier und Gemahl ihr zugetragen.

Der goldne Rehbock

Es waren einmal zwei arme Geschwister, ein Knabe und ein Mädchen, das Mädchen hieß Margarete, der Knabe hieß Hans. Ihre Eltern waren gestorben, hatten ihnen auch gar kein Eigentum hinterlassen, daher sie ausgehen mußten, um durch Betteln sich fortzubringen. Zur Arbeit waren beide noch zu schwach und klein; denn Hänschen zählte erst zwölf Jahre, und Gretchen war noch jünger. Des Abends gingen sie vors erste beste Haus, klopften an und baten um ein Nachtquartier, und vielmal waren sie schon von guten mildtätigen Menschen aufgenommen, gespeiset und getränket worden; auch hatte mancher und manche Barmherzige ihnen ein Kleidungsstückchen zugeworfen.

So kamen sie einmal des Abends vor ein Häuschen, welches einzeln stand; da klopften sie ans Fenster, und als gleich darauf eine alte Frau heraussah, fragten sie diese, ob sie hier nicht über Nacht bleiben dürften. Die Antwort war: »Meinetwegen, kommt nur herein!« Aber wie sie eintraten, sprach die Frau: »Ich will euch wohl über Nacht behalten, aber wenn es

mein Mann gewahr wird, so seid ihr verloren; denn er isset gern einen jungen Menschenbraten, daher er alle Kinder schlachtet, die ihm vor die Hand kommen!« Da wurde den Kindern sehr angst; doch konnten sie nunmehr nicht weiter, es war schon ganz dunkle Nacht geworden. So ließen sie sich gutwillig von der Frau in ein Faß verstecken und verhielten sich ruhig. Einschlafen konnten sie aber lange nicht, zumal da sie nach einer Stunde die schweren Tritte eines Mannes vernahmen, der wahrscheinlich der Menschenfresser war. Des wurden sie bald gewiß, denn jetzt fing er an, mit brüllender Stimme auf seine Frau zu zanken, daß sie keinen Menschenbraten für ihn zugerichtet. Am Morgen verließ er das Haus wieder und tappte so laut, daß die Kinder, die endlich doch eingeschlummert waren, darüber erwachten.

Als sie von der Frau etwas zu frühstücken bekommen hatten, sagte diese: »Ihr Kinder müßt nun auch etwas tun, da habt ihr zwei Besen, geht oben hinauf und kehrt mir meine Stuben aus, deren sind zwölf, aber ihr kehret davon nur elf, die zwölfte dürft ihr um's Himmelswillen nicht aufmachen. Ich will derzeit einen Ausgang tun. Seid fleißig, daß ihr fertig seid, wenn ich wiederkomme.« Die Kinder kehrten sehr emsig, und bald waren sie fertig. Nun mochte Gretchen doch gar zu gerne wissen, was in der zwölften Stube wäre, das sie nicht sehen sollten, weil ihnen verboten war, die Stube zu öffnen. Sie guckte ein wenig durchs Schlüsselloch und sah da einen herrlichen kleinen goldenen Wagen, mit einem goldenen Rehbock bespannt. Geschwind rief sie Hänschen herbei, daß er auch hineingucken sollte. Und als sie sich erst tüchtig umgesehen, ob die Frau nicht heimkehre, und da von dieser nichts zu sehen war, schlossen sie schnell die Türe auf, zogen den Wagen samt Rehbock heraus, setzten drunten sich hinein in den Wagen und fuhren auf und davon. Aber nicht lange, so sahen sie von weitem die alte Frau und auch den Menschenfresser sich entgegenkommen, gerade des Wegs, den sie mit dem geraubten Wagen eingeschlagen hatten. Hänslein sprach: »Ach, Schwester, was machen wir? Wenn uns die beiden Alten entdecken, sind wir verloren.« — »Still!« sprach Gretchen, »ich weiß ein kräftiges Zaubersprüchlein, welches ich noch von unsrer Großmutter gelernt habe:

Rosenrote Rose sticht;
Siehst du mich, so sieh mich nicht!«

und alsbald waren sie verwandelt in einen Rosenstrauch. Gretchen wurde zur Rose, Hänslein zu Dornen, der Rehbock zum Stiele, der Wagen zu Blättern.

Nun kamen beide, der Menschenfresser und seine Frau, dahergegangen, und letztere wollte sich die schöne Rose abbrechen, aber sie stach sich so sehr, daß ihre Finger bluteten und sie ärgerlich davonging. Wie die Alten fort waren, machten sich die Kinder eilig auf und fuhren weiter und kamen bald an einen Backofen, der voll Brot stund. Da hörten sie aus demselben eine hohle Stimme rufen: »Rückt mir mein Brot, rückt mir mein Brot.« Schnell rückte Gretchen das Brot und tat es in ihren Wagen, worauf sie weiterfuhren. Da kamen sie an einen großen Birnbaum, der voll reifer schöner Früchte hing, aus diesem tönte es wieder: »Schüttelt mir meine Birnen, schüttelt mir meine Birnen!« Gretchen schüttelte sogleich, und Hänschen half gar fleißig auflesen und die Birnen in den goldenen Wagen schütten. Und wieder kamen sie an einen Weinstock, der rief mit angenehmer Stimme: »Pflückt mir meine Trauben, pflückt mir meine Trauben!« Gretchen pflückte auch diese und packte sie in ihren Wagen.

Unterdessen aber waren der Menschenfresser und seine Frau daheim angelangt und hatten mit Ingrimm wahrgenommen, daß die Kinder ihren goldenen Wagen samt Rehbock gestohlen, gerade wie diese beiden ebenfalls vor langen Jahren Wagen und Rehbock gestohlen und noch dazu bei dem Diebstahl auch einen Mord begangen hatten, nämlich den rechtmäßigen Eigentümer erschlagen. Der mit dem Rehbock bespannte Wagen war nicht nur an und für sich von großem Wert, sondern er besaß auch noch die vortreffliche Eigenschaft, daß, wo er hinkam, von allen Seiten Gaben gespendet wurden, von Baum und Beerstrauch, von Backofen und Weinstock. So hatten denn die Leute, der Menschenfresser und seine Frau, lange Jahre den Wagen, wenn auch auf unrechtmäßige Weise, besessen, hatten sich gute Eßwaren spenden lassen und dabei herrlich und in Freuden gelebt. Da sie nun sahen, daß sie ihres Wagens beraubt waren, machten sie sich flugs auf, den Kindern nachzueilen und ihnen die köstliche Beute wieder abzujagen. Dabei wässerte dem Menschenfresser schon der Mund nach Menschenbraten; denn die Kinder wollte er sogleich fangen und schlachten. Mit weiten Schritten eilten die beiden Alten den Kindern nach und wurden dieselben bald von ferne ansichtig, weil sie vorausfuhren. Die Kinder kamen jetzt an einen großen Teich und konnten nicht weiter, auch war weder eine Fähre noch eine Brücke da, daß sie hinüber hätten flüchten können. Nur viele Enten waren darauf zu sehen, die lustig umherschwammen. Gretchen lockte diese ans Ufer, warf ihnen Futter hin und sprach:

»Ihr Entchen, ihr Entchen, schwimmt zusammen,
Macht mir ein Brückchen, daß ich hinüber kann
kommen!«

Da schwammen die Enten einträchtiglich zusammen, bildeten eine Brücke, und die Kinder samt Rehbock und Wagen kamen gücklich ans andere Ufer. Aber flugs hinterdrein kam auch der Menschenfresser und brummte mit häßlicher Stimme:

»Ihr Entchen, ihr Entchen, schwimmt zusammen,
Macht mir ein Brückchen, daß ich hinüber kann
kommen!«

Schnell schwammen die Entchen zusammen und trugen die beiden Alten hinüber – meint ihr? Nein! in der Mitte des Teiches, da das Wasser am tiefsten war, schwammen die Entchen auseinander, und der böse Menschenfresser nebst seiner Alten plumpten in die Tiefe und kamen um. Und Hänschen und Gretchen wurden sehr wohlhabende Leute, aber sie spendeten auch von ihrem Segen den Armen viel und taten viel Gutes, weil sie immer daran dachten, wie bitter es gewesen, da sie noch arm waren und betteln gehen mußten.

Vom Zornbraten

Es war einmal ein Ritter, der hatte neben vielem Geld und Gut ein böses Weib, das wußte er nimmer zu bemeistern, und war schier auf Erden kein ärger Weib zu finden. Er aber war ehrenhaft und sanften Muts. Beide hatten eine einzige Tochter, und die erzog die Mutter also in ihren eignen bösen Sitten und nach ihrem Schlag, daß sie arg und karg, mückisch und tückisch wurde. Gleichwohl hatte Gott das Maidlein zu einer schönen Jungfrau gebildet, daß wer sie schaute, dem däuchte sie ein Bild voll minniglicher Güte, wer aber näher mit ihr bekannt wurde, der nahm bald ihre Argheit wahr und mied sie gänzlich. Nun war die Jungfrau achtzehn Jahre alt und hätte gern einen Mann genommen, aber keiner kam, der ihrer begehrt hätte.

Das bekümmerte den Vater mächtiglich, und eines Tages sprach er zu ihr: »Tochter, deiner Mutter Sitten und ihr übler Rat machen, daß du ohne Mann bleibest, oder aber, so einer dich nimmt, der nicht Lust hat, wie ich, böse Weibertücken geduldig zu tragen, so wirst du öfter geschlagen, als das Jahr Tage zählt, und wird dich noch baß gereuen, daß du so in allen Stücken deiner Mutter gefolgt bist und gefolgt hast.«

Das hörte die Tochter des frommen Ritters sehr ungern und sprach zorniglich: »Ei, Herr Vater! Ihr könnt viel reden, ehe mir Eurer Worte auch nur eins gefällt! Ihr habt meiner Mutter auch immer viel zu viel gute Lehren gegeben, die sie Euch nicht danket. Wißt Ihr was? Tut, was Euch gut dünket, und mich lasset gewähren. Denn wenn auch schon morgen ein Freier käme, der mein begehrte, so wollte ich doch allezeit in der Ehe das längere Messer tragen.«

»O meine Tochter!« antwortete der Rittersmann, »das dünkt mich nicht gut, daß du solche Gedanken hast. Du solltest doch darauf denken, besser zu sein wie deine arge Mutter, sonst könnte es wohl kommen, daß du einen Mann bekämest, der so biderb und fromm ist, daß er dich bezwingt und du hernach mit Scham, mit Schimpf und Schande nachgeben mußt.«

»Ei, jawohl!« antwortete die Tochter. »Eh der Markt aus ist, gibt es noch mehr selben Kofents zu kaufen!« und solche häßliche Spottreden mehr, die sie dem Vater gab, so daß er zornig ausrief: »O du böse Kriemhild! So du deinem Vater nicht folgen willt, so soll dir dein Rücken satt von Schlägen werden! Wer immer dein begehre, er sei Ritter oder sei Knecht, der soll dich haben und soll dich ziehen nach seinem Willen!«

»Oder ich ihn nach dem meinen!« erwiderte trotzig die Tochter und andere Reden mehr, bis dieser Wortwechsel endete.

Nun saß etwa drei Meilen weit von der Burg dieses guten Ritters ein anderer Rittersmann, der war reich an Geld und Gut und hatte Freiersgedanken, war auch hübsch vom Angesicht und höflich von Sitten, der vernahm auf Fragen und Sagen, wie schön und wie häßlich zugleich jenes Nachbarn Tochter sei, und dachte: Ich wag es frei und wende ihr Gemüt zur Tugend und mache sie gut, wo nicht, so will ich sie doch um ihrer Schöne wohl oder übel nehmen. Ritt darauf mit seinen Gefreunden zum Vater der Maid und bat ihn um seine Tochter. Dieser Rittersmann offenbarte dem jungen Werber, wie seine Tochter gesittet sei, und jener sprach: »Ich hab es wohl vernommen, aber gebt Ihr mir sie nur zum Weibe! Will Gott, daß wir nur ein Jahr miteinander leben, so sollt Ihr sehen, wie gut sie wird!« – Darauf antwortete der künftige Schwäher: »Gott soll Euch behüten vor ihrem Übelmut! Hütet Euch, denn wenn sie auf ihrer Mutter Spur kommt, so lebt Ihr bei ihr, wie lang sie lebe, nimmer einen guten Tag.« Der Freier beharrte aber bei seinem Entschluß, und es ward ein Übereinkommen getroffen und eine Eheberedung, daß der junge Ritter, sobald er wiederkäme, die Maid mit sich nehmen und heimführen solle.

Die Mutter wußte von dieser Verhandlung weder viel noch wenig, sondern gar nicht, daß die Tochter einem Mann verlobt war, und als sie's nun erfuhr, ward sie überaus zornig, rief die Tochter und sprach: »Tochter, wisse, daß mein Fluch dich trifft, wenn du nicht deinem Manne so widerstehst wie deinem Vater ich mit Krieg und harter Rede allezeit und an jedem Ort. Höre, was ich dir ansage: Ich war ein kleines Mägdelein, als ich zu deinem Vater kam, viel geringer als du, denn du bist vollgewachsen. Drei Wochen lang schlug mich alle Tage dein Vater, daß ich krank wurde, und gab mir Wasser zur Labe, und doch hab ich meinen Streit gewonnen und mein Recht bis da immer behauptet!«

»Mutter!« antwortete das feine Töchterlein, »ich sage Euch, und sollt ich tausend Jahre leben, so mache ich meinen Mann zum Affen.«

Inzwischen kam nun der Tag der Heimführung; da kam der Ritter heran auf einem schönen Roß von hohem Preis, führte auch mit sich ein schlankes Windspiel und trug auf der Hand einen wohlgetanen Falken, nahm die Maid in Empfang ohne weiteres und setzte sie hinter sich auf sein Roß, entsandte seine Diener alle, daß ihrer keiner mit den Zweien ritt, und nahm gleich Urlaub vom Vater seiner Braut. Der sprach zum Abschied ein bewegliches Wort: »Gottes Güte sei mit dir, o Tochter! Er gebe dir Ruhe im Glück und ein friedlicheres Herz, als ich an meiner Frau erfunden habe!«

Kaum war diese Rede gesprochen, so schlug die Mutter einen Lärmen auf und schrie der Tochter nach: »Vernimm auch mein Wort! Du sollst alle deine Lebetage deinem Mann untertan sein, so, wie ich dich gelehret habe!«, und die Tochter rief zurück: »Wohl, meine Mutter, so soll es geschehen nach deiner Lehre.«

So ritten nun die beiden ganz allein miteinander hin, aber der Ritter vermied die Straße, um der Braut Argheit willen, und ritt einen unbequemen, steilen und engen Seitenweg wohl eine Meile lang, doch ritt er rasch, daß er in kurzer Zeit eine halbe Meile zurücklegte auf dem rauhen, ungebahnten Steinpfad. Da kamen sie an einen umbuschten Werder, und der Falke begann nach seiner Art mit den Flügeln zu schlagen und von der Hand zu begehren, weil er auf Reiher stoßen wollte. Sprach der Ritter: »Mit deinem Federschlagen laß es gut sein, oder ich reiße dir den Kopf ab.« Bald darauf sah der Falke eine Krähe fliegen, der wollte er nach; da sprach wiederum der Ritter: »Du bist betrogen, wenn du nach Ungemach strebst und nicht gern in Ruhe dich hältst, und so will ich dir gleich dein Recht tun. Stirb, da du nicht meinen Willen halten willst!« Und er erwürgte den Falken wie ein Huhn.

Die Maid erschrak ob dieser Rede und der tödlichen Tat und begann den Ritter zu fürchten. Nun wurde der Pfad immer enger, steiniger und dorniger, und dem Windspiel schmerzten die Füße, und es vermochte nicht mehr, sich wie vor an des Pferdes Seite zu halten. Der Ritter, der es an einem Riemen führte, mußte es immer nachziehen, das war dem Ritter ungelegen, und er schalt das Windspiel: »Du böser Hofwart, hab acht, es kommt dir zum Unheil, daß du mir den Arm so zerziehst!« Der arme Hund vermochte aber nicht zu folgen, und da zog der Ritter sein Schwert und hieb ihn tot.

Die Maid unterdrückte einen Schrei des Unwillens, aber das Herz in der Brust erschrak ihr, es ward ihr weh zumute, und sie dachte: Herr Gott, welch ein Wütrich ist dieser

Mann! Brachte mich denn der Teufel zu ihm! – Der Ritter aber behielt das Schwert blank in der Hand und begann nun mit seinem Roß zu schelten: »Was schnaubst du? Warum gehst du nicht Paß oder Trab? Du willst wohl nur auf ebnem Plan gehen? Du mußt sterben!« Da nun das arme Roß nicht Paß traben konnte, welcher Gang ihm nie gelehrt worden war, so sprach der Ritter: »Frau, steiget ab!« Sie sprach: »Ich tue, was Ihr mich heißt.« Darauf stieg der Ritter auch ab und hieb dem Pferd das Haupt vom Rumpfe, sprechend: »Wärest du nach meinem Sinn gegangen, so wäre dir nicht der Tod geworden. Frau, dies ist geschehen, wie Ihr seht. Mir war das Pferd gar unlieb geworden wie auch Windspiel und Falke. Nun aber ist mir ein ungewohnt und beschwerlich Ding, zu Fuße zu gehn, und ich habe des keine Übung. Ich werde nun *Euch* reiten!«, und damit begann er, ihr Riemen und Bande anzulegen, und auch den Sattel wollte er ihr aufschnallen. Sie sprach: »Herr, ich trüge schon genug an Euch, lasset den Sattel und die Seile, viel herzlieber Herre mein, ich trage Euch ja sanfter und besser ohne ihn.«

»Ei, Frau, wie stände mir das an, daß ich Euch ritte ohne Sattel und Zeug?« fragte der Ritter heftig. »Ihr habt böse Sitte, daß Ihr gegen meinen Willen zu reden Euch erkühnet!« Und da ließ sie sich gefallen, daß er zur Stund sie sattelte und aufzäumte wie ein Roß und ihr Zaum und Gebiß in den Mund legte, und gab ihr die Steigbügel in die Hände, die stramm zu halten, saß dann auf und ritt sie so eine kleine Weile, etwa dreier Speerlängen weit, bis ihr die Ohnmacht zuging von der schweren Last.

Da stieg der Ritter von ihr ab und sprach: »Frau, schnappt Ihr nach Luft?« – »O nein, Herr!« antwortete sie. Weiter sprach er: »Das ist ein schönes Feld, da könnt Ihr nun im Zelt gehen.« Sie sprach, indem sie auf Händen und Füßen weiterkroch: »Ich will es gern tun. Auf meines Vaters Hofe laufen viele Pferde, denen hab ich Zeltgang abgelernt.«

»So wollt Ihr alles tun, was ich will?« fragte der Ritter, und sie gegenredete: »Und wenn ich tausend Jahre leben sollte, so wollte ich tun, was Euch lieb ist!« Da hieß er sie aufstehn und nahm sie schön an der Hand und führte sie sittsamlich heim in sein Schloß, wo seine Freunde versammelt waren, die grüßten sie ehrfurchtsvoll und geleiteten sie in ihr Zimmer. Das geschah mit großen Freuden, und die Frau war das allerliebste Weib, ehrbar und wohlgezogen, ohne List und Trug, treu, ruhig, mild, keine Tugend fehlte ihr. Ihre Gäste empfing sie freundlich und fröhlich, und ohne Haß und Unwillen erfüllte sie, wie ein biederes Weib tun soll, die Wünsche ihres Eheherrn.

Als nun sechs Wochen vergangen waren, fuhren der jungen Frau Vater und Mutter zu ihrer Tochter hin, zu sehn, wie es ihr ergehe und wie sie sich gehabe. Bald genug erfuhr die Mutter, was geschehen war und wie ihre Tochter ihrem Manne gehorsamte, als sie diese zornig schalt und ihr zurief: »O über dich unseliges Weib! Was ich sehen und hören muß, läßt mich zweifeln, daß du mein Kind bist. Was? Du lässest deinen Mann deinen Meister sein?« Und dabei schlug die böse Mutter die Tochter ins Gesicht und wo sie sonst hinkam und fiel ihr in die Haare und raufte sie, schlug und schalt und trieb einen schrecklichen Unfug.

Die junge Frau weinte und schrie: »Seid Ihr hergekommen zu schelten, so wartet doch, bis Ihr des Ursach findet! Ich habe den allerbesten Mann, und er ist gut und bieder, wer aber seinen Willen nicht tut, dem geht er in seinem Zorn gleich ans Leben. Darum, Mutter, habt weisen Sinn und hütet Euch, Arges wider ihn zu sprechen, denn er ist so zornmütig, daß er alles, was seinem Willen entgegen ist, im Zorn richtet und vernichtet.«

»Hoho! Morgen ist auch noch ein Tag!« höhnte die Mutter. »Wie schlimm dein Mann sei, das macht mir den geringsten Kummer! Nicht ein Haar stark acht ich seiner! Du alberne Trine! Dir muß der Teufel durchs Hirn fahren, daß du wagst, mir, deiner Mutter, mit deinem Mann zu dräuen!«

»Mutter, ich dräue Euch ja nicht!« verteidigte die Tochter sich. »Ich sage Euch ja nur die Wahrheit; ich darf Euch doch wohl raten, meinen Mann baß zu grüßen, denn wolltet Ihr ihm tun wie meinem Vater, so zerbleut er Euch den Rücken, und obschon Ihr nicht viel Haares mehr habt, ist's dessen doch genug, daß er's Euch ausreißt!«

»Das wäre ein Hauptwerk!« erwiderte böse die Mutter. »Ich fürcht ihn nicht, und wenn er so groß wie ein Berg wäre; nicht mehr und nicht weniger fürcht ich ihn wie deinen Vater! Was hat der ausgerichtet mit mir nun die zwanzig Jahre? Noch heute geb ich ihm um kein Haarbreit nach!«

Während dieser Schalkrede der ältern Frau standen der Schwäher und der Tochtermann an einer heimlichen Stelle, wo sie jedes Wort hörten, und der Alte sprach leise zu seinem Schwiegersohn: »Ich bin inniglich froh, daß Ihr meiner Tochter starren Sinn bezwungen, und gern hinterlasse ich Euch und ihr mein Hab und Gut, wenn ich dahinfahre.« Der Schwiegersohn bedankte sich für die freundliche Gesinnung des Schwähers, der dann wieder zu ihm sprach: »Ratet mir doch, wie ich Eurer Schwieger tue, die mir allezeit widerstrebt und mir mein Leben so bitterlich vergällt! Wär es nur zu machen, daß sie etwa ein Jahr vor ihrem Tode wenigstens von ihrer Härte ließe, so hätte ich die sonderste Freude und all mein Leid ein Ende!«

Darauf verhieß der Schwiegersohn die Schwiegermutter gut zu machen auf seine Weise, wenn der Schwiegervater ihm das nicht wehren wolle. Der sprach: »Ich will Euch nichts verwehren, siedet oder bratet sie, so will ich noch Holz dazutragen.«

Der Ritter nahm alsbald heimlich vier flinke starke Knechte, vermaß sich großen Zorns und ging nach der Kemenate, wo noch die Alte saß und immerfort auf ihn und ihre Tochter schalt. Als sie ihn kommen sah, grüßte sie ihn spöttisch: »Seid Gott willkommen, Herr Engelhart!« – »Schönsten Dank, Frau Schlechthart!« klang sein Gegengruß, und dabei trat er fest an sie heran und sprach: »Frau, laßt Eure Unart, das bitt ich Euch, gegen Euern und meinen Herrn. Er sollte Euch ungezählte Schläge auf Euern Rücken mit einer eichenen Elle zumessen, bis Euch so weh würde, daß Ihr ein gut Weib würdet.«

»Ei!« sprach sie, »ich höre wohl, daß Ihr viele so erschlagen habt, lieber Herr Gugukuk! Ich habe aber doch bisher noch Haut und Haar behalten, hoff es auch noch länger zu tragen! Was hab ich aber Euch getan?«

»Ihr scheltet täglich meinen Herrn, Euern Mann, und verleidet ihm sein eignes Haus!« antwortete der junge Ritter; sie war aber gleich mit der Gegenrede zur Hand: »In meinem Hause heiße ich Kratzmaus! Ich kann darin sein Meister sein wie mein eigner, und es soll ihm Gott, solang ich lebe, nun keinen einzigen guten Tag mehr geben!«

»Und gibt Gott mir Glück«, sprach der Schwiegersohn, »so acht ich, daß Ihr, noch ehe wir voneinandergehen, Eure bösen Ränke und Schwänke laßt.«

»Daß es Euch nur nicht mißglücke!« rief sie, »sonst habt Ihr, so mir der große Gott von Schafhausen, nur Schande und Spott davon!«

»Ich weiß, was Euch so irr und wirr und böse macht«, nahm der Ritter wieder das Wort. »Ihr habt zwei *Zornbraten* hier an jeder Hüfte, davon kommt's, daß Ihr so üble Sitte habt, wenn Euch die jemand ausschnitte, das wär vortrefflich gut, denn Ihr würdet fröhlicher als jemals eine Frau, und für Euern Mann wär's nicht minder gut.«

»Ach! Ich freue mich, daß Ihr so ein guter Arzt seid, lehrt doch Eure Kunst meiner Tochter!« war ihre Antwort. »Habt Ihr auch Bertram feil und Nieswurz? Ihr mischt wohl Beifuß zum Tranke?«

»He! Euer Spott ist groß!« rief der Ritter, »aber er wird Euch gleich versalzen werden; sobald wir Eure Zornnieren und Zornbraten haben, so werdet Ihr besser und frommer als ein Kind werden!«

»Genug mit Eurem Klaffen, Klaffer!« schalt die Frau. Da griffen aber die Knechte auf des Ritters Wink sie an, warfen sie nieder, und der Tochtermann wetzte ein großes scharfes Messer, das setzte er ihr an ihre Hüfte und schnitt ihr durch Gewand und Hemde eine lange tiefe Wunde, daß ihr Hohnlachen ihr ganz verging; dann sprach er, indem er ein Stück Fleisch in ein Gefäß warf:

»Seht, Frau, Ihr seid manches Jahr ein schlimmes Weib gewesen, daran waren Eure Zornbraten schuld, die kann ich Euch nicht länger lassen.« Sie aber lag traurig und schreiend: »Das wußt ich an mir selbst nicht, aber ich weiß, welcher Teufel Ihr mich beraten habt!«

»Ja, Ihr habt noch einen Zornbraten«, sprach der Ritter, »an Euerm andern Bein, der muß noch heraus!«

»Ach«, klagte sie fast weinend: »der ist ganz klein, der schadet mir nicht zu viel! Helfe mir Gott! der, den Ihr schon ausgeschnitten habt, der war an allem Schaden schuld. Ich bin alles Zornes ledig und will still sein, laßt nur den andern ungeschnitten.«

Da sprach die Tochter heiter zu ihrem Gatten: »Bedenket wohl, was Ihr tut; ich fürchte, wenn auch der andere Zornbraten nicht herfürkömmt, so ist die große Arbeit an dem einen verloren, und am Ende bekommt der andere Zornbraten Junge, so Ihr den nicht auch ausschneidet.«

»Nein, nein, liebe Tochter!« rief die Mutter, »sprich ihm doch zu, daß er mich unversehrt lasse, ich will ja gut sein!«

»Frau Mutter«, antwortete die junge Frau: »Ihr gabt mir den Rat, wider meinen Mann zu streiten, ihm nicht untertan zu sein; darum und daß sie meinem Vater so übel mitgespielt, schneidet nur ihren Zornbraten aus!« Und da griff der Ritter zum andern an, jene aber schrie: »Nein, nein! Es ist mehr als genug! Tochter, denke, daß ich dich unterm Herzen getragen, und gewinne mir Frieden von deinem Manne! Ich will beschwören, daß ich gütevoll leben will, und der milde und gerechte Gott behüte mich vor Zorn. Den großen Zorn hat mir der Ritter schon genommen, und der kleine ist keines Eies wert zu achten!«

»Wohl«, sprach der Ritter, »begehrt sie Friedens, so lasse

ich ab von ihr, doch gelobe sie zur Hand, daß, wenn sie den Zorn nicht meidet, sie sich aber will schneiden lassen.« Hierauf ward sie aufgehoben und ihre Wunde verbunden.

Und die Frau warf allen Krieg und Hader unter die Füße, wurde ein gut sittig Weib, ließ ab von ihrer bösen Heftigkeit, und als der andere Tag kam, nahm sie Urlaub mit ihrem Mann von dem Schwiegersohn, und er wünschte ihr, daß Gott sie bewahren möge vor allem Übel.

Wenn sie nun nach der Hand dennoch noch manchmal etwa ein Wörtlein oder mehr zu ihrem Manne sprach, das ihm leid und unlieb war, so durfte er nur sagen: »Ich kann mir nicht helfen, ich muß nach unserm Tochtermann senden«, so wurde sie rot vor Furcht und sprach: »Es ist nicht not darum, sein Kommen wäre mir nicht zum Heile. Ich habe ja Mut und Sinn, zu tun, was Euch lieb ist, und rate auch allen Frauen, daß sie ihren Männern das entbieten, was ich jetzt dem meinen, so sie nämlich in Frieden bestehen wollen.«

Damit hat diese Mär ein Ende, und kann davon eine beliebige Nutzanwendung jeder Mann und jede Frau sich selbst machen. Der alte Dichter aber, der diese Mär erzählt, gibt noch folgenden Rat:

Wenn wer ein übel Weib hat,
Der tu sich ihr'r in Zeit ab,
Empfehl sie dem Ritter,
Und leg sie auf ein'n Schlitten,

Und kauf ihr ein Bästchen,
Und henk sie an ein Ästchen.
Und henk dabei
Zwei Wölf oder drei.
Wer sah dann ein'n Galgen
Mit böseren Balgen?
Es sei denn, daß wer den Teufel fing,
Und ihn auch dazwischen hing.

Das Nußzweiglein

Es war einmal ein reicher Kaufmann, der mußte in seinen Geschäften in fremde Länder reisen. Da er nun Abschied nahm, sprach er zu seinen drei Töchtern: »Liebe Töchter, ich möchte euch gerne bei meiner Rückkehr eine Freude bereiten, sagt mir daher, was ich euch mitbringen soll.« Die Älteste sprach: »Lieber Vater, mir eine schöne Perlenhalskette!« Die andere sprach: »Ich wünschte mir einen Fingerring mit einem Demantstein.« Die Jüngste schmiegte sich an des Vaters Herz und flüsterte: »Mir ein schönes, grünes Nußzweiglein, Väterchen.« – »Gut, meine lieben Töchter!« sprach der

Kaufmann, »ich will mir's aufmerken und dann lebet wohl.«

Weit fort reisete der Kaufmann und machte große Einkäufe, gedachte aber auch treulich der Wünsche seiner Töchter. Eine kostbare Perlenhalskette hatte er bereits in seinen Reisekoffer gepackt, um seine Älteste damit zu erfreuen, und einen gleich wertvollen Demantring hatte er für die mittlere Tochter eingekauft. Einen grünen Nußzweig aber konnte er nirgends gewahren, wie er sich auch darum bemühte. Auf der Heimreise ging er deshalb große Strecken zu Fuß und hoffte, da sein Weg ihn vielfach durch Wälder führte, endlich einen Nußbaum anzutreffen; doch dies war lange vergeblich, und der gute Vater fing an betrübt zu werden, daß er die harmlose Bitte seines jüngsten und liebsten Kindes nicht zu erfüllen vermochte.

Endlich, als er so betrübt seines Weges dahinzog, der ihn just durch einen dunkeln Wald und an dichtem Gebüsch vorüberführte, stieß er mit seinem Hut an einen Zweig, und es raschelte, als fielen Schloßen darauf; wie er aufsah, war's ein schöner, grüner Nußzweig, daran eine Traube goldner Nüsse hing. Da war der Mann sehr erfreut, langte mit der Hand empor und brach den herrlichen Zweig ab. Aber in demselben Augenblicke schoß ein wilder Bär aus dem Dickicht und stellte sich grimmig brummend auf die Hintertatzen, als wollte er den Kaufmann gleich zerreißen. Und mit furchtbarer Stimme brüllte er: »Warum hast du meinen Nußzweig abgebrochen, du? Warum? Ich werde dich auffressen.« Bebend vor Schreck und zitternd sprach der Kaufmann: »O lieber Bär, friß mich nicht, und laß mich mit dem Nußzweiglein meines Weges ziehen, ich will dir auch einen großen Schinken und viele Würste dafür geben!« Aber der Bär brüllte wieder: »Behalte deinen Schinken und deine Würste! Nur wenn du mir versprichst, mir dasjenige zu geben, was dir zu Hause am ersten begegnet, so will ich dich nicht fressen.« Dies ging der Kaufmann gerne ein, denn er gedachte, wie sein Pudel gewöhnlich ihm entgegenlaufe, und diesen wollte er, um sich das Leben zu retten, gerne opfern. Nach derbem Handschlag tappte der Bär ruhig ins Dickicht zurück; und der Kaufmann schritt, aufatmend, rasch und fröhlich von dannen.

Der goldene Nußzweig prangte herrlich am Hut des Kaufmanns, als er seiner Heimat zueilte. Freudig hüpfte das jüngste Mägdlein ihrem lieben Vater entgegen; mit tollen Sprüngen kam der Pudel hinterdrein, und die ältesten Töchter und die Mutter schritten etwas weniger schnell aus der Haustüre, um den Ankommenden zu begrüßen. Wie erschrak nun der Kaufmann, als seine jüngste Tochter die erste war, die ihm entgegenflog! Bekümmert und betrübt entzog er sich der Umarmung des glücklichen Kindes und teilte nach den ersten Grüßen den Seinigen mit, was ihm mit dem Nußzweig widerfahren. Da weinten nun alle und wurden betrübt, doch zeigte die jüngste Tochter den meisten Mut und nahm sich vor, des Vaters Versprechen zu erfüllen. Auch ersann die Mutter bald einen guten Rat und sprach: »Ängstigen wir uns nicht, meine Lieben, sollte ja der Bär kommen und dich, mein lieber Mann, an dein Versprechen erinnern, so geben wir ihm anstatt unsrer Jüngsten die Hirtentochter, mit dieser wird er auch zufrieden sein.« Dieser Vorschlag galt, und die Töchter waren wieder fröhlich und freuten sich recht über diese schönen Geschenke. Die Jüngste trug ihren Nußzweig immer bei sich; sie gedachte bald gar nicht mehr an den Bären und an das Versprechen ihres Vaters.

Aber eines Tages rasselte ein dunkler Wagen durch die Straße vor das Haus des Kaufmanns, und der häßliche Bär stieg heraus und trat brummend in das Haus und vor den erschrockenen Mann, die Erfüllung seines Versprechens begehrend. Schnell und heimlich wurde die Hirtentochter, die sehr häßlich war, herbeigeholt, schön geputzt und in den Wagen des Bären gesetzt. Und die Reise ging fort. Draußen legte der Bär sein wildes zotteliges Haupt auf den Schoß der Hirtin und brummte:

»Kraue mich, krabble mich
Hinter den Ohren zart und fein,
Oder ich freß dich mit Haut und Bein!«

Und das Mädchen fing an zu krabbeln; aber sie machte es dem Bären nicht recht, und er merkte, daß er betrogen wurde; da wollte er die geputzte Hirtin fressen, doch diese sprang rasch in ihrer Todesangst aus dem Wagen.

Darauf fuhr der Bär abermals vor das Haus des Kaufmanns und forderte furchtbar drohend die rechte Braut. So mußte denn das liebliche Mägdlein herbei, um nach schwerem bittern Abschied mit dem häßlichen Bräutigam fortzufahren. Draußen brummte er wieder, seinen rauhen Kopf auf des Mädchens Schoß legend:

»Kraue mich, krabble mich
Hinter den Ohren zart und fein,
Oder ich freß dich mit Haut und Bein!«

Und das Mädchen krabbelte, und so sanft, daß es ihm behagte und daß sein furchtbarer Bärenblick freundlich wurde, so daß allmählich die arme Bärenbraut einiges Vertrauen zu ihm gewann. Die Reise dauerte nicht gar lange, denn der Wagen fuhr ungeheuer schnell, als brause ein Sturmwind durch die Luft. Bald kamen sie in einen sehr dunkeln Wald, und dort hielt plötzlich der Wagen vor einer finstergähnenden Höhle. Diese war die Wohnung des Bären. O wie zitterte das Mädchen! Und zumal, da der Bär sie mit seinen furchtbaren Klauenarmen umschlang und zu ihr freundlich brummend sprach: »Hier sollst du wohnen, Bräutchen, und glücklich sein, so du drinnen dich brav benimmst, daß mein wildes Getier dich nicht zerreißt.« Und er schloß, als beide in der dunkeln Höhle einige Schritte getan, eine eiserne Türe auf und trat mit der Braut in ein Zimmer, das voll von giftigem Gewürm angefüllt war, welches ihnen gierig entgegenzüngelte. Und der Bär brummte seinem Bräutchen ins Ohr:

»Seh dich nicht um!
Nicht rechts, nicht links;
Geradezu, so hast du Ruh!«

Da ging auch das Mädchen, ohne sich umzublicken, durch das Zimmer, und es regte und bewegte sich so lange kein Wurm. Und so ging es noch durch zehn Zimmer, und das letzte war von den scheußlichsten Kreaturen angefüllt, Drachen und Schlangen, giftgeschwollenen Kröten, Basilisken und Lindwürmern. Und der Bär brummte in jedem Zimmer:

»Seh dich nicht um!
Nicht rechts, nicht links;
Geradezu, so hast du Ruh!«

Das Mädchen zitterte und bebte vor Angst und Bangigkeit wie ein Espenlaub, doch blieb sie standhaft, sah sich nicht um, nicht rechts, nicht links. Als sich aber das zwölfte Zimmer öffnete, strahlte beiden ein glänzender Lichtschimmer entgegen, es erschallte drinnen eine liebliche Musik, und es jauchzte überall wie Freudengeschrei, wie Jubel. Ehe sich die Braut nur ein wenig besinnen konnte, noch zitternd vom Schauen des Entsetzlichen und nun wieder dieser überraschenden Lieblichkeit – tat es einen furchtbaren Donnerschlag, also daß sie dachte, es breche Erde und Himmel zusammen. Aber bald ward es wieder ruhig. Der Wald, die Höhle, die Gifttiere, der Bär – waren verschwunden; ein prächtiges Schloß mit goldgeschmückten Zimmern und schön gekleideter Dienerschaft stand dafür da, und der Bär war ein schöner junger Mann geworden, war der Fürst des herrlichen Schlosses, der nun sein liebes Bräutchen an das Herz drückte und ihr tausendmal dankte, daß sie ihn und seine Diener, das Getier, so liebreich aus seiner Verzauberung erlöset.

Die nun so hohe, reiche Fürstin trug aber noch immer ihren schönen Nußzweig am Busen, der die Eigenschaft hatte, nie zu verwelken, und trug ihn jetzt nur noch um so lieber, da er der Schlüssel ihres holden Glückes geworden. Bald wurden ihre Eltern und ihre Geschwister von diesem freundlichen Geschick benachrichtigt und wurden für immer zu einem herrlichen Wohlleben von dem Bärenfürsten auf das Schloß genommen.

Der Mann ohne Herz

Es sind einmal sieben Brüder gewesen, waren arme Waisen, hatten keine Schwester, mußten alles im Hause selbst tun, das gefiel ihnen nicht, wurden Rates untereinander, sie wollten heiraten. Nun gab es aber da, wo sie wohnten, keine Bräute für sie, da sagten die älteren, sie wollten in die Fremde ziehen, sich Bräute suchen, und ihr Jüngster sollte das Haus hüten, und dem wollten sie eine recht schöne Braut mitbringen. Das war der Jüngste gar wohl zufrieden, und die sechse machten sich fröhlich und wohlgemut auf den Weg. Unterwegs kamen sie an ein kleines Häuschen, das stand ganz einsam in einem Walde, und vor dem Häuschen stand ein alter, alter Mann, der rief die Brüder an und fragte: »Heda! Ihr jungen Kiekeindiewelt! Wohin denn so lustig und so geschwind?« — »Ei, wir wollen uns jeder eine hübsche Braut holen und unserm jüngsten Bruder daheim auch eine!« antworteten die Brüder.

»O liebe Jungen!« sprach da der Alte, »ich lebe hier so mutterseelensternallein, bringt mir doch auch eine Braut mit, aber eine junge hübsche muß es sein!«

Die Brüder gingen von dannen und dachten: Hm, was will so ein alter eisgrauer Hozelmann mit einer jungen hübschen Braut anfangen?

Da nun die Brüder in eine Stadt gekommen waren, so fanden sie dort sieben Schwestern, so jung und so hübsch, als sie sie nur wünschen konnten, die nahmen sie, und die jüngste nahmen sie für ihren Bruder mit. Der Weg führte sie wieder durch den Wald, und der Alte stand wieder vor seinem Häus-

chen, als wartete er auf sie, und sagte: »Ei ihr braven Jungen! Das lob ich, daß ihr mir so eine junge hübsche Braut mitgebracht habt!« – »Nein!« sagten die Brüder, »die ist nicht für dich, die ist für unsern Bruder zu Hause, dem haben wir sie versprochen!«

»So?« sagte der Alte, »versprochen? Ei daß dich! ich will euch auch versprechen!« und nahm ein weißes Stäbchen und murmelte ein paar Zauberworte und rührte die Brüder und die Bräute mit dem Stäbchen an – bis auf die jüngste –, da wurden sie alle in graue Steine verwandelt. Die jüngste aber von den Schwestern führte der Mann in das Haus, und das mußte sie nun beschicken und in Ordnung halten, tat das auch gern, aber sie hatte immer Angst, der Alte könne bald sterben, und dann werde sie in dem einsamen Häuschen im wilden öden Walde auch so mutterseelensternallein sein, wie der Alte zuvor gewesen war. Das sagte sie ihm, und er antwortete: »Hab kein Bangen, fürchte nicht und hoffe nicht, daß ich sterbe. Sieh, ich habe kein Herz in der Brust! Stürbe ich aber dennoch, so findest du über der Türe mein weißes Zauberstäbchen und rührst damit an die grauen Steine, so

sind deine Schwestern und ihre Freier befreit, und du hast Gesellschaft genug.«

»Wo aber in aller Welt hast du denn dein Herz, wenn du es nicht in der Brust hast?« fragte die junge Braut. »Mußt du alles wissen?« fragte der Alte. »Nun, wenn du es denn wissen mußt, in der Bettdecke steckt mein Herz.«

Da nähte und stickte die junge Braut, wenn der Alte fort und seinen Geschäften nachging, in ihrer Einsamkeit gar schöne Blumen auf seine Bettdecke, damit sein Herz eine Freude haben sollte. Der Alte aber lächelte darüber und sagte: »Du gutes Kind, es war ja nur mein Scherz; mein Herz, das steckt – das steckt « – »Nun, wo steckt es denn, lieber Vater?« – »Das steckt in der – Stubentür!«

Da hat die junge Frau am andern Tag, als der Alte fort war, die Stubentüre gar schön geschmückt mit bunten Federn und frischen Blumen und hat Kränze daran gehangen. Fragte der

Alte, als er heimkam, was das bedeuten solle, sagte sie: »Das tat ich, deinem Herzen was zuliebe zu tun.« Da lächelte wieder der Alte und sagte: »Gutes Kind, ganz woanders als in der Stubentüre ist mein Herz.« Da wurde die junge Braut sehr betrübt und sprach: »Ach Vater, so hast du doch ein Herz und kannst sterben, und ich werde dann so allein sein.« Da wiederholte der Alte alles, was er ihr schon zweimal gesagt, und sie drang aufs neue in ihn, ihr zu sagen, wo doch eigentlich sein Herz sei. Da sprach der Alte: »Weit, weit von hier liegt in tiefer Einsamkeit eine große uralte Kirche, die ist fest verwahrt mit eisernen Türen, um sie ist ein tiefer Wallgraben gezogen, über den führt keine Brücke, und in der Kirche da fliegt ein Vogel wohl ab und auf, der ißt nicht und trinkt nicht und stirbt nicht, und niemand vermag ihn zu fangen, und solange der Vogel lebt, so lange lebe auch ich, denn in dem Vogel ist mein Herz.«

Da wurde die Braut traurig, daß sie dem Herzen ihres Alten nichts zuliebe tun konnte, und die Zeit wurde ihr lang, wenn sie so allein saß, denn der Alte war fast den ganzen Tag auswärts.

Da kam einmal ein junger Wandergesell am Häuschen vorüber, der grüßte sie, und sie grüßte ihn, und sie gefiel ihm, und er kam näher, und sie fragte ihn, wohin er reise, woher er komme. »Ach!« seufzte der junge Gesell. »Ich bin gar traurig. Ich hatte noch sechs Brüder, die sind von dannen gezogen, sich Bräute zu holen, und mir, dem Jüngsten, wollten sie auch eine mitbringen, sind aber nimmer wiedergekommen, und da bin ich nun auch fort vom Hause und will meine Brüder suchen.«

»Ach lieber Gesell!« rief die Braut, »da brauchst du nicht weiterzugehen! Erst setze dich und iß und trinke etwas, und dann laß dir erzählen!« Und gab ihm zu essen und zu trinken und erzählte ihm, wie seine Brüder in die Stadt gekommen und wie sie ihre Schwestern und sie selbst als Bräute mit sich nach Hause hätten führen wollen und daß sie für ihn, ihren Gast, bestimmt gewesen und wie der Alte sie bei sich behalten und die andern in graue Steine verwandelt habe. Das alles erzählte sie ihm aufrichtig und weinte dazu und auch, daß der Alte kein Herz in der Brust habe und daß es weit, weit weg sei in einer festen Kirche und in einem unsterblichen Vogel. Da sagte der Bräutigam: »Ich will fort, ich will den Vogel suchen, vielleicht hilft mir Gott, daß ich ihn fange.« – »Ja, das tue, daran wirst du wohltun, dann werden deine Brüder und meine Schwestern wieder Menschen werden!« und versteckte den Bräutigam, denn es wurde schon Abend, und als am andern Morgen der Alte wieder fort war, da packte sie dem Wandergesellen viel zu essen und zu trinken ein und gab es ihm mit und wünschte ihm alles Glück und Gottes Segen auf seine Fahrt.

Als nun der Gesell eine tüchtige Strecke gegangen war, deuchte ihm, es sei wohl Zeit zu frühstücken, packte seine Reisetasche aus, freute sich der vielen Gaben und rief: »Holla! nun wollen wir schmausen! Herbei, wer mein Gast sein will!«

Da rief es hinter dem Gesellen: »Muh!«, und wie er sich umsah, stand ein großer roter Ochse da und sprach: »Du hast eingeladen, ich möchte wohl dein Gast sein!« – »Sei willkommen und lange zu, so gut ich's habe!« Da legte sich der Ochse gemächlich an den Boden und ließ sich's schmecken und leckte sich dann mit der Zunge sein Maul recht schön ab, und als er satt war, sagte er: »Habe du großen Dank, und wenn du einmal jemand brauchst, dir in Not und Gefahr zu helfen, so rufe nur in Gedanken nach mir, deinem Gast.« Und erhob sich und verschwand im Gebüsch. Der Gesell packte seine Tafelreste zusammen und pilgerte weiter; wieder eine tüchtige Strecke, da deuchte ihm nach dem kurzen Schatten, den er warf, es müsse Mittag sein, und seinem Magen deuchte das nämliche. Da setzte er sich an den Boden hin, breitete sein Tafeltuch aus, setzte seine Speisen und Getränke darauf und rief: »Wohlan! Mittagmahlzeit! Jetzt melde sich, was mittafeln will!« Da rauschte es ganz stark in den Büschen, und es brach ein wildes Schwein heraus, das grunzte oui,oui,oui und sagte: »Es hat hier jemand zum Essen gerufen! Ich weiß nicht, ob du es warst und ob ich gemeint bin.«

»Immerhin, lange nur zu, was da ist!« sprach der Wandersmann, und da aßen sie beide wohlgemut miteinander und schmeckte beiden gut. Darauf erhob sich das wilde Schwein und sagte: »Habe Dank, bedarfst du mein, so rufe dem Schwein!«, und damit trollte es in die Büsche. Nun wanderte der Gesell gar eine lange Strecke und war schon gar weit gewandert, da wurde es gegen Abend, und er fühlte wieder Hunger und hatte auch noch Vorrat, und da dachte er: Wie wär es mit dem Vespern? Zeit wär es, dächt ich; und breitete wieder sein Tuch aus und legte seine Speisen darauf, hatte auch noch etwas zu trinken und rief: »Wer Lust hat mitzuessen, der soll eingeladen sein. Es ist nicht, als wenn nichts da wäre!« Da rauschte über ihm ein schwerer Flügelschlag und wurde dunkel auf dem Boden wie vom Schatten einer Wolke, und es ließ sich ein großer Vogel Greif sehen, der rief: »Ich hörte jemand hier unten zur Tafel einladen! Für mich wird wohl nichts abfallen?«

»Warum denn nicht? Lasse dich nieder und nimm vorlieb, viel wird's nicht mehr sein!« rief der Jüngling, und da ließ sich der Vogel Greif nieder und aß zur Genüge, und dann sagte er: »Brauchst du mich, so rufe mich!«, hob sich in die Lüfte und verschwand. Ei, dachte der Geselle, der hat's recht eilig, er hätte mir wohl den Weg nach der Kirche zeigen können, denn so finde ich sie wohl nimmer, und raffte seine Sachen zusammen und wollte vor dem Schlafengehen noch ein

Stückchen wandern. Und wie er gar nicht lange gegangen war, so sah er mit einem Male die Kirche vor sich liegen und war bald bei ihr, das heißt am breiten und tiefen Graben, der sie rings ohne Brücke umzog. Da suchte er sich ein hübsches Ruheplätzchen, denn er war müde von dem weiten Weg, und schlief, und am andern Morgen, da wünschte er sich über den Graben und dachte: Schau, wenn der rote Ochse da wär und hätte rechten Durst, so könnte der den Graben aussaufen, und ich käme trocken hinüber. Kaum war dieser Wunsch getan, so stand der Ochse schon da und begann den Graben auszusaufen. Nun stand der Gesell an der Kirchenmauer, die war gar dick und die Türme waren von Eisen, da dachte er so in seinen Gedanken: Ach, wer doch einen Mauerbrecher hätte! Das starke wilde Schwein könnte vielleicht hier eher etwas ausrichten als ich. Und siehe, gleich kam das wilde Schwein dahergerannt und stieß heftig an die Mauer und wühlte mit seinen Hauern einen Stein los, und wie erst einer los war, so wühlte es immer mehr und immer mehr Steine aus der Mauer, bis ein großes tiefes Loch gewühlt war, durch das man in die Kirche einsteigen konnte. Da stieg nun der Jüngling hinein und sah den Vogel darin herumfliegen, vermochte aber nicht, ihn zu ergreifen. Da sprach er: »Wenn jetzt der Vogel Greif da wäre, der würde dich schon greifen, dafür ist er ja der Vogel Greif!« Und gleich war der Greif da, und gleich griff er den Vogel, in dem des alten Mannes Herz war, und der junge Gesell verwahrte selbigen Vogel sehr gut, der Vogel Greif aber flog davon.

Nun eilte der Jüngling, sosehr er konnte, zur jungen Braut, kam noch vor abends an und erzählte ihr alles, und sie gab ihm wieder zu essen und zu trinken und hieß ihn unter die Bettstelle kriechen mitsamt seinem Vogel, damit ihn der Alte nicht sähe. Dies tat er alsbald, nachdem er gegessen und getrunken hatte; der Alte kam nach Hause und klagte, daß er sich krank fühle, daß es nicht mehr mit ihm fortwolle – das mache, weil sein Herzvogel gefangen war. Das hörte der Bräutigam unter dem Bette und dachte, der Alte hat dir zwar nichts Böses getan, aber er hat deine Brüder und ihre Bräute verzaubert, und deine Braut hat er für sich behalten, das ist des Bösen nicht zuwenig, und da kneipte er den Vogel, und da wimmerte der Alte: »Ach, es kneipt mich! Ach, der Tod kneipt mich, Kind – ich sterbe!« Und fiel vom Stuhl und war ohnmächtig, und ehe sich's der Jüngling versah, hatte er den Vogel totgekneipt, und da war es aus mit dem Alten. Nun kroch er hervor, und die Braut nahm den weißen Stab, wie ihr der Alte gelehrt hatte, und schlug damit an die zwölf grauen Steine, siehe, da wurden sie wieder die sechs Brüder und die sechs Schwestern, das war eine Freude und ein Umarmen und Herzen und Küssen, und der alte Mann war tot und blieb tot, konnt ihn keine Meisterwurz wieder lebendig machen, wenn sie ihn auch hätten wieder lebendig machen wollen. Da zogen sie alle miteinander fort und hielten Hochzeit miteinander und lebten gut und glücklich miteinander lange Jahre.

Der Richter und der Teufel

In einer Stadt saß ein Mann, der hatte alle Kisten voll Geld und Gut, er selbst aber war voll aller Laster, so schlimm war er, daß es die Leute schier wunders dünkte, daß ihn die Erde nicht verschlang. Dieser Mann war noch dazu ein Richter, das heißt, ein Richter, der aller Ungerechtigkeit voll war. An einem Markttage ritt er des Morgens aus, seinen schönen Weingarten zu sehen, da trat der Teufel auf dem Heimweg ihn an, in reichen Kleidern und wie ein gar vornehmer Herr gestaltet. Da der Richter nicht wußte, wer dieser Fremdling war, und solches doch gern wissen mochte, so fragte er ihn nicht eben höflich, wer und von wannen er sei? Der Teufel antwortete: »Euch ist besser, wenn Ihr's nicht wisset, wer und woher ich bin!« – »Hoho!« fuhr der Richter heraus, »seid, wer Ihr wollt, so muß ich's wissen, oder Ihr seid verloren, denn ich bin der Mann, der hier Gewalt hat, und wenn ich Euch dies und das zuleide tue, so ist niemand, der es mir wehren wird und kann. Ich nehm Euch Leib und Gut, wenn Ihr mir nicht auf meine Frage Bescheid gebt!« — »Steht es so schlimm«, antwortete der Arge, »so muß ich Euch wohl meinen Namen und mein Gekommen offenbaren; ich bin der Teufel.«

»Hm!« brummte der Richter, »und was ist hier deines Gewerbes, das will ich auch wissen?« — »Schau, Herr Richter«, antwortete der Böse, »mir ist Macht gegeben, heute in diese Stadt zu gehen und das zu nehmen, was mir in vollem Ernst gegeben wird.«

»Wohlan!« versetzte der Richter, »tue also, aber laß mich dessen Zeuge sein, daß ich sehe, was man dir geben wird!«

»Fordre das nicht, dabeizusein, wenn ich nehme, was mir beschieden wird«, widerriet der Teufel dem Richter, dieser aber hub an, den Fürsten der Hölle mit mächtigen Bannworten zu beschwören, und sprach: »Ich gebiete und befehle dir bei Gott und allen Gottes Geboten, bei Gottes Gewalt und Gottes Zorn und bei allem, was dich und deine Genossen bindet, und bei dem ewigen Gerichte Gottes, daß du vor meinem Angesicht, und anders nicht, nehmest, was man dir ernstlich geben wird.«

Der Teufel erschrak, daß er zitterte bei diesen fürchterlichen Worten, und machte ein ganz verdrießliches Gesicht, sprach auch: »Ei, so wollte ich, daß ich das Leben nicht hätte! Du bindest mich mit einem so starken Band, daß ich kaum jemals in größerer Klemme war. Ich gebe dir aber mein Wort als Fürst der Hölle, das ich als solcher niemals breche, daß es dir nicht zum Frommen dient, wenn du auf deinen Sinn bestehst. Stehe ab davon!«

»Nein, ich stehe nicht ab davon!« rief der Richter. »Was mir auch darum geschehe, das muß ich über mich ergehen lassen; ich will jenes nun einmal sehen! Und sollt es mir an das Leben gehn!«

Nun gingen beide, der Richter und der Teufel, miteinander auf den Markt, wo gerade Markttag war, daher viel Volks versammelt, und überall bot man dem Richter und seinem Begleiter, von dem niemand wußte, wer er sei, volle Becher und hieß sie Bescheid tun. Der Richter tat das auch nach seiner Gewohnheit und reichte auch dem Teufel eine Kanne, dieser aber nahm den Trunk nicht an, weil er wohl wußte, daß es des Richters Ernst nicht war.

Nun geschah es von ungefähr, daß ein Weib ein Schwein dahertrieb, welches nicht nach ihrem Willen ging, sondern die Kreuz, die Quere, da schrie das zornige Weib im höchsten Ärger dem Schwein zu: »Ei, so geh zum Teufel, daß dich der mit Haut und Haar hole!«

»Hörst du, Geselle?« rief der Richter dem Teufel zu. »Jetzt greife hin und nimm das Schwein.« Aber der Teufel antwortete: »Es ist leider der Frau nicht Ernst mit ihrem Wort. Sie würde ein ganzes Jahr lang trauern und sich grämen, nähme ich ihr Schwein. Nur was mir im Ernste gegeben wird, das darf ich nehmen.«

Ähnliches geschah bald hernach mit einem Weib und einem Kind. Das letztere ging auch nicht so, wie die Frau es lenken wollte, so daß sie auch zu schreien begann: »Hole dich der Teufel und drehe dir den Hals um!« – »Hörst du, Geselle?« fragte da wieder der Richter. »Das Kind ist dein, hörst du nicht, daß man es dir ernstlich gibt?«

»O nein, es ist auch nicht ihr Ernst!« antwortete der Teufel. »Sie würde bitterlich wehklagen, nähme ich sie beim Wort, und das Kind nicht fahrenlassen.«

Jetzt sahen beide ein Weib, das hatte viel mit einem Kinde zu schaffen, welches heftig schrie und sich sehr unartig gebärdete, so daß die Frau voll Unwillens war und ausrief: »Willst du mir nicht folgen, so nehme dich der böse Feind, du Balg!«

»Nun? nimmst du auch nicht das Kind?« fragte der Richter ganz verwundert, und der Teufel antwortete: »Ich habe des keine Macht, das Kindlein zu nehmen. Dieses Weib nähme nicht zehn, nicht hundert und nicht tausend Pfund und gönnte mir im Ernst das Kind; wie gern ich's auch nähme, darf ich doch nicht, denn es ist nicht des Weibes rechter Ernst.«

Nun kamen die beiden recht mitten auf den Markt, wo das dichteste Volksgedränge war, da mußten sie ein wenig stillestehen und konnten nicht durch das Gewimmel und Getümmel schreiten. Da wurde ein Weib des Richters ansichtig, das war arm und alt und krank und trug ein großes Ungemach;

sie begann laut zu weinen und zu schreien und ließ vor allem Volk folgende heftige Rede vernehmen: »Weh über dich, Richter! Weh über dich, daß du so reich bist und ich so arm bin; du hast mir ohne Schuld, göttliche und menschliche Barmherzigkeit verleugnend, mein einziges Kühlein genommen, das mich ernährte, von dem ich meinen ganzen Unterhalt hatte. Weh über dich, der du es mir genommen hast! Ich flehe und schreie zu Gott, daß er durch seinen Tod und bitteres Leiden, die er für die Menschheit und für uns arme Sünder trug, meine Bitte gewähre, und die ist, daß deinen Leib und deine Seele der Teufel zur Hölle führe!« Auf diese Rede tat der Richter weder Sage noch Frage, aber der Teufel fuhr ihn höhnisch an und sprach: »Siehst du, Richter, *das* ist Ernst, und den sollst du gleich gewahr werden!« Damit streckte der Teufel seine Krallen aus, nahm den Richter beim Schopf und fuhr mit ihm durch die Lüfte von dannen wie der Geier mit einem Huhn. Alles Volk erschrak und staunte, und weise Männer sprachen die Lehre aus:

»Es ist ein unweiser Rat,
Der mit dem Teufel umgat.
Wer gern mit ihm umfährt,
Dem wird ein böser Lohn beschert.«

Star und Badewännlein

Vor einem Wirtshaus im Walde hielt ein junger stattlicher Reitersmann, da trat eine feine Maid aus der Türe, grüßte ihn züchtig und fragte, was er begehre. Da heischte er einen Becher kühlen Weins, den brachte ihm die Jungfrau. Der Reitersmann trank aber nicht eher, bis die Maid mit ihren roten Lippen von dem Weine genippt und den Trunk ihm kredenzt hatte. Während er nun trank, trat die Wirtin aus der Türe, ein häßliches Weib von brauner Gesichtsfarbe und widrigem Ansehen. Die fragte der Reitersmann: »Holla, Frau Wirtin! Ihr habt fürwahr ein feines Töchterlein! Nicht also?« — »Nein, Herr!« antwortete die Wirtin, »diese Dirne da ist nicht meine Tochter, sie ist nur meine angenommene Magd, hat nicht Eltern und Heimat mehr. Habe sie angenommen aus Barmherzigkeit.«

Der Reitersmann fühlte Liebe zu der schönen Maid, stieg ab vom Roß, begehrte ein Nachtquartier und daß ihm die Magd ein Fußbad rüste, weil er gern mit ihr reden wollte. Die Wirtin gebot der Magd, in den Garten zu gehen und Rosmarin, Thymian und Majoran für das Bad zu pflücken. Dies tat sie gern und freudig, ging und brach die Kräuter, da flog ein Star auf ein Sträuchelein neben ihr und sang und sprach: »O weh, du Braut! Du sollst dem Junker die Füße zwagen in dem Badewännelein, darin du hierhergetragen

worden! Dein Vater ist vor Herzeleid gestorben, und deine Mutter hat sich schier um dich zu Tode gegrämt!

O weh, du Braut, du Findelkind!
Weißt nicht, wer dein Vater und Mutter sind!«

Da erschrak die fromme Maid und grämte sich, rüstete das Bad unter Tränen in dem kleinen Wännelein und trug's hinauf in die Stube, wo der junge Ritter ihrer harrte. Als der sie weinen sah, fragte er: »Warum weinest du, Schönste? Willst du nicht lieber mit mir fröhlich sein?«

»Wie kann ich mit Euch fröhlich sein?« fragte sie weinend zurück. »Ich weine über das, was mir der Star sang, da ich drunten im Garten die Kräuter pflückte in Euer Bad. Der Star, der sang: ›O weh du Braut! Du sollst dem Junker die Füße zwagen in dem Badewännelein, darin du hergetragen bist. Dein Vater ist vor Herzeleid gestorben, und deine Mutter hat sich schier um dich zu Tode gegrämt!

O weh, du Braut, du Findelkind!
Weißt nicht, wer dein Vater und Mutter sind!‹«

Da betrachtete der Herr das Badewännelein und sah daran das Wappen des Königs am Rhein, verwunderte sich über alle Maßen und rief: »Das ist meines Vaters Wappenschild! Wie kommt dies Wännelein in dies schlechte Wirtshaus?«

Da schlug ein Vogel draußen an das Fenster, das war wieder der Star, der sang: »In dem Badewännelein ist sie hergetragen!

O weh, du Braut, du Findelkind!
Weißt nicht, wer dein Vater und Mutter sind!«

Jetzt sah der junge Herr am Hals der Maid ein Muttermal und rief freudig aus: »Grüß dich Gott, du Schönste! Du bist meine liebe Schwester! Dein Vater war der König am Rhein! Christine heißt deine Mutter! Konrad heiße ich, dein Zwillingsbruder bin ich. Darum empfand mein Herz nach dir, gleich als ich dich zum ersten sah, solch ein heftiges Verlangen!«

Da fielen sie einander um den Hals und weinten beide, knieten nieder und dankten Gott und sprachen liebreich miteinander die ganze Nacht. Wie nun der Morgen graute, rief die Wirtin vor der Tür mit lauter Stimme und voll Hohn: »Steh auf, steh auf, du junge Braut, und kehre deiner Frauen die Stube aus!« Da antwortete aber die Stimme Herrn Konrads: »Weder ist sie eine junge Braut, noch kehrt sie der Wirtin ihre Stube aus! Bringet uns nur selbst den Morgenwein!« Als die Wirtin mit dem Morgenwein hereingetreten war, fragte sie Herr Konrad: »Von wem und von wannen habt Ihr diese edle Jungfrau? Sie ist eines Königs Tochter und meine Schwester!«

Die Wirtin ward weiß wie eine Wand und fiel zitternd auf ihre Knie, brachte aber kein Wort hervor, des es auch nicht bedurfte, denn der Star war schon wieder am Fenster und verriet der Wirtin böse Tat, indem er sang: »In einem Lustgarten im grünen Gras saß ein zartes Kind in einem Badewännelein, und wie die Wärterin nur einen Augenblick zur

Seite gegangen war, da kam die böse Zigeunerin und trug das Kind samt dem Wännelein von dannen!«

Darüber wurde Herr Konrad so entrüstet, daß er das Schwert zuckte und es der Wirtin durch die Ohren spießte, zu einem hinein, zum andern heraus. Dann küßte er züchtiglich seine allerschönste Schwester, nahm das Badewännelein, führte sie an ihrer schneeweißen Hand aus dem Hause, hob sie auf den Sattel, und sie mußte das Badewännelein vor sich auf dem Schoß tragen. Auf ihre Schulter setzte sich der Star. So ritten sie vor das Königsschloß am Rhein, darin die Mutter, die Königin, herrschte, und als sie in das Tor einritten, kam ihnen die Mutter gerade entgegengegangen. Die fragte verwundert: »Ach, mein liebster Sohn! Was für eine Dirne bringst du da herein? Sie führt ja ein Badewännelein mit sich, als ob sie mit einem Kinde ginge!«

»O meine liebste Mutter!« antwortete der junge Königssohn, »sie ist drum keine Dirne, sondern ist Eure Tochter Gertraud, die in diesem Wännelein Euch geraubt wurde!« Und da stieg die Prinzessin aus dem Sattel, die Königin aber fiel vor Freuden in eine Ohnmacht, aus der sie in den Armen ihrer Kinder wieder erwachte. Der Star sang: »Heut sind es gerade achtzehn Jahre, seit die Königstochter geraubt und in dem Wännelein über den Rhein getragen worden ist!« Das sang der Star, und auch noch dies:

»Der Zigeunerin tun die Ohren so weh,
Sie wird keine Kinder stehlen mehr!«

Die Prinzessin aber ließ einen Goldschmied berufen, der mußte ein goldnes Gitterlein vor das Badewännelein schmieden, dahinein tat die den Star und pflegte sein bis an sein Ende.

Die beiden kugelrunden Müller

Es war einmal ein Müller, der war schon an sich sehr stark und dick, wollte aber auch fest sein gegen Hieb und Stich, gegen Bolz und Pfeil, darum steckte er sich in eine wunderliche Kleidung. Er ließ sich zuvörderst ein Wams machen, das fütterte er mit Kalk und Sand, und ließ, um das zu verbinden, geschmolzenes Pech hineinfließen, hinten machte er ein Futter von mehreren Körben, und vorn beblechte er es mit alten Reibeisen und eisernen Hafendeckeln, da wurde das Wams schwerer als der schwerste Brust- und Rückenharnisch, den jemals ein streithafter Ritter trug.

Darüber zog dieser Müller nun drei Hemden, und unter das Wams legte er einen wirklichen Panzer an, über die Hemden auch einen Panzer, und darüber zog er neun lodene Röcke, wie sie die Wollenweber im Schwabenlande noch heute fertigen. Wenn nun der Müller sich mit diesem stattlichen Kleiderbollwerk angetan, wobei er die Beine mit mehr als vier alten übereinandergezogenen Lederhosen verwahrt, so war er ein so stattliches kugelrundes Kerlchen, daß er ebenso breit war als hoch, wie eine rechte Kugel sein muß, und konnte schier nicht ohne Gezwang durch ein Stadttor aus- und eingehen, konnte sich auch kaum rühren und regen, und mußte denn seine Freundschaft mit ihm gehen, ihn führen und geleiten. Da er nun alljährlich zu St. Oswalds Kirchtag ging und sich auch sehen lassen wollte vor den Leuten, so fuhr er einher auf einem Karren in seiner Rüstung und so gewappnet, wie jedermänniglich noch nie gesehen hatte. Den Wagen zogen vier starke Ochsen, und hinterdrein gingen alle Bauern seines Orts mit ihren Weibern und Kindern, die steckten sich, wenn sich ein Feind zeigte, hinter ihres Müllers Karren wie hinter eine Feste und Schirmhut. Er war gewaffnet mit zween Spießen und einer Armbrust, an seiner Seite hing ein Schwert, einer Mannslänge lang, ein Zweihander; und neben ihm lag noch ein Bogen nebst einem Pfeilköcher.

Wenn nun der kugelrunde Müller mit seinem Karren und seinen vier Ochsen an einen gewissen Berg kam, über welchen der Weg führte, so harreten seiner dort ein paar Neffen mit Weib und Kindern, die halfen den Wagen in die Höhe hinaufschieben, während vorn noch sechs Ochsen als Vorspann zogen, und so brachten sie ihn denn endlich hinauf mit Ach und Krach und Vergießung vieler Schweißtropfen. Ging es nun auf der andern Seite des Berges wieder abwärts, so mußte eingehemmt werden, soviel als nur möglich, daß es nicht mit dem Kugelrunden kopfüber, kopfunter ging. Wenn seine Sippschaft ihn nun endlich am Ziele hatte, so wurde er mit Leitern und Hebebäumen vom Wagen herabgeschrotet wie ein großes volles Weinfaß, und dann scharten sie sich um ihn her und zumeist hinter ihm wie die Philister hinter ihrem Goliath.

Dabei war der runde Mehlsack von großer Stärke und Unerschrockenheit, und es ging von ihm die Rede, daß er einst in einem Schimpfspiel, wo ein Kämpfer einen Apfel, der andre eine Birne an der Spitze seiner Klinge geführt und sich ein großer Lärm erhob, dermaßen in den Haufen mitten hineingeschlagen wie ein Hagelschauer in das Getreide, so daß er vielen Bauern viel Leids gebracht. Aber da war ihm ein Gegner entgegengetreten, stark und kräftig, der führte einen Hauptstreich nach dem Müller, daß seine Blechhaube gleich zu Boden fiel, und meinten alle, die das sahen, der Kopf wäre mit vom Rumpfe geflogen; der kugelrunde Kämpe hatte aber, wie sein Gegner ausholte, seinen Kopf aus der Haube schnell heraus und unter die hohe Halsberge gezogen, und jetzt tat er einen Streich nach dem Gegner, der ihm so tief in den Hals schnitt wie die Sense des Mähers in das Gras. Da fürchteten sich alle vor dem gewaltigen Mann, dem die Taten, die man von Recken las, nur ein Spaß schienen.

Nun war aber ein andrer Müller in der Nachbarschaft, der

war ebenso stark und groß, ebenso kugelrund und trug auch so ein wohlausgefüttertes und geblechtes Wams, und keiner mochte den andern leiden, weil keiner dem andern nachstand. Und haßten und bekriegten einander schon zehn Jahre. Auf jedem Kirchweihtag, wo sie hinkamen, gerieten sie aneinander und fochten gegeneinander mit Worten und Waffen; es konnte aber ihrer keiner dem andern etwas anhaben und waren zwei gar sehr gefürchtete Kampfhelden. Der eine Müller hatte einen Sohn, der andre eine Tochter, welche beide einander so sehr liebten, als die Väter einander haßten, darüber wurde der Zwiespalt noch größer, bis endlich gute und einsichtsvolle Freunde sich ins Mittel schlugen und beiden Müllern rieten, gute Freunde zu werden und ihre Kinder miteinander zu verheiraten.

Wie das Gerücht vom Bündnis der beiden Müller ins Land erscholl und daß sie sogar ihre Kinder miteinander verheiraten wollten, da erhob sich große Unruhe und Besorgnis, denn jedermänniglich konnte sich nun an den Fingern abzählen, daß die beiden Kugelrunden sein würden wie zwei Mühlsteine, zwischen denen alles, was ihnen zu nahe käme, würde aufgerieben werden. Und wer jetzt dem einen Müller zu nahe trat, der hatte es gleich mit beiden zu tun, und konnte kein Fürst beide Wämser überwinden, denn die Müller glichen runden Burgen, waren auch nicht auszuhungern durch eine Belagerung, denn sie hatten auch in ihren Wämsern manche Metze gefaßt, von der sie zehren konnten lange Zeit. Da aber nun die beiden unüberwindlichen Helden also mannhaft waren, daß selbst der Kaiser große Mühe gehabt haben würde, sie zu überwältigen, so mußte man nur froh sein, daß sie ihre große Macht gegen die Feinde des Reiches kehrten, und begehrten gar keinen Sold und Lohn, sondern nur die Ehre, fechten und streiten zu dürfen. Und war das nur ihre einzige Klage, daß so mancher Tag verging, an dem sie keines Gegners ansichtig wurden, weil ihr Ruf so weit und breit genannt war, daß sich alles vor ihnen fürchtete.

Viele tapfre Taten vollführten die beiden kugelrunden Müller, seit sie miteinander verbunden warn, und wenn man diese Taten und die Abenteuer, welche durch sie bestanden wurden, niedergeschrieben hätte, so wäre das ein Buch geworden, zweimal so stark wie die Bibel und die Weltchronik. Auch taten sie mehr Wundertaten als alle die Recken, von denen die alten Lieder und Geschichten sagen. Endlich schlugen sie ihre Wohnung in einer Wüste hinten an der Welt Ende auf, und wenn sie nicht gestorben sind, so leben sie heute noch.

Die drei Federn

Einem Mann wurde ein Söhnlein geboren, und da der Vater ausging, einen Paten zu suchen, der das Kind aus der Taufe hebe, so fand er einen jungen wunderschönen Knaben, gegen den sein Herz gleich ganz voll Liebe wurde. Und als er ihm nun seine Bitte vortrug, war der schöne Knabe gern bereit, mitzugehen und das Kind zu heben, und hinterließ ein junges weißes Roß als Patengeschenk. Dieser Knabe ist aber niemand anders gewesen als Jesus Christus, unser Herr.

Der junge Knabe, welcher in der Taufe den Namen Heinrich empfangen hatte, wuchs zu seines Vaters und seiner Mutter Freude, und wie er die Jünglingsjahre erreicht hatte, da hielt es ihn nicht mehr daheim, sondern es zog ihn in die Ferne, nach Taten und Abenteuern. Nahm daher Urlaub von seinen Eltern, setzte sich auf sein gesatteltes Rößlein, das ihm der unbekannte Knabe zum Patengeschenk gegeben, obschon er nicht wußte, wieviel dieses Rößlein wert war, und ritt frisch und fröhlich darauf in die Welt hinein. Da ritt er eines Tages durch einen Wald, und siehe, da lag hart am

Wege eine Feder aus dem Rad eines Pfauen, und die Sonne schien auf die Feder, daß ihre bunten Farben in ihrem Glanze prächtig leuchteten. Der junge Knabe hielt sein Rößlein an und wollte absteigen, um die Feder aufzuheben und sie an seinen Hut zu stecken. Da tat das Rößlein sein Maul auf und sprach: »Ach, laß die Feder auf dem Grunde liegen!« Des verwunderte sich der junge Reiter, daß das Rößlein sprechen konnte, und es kam ihm ein Schauer an; blieb im Sattel, stieg nicht ab, hob die Feder nicht auf, ritt weiter. Nach einer Zeit geschah es, daß der Knabe am Ufer eines Bächleins hinritt, siehe, da lag eine bunte, viel schönere Feder auf dem grünen Gras, als jene war, die im Walde gelegen hatte, und des Knaben Herz verlangte nach ihr, seinen Hut damit zu schmücken; denn dergleichen Pracht von einer Feder hatte er all sein Lebtag noch nicht gesehen. Aber wie er absteigen wollte, sprach das Rößlein abermals: »Ach, laß die Feder auf dem Grunde!« Und wieder verwunderte sich der Knabe über alle Maßen, daß das Rößlein sprach, während es doch sonst nicht redete, folgte auch dieses Mal, blieb im Sattel, stieg nicht ab, hob die Feder nicht auf, ritt weiter.

Nun währte es nur eine kleine Zeit, da kam der Knabe an einen hohen Berg, wollte da hinaufreiten, da lag an seinem Fuße im Wiesengrunde wieder eine Feder, das war nach seinem Vermeinen aber die allerschönste in der ganzen weiten Welt, und die mußte er haben. Sie glänzte und funkelte wie lauter blaue und grüne Edelgesteine oder wie die hellen Tautropfen in der Morgensonne. Aber wiederum sprach das Rößlein: »Ach, laß die Feder auf dem Grunde!« Dieses Mal vermochte der Jüngling dem Rößlein nicht zu gehorchen und wollte seinen Rat nicht hören, denn es gelüstete ihm allzusehr nach dem lieblichen und stattlichen Schmuck. Er stieg ab, hob die Feder vom Grunde und steckte sie auf seinen Hut. Da sprach das Rößlein: »O weh, das tust du dir zum Schaden! Es wird dich wohl noch reuen!« Weiter sprach es nichts. Wie der Jüngling weiterritt, so kam er an eine stattliche und wohlgebaute Stadt, da sah er viel geschmückte Bürgersleute, und es kam ihm ein feiner Zug entgegen mit Pfeifern, Paukern und Trompetern und vielen wehenden Fahnen, und das war prächtig anzusehen. Und in dem Zuge gingen Jungfrauen, die streuten Blumen, und die vier schönsten trugen auf einem Kissen eine Königskrone. Und die Ältesten der Stadt reichten die Krone dem Jüngling und sprachen: »Heil dir, du uns von Gott gesandter edler Jüngling! Du sollst unser König sein! Gelobt sei Gott der Herr in alle Ewigkeit!« Und alles Volk schrie: »Heil unserm König!« Der Jüngling wußte nicht, wie ihm geschehen, als er auf seinem Haupt die Königskrone fühlte, kniete nieder und lobte Gott und den Heiland. Hätte er die erste Feder aufgehoben, so wäre er ein Graf geworden; die zweite: ein Herzog, und hätte er die dritte Feder nicht aufgehoben, so hätte er auf dem Bergesgipfel eine vierte gefunden, und das Rößlein hätte dann gesprochen: »Diese Feder nimm vom Grunde.« Dann wär er ein mächtiger Kaiser geworden über viele Reiche der Welt, und die Sonne wäre nicht untergegangen in seinen Landen. Doch war er auch so zufrieden und ward ein gütiger, weiser, gerechter und frommer König.

Hans im Glücke

Es war einmal ein Bauernknabe, hieß Hans, ein ehrlich Blut, dünkte sich nicht auf den Kopf gefallen, der diente treu und ehrlich einem großen, reichen Herrn eine Reihe von Jahren. Zuletzt aber bekam Hans das Heimweh, wollte gern bei seiner Mutter sein und sprach seinen Herrn um den verdienten Lohn an. Der gab Hansen ein Stück Gold, das war so groß wie Hansens Kopf, und Hansens Kopf gehörte nicht zu den dünnen und kleinsten. Der war zufrieden, packte den schweren Goldklumpen in ein Tüchlein und machte sich auf die Spazierhölzer. Das Gehen wurde ihm aber blutsauer, er schwitzte, daß er troff, denn der Goldklumpen war schrecklich schwer, er mochte ihn tragen, wie er wollte, auf dem Kopf oder auf den Schultern.

Da trottelte ein Reiter leicht und wohlgemut an Hans vorbei, saß auf einem spiegelglatten Pferd. »Ei!« rief Hans, »reiten ist eine schöne Kunst, wer sie kann und ein Pferd hat.« Der Reiter hielt sein Rößlein an, weil er Hansens Rede in seine Ohren hinein gehört hatte, und fragte ihn, womit er sich denn da so mühselig schleppe.

»Ach! es ist Gold, pures schweres Gold! Der Mensch ist ein geplagtes Tier!« sagte Hans, indem er den Klumpen ächzend zur Erde warf.

»Ei!« sprach der Reiter, »wenn du gern reiten willst, so laß uns einen Tausch machen. Gibst mir deinen Lastklumpen und nimmst mein Pferd dafür!« Das ließ sich Hans nicht zweimal bieten, er rief fröhlich: »Topp! schlagt ein!«, und der Handel war geschlossen. Der Reiter nahm das Gold und machte, daß er damit Hansen aus dem Gesicht kam, dachte, der Handel könnte jenen reuen. Hans aber kletterte auf den Gaul und ritt davon, daß es stäubte, aber nicht gar lange, da tat das Pferd einen Satz, daß Hans, der nicht reiten konnte, herunterfiel wie ein Nußsack. Konnte kaum ein Glied regen. Ein Bauer, der mit einer Kuh des Weges zog, fing das ledige Pferd und führt's dahin, wo Hans lag. Der weinte und rieb sich die Knochen. »Nimmermehr reiten, tut nicht gut! Wer doch so ein sanftes Kühchen hätte wie Ihr dort, guter Freund! Da könnte man tagtäglich Milch essen und Butter und Käse und wird nicht heruntergeworfen.«

»Ei«, sagte der pfiffige Bauer, »wenn Euch die Kuh so wohlgefällt, so gefällt mir nun gerade auch Euer mutiges Pferd, geb Euch die Kuh für das Pferd!«

»Das ist ein guter Tausch, den lob ich mir«, sprach Hans, nahm die Kuh und trieb sie vor sich her, während der Bauer sich auf das Roß setzte und, heidi, hast du nicht gesehen, davonritt.

Als Hans in ein Wirtshaus kam, verzehrte er seine letzten paar Heller, denn er meinte, nun, da er die Kuh habe, brauche er kein Geld, und marschierte weiter. Es war aber den Tag sehr heiß und noch eine weite Strecke zum Dorfe, wo Hans her war und wo seine Mutter wohnte, und es durstete Hansen. Da schickte er sich an, die Kuh zu melken, aber so ungeschickt, daß keine Milch kam und daß ihm zuletzt die Kuh einen Tritt gab, davon ihm Hören und Sehen verging, und er nicht wußte, ob er ein Bub oder ein Mädchen war. Da trieb just ein Metzger des Weges mit einem jungen Schwein, der fragte mitleidvoll den geschlagenen Hans, was ihm fehle, und bot ihm einmal aus seiner Flasche zu trinken. Hans erzählte sein Abenteuer, und der Metzger machte ihm bemerklich, daß von einer so alten Kuh keine Milch zu erwarten sei, die müsse man schlachten. »Hm!« meinte Hans, »wird auch keinen sonderlichen Braten geben, altes Kuhfleisch! Ja, wer so ein nettes fettes Schweinchen hätte, das schmeckt und gibt Fetzenwürstel!«

»Guter Freund!« sagte der Metzger, »wenn Euch das Schweinchen so gefällt, so laßt uns einen Tausch treffen, gerade auf, Ihr das Schwein, ich die Kuh! Ist's recht?« – »Ist schon recht!« sagte Hans, von Herzen innerlich froh über sein Glück. Zog heiter seine Straße und dachte: Bist doch ein rechtes Glückskind, Hans! Immer wird der Schade wieder ersetzt. O wie soll dieser Schweinebraten schmecken!

Bald kam ein Bursche desselben Wegs und holte den Hans ein, der trug eine fette, schwere, weiße Gans im Arm, grüßte Hans, und da sie miteinander ins Gespräch kamen, erzählte er ihm, daß die Gans zu einem Kindtaufsbraten bestimmt sei. Das müßte ein Braten werden, der seinesgleichen suche. Dabei ließ er die Gans den Hans wiegen und unter den Flügeln die Fettklumpen befühlen.

»Die Gans ist gut, mein Schweinchen da ist aber auch kein Hund!« sagte Hans. »Wo hast du denn das Schwein her?« fragte der Bursche, und Hans erzählte, daß er es vor kurzem erst erhandelt. Da sah sich jener bedenklich um und sprach:

»Höre, ein Wort im Vertrauen. Dahinten im letzten Dorfe ist dem Schulzen alleweil ein junges Schwein gestohlen worden. Der Dieb hat's an dich verpascht, und wenn jetzt der Flurschütz uns nachkommt (mich deucht, ich sehe seinen Spieß schon dort über den Kornähren blinken), so faßt er dich für den Dieb, und du kommst, statt mit dem Schwein in die Küche deiner Mutter, in des Teufels Küche!«

»Ach du mein lieber Herr Gott! Was bin ich für ein Unglücksvogel!« schrie Hans. »Hilf mir doch um Gottes willen, guter, liebster Freund!«

»Weißt du was«, sprach der Bursche, »geschwind gib mir das Schwein und nimm du meine Gans! Ich weiß hierherum die Schleichwege, und ich will mich schon unsichtbar machen!«

Gesagt, getan, Handel geschlossen, und in zwei Augenblikken waren Bursch und Schwein dem Hans aus den Augen. Bin doch ein Glücksvogel! lachte Hans innerlich und trug die Gans eine gute Strecke. Vom Flurschütz oder sonst einem Nachsetzenden war nichts zu sehen. Hans berechnete den guten Braten, das Fett, die Federn, die Freude seiner Mutter; und so kam er in das letzte Dorf vor dem seinigen. Da stand ein Scherenschleifer an seinem Karren, der sah ganz fröhlich aus, schliff und pfiff, und piff und schliff, daß es nur so schnurrte, dann sang er einen lustigen Gassenhauer:

»Es kam ein junger Schleifer her,
Schliff die Messer und die Scher!
Hat's gern getan,
Tut's noch einmal,
Was geht's dich an?
Was hast denn du davon?«

Hans blieb ganz verwundert stehen mit seiner Gans und hatte seine Verwunderung über des Schleifers Lustigkeit, dann bot er ihm guten Tag und fragte: »Euch geht's gewiß recht gut, daß Ihr so lustig und fröhlich seid? Wer's doch auch so hätte!«

»O ja, mein guter Kamerad«, sprach der Scherenschleifer, »bin alldieweil lustig, immer Geld in der Tasche, kannst's auch so haben mit deiner Gans. Woher hast du die Gans?«

»Hab sie gekriegt für ein Schwein!« berichtete Hans. »Und das Schwein?« — »Für eine Kuh gekriegt!« — »Und die Kuh?« — »Für ein Pferd eingehandelt.« — »Und das Pferd?« — »Einen Klumpen Gold hingegeben, so groß wie mein Kopf.« — »O du Schlaukopf! Und woher das Gold?« — »Sieben Jahre gedient, Lohn bekommen!« — »Pfiffikus, dir fehlt nichts, als daß du ein Schleifer würdest wie ich, dann klingt dir das Geld in allen Taschen. Dazu braucht es nur eines guten Hirnschleifsteins; hier hab ich noch einen liegen, ist zwar schon etwas abgenutzt, geht aber doch mit (wenn du ihn trägst)! Den geb ich dir für deine Gans. Willst du?«

»Ob ich will? Freilich!« rief Hans ganz erfreut. »Geld in allen Taschen ist eine schöne Profession.«

Der lose Schleifer gab dem guten Hans einen alten Wetzstein und einen Kiesel, der am Wege lag, und Hans zog fürbaß, ganz glücklich, daß sich alles so schön getroffen, meinte, er müsse in einer Glückshaut geboren sein.

Aber die Sonne schien und brannte heiß, Hans hatte Hunger und Durst, war matt und müde, und die Steine waren schwer, fast so schwer, wie der Goldklumpen gewesen war, und er dachte: O wenn ich mich doch nicht mit diesen Schleifsteinen schleppen müßte. Da war ein Brünnlein am Wege, daraus wollte Hans seinen Durst löschen, bückte sich, und beim Bücken fielen die Steine in den Brunnen hinab.

Wer war froher wie Hans im Glücke, daß er so mit einem Male ohne sein Zutun die schweren Steine losgeworden! Freudig sprang er auf, los und ledig aller Sorgen, aller Lasten, pries sich als den glücklichsten Menschen und langte guten Mutes bei seiner Mutter an – Hans im Glücke.

Die schöne junge Braut

Es ging einmal ein hübsches Landmädchen in den Wald, um Futter für ihre Kuh zu holen; wie sie nun in Gottes Namen grasete und an gar nichts Arges dachte, so kamen auf einmal vier Räuber, umringten sie und führten sie mit sich fort, ohne Gnad und Barmherzigkeit, sie mochte schreien und zappeln, bitten und betteln, soviel sie wollte. Weitab von des Mädchens Heimat in einem finstern Walde hatten die Räuber ein Haus, worin sie sich aufhielten, wenigstens blieben immer einige daheim, wenn die andern auf Raub auszogen. Dem Mädchen taten aber die Räuber weiter nichts zuleide, als daß sie sie eben aus ihrer Heimat fortführten und sie in dem Hause gleichsam gefangenhielten; sie mußte den Haushalt besorgen, kochen, backen und waschen, sonst hatte sie es gut, wurde aber immer scharf bewacht. Dabei hatten ihr die Räuber den Namen gegeben: schöne junge Braut.

So war nun das Mädchen schon einige Jahre in der Räuberherberge, als es sich einmal traf, daß ein Hauptraub ausgeführt werden sollte, an dem, wenn er gelingen sollte, die ganze helle Bande teilnehmen mußte.

Da das Mädchen sich an das Leben in der Räuberhöhle gewöhnt zu haben schien, auch noch keinen Versuch zu entfliehen gemacht hatte und auch schwerlich durch den wilden Wald die Wege finden würde – so dachte der Hauptmann –, so blieb sie dieses Mal allein und unbewacht im Waldhause zurück. Aber die Räuber waren kaum fort, so sann die schöne Braut darauf, wie sie unerkannt entfliehen könne. Sie machte geschwind eine Gestalt von Stroh, zog derselben ihre Kleider an, setzte ihr ihre Haube auf, sich selbst aber bestrich sie von Kopf bis zu den Füßen mit Honig, wälzte sich darauf über und über in Federn, so daß sie ganz unkennbar wurde und aussah wie ein seltsamer Vogel. Die Gestalt in ihren Kleidern lehnte sie an ein Fenster über der Haustür und ließ sie hinaussehen, doch mit verdecktem Gesicht, und dann eilte sie von dannen.

Mochte es aber nun sein, daß dem Hauptmann eine Ahnung von des Mädchens beabsichtigter Flucht kam oder daß etwas vergessen worden war, genug, er sandte einige seiner Räuber nach dem Hause zurück, und gerade mußte es sich treffen, daß ihnen auf ihrem Wege das fiedrige Käuzlein aufstieß. Sie dachten aber, es wäre einer ihrer Kumpane, der sich unkenntlich gemacht hätte, und riefen die Gestalt lachend und fragend an:

»Wohin, wohin, Herr Federsack?
Was macht die schöne junge Braut?«

Diese, die es selbst war, war zwar sehr erschrocken, doch faßte sie sich ein Herz und antwortete mit verstellter Stimme:

»Sie fegt und säubert unser Haus
Und schaut wohl auch zum Fenster heraus!«

Damit machte sie, daß sie den Räubern aus dem Gesichte kam, kam auch glücklich aus dem Walde, erreichte ein Dorf, kaufte sich Kleider, badete sich und erlangte glücklich und wohlbehalten, obschon nach langer Wanderung, ihre Heimat wieder, und da sie nicht gerade das Beste in der Räuberherberge zurückgelassen hatte, sondern für ihren Jahrlohn mitgehen heißen, so hatte sie auch wohl zu leben und heiratete einen wackern Burschen.

Jene Räuber, wie die nun des Hauses ansichtig wurden, sahen die Gestalt der schönen jungen Braut am Fenster und grüßten schon von weitem, indem sie riefen:

»Grüß Gott, o schöne junge Braut,
Die freundlich uns entgegenschaut.«

Da aber der Gruß unerwidert blieb, so verwunderten sich die Räuber, und als sie näher kamen, vermeinten sie, die schöne junge Braut sei eingeschlafen. Vergebens riefen sie, sie ermunterte sich nicht; vergebens geboten sie ihr, zu öffnen, all ihr Pochen und Schreien, Rufen und Schelten war erfolglos, und wütend traten sie zuletzt die Türe in Trümmern, stürmten die Treppe hinauf und faßten die Gestalt der schönen jungen Braut hart an, da fiel ihnen die Strohpuppe in die Arme. Da riefen die Räuber:

»Fahr wohl, du schöne junge Braut!
Ein Tor ist, wer auf Weiber baut!«

Die sieben Raben

Wie in der Welt gar viele wunderliche Dinge geschehen, so trug sich's auch einmal zu, daß eine arme Frau sieben Knäblein auf einmal gebar; und diese lebten alle und gediehen alle. Nach etlichen Jahren bekam sie auch noch ein Töchterchen. Ihr Mann war gar fleißig und tüchtig in seiner Arbeit, deshalb ihn auch die Leute, welche Handarbeiter bedurften, gerne in Dienst nahmen, wodurch er nicht nur seine zahlreiche Familie auf ehrliche Weise ernähren konnte, sondern so viel erwarb, daß auch noch bei genauer Einrichtung seine brave Hausfrau einen Notpfennig zurücklegen konnte. Doch dieser treue Vater starb in seinen besten Jahren, und die arme Witwe geriet bald in Not, denn sie konnte nicht so viel erschaffen, um ihre acht Kinder zu ernähren und zu kleiden. Dazu wurden die sieben Knaben immer größer und brauchten immer mehr und wurden aber auch zur größten Betrübnis ihrer Mutter immer unartiger, ja sie wurden sogar wild und böse. Die arme Frau vermochte kaum zu ertragen, was sie alles bekümmerte und drückte. Sie wollte doch ihre Kinder gut und fromm erziehen, und ihre Strenge und Milde fruchteten nichts, der Knaben Herzen waren und blieben verstockt. Darum sprach sie eines Tages, als ihre Geduld ganz zu Ende war: »O ihr bösen Rabenjungen, ich wollte, ihr wäret sieben schwarze Raben und flöget fort, daß ich euch nimmer wiedersähe.« Und alsbald wurden die sieben Knaben zu Rabenvögeln, fuhren zum Fenster hinaus und verschwanden.

Nun lebte die Mutter mit ihrem einzigen Töchterlein recht stille und zufrieden, sie verdienten sich mehr noch, als sie brauchten. Und die Tochter wurde ein hübsches gutes und sittsames Mädchen. Doch nach etlichen Jahren bekamen beide, Mutter und Tochter, gar herzliche Sehnsucht nach den sieben Brüdern und sprachen oft von ihnen und weinten: Wenn doch die Brüder wiederkämen und brave Burschen wären, wie könnten wir durch unsere Arbeit uns so gut stehen und untereinander so viele Freude haben. Und weil die Sehnsucht nach ihren Brüdern im Herzen des Mägdleins immer heftiger wurde, sprach sie einst zur Mutter: »Liebe Mutter, laß mich fortwandern und die Brüder aufsuchen, daß ich sie umlenke von ihrem bösen Wesen und sie dir zuführe zur Ehre und Freude deines Alters.« Die Mutter antwortete: »Du gute Tochter, ich kann und will dich nicht abhalten, die fromme Tat zu vollführen, wandre fort, und Gott geleite dich!« Gab ihr darauf ein kleines goldnes Ringelein, das sie schon als kleines Kind am Finger getragen, wie die Brüder in Raben verwandelt wurden.

Da machte sich das Mädchen sogleich auf und wanderte fort, gar weit, weit fort, und fand lange keine Spur von ihren Brüdern; aber einmal kam sie an einen sehr hohen Berg, auf dessen Höhe ein kleines Häuschen stand, da hatte sie sich drunten niedergesetzt, um auszuruhen, und blickte sinnend immer hinauf nach dem Häuschen. Dasselbe kam ihr bald vor wie ein Vogelnest, denn es sah grau aus, als ob es von Steinchen und Kot zusammengefügt wäre, bald kam es ihr vor wie eine menschliche Wohnung. Sie dachte: Ob nicht da droben deine Brüder wohnen? Und als sie endlich sieben schwarze Raben aus dem Häuschen fliegen sah, bestätigte sich ihre Vermutung noch mehr. Sie machte sich freudig auf, um den Berg zu ersteigen; doch der Weg, der hinaufführte, war mit so seltsamen, spiegelglatten Steinen gepflastert, daß sie allemal, wenn sie mit großer Mühe eine Strecke hinan war, ausglitt und wieder herunterfiel. Da wurde sie betrübt und wußte nicht, wie sie nur hinaufkommen könnte. Da sah sie eine schöne weiße Gans und dachte: Wenn ich nur deine Flügel hätte, so wollte ich bald droben sein. Dann dachte sie wieder: Kann ich mir denn ihre Flügel nicht abschneiden? Ei, dann wäre mir ja geholfen! Und sie fing rasch die schöne Gans, schnitt ihr die Flügel ab und auch die Beine und nähte sich dieselben an. Und siehe, wie sie das Fliegen probierte, ging es so schön, so leicht und gut, und wenn sie müde war vom Fliegen, lief sie ein wenig mit den Gänsefüßen und glitt nicht einmal wieder aus. So kam sie schnell und gut an das lang ersehnte Ziel. Droben ging sie hinein in das Häuschen, doch war es sehr klein; drinnen standen sieben winzig kleine Tischchen, sieben Stühlchen, sieben Bettchen, und in der Stube waren auch sieben Fensterchen, und in dem Ofen standen sieben Schüsselchen, darauf lagen gebratene Vögelchen und gesottene Vogeleier. Die gute Schwester war von der weiten Reise müde geworden und freute sich nun, einmal ordentlich ausruhen zu können; auch fühlte sie Hunger. Da nahm sie die sieben Schüsselchen aus dem Ofen und aß von einem jeden ein wenig und setzte sich auf jedes Stühlchen ein wenig und legte sich in jedes Bettchen ein wenig, und in dem letzten Bettchen schlief sie ein und blieb darinnen liegen, bis die sieben Brüder zurückkamen. Diese flogen durch die sieben Fenster herein in die Stube, nahmen ihre Schüsseln aus dem Ofen und wollten essen, merkten aber, daß schon davon gegessen war. Nun wollten sie sich schlafen legen und fanden ihre Bettchen verrückt, und einer der Brüder tat einen lauten Schrei und sprach: »O was liegt für ein Mägdlein in meinem Bett!« Die andern Brüder liefen schnell herbei und sahen erstaunt das schlafende Mädchen liegen. Da sprach einer um den andern: »Wenn es doch unser Schwesterchen wäre!«, und wieder rief einer um den andern voll Freude: »Ja, das ist unser Schwesterchen, ja, das ist es! Solche Haare hatte es, und solch ein Mündlein hatte es, und solch ein Ringlein trug es damals an seinem größten Finger, wie es jetzt am kleinsten eins trägt!« Und sie jauchzten alle und küßten das Schwesterchen alle, aber dieses schlief so fest, daß es lange nicht erwachte.

Endlich schlug das Mädchen die Äuglein auf und sah die sieben schwarzen Brüder um ihr Bett sitzen. Da sagte sie: »Oh, seid herzlich gegrüßt, meine lieben Brüder, Gott sei gedankt, daß ich euch endlich gefunden habe; ich habe euretwegen eine lange, mühevolle Reise gemacht, um euch wieder aus eurer Verbannung zurückzuholen, wenn ihr nämlich

einen bessern Sinn in euern Herzen gefaßt habt, daß ihr eure gute Mutter nie mehr ärgern wollet, daß ihr fleißig mit uns arbeitet und die Ehre und Freude eurer alten Mutter werden wollet.« Während dieser Rede hatten die Brüder bitterlich geweint und sprachen nun: »Ja, herzige Schwester, wir wollen gut sein und nie wieder die Mutter beleidigen, ach, als Raben haben wir ein elendigliches Leben, und ehe wir uns dieses Häuschen erbaut, sind wir oft vor Hunger und Elend bald umgekommen. Dazu kam die Reue, die uns Tag und Nacht folterte: denn wir mußten die Leichname von den armen gerichteten Sündern fressen, und wurden dadurch stets an des Sünders schauerliches Ende erinnert.«

Die Schwester weinte Freudentränen, daß ihre Brüder sich bekehrt hatten und so voll frommen Sinnes sprachen. »Oh!« rief sie aus, »nun ist alles gut, wenn ihr nach Hause kommt und die Mutter vernimmt, daß ihr besser worden seid, wird sie euch herzlich verzeihen und euch wieder zu Menschen machen.«

Als nun die Brüder mit dem Schwesterchen heimreisen wollten, sprachen sie erst, indem sie ein hölzernes Kästchen öffneten: »Liebe Schwester, nimm hier diese schönen goldenen Ringe und blitzenden Steinchen, die wir draußen so nach und nach fanden, in dein Schürzchen und trage es mit nach Hause, denn dadurch können wir als Menschen reich werden. Als Raben trugen wir sie nur um des schönen Glanzes willen zusammen.«

Das Schwesterchen tat so, wie die Brüder wollten, und hatte selbst Freude an dem schönen Schmuck. Auf der Heimreise trugen die Rabenbrüder einer um den andern das Schwesterchen auf ihren Flügeln, bis sie an die Wohnung ihrer Mutter kamen; da flogen sie zum Fenster hinein und baten ihre Mutter um Verzeihung und gelobten, fortan stets gute Kinder zu sein. Auch die Schwester half bitten und flehen, und die Mutter war voll Freude und Liebe und verzieh ihren sieben Söhnen. Da wurden sie wieder Menschen und gar schöne blühende Jünglinge, einer so groß und so anmutvoll wie der andre. Dankend herzten und küßten sie die gute Mutter und die liebevolle Schwester. Und bald darauf nahmen alle sieben Brüder sich junge sittsame Frauen, bauten sich ein großes schönes Haus, denn sie hatten für ihre Kleinodien sehr vieles Geld bekommen. Und des neuen Hauses erste Weihe war der Brüder siebenfache Hochzeit.

Dann nahm auch die Schwester einen braven Mann, mußte aber auf der Brüder Flehen und Bitten bei ihnen wohnen bleiben.

So hatte die gute Mutter noch viel Freude an ihren Kindern und wurde von denselben bis in ihr spätes Alter liebevoll gepflegt und kindlich verehrt.

Die drei Hochzeitgäste

Es waren einmal in einem Dorfe drei Hofhunde, die hielten gute Nachbarschaft miteinander, und da sollte eine große Bauernhochzeit sein; zu derselbigen war alt und jung geladen, und wurde gekocht und gebacken, gesotten und gebraten, daß der Geruch durchs ganze Dorf zog. Die drei Hunde waren auch beisammen und rochen den feinen Dunst und ratschlagten, wie sie auch hin zur Hochzeit gehen wollten und sehen, ob nichts für sie abfallen werde. Aber um unnützes Aufsehen zu vermeiden, beschlossen sie, nicht zugleich, alle drei auf einmal, hinzulaufen, sondern einzeln, einer nach dem andern.

Der erste ging, machte sich in das Schlachthaus, erschnappte jählings ein großes Stück Fleisch und wollte damit seiner Wege gehen, allein er wurde erwischt und empfing eine fürchterliche Tracht Prügel, nächstdem, daß man ihm das Stück Fleisch aus den Zähnen riß.

So kam er hungrig und übel geschlagen zurück auf den Hof zu seinen Nachbargesellen, die hungerten schon nach guter Nachricht und fragten: »Nun, wie hat es dir ergangen und gefallen?« Nun schämte sich aber der Hund, die Wahrheit zu gestehen, daß sein Hochzeitsmahl in einer scharfgesalzenen Prügelsuppe bestanden, sprach deshalb: »Ganz

wohl! Aber es geht dort scharf her, und muß einer hart und weich vertragen können!«

Die Kameraden, als sie das hörten, vermeinten, es werde über alle Maßen gegessen und getrunken auf der Hochzeit, und es fallen viele gute Bröcklein ab, harte und weiche, Fleisch und Bein, und alsbald rannte der zweite Hund in vollen Sprüngen nach dem Hochzeithaus, gerade in die Küche, und nahm, was er fand – aber ehe er noch den Rückweg fand, war er schon bemerkt und ward ihm ein Topf voll siedend heißes Wasser über den Rücken gegossen, daß es nur so dampfte, als er von dannen schoß wie ein Pudel, der aus dem Wasser kommt; doch ob's ihn auch schrecklich brannte, er verbiß seinen Schmerz. Als er nun auf den Hof kam, wo die beiden Kameraden seiner harrten, fragten die gleich: »Nun, wie hat es dir gefallen?« – »Ganz wohl!« antwortete der Hund, »aber es geht dort heiß her, und muß einer kalt und warm vertragen können!«

Da dachte der dritte Hund: Die Hochzeitgäste sind beim Schmaus in voller Arbeit, und kalte und warme Speisen wechseln ab, wollte daher nichts versäumen und wenigstens zum Nachtisch dasein, wenn der mürbe Kuchen aufgetragen wird. Eilte sich, was er konnte. Kaum aber war er im Hause, so erwischte ihn einer, klemmte ihm den Schwanz zwischen die Stubentür, gerbte ihm das Fell windelweich und klemmte so lange, bis die Haut vom Schwanze sich abstreifte und der Hund verschändet entsprang.

»Nun, wie hat es dir auf der Hochzeit gefallen?« fragten die Freunde, jeder mit etwas Spott im Herzen. Der Übelzugerichtete zog seinen geschundenen Schwanz, so gut es gehen wollte, zwischen die Beine, daß man diesen nicht sah, und sprach: »Ganz wohl, es ging recht toll her und gab viel Mürbes, aber Haare lassen muß einer können.«

Und da dachten die drei Hunde noch lange daran, wie wohl ihnen die Hochzeitsuppe, die Hochzeitbrühe und der Hochzeitkuchen geschmeckt hatte, und vom Braten hat jeder genug gerochen.

Das Tränenkrüglein

Es war einmal eine Mutter und ein Kind, und die Mutter hatte das Kind, ihr einziges, lieb von ganzem Herzen und konnte ohne das Kind nicht leben und nicht sein. Aber da sandte der Herr eine große Krankheit, die wütete unter den Kindern und erfaßte auch jenes Kind, daß es auf sein Lager sank und zum Tod erkrankte. Drei Tage und drei Nächte wachte, weinte und betete die Mutter bei ihrem geliebten Kinde, aber es starb. Da erfaßte die Mutter, die nun allein war auf der ganzen Gotteserde, ein gewaltiger und namenloser Schmerz, und sie aß nicht und trank nicht und weinte, weinte wieder drei Tage lang und drei Nächte lang ohne Aufhören und rief nach ihrem Kinde. Wie sie nun so voll tiefen Leides in der dritten Nacht saß, an der Stelle, wo ihr Kind gestorben war, tränenmüde und schmerzensmatt bis zur Ohnmacht, da ging leise die Türe auf, und die Mutter schrak zusammen, denn vor ihr stand ihr gestorbenes Kind. Das war ein seliges Engelein geworden und lächelte süß wie die Unschuld und schön wie in Verklärung. Es trug aber in seinen Händchen ein Krüglein, das war schier übervoll. Und das Kind sprach: »O lieb Mütterlein, weine nicht mehr um mich! Siehe, in diesem Krüglein sind deine Tränen, die du um mich vergossen hast; der Engel der Trauer hat sie in dieses Gefäß gesammelt. Wenn du nur noch *eine* Träne um mich weinest, so wird das Krüglein überfließen, und ich werde dann keine Ruhe haben im Grabe und keine Seligkeit im Himmel. Darum, o lieb Mütterlein, weine nicht mehr um dein Kind, denn dein Kind ist wohlaufgehoben, ist glücklich, und Engel sind seine Gespielen.« Damit verschwand das tote Kind, und die Mutter weinte hinfort keine Träne mehr, um des Kindes Grabesruhe und Himmelsfrieden nicht zu stören.

Vom Hühnchen und Hähnchen

Es war einmal ein Hühnchen und ein Hähnchen, die gingen miteinander auf den Nußberg und suchten sich Nüßchen. Das Hähnchen sprach zum Hühnchen: »Wenn du ein Nüßchen findest, iß es ja nicht allein, gib mir die Hälfte davon, sonst erwürgst du.« Aber das Hühnchen hatte ein Nüßchen gefunden und es allein gegessen, und der Kern war in seinem Hälschen steckengeblieben, daß es im Erwürgen war und ängstlich rief: »Hähnchen, Hähnchen, hol mir geschwind ein wenig Brunnen, ich erwürge sonst!« Da lief das Hähnchen flugs zum Brunnen und sprach: »Brunn, Brunn, gib mir Brunn, daß ich den Brunn meinem Hühnchen geb, es liegt oben auf dem Nußberg und will ersticken.« Und der Brunnen sprach: »Erst geh hin zur Braut und hole mir den Kranz!« Da lief das Hähnchen hin zur Braut und sprach: »Braut, Braut, gib mir den Kranz, daß ich den Kranz dem Brunnen geb, daß mir der Brunnen Brunnen gibt, daß ich den Brunnen meinem Hühnchen geb, es liegt oben auf dem Nußberge und will erwürgen.« Aber die Braut sprach: »Erst geh hin zum Schuster und hole mir meine Schuhe.« Und wie das Hähnchen zum Schuster kam, sprach dieser: »Erst geh hin zur Sau und hole mir Schmer.« Und die Sau sprach: »Erst geh hin zur Kuh und hole mir Milch.« Und die Kuh sprach: »Erst geh hin zur Wiese und hole mir Gras!« – Wie nun das Hähnchen zur Wiese kam und sie um Gras bat, war diese gütig und gab ihm viele Blumen und Gras, dieses gab geschwinde das Hähnchen der Kuh und erhielt Milch dafür, und für die Milch tat auch das Schwein von seinem Fette her, und damit schmierte der Schuster sein Leder und machte flugs die Schuhe der Braut, und gegen die Schuhe tat freundlich die Braut den Kranz her, und das Hähnchen reichte denselben dem Brunnen, und dieser sprudelte sogleich sein klares Wasser heraus und in das Gefäßchen, welches das Hähnchen unterhielt. Im schnellen Lauf kehrte nun das Hähnchen zurück zum Nußberg; aber wie es zum Hühnchen kam, war dasselbe unterdessen erwürgt. Da kikirikite das Hähnchen vor Schmerz hell auf, das hörten alle Tiere in der Nachbarschaft, die liefen herbei und weinten um das Hühnchen. Und da bauten sechs Mäuselein einen Trauerwagen, darauf legten sie das tote Hühnchen und spannten sich davor und zogen den Wagen fort. Wie sie nun, das Hähnchen, das tote Hühnchen, die Mäuslein und der Trauerwagen, so auf dem Wege waren, da kam der Fuchs hinterdrein und fragte: »Wo willst du hin, Hähnchen?« – »Ich will mein Hühnchen begraben!« – »Das will ich tun, du Narr!« rief der Fuchs, fraß das Hühnchen, weil es noch nicht lange tot war, und begrub's in seinem Magen. Da trauerte das Hähnchen und rief: »So wünsch ich mir den Tod, um bei meinem Hühnchen zu sein.« – »So soll es sein!« sprach der Fuchs und fraß das Hähnchen, daß es zu seinem Hühnchen kam. Da weinten die Mäuselein um das

Hähnchen, und da dachte der Fuchs, sie wollten auch tot sein, und schlang sie hinter. Weil aber die Mäuselein an den Wagen gespannt waren, so schlang er auch den Wagen mit hinunter, und da stieß ihm die Deichsel das Herz ab, daß er längelang hinfiel und alle viere von sich streckte. Da flog ein Vöglein auf einen Lindenzweig und sang: »Fuchs ist mausetot! Fuchs ist mausetot!«

Die Kornähren

Es war einmal eine Zeit, aber das ist schon undenklich lange her, da trugen alle Kornhalme, und auch die von anderem Getreide, volle goldgelbe Ähren herab bis auf den Boden; da gab es keine Armut und keine Hungersnot, niemals, und das war die goldene Zeit. Da konnten sich alle Menschen mit Wonne sättigen, und auch die Vögel, die gerne Körner fressen, Hühner und Tauben und andere Vögel, fanden Futter vollauf.

Aber da waren unter den Menschen welche, die waren undankbar und gottvergessen und achteten die schöne werte Gottesgabe, das liebe Getreide, für gar nichts. Da gab es Frauen, die nahmen, wenn ihre kleinen Kinder sich verunreinigt hatten, die vollen Ährenbüschel und reinigten damit

ihre Kinder und warfen die Ähren auf den Mist; und die Mägde scheuerten mit den vollen Ähren, und die Buben und kleine Mädchen jagten sich durch das liebe Korn, spielten Verstecken darin, wälzten sich darauf herum und zertraten es. Das jammerte den lieben Gott, der das Getreide den Menschen zur Nahrung gegeben hatte und dem Vieh zum Futter und nicht zum Verurzen, und dachte bei sich, wir wollen es anders machen, und die goldene Zeit soll ein Ende haben.

Und da schuf der liebe Gott, daß hinfort jeder Halm nur eine einzige Ähre trug, einmal für die Menschen, damit sie das liebe Getreide besser schonen lernten, und einmal für die unschuldigen Tiere, damit sie doch noch ihr Futter haben sollten, wenn auch die Menschen nicht einmal die eine Ähre wert wären.

Von da an ist Hunger und Teurung und Armut in die Welt gekommen. Nur zuweilen und selten läßt der liebe Gott da oder dort einen Wunderhalm mit vielen, vielen Ähren emporschießen und zeigt so dem Menschen, wie es einst beschaffen war um das Getreide und was Er kann. Und es geht eine alte Prophezeiung unter dem Volke, daß einmal nach langen Jahren, wenn das Engelwort sich erfüllt haben wird: Ehre sei Gott in der Höhe, Friede auf Erden und unter allen Menschen Wohlwollen, Segnung und Liebe, daß dann der Boden auch wieder von Gott erweckt werden solle, solche Halme zu tragen, die bis zur Wurzel voll Ähren sind. Unser keiner aber wird das erleben.

Der Hase und der Fuchs

Ein Hase und ein Fuchs reisten beide miteinander. Es war Winterszeit, grünte kein Kraut, und auf dem Felde kroch weder Maus noch Laus. »Das ist ein hungriges Wetter«, sprach der Fuchs zum Hasen, »mir schnurren alle Gedärme zusammen.« — »Jawohl«, antwortete der Hase. »Es ist überall Dürrhof, und ich möchte meine eignen Löffel fressen, wenn ich damit ins Maul langen könnte.«

So hungrig trabten sie miteinander fort. Da sahen sie von weitem ein Bauernmädchen kommen, das trug einen Handkorb, und aus dem Korb kam dem Fuchs und dem Hasen ein angenehmer Geruch entgegen, der Geruch von frischen Semmeln. »Weißt du was!« sprach der Fuchs: »Lege dich hin der Länge lang und stelle dich tot. Das Mädchen wird seinen Korb hinstellen und dich aufheben wollen, um deinen armen Balg zu gewinnen, denn Hasenbälge geben Handschuhe; derweilen erwische ich den Semmelkorb, uns zum Troste.«

Der Hase tat nach des Fuchsen Rat, fiel hin und stellte sich tot, und der Fuchs duckte sich hinter eine Windwehe von Schnee. Das Mädchen kam, sah den frischen Hasen, der alle viere von sich streckte, stellte richtig den Korb hin und bückte sich nach dem Hasen. Jetzt wischte der Fuchs hervor, erschnappte den Korb und strich damit querfeldein; gleich war der Hase lebendig und folgte eilend seinem Begleiter. Dieser aber stand gar nicht still und machte keine Miene, die Semmeln zu teilen, sondern ließ merken, daß er sie allein fressen wollte. Das vermerkte der Hase sehr übel. Als sie nun in die Nähe eines kleinen Weihers kamen, sprach der Hase zum Fuchs: »Wie wäre es, wenn wir uns eine Mahlzeit Fische verschafften? Wir haben dann Fische und Weißbrot wie die großen Herren! Hänge deinen Schwanz ein wenig ins Wasser, so werden die Fische, die jetzt auch nicht viel zu beißen haben, sich daran hängen. Eile aber, ehe der Weiher zufriert.«

Das leuchtete dem Fuchs ein, er ging hin an den Weiher, der eben zufrieren wollte, und hing seinen Schwanz hinein, und eine kleine Weile, so war der Schwanz des Fuchses fest angefroren. Da nahm der Hase den Semmelkorb, fraß die Semmeln vor des Fuchses Augen ganz gemächlich, eine nach der andern, und sagte zum Fuchs: »Warte nur, bis es auftaut, warte nur bis ins Frühjahr, warte nur, bis es auftaut!« und lief davon, und der Fuchs bellte ihm nach, wie ein böser Hund an der Kette.

Der beherzte Flötenspieler

Es war einmal ein lustiger Musikant, der die Flöte meisterhaft spielte; er reiste daher in der Welt herum, spielte auf seiner Flöte in Dörfern und in Städten und erwarb sich dadurch seinen Unterhalt. So kam er auch eines Abends auf einen Pachtershof und übernachtete da, weil er das nächste Dorf vor einbrechender Nacht nicht erreichen konnte. Er wurde von dem Pachter freundlich aufgenommen, mußte mit ihm speisen und nach geendigter Mahlzeit einige Stücklein auf seiner Flöte vorspielen. Als dieses der Musikant getan hatte, schaute er zum Fenster hinaus und gewahrte in kurzer Entfernung bei dem Scheine des Mondes eine alte Burg, die teilweise in Trümmern zu liegen schien. »Was ist das für ein altes Schloß«, fragte er den Pachter, »und wem hat es gehört?« Der Pachter erzählte, daß vor vielen, vielen Jahren ein Graf da gewohnt hätte, der sehr reich, aber auch sehr geizig gewesen wäre. Er hätte seine Untertanen sehr geplagt, keinem armen Menschen ein Almosen gegeben und sei endlich ohne

Erben (weil er aus Geiz sich nicht einmal verheiratet habe) gestorben. Darauf hätten seine nächsten Anverwandten die Erbschaft in Besitz nehmen wollen, hätten aber nicht das geringste Geld gefunden. Man behaupte daher, er müsse den Schatz vergraben haben, und dieser möge heute noch in dem alten Schloß verborgen liegen. Schon viele Menschen wären des Schatzes wegen in die alte Burg gegangen, aber keiner wäre wieder zum Vorschein gekommen. Daher habe die Obrigkeit den Eintritt in dies alte Schloß untersagt und alle Menschen im ganzen Lande ernstlich davor gewarnt. – Der Musikant hatte aufmerksam zugehört, und als der Pachter seinen Bericht geendigt hatte, äußerte er, daß er großes Verlangen habe, auch einmal hineinzugehen, denn er sei beherzt und kenne keine Furcht. Der Pachter bat ihn aufs dringendste und endlich schier fußfällig, doch ja sein junges Leben zu schonen und nicht in das Schloß zu gehen. Aber es half kein Bitten und Flehen, der Musikant war unerschütterlich.

Zwei Knechte des Pachters mußten ein Paar Laternen anzünden und den beherzten Musikanten bis an das alte, schaurige Schloß begleiten. Dann schickte er sie mit einer Laterne wieder zurück, er aber nahm die zweite in die Hand und stieg mutig eine hohe Treppe hinan. Als er diese erstiegen hatte, kam er in einen großen Saal, um den ringsherum Türen waren. Er öffnete die erste und ging hinein, setzte sich an einen darin befindlichen altväterischen Tisch, stellte sein Licht darauf und spielte die Flöte. Der Pachter aber konnte die ganze Nacht vor lauter Sorgen nicht schlafen und sah öfters zum Fenster hinaus. Er freute sich jedesmal unaussprechlich, wenn er drüben den Gast noch musizieren hörte. Doch als seine Wanduhr elf schlug und das Flötenspiel verstummte, erschrak er heftig und glaubte nun nicht anders, als der Geist oder der Teufel, oder wer sonst in diesem Schlosse hauste, habe dem schönen Burschen nun ganz gewiß den Hals umgedreht. Doch der Musikant hatte ohne Furcht sein Flötenspiel abgewartet und gepflegt; als aber sich endlich Hunger bei ihm regte, weil er nicht viel bei dem Pachter gegessen hatte, so ging er in dem Zimmer auf und nieder und sah sich um. Da erblickte er einen Topf voll ungekochter Linsen stehen, auf einem andern Tische stand ein Gefäß voll Wasser, eines voll Salz und eine Flasche Wein. Er goß geschwind Wasser über die Linsen, tat Salz daran, machte Feuer in dem Ofen an, weil auch schon Holz dabeilag, und kochte sich eine Linsensuppe. Während die Linsen kochten, trank er die Flasche Wein leer, und dann spielte er wieder Flöte. Als die Linsen gekocht waren, rückte er sie vom Feuer, schüttete sie in die auf dem Tische schon bereitstehende Schüssel und aß frisch darauflos. Jetzt sah er nach seiner Uhr, und es war um die zwölfte Stunde. Da ging plötzlich die Türe auf, zwei lange schwarze Männer traten herein und trugen eine Totenbahre, auf der ein Sarg stand. Diesen stellten sie, ohne ein Wort zu sagen, vor den Musikanten, der sich keineswegs im Essen stören ließ, und gingen ebenso lautlos, wie sie gekommen waren, wieder zur Türe hinaus. Als sie sich nun entfernt hatten, stand der Musikant hastig auf und öffnete den Sarg. Ein altes Männchen, klein und verhutzelt, mit grauen Haaren und grauem Barte, lag darinnen; aber der Bursche fürchtete sich nicht, nahm es heraus, setzte es an den Ofen, und kaum schien es erwärmt zu sein, als sich schon Leben in ihm regte. Er gab ihm hierauf Linsen zu essen und war ganz mit dem Männchen beschäftigt, ja fütterte es wie eine Mutter ihr Kind. Da wurde das Männchen ganz lebhaft und sprach zu ihm: »Folge mir!« Das Männchen ging voraus, der Bursche aber nahm seine Laterne und folgte ihm sonder Zagen. Es führte ihn nun eine hohe verfallene Treppe hinab, und so gelangten endlich beide in ein tiefes schauerliches Gewölbe.

Hier lag ein großer Haufen Geld. Da gebot das Männchen dem Burschen: »Diesen Haufen teile mir in zwei ganz gleiche Teile, aber daß nichts übrigbleibt, sonst bringe ich dich ums Leben!« Der Bursche lächelte bloß, fing sogleich an zu zählen auf zwei große Tische herüber und hinüber und brachte so das Geld in kurzer Zeit in zwei gleiche Teile, doch zuletzt — war noch ein Kreuzer übrig. Der Musikant aber besann sich kurz, nahm sein Taschenmesser heraus, setzte es auf den Kreuzer mit der Schneide und schlug ihn mit einem dabeiliegenden Hammer entzwei. Als er nun die eine Hälfte auf die-

sen, die andere auf jenen Haufen warf, wurde das Männchen ganz heiter und sprach: »Du himmlischer Mann, du hast mich erlöst! Schon hundert Jahre muß ich meinen Schatz bewachen, den ich aus Geiz zusammengescharrt habe, bis es einem gelingen würde, das Geld in zwei gleiche Teile zu teilen. Noch nie ist es einem gelungen, und ich habe sie alle erwürgen müssen. Der eine Haufe Geld ist nun dein, den andern aber teile unter die Armen. Göttlicher Mensch, du hast mich erlöst!« Darauf verschwand das Männchen. Der Bursche aber stieg die Treppe hinan und spielte in seinem vorigen Zimmer lustige Stücklein auf seiner Flöte.

Da freute sich der Pachter, daß er ihn wieder spielen hörte, und mit dem frühesten Morgen ging er auf das Schloß (denn am Tage durfte jedermann hinein) und empfing den Burschen voller Freude. Dieser erzählte ihm die Geschichte, dann ging er hinunter zu seinem Schatz, tat, wie ihm das Männchen befohlen hatte, und verteilte die eine Hälfte unter die Armen. Das alte Schloß aber ließ er niederreißen, und bald stand an der vorigen Stelle ein neues, wo nun der Musikant als reicher Mann wohnte.

Der Hasenhüter und die Königstochter

Es hatte ein reicher König eine sehr schöne Tochter; als diese sich verheiraten wollte, mußten sich alle Freier, die sich eingefunden hatten, auf einer großen grünen Wiese versammeln, da warf sie nun einen goldenen Apfel mehrmal in die Luft, und wer ihn auffing und sich unterstand, drei Bund oder drei Aufgaben, die sie selbst aufgab, zu lösen, der sollte sie dann zur Gemahlin haben. Da hatten nun viele den Apfel aufgefangen, zuletzt auch ein schöner muntrer Schäfersbursch, aber von allen war keiner imstande, die drei Aufgaben zu lösen. Da kam nun die Reihe an den Schäfersburschen als an den letzten und geringsten unter den Freiern. Die erste Aufgabe war die: Der König hatte in einem Stalle hundert Hasen, wer die auf die Weide trieb, hütete und am Abend alle wieder zurückbrachte, der hatte die erste Aufgabe erledigt. Als das der Schäfersbursche vernahm, sprach er, er wollte sich erst noch einen Tag darüber besinnen, am andern Tage aber ganz gewiß bestimmen, ob er sich getraue, die Sache zu unternehmen oder nicht. Nun lief aber der Schäfersbursche auf den Bergen umher und war traurig, denn er scheute sich vor dem gewagten Unternehmen. Da begegnete ihm ein altes Mütterchen und fragte ihn nach der Ursache seiner Traurigkeit; er aber sagte: »Ach, mir kann niemand helfen.« Da sprach das graue Mütterchen: »Urteile nicht so vorlaut; sage dein Anliegen, vielleicht kann ich dir helfen.« Und da erzählte er denn die Aufgabe. Da gab ihm das Mütterchen ein Pfeifchen und sagte: »Hebe es wohl auf, es wird dir nützen!«,

und ehe noch der Bursche sich bedankt hatte, war das Mütterchen verschwunden. Nun ging er fröhlich hin zum König und sprach: »Ich will die Hasen hüten!« Und da wurden sie aus dem Stalle herausgelassen. Als aber der letzte heraus war, sah man den ersten schon nicht mehr, der war schon über alle Berge. Der Bursche aber ging hinaus aufs Feld und setzte sich auf einen grünen Hügel und dachte: Was fang ich an? Da fiel ihm sein Pfeifchen ein; er tat es schnell heraus und pfiff, da kamen die hundert Hasen alle wieder gesprungen und weideten lustig um ihn herum an dem grünen Hügel.

Dem König und der schönen Prinzessin aber war gar nichts daran gelegen, daß der Schäfer die Aufgabe löse und die Prinzessin sich gewinne, weil er ein so geringer Schlucker war und nicht hochgeboren, und sie sannen auf Listen, wie sie machen wollten, daß der Hasenhüter seine Herde nicht vollzählig heimbringe.

Da kam die Königstochter dahergegangen und hatte sich verkleidet und ihr Gesicht verändert, daß er sie nicht kennen sollte, aber er kannte sie doch. Als sie nun die Hasen noch alle erblickte, fragte sie: »Kann man hier nicht einen von den Hasen kaufen?« Da sagte der Bursche: »Zu verkaufen gibt's keinen, aber abzuverdienen!« Da fragte sie weiter: »Wie ist das zu verstehen?« Da sprach der Bursche: »Wenn Ihr Euch mir zum Liebchen gebet und eine süße Schäferstunde mit mir haltet!« Sie wollte aber nicht. Da sie aber doch gern einen Hasen wollte und er keinen anders hergab, so bequemte sie sich endlich doch dazu. Da er sie nun genugsam geherzt und geküßt hatte, fing er ihr einen Hasen und steckte ihn in ihr Handkörbchen, und sie ging fort. Als sie nun wohl eine Viertelstunde weit von ihm weg war, pfiff er auf seinem Pfeifchen, und geschwind drückte der Hase den Deckel des Körbchens auf, sprang heraus und kam wieder gesprungen.

Nicht lange währte es, da kam der alte König und hatte sich auch vermummt, aber der Bursche kannte ihn doch. Der König kam auf einem Esel geritten und hatte hüben und drüben einen Korb hängen. Der König fragte: »Wird kein Hase verkauft?« — »Nein, verkauft nicht, aber abverdient kann einer werden!« antwortete ihm dreist der Bursche. »Wie ist

das zu verstehen?« fragte der König. »Wenn Ihr den Esel hier unter den Schwanz küßt«, begann der Bursche, »sollt Ihr einen haben!« Das wollte der König aber nicht tun; und er bot ihm schweres Geld, wenn er einen verkaufen wollte; der Bursche aber tat es nicht. Da nun der König sah, daß er keinen Hasen zu kaufen kriegte, bequemte er sich endlich dazu und gab dem Esel einen tüchtigen Schmatz unter den Schwanz; dann wurde ein Hase gefangen, in den einen Korb am Esel gesteckt, und der König zog fort. Er war aber noch nicht weit, da pfiff der Bursche, und der Hase hüpfte aus dem Korbe heraus und kam wieder. Darauf kam der König nach Hause und sagte: »Es ist ein loser Bursche, ich konnte keinen Hasen bekommen!« Was er getan hatte, sagte er nicht. »Ja!« erwiderte die Prinzessin, »so ging mir es auch!« Was sie aber getrieben hatte, gestand sie auch nicht. Als es Abend war, kam der Bursche mit seinen Hasen und zählte dem Könige sie vor, alle hundert zum Stall hinein.

Nun begann der König: »Die erste Aufgabe ist gelöst, und nun geht es an die zweite! Merk auf! Hundert Maß Erbsen und hundert Maß Linsen liegen auf meinem Boden, diese habe ich untereinanderschütten und wohl durchmengen lassen, wenn du diese in einer Nacht ohne Licht auseinandersonderst, dann hast du die zweite Aufgabe vollbracht.« Der Bursche sprach: »Ich kann es!« Und da wurde er auf den Boden gesperrt, und es wurde die Türe fest verschlossen. Da nun alles im Schlosse ruhig war, pfiff er auf seinem Pfeifchen; da kamen gekrochen viele tausend Ameisen und wimmelten und kribbelten so lange, bis die Erbsen wieder auf einem besondern Haufen waren und die Linsen auch. Als nun früh der König nachsah, war die Aufgabe gelöst, die Ameisen aber sah er nicht, die waren wieder fort. Der König wunderte sich und wußte nicht, wie es der Bursche machte. Darauf sprach er: »Ich will dir nun auch die dritte Aufgabe sagen. Wenn du in künftiger Nacht dich durch eine große Kammer voll Brot hindurchissest, daß nichts übrigbleibt, dann hast du die dritte Aufgabe vollbracht, und dann sollst du meine Tochter haben!«

Als es nun dunkel war, wurde der Bursche in eine Brotkammer gesteckt, die war so voll, daß bei der Türe nur ein Plätzchen leer war, wo er hintrat. Wie aber alles ruhig im Schlosse war, pfiff er wieder auf seinem Pfeifchen; da kamen daher so viele Mäuse, daß es ihm schier unheimlich wurde; und als es tagte, war das Brot alles aufgefressen, daß kein Krümchen mehr übrig war! Er aber polterte an der Türe und schrie: »Macht auf! Ich habe Hunger!« Da war nun auch die dritte Aufgabe gelöst.

Der König aber sagte: »Sage uns zum Spaß noch einen Sack voll Lügen, dann sollst du meine Tochter bekommen!« Da fing der Bursche an und sagte schreckliche Lügen einen halben Tag lang, aber der Sack wollte immer nicht voll werden. Da erzählte er endlich: »Ich habe mit der allerliebsten Prinzessin, meiner Braut, auch schon ein Schäferstündchen gehalten!« Bei diesen Worten wurde sie feuerrot, der König sah sie an, und ob es gleich Lügen sein sollten, so glaubte er's doch und bildete sich schon ein, wie und wo es geschehen sei. »Der Sack ist aber noch nicht voll!« rief er. Da begann der Bursche: »Der Herr König hat auch den Esel« — »Er ist voll, er ist voll! Strickt zu!« rief der König, denn er schämte sich und wollte es nicht wissen lassen, welche Ehre dem Esel durch seinen königlichen Mund zuteil geworden war, da sein ganzer Hofstaat im Kreise herumstand. Und wurde die Hochzeit des Schäferburschen mit der Königstochter gefeiert, vierzehn Tage lang, und da ging es so hoch her und lustig zu, daß, der es erzählt hat, wünscht, er wäre auch ein Gast dabei gewesen.

Das Märchen vom Mann im Monde

Vor uralten Zeiten ging einmal ein Mann am lieben Sonntagmorgen in den Wald, haute sich Holz ab, eine großmächtige Welle, band sie, steckte einen Staffelstock hinein, huckte die Welle auf und trug sie nach Hause zu.

Da begegnete ihm unterwegs ein hübscher Mann in Sonntagskleidern, der wollte wohl in die Kirche gehen, blieb stehen, redete den Wellenträger an und sagte: »Weißt du nicht, daß auf Erden Sonntag ist, an welchem Tage der liebe Gott ruhte, als er die Welt und alle Tiere und Menschen geschaffen? Weißt du nicht, daß geschrieben steht im dritten Gebot, du sollst den Feiertag heiligen?« Der Fragende aber war der liebe Gott selbst; jener Holzhauer jedoch war ganz verstockt und antwortete: »Sonntag auf Erden oder Mondtag im Himmel, was geht das mich an, und was geht es dich an?«

»So sollst du deine Reisigwelle tragen ewiglich!« sprach der liebe Gott, »und weil der Sonntag auf Erden dir so gar unwert ist, so sollst du fürder ewigen Mondtag haben und im

Mond stehen, ein Warnungsbild für die, welche den Sonntag mit Arbeit schänden!«

Von der Zeit an steht im Mond immer noch der Mann mit dem Holzbündel und wird wohl auch so stehenbleiben bis in alle Ewigkeit.

Der König im Bade

Es war einmal ein König, dem waren viele Lande deutscher und welscher Zunge untertan, darob wurde sein Herz übermütig, und er glaubte, es gäbe in der Welt keinen mächtigen Herrn außer ihm allein. Nun geschah es, daß er eines Abends in die Vesper ging und hörte den Priester die Worte lesen: Deposuit potentes de sede, et exaltavit humiles. Da fragte er, weil er kein Latein verstand, die gelehrten Männer, die um ihn waren, was diese Worte bedeuteten? Und da wurde ihm die Deutung: Gott der Herr wirft die Mächtigen vom Throne und erhöhet die Niedrigen. Der König erschrak über diesen Spruch und wurde zornig und gab ein Gebot, daß dieser Ausspruch des Evangelisten Lucas fürder nicht mehr solle gelesen werden, auch solle niemand ihn hören, und er solle ganz und gar vertilgt werden aus den heiligen Büchern. Das Gebot trugen des Königs Sendboten in alle Lande und zu allen Geistlichen und in alle Klöster. Die Bücher aber, darin diese Schriftstelle stehenblieb, die sollten verbrannt werden. Also wurden jene Worte vielfach zerstört und ausgetilgt und wurden öffentlich in den Kirchen nicht mehr gelesen oder gesungen.

Nun geschah es zu einer Zeit, daß der König in ein Bad ging, da sandte Gott, auf daß er büße für den Frevel am heiligen Wort des Evangeliums, einen Engel, der nahm des Königs Gestalt an und schlug die Augen aller mit Blindheit, daß sie ihn für den König hielten, den König selbst aber nicht als solchen, der er war, erkannten. Als der König aus dem Bade trat, setzte er sich auf eine Bank, auf welcher der Engel schon saß. Da hieß ihn der Bader aufstehen und sich anderswo hinsetzen. »Bist du trunken, Bader«, fragte der König: »daß du also schmachvoll zu mir redest? Ich bin's, der König, dein Gebieter!« – »Ein Narr mögt Ihr sein!« antwortete der Bader. »Mein Herr, der König, sitzt ja hier; wessen König seid

Ihr denn? Und wo ist das Reich Eurer Majestät? Wohl Nargonia?«

»Bösewicht!« schrie der König voller Zorn, nahm einen Kübel und warf den an des Baders Kopf, da hörte das Badegesinde den Lärm, eilte herzu und salbte den König mit Faustöl, bis der Engel als König dazwischentrat und ihn aus den Händen des Gesindes befreite. Dann aber verließ er ihn, trat aus der Badestube, und da legten ihm des Königs Diener, die den Engel für ihren Herrn halten mußten, jenes köstliche Gewand an und geleiteten ihn auf stolzen Rossen in allem Glanze nach der Hofburg. Den König aber warfen der Bader und seine Gesellen nackt und bloß aus dem Hause, und da stand er vor der Türe und wußte nicht, wie ihm geschehen war. Und das Volk sammelte sich um ihn und spottete über ihn, dazu sein eignes Gesinde, denn es kannte ihn keiner mehr. Und er eilte nackend wie er war und mit großer Scham von den Leuten hinweg, die ihm aber nachliefen, wie einem Toren, zum Hause seines Schenken und vielen treuen Rates.

Es war nach der Zeit des Mittagsimbisses, und der Schenk saß und pflegte der Mittagsrast, als der König am Tore schellte und Einlaß begehrte. Der Pförtner fragte, wer er sei und was er begehre, und jener sagte: »Ich, der König!«

»Ei Pfui dich!« rief der Pförtner. »So schandbar hab ich noch keinen König gesehn. Du kommst mitnichten herein!« Da schrie und lärmte der König ungetümlich, daß der Schenk es hörte und fragte, was es gebe. Der Pförtner sprach: »Herr, es stehet ein Mann draußen, der ist nackt und bloß und sagt, er sei dein Herr und König, und das Volk ist hinter ihm, und hat seinen Narren an dem Affen.«

»Laßt ihn herein!« sprach mitleidvoll der Schenk, »und reicht ihm ein notdürftig Gewand, auf daß er seine Blöße bedecke.« Dies geschah, und dann trat der König herein zu dem Schenken, der ihn auch nicht als seinen Herrn zu erkennen vermochte, und sprach: »O mein Freund, du wirst und mußt mich erkennen, daß ich dein König bin, obschon mich heut ein wunderlich Verhängnis heimsucht und von Ehren und Gute mich vertreibt. Denke der Reden, die wir gestern früh vertraulich miteinander pflogen, als ich Euch, meinen Räten, einen Befehl gab, den ich erfüllt sehen wollte, und Ihr mir es ausredetet als eines Fürsten nicht würdig.« Und solcher Heimlichkeiten sagte der König zum Schenken noch mehr, der aber begann zu lachen und sprach: »Die Wahrheit sagt Ihr, ja, aber Euch muß sie der Teufel ins Ohr geblasen haben!« Und der König sprach: »Womit ich auch das Unglück verdient, das mich schlägt, mein Herz sagt mir, daß ich ein gerechter und wahrhafter König bin.«

Der Schenke mochte nicht widersprechen, weil das die Narren aufzubringen pflegt und bei Klugen auch nicht für ein Zeichen von guter Lebensart gilt, aber er gebot, dem Fremden Speise aufzutragen, und dachte bei sich: Ich will diesen seltnen Fall doch dem König als Neuigkeit hinterbringen. Er, der Schenke, galt bei Hof so viel durch seine weisen Ratschläge, daß er zu jeder Zeit freien Zutritt hatte, und so machte er sich gleich auf zur Königsburg, trat vor den Engel und verkündete ihm die Mär von seinem wunderlichen Gast. Der gebot ihm, den König zu Hofe zu führen, und es sammelte sich in einem großen Saale der ganze Hofstaat, und das Gesinde erfüllte alle Treppen und Galerien. Wie nun der Schenk den gedemütigten König brachte, schrie alles spöttisch: »Grüß Gott, Herr König ohne Land!«

Der Engel saß in reicher Pracht neben der schönen Königin auf dem Throne und grüßte seinen Doppelgänger, dessen Herz in Haß aufwallte, als er den vermeinten Feind bei seiner eigenen Gemahlin sitzen sah. Der Engel sprach: »Sagt an, ist das wahr, seid Ihr hier König?« Und der König antwortete: »Wohl sah ich den Tag, da ich hier gewaltig war, wo meine Gemahlin noch *mich* empfing als ihren König und Herrn, deren gütlichen Gruß ich nun ganz entbehre, der mir doch sonst nie versagt ward, bis heute an diesem Tag meiner Schmach und meines Leides. O wie freundlich schied ich noch heute morgen aus ihren minniglichen Armen!«

Die Königin ward ob dieser Rede ganz schamrot, daß sie sollte den fremden Mann umfangen haben, und sprach zum Engel: »Mein königlicher Herr und Gemahl, dieser Mann ist wohl unsinnig!?« Und ein alter Hofritter rief: »Schweige, Bösewicht! Dich müsse man auf einer Kuhhaut zum Galgen schleifen!« Und die jungen Lecker am Hofe wollten schon sich Gunst machen und ihren Heldenmut sehen lassen und griffen nach dem König, hätten ihm auch übel genug mitgespielt, aber der Engel wehrte sie ab und führte den König mit sich hinweg in ein schönes einsames Gemach. Dort sprach er zu ihm: »Sag an, glaubst du oder glaubst du nicht, daß Gott Gewalt habe über alle Geschöpfe? Siehe, wie seine allmächtige Kraft dich in den Staub tritt! Was hilft dir dein mächtiges Kriegsheer? Wer gehorcht deinem Rufe und Gebote? Noch lebt die Wahrheit: Deposuit potentes de sede, und du und deinesgleichen werdet sie ewig nicht unterdrücken!«

So sprach der Engel zum König, und dieser fragte erbebend: »Mann, wer seid Ihr? Seid Ihr Gott der Allmächtige, von dem Ihr redet, so erbarme sich Eure Gnade über mich armen, betörten Mann!«

»Ich bin nicht Gott!« sprach darauf der Engel, »aber seiner Boten einer bin ich und des wahren Christus Diener. Der sandte mich, und dir sandte er die Strafe deiner Hoffart. Gott erhöhet und erniedrigt, wen er will! Warum verfolgst du diese Wahrheit?«

Da fiel der König hin zu des Engels Füßen und bat um Gottes Huld und Verzeihung. Der Engel hieß ihn aufstehen und sprach: »Du mußt Glauben haben an das Wort der Schrift aus der Priester Munde! Du mußt barmherzig sein gegen die, so dir ihren Kummer klagen! Du mußt gerecht sein gegen den Kleinen wie gegen den Großen! Willst du das, so sollst du wieder einnehmen den Stuhl deiner Macht und deiner Ehren.«

Da demütigte sich aufs neue der König vor dem Boten des Herrn, neigte sich, kniete nieder und sprach: »Ich folge dir gerne, gewähre mir durch Gott Gnade!« Da bot ihm der Engel seine Hand und reichte ihm die Königsgewande und verlieh ihm die Königsgestalt wieder, und der König legte das dürftige Röcklein ab, das der Schenk ihm geben ließ. Der Engel aber verschwand vor den Augen des Königs und flog wieder auf gen Himmel, in die Heimat der Seelen, in das Reich des ewigen Vaters.

Der König sprach: »Gelobt sei der süße Christ, der Gewaltige. Was der Engel mir sagte, das ist die rechte Wahrheit.« Und ging hervor aus dem Gemach wie einer, dem nie ein Leid widerfahren. Da fragten ihn die Dienstmannen ehrfurchtsvoll: »Herr, wo ist der Narr geblieben?« Er aber berief die Königin und alle die Seinen um sich her und erzählte ihnen alles, wie es sich begeben und was er erlitten; seinen Streit mit dem Bader und alles andere und zeigte ihnen das dürftige Röcklein. Des erschraken die Schranzen und schämten sich, daß sie den Herrn also gekränkt und mißkannt, und meinten ihrer viele, es werde ihnen nunmehr an Leib und Gut gehen. Selbst die Königin bat den Gemahl um Huld und Gnade und versicherte heilig und teuer, daß sie ihn nicht erkannt habe. Er schloß sanft ihre Hände in seine Hand und sprach: »Frau, schweiget stille! Gott hat es so gewollt! Kannte ich doch zuletzt mich selbst nicht mehr.«

Dann hieß er den Spruch ›Deposuit‹ wieder in alle Bücher schreiben, wo er ausgelöscht worden, und ließ ihn wieder in den Kirchen lesen und ward gar ein demütiger Herrscher. Und wer diese Mär lieset, der demütige sein Herz vor Gott und bitte, daß er ihn vor Hoffart und Übermut gnädiglich bewahren wolle.

Der kleine Däumling

Es war einmal ein armer Korbmacher, der hatte mit seiner Frau sieben Jungen, da war immer einer kleiner als der andere, und der jüngste war bei seiner Geburt nicht viel über Fingerslänge, daher nannte man ihn Däumling. Zwar ist er hernach noch in etwas gewachsen, doch nicht gar zu sehr, und den Namen Däumling hat er behalten. Doch war es ein gar kluger und pfiffiger kleiner Knirps, der an Gewandtheit und Schlauheit seine Brüder alle in den Sack steckte.

Den Eltern ging es erst gar übel, denn Korbmachen und Strohflechten ist keine so nahrhafte Profession wie Semmelbacken und Kälberschlachten, und als vollends eine teure

Zeit kam, wurde dem armen Korbmacher und seiner Frau himmelangst, wie sie ihre sieben Würmer satt machen sollten, die alle mit äußerst gutem Appetit gesegnet waren. Da beratschlagten eines Abends, als die Kinder zu Bette waren, die beiden Eltern miteinander, was sie anfangen wollten, und wurden Rates, die Kinder mit in den Wald zu nehmen, wo die Weiden wachsen, aus denen man Körbe flicht, und sie heimlich zu verlassen. Das alles hörte der Däumling an, der nicht schlief wie seine Brüder, und schrieb sich der Eltern übeln Ratschlag hinter die Ohren. Simulierte auch die ganze Nacht, da er vor Sorge doch kein Auge zutun konnte, wie er es machen sollte, sich und seinen Brüdern zu helfen.

Frühmorgens lief der Däumling an den Bach, suchte die kleinen Taschen voll weiße Kiesel und ging wieder heim. Seinen Brüdern sagte er von dem, was er erhorcht hatte, kein Sterbenswörtchen. Nun machten sich die Eltern auf in den Wald, hießen die Kinder folgen, und der Däumling ließ ein Kieselsteinchen nach dem andern auf den Weg fallen, das sah niemand, weil er, als der jüngste, kleinste und schwächste, stets hintennachtrottelte. Das wußten die Alten schon nicht anders.

Im Wald machten sich die Alten unvermerkt von den Kindern fort, und auf einmal waren sie weg. Als das die Kinder merkten, erhoben sie allzumal, Däumling ausgenommen, ein Zetergeschrei. Däumling lachte und sprach zu seinen Brüdern: »Heult und schreit nicht so jämmerlich! Wollen den Weg schon allein finden.« Und nun ging Däumling voran und nicht hinterdrein und richtete sich genau nach den weißen Kieselsteinchen, fand auch den Weg ohne alle Mühe.

Als die Eltern heimkamen, bescherte ihnen Gott Geld ins Haus; eine alte Schuld, auf die sie nicht mehr gehofft hatten, wurde von einem Nachbar an sie abbezahlt, und nun wurden Eßwaren gekauft, daß sich der Tisch bog. Aber nun kam auch das Reuelein, daß die Kinder verstoßen worden waren, und die Frau begann erbärmlich zu lamentieren: »Ach du lieber, allerlieber Gott! Wenn wir doch die Kinder nicht im Wald gelassen hätten! Ach, jetzt könnten sie sich dicksatt essen, und so haben die Wölfe sie vielleicht schon im Magen! Ach, wären nur unsre liebsten Kinder da!« – »Mutter, da sind wir ja!« sprach ganz geruhig der kleine Däumling, der bereits mit seinen Brüdern vor der Türe angelangt war und die Wehklage gehört hatte; öffnete die Türe, und herein trippelten die kleinen Korbmacher – eins, zwei, drei, vier, fünf, sechs, sieben. Ihren guten Appetit hatten sie wieder mitgebracht, und daß der Tisch so reichlich gedeckt war, war ihnen ein gefundenes Essen. Die Herrlichkeit war groß, daß die Kinder wieder da waren, und es wurde, solange das Geld reichte, in Freuden gelebt, dies ist armer Handarbeiter Gewohnheit.

Nicht gar lange währte es, so war in des Korbmachers Hütte Schmalhans wieder Küchenmeister, und ein Kellermeister mangelte ohnehin, und es erwachte aufs neue der Vorsatz, die Kinder im Walde ihrem Schicksal zu überlassen. Da der Plan wieder als lautes Abendgespräch zwischen Vater und Mutter verhandelt wurde, so hörte auch der kleine Däumling alles, das ganze Gespräch, Wort für Wort, und nahm sich's zu Herzen.

Am andern Morgen wollte Däumling abermals aus dem Häuschen schlüpfen, Kieselsteine aufzulesen, aber o weh, da war's verriegelt, und Däumling war viel zu klein, als daß er den Riegel hätte erreichen können, da gedachte er sich anders zu helfen. Wie es fortging zum Walde, steckte Däumling

Brot ein und streute davon Krümchen auf den Weg, meinte, ihn dadurch wiederzufinden.

Alles begab sich wie das erstemal, nur mit dem Unterschied, daß Däumling den Heimweg nicht fand, dieweil die Vögel alle Krümchen rein aufgefressen hatten. Nun war guter Rat teuer, und die Brüder machten ein Geheul in dem Walde, daß es zum Steinerbarmen war. Dabei tappten sie durch den Wald, bis es ganz finster wurde, und fürchteten sich über die Maßen, bis auf Däumling, der schrie nicht und fürchtete sich nicht. Unter dem schirmenden Laubdach eines Baumes auf weichem Moos schliefen die sieben Brüder, und als es Tag war, stieg Däumling auf einen Baum, die Gegend zu erkunden. Erst sah er nichts als eitel Waldbäume, dann aber entdeckte er das Dach eines kleinen Häuschens, merkte sich die Richtung, rutschte vom Baume herab und ging seinen Brüdern tapfer voran. Nach manchem Kampf mit Dickicht, Dornen und Disteln sahen alle das Häuschen durch die Büsche blicken und schritten gutes Mutes darauf los, klopften auch ganz bescheidentlich an der Türe an. Da trat eine Frau heraus, und Däumling bat gar schön, sie doch einzulassen, sie hätten sich verirrt und wüßten nicht, wohin. Die Frau sagte: »Ach, ihr armen Kinder!« und ließ den Däumling mit seinen Brüdern eintreten, sagte ihnen aber auch gleich, daß sie im Hause des Menschenfressers wären, der besonders gern die kleinen Kinder fräße. Das war eine schöne Zuversicht! Die Kinder zitterten wie Espenlaub, als sie dieses hörten, hätten gern lieber selbst etwas zu essen gehabt und sollten nun statt dessen gegessen werden. Doch die Frau war gut und mitleidig, verbarg die Kinder und gab ihnen auch etwas zu essen. Bald darauf hörte man Tritte, und es klopfte stark an der Türe; das war kein andrer als der heimkehrende Menschenfresser. Dieser setzte sich an den Tisch zur Mahlzeit, ließ Wein auftragen und schnüffelte, als wenn er etwas röche, dann rief er seiner Frau zu: »Ich wittre Menschenfleisch!« Die Frau wollte es ihm ausreden, aber er ging seinem Geruch nach und fand die Kinder. Die waren ganz hin vor Entsetzen. Schon wetzte er sein langes Messer, die Kinder zu schlachten, und nur allmählich gab er den Bitten seiner Frau nach, sie noch ein wenig am Leben zu lassen und aufzufüttern, weil sie doch gar zu dürr seien, besonders der kleine Däumling. So ließ der böse Mann und Kinderfresser sich endlich beschwichtigen. Die Kinder wurden zu Bette gebracht, und zwar in derselben Kammer, wo ebenfalls in einem großen Bette Menschenfressers sieben Töchter schliefen, die so alt waren wie die sieben Brüder. Sie waren von Angesicht sehr häßlich, jede hatte aber ein goldenes Krönlein auf dem Haupte. Das alles war der Däumling gewahr worden, machte sich ganz still aus dem Bette, nahm seine und seiner Brüder Nachtmützen, setzte diese Menschenfressers Töchtern auf und deren Krönlein sich und seinen Brüdern.

Der Menschenfresser trank vielen Wein, und da kam ihm seine böse Lust wieder an, die Kinder zu morden, nahm sein Messer und schlich sich in die Schlafkammer, wo sie schliefen, willens, ihnen die Hälse abzuschneiden. Es war aber stockdunkel in der Kammer, und Menschenfresser tappte blind umher, bis er an ein Bette stieß, und fühlte nach den Köpfen der darin Schlafenden. Da fühlte er die Krönchen und sprach: »Halt da! Das sind deine Töchter. Bald hättest du betrunkenes Schaf einen Eselsstreich gemacht!«

Nun tappelte er nach dem andern Bette, fühlte da die Nachtmützen und schnitt seinen sieben Töchtern die Hälse ab, einer nach der andern. Dann legte er sich nieder und schlief seinen Rausch aus. Wie der Däumling ihn schnarchen hörte, weckte er seine Brüder, schlich sich mit ihnen aus dem Hause und suchte das Weite. Aber wie sehr sie auch eilten, so wußten sie doch weder Weg noch Steg und liefen in der Irre herum, voll Angst und Sorge nach wie vor.

Als der Morgen kam, erwachte der Menschenfresser und sprach zu seiner Frau: »Geh und richte die Krabben zu, die gestrigen!« Sie meinte, sie sollte die Kinder nun wecken, und ging voll Angst um sie hinauf in die Kammer. Welch ein Schrecken für die Frau, als sie nun sah, was geschehen war; sie fiel gleich in Ohnmacht über diesen schrecklichen Anblick, den sie da hatte. Als sie nun dem Menschenfresser zu lange blieb, ging er selbst hinauf, und da sah er, was er angerichtet. Seine Wut, in die er geriet, ist nicht zu beschreiben.

Jetzt zog er die Siebenmeilenstiefeln an, die er hatte, das waren Stiefeln, wenn man damit sieben Schritte tat, so war man eine Meile gegangen, das war nichts Kleines. Nicht lange, so sahen die sieben Brüder ihn von weitem über Berg und Täler schreiten und waren sehr in Sorgen, doch Däumling versteckte sich mit ihnen in die Höhlung eines großen Felsens. Als der Menschenfresser an diesen Felsen kam, setzte er sich darauf, um ein wenig zu ruhen, weil er müde geworden war, und bald schlief er ein, und schnarchte, daß es war, als brause ein Sturmwind. Wie der Menschenfresser so schlief und schnarchte, schlich sich Däumling hervor wie ein Mäuschen aus seinem Loch und zog ihm die Meilenstiefeln aus und zog sie selber an. Zum Glück hatten diese Stiefeln die Eigenschaft, an jeden Fuß zu passen wie angemessen und angegossen. Nun nahm er an jede Hand einen seiner Brüder, diese faßten wieder einander an den Händen, und so ging es, hast du nicht gesehen, mit Siebenmeilenstiefelschritten nach Hause. Da waren sie alle willkommen, Däumling empfahl seinen Eltern, ein sorglich Auge auf die Brüder zu haben, er wolle nun mit Hilfe der Stiefeln schon selbst für sein Fortkommen sorgen, und als er das kaum gesagt, so tat er einen Schritt, und er war schon weit fort, noch einen, und er stand über eine halbe Stunde auf einem Berge, noch einen, und er war den Eltern und Brüdern aus den Augen.

Nach der Hand hat der Däumling mit seinen Stiefeln sein Glück gemacht und viele große und weite Reisen, hat vielen Herren gedient, und wenn es ihm wo nicht gefallen hat, ist er spornstreichs weitergegangen. Kein Verfolger zu Fuß noch zu Pferd konnte ihn einholen, und seine Abenteuer, die er mit Hilfe seiner Stiefeln bestand, sind nicht zu beschreiben.

Der Zauberwettkampf

Einstmals ging ein junger Buchbindergeselle in die Fremde und wanderte, bis kein Kreuzerlein mehr in seiner Tasche klimperte. Da endlich nötigte ihn sein gespanntes Verhältnis mit dem schlaff gewordenen Geldbeutel, ernstlich der Arbeit nachzufragen, und bald ward er auch von einem Meister angenommen und bekam es sehr, sehr gut. Sein Meister sprach zu ihm: »Gesell, du wirst es gut bei mir haben; die Arbeit, die du täglich zu tun hast, ist ganz geringe. Du kehrst nur die Bücher hier alle Tage recht säuberlich ab und stellst sie dann nach der Ordnung wieder auf. Aber dieses eine Büchlein, welches hier apart steht, darfst du nicht anrühren, viel weniger hineinsehen, sonst ergeht dir's schlimm, Bursche, merke dir's. Dagegen kannst du in den andern Büchern lesen, soviel du nur magst.«

Der Geselle beherzigte die Worte seines Meisters sehr wohl und hatte zwei Jahre lang die besten Tage, indem er täglich nur die Bücher säuberte, dann in manchem derselben las und dabei die vortrefflichste Kost hatte — jenes verbotene Büchlein ließ er gänzlich unangerührt. Dadurch erwarb er sich das volle Vertrauen seines Herrn, so daß dieser öfters tagelang vom Hause entfernt blieb und auch zuweilen eine Reise unternahm. Aber wie stets dem Menschen nach Verbotenem gelüstet, so regte sich einstmals, als der Meister auf mehrere Tage verreist war, in dem Gesellen eine mächtige Begierde, endlich doch zu wissen, was in dem Büchlein stehe, das immer ganz heilig an seinem bestimmten Orte lag. Denn alle andern Bücher hatte er bereits durchgelesen. Zwar sträubte sich sein Gewissen, das Verbotene zu tun, aber die Neugierde war mächtiger; er nahm das Büchlein, schlug es auf und fing an, darinnen zu lesen. In dem Büchlein standen die größesten kostbarsten Geheimnisse, die größesten Zauberformeln waren darinnen enthalten, und es stellte sich dem staunenden, höchst verwunderten Gesellen nach und nach alles so sonnenklar heraus, daß er schon anfing, Versuche im Zaubern zu machen. Alles gelang. Sprach der Bursche ein kräftiges Zaubersprüchlein aus diesem Büchlein, so lag im Nu das Gewünschte vor ihm da. Auch lehrte das Büchlein jede menschliche Gestalt in eine andere zu verwandeln. Nun probierte er mehr und mehr, und zuletzt machte er sich zu einer Schwalbe, nahm das Büchlein und flog im schnellsten Fluge seiner Heimat zu. Sein Vater war nicht wenig erstaunt, als eine Schwalbe zu seinem Fenster einflog und plötzlich dann aus ihr sein Sohn wurde, den er zwei Jahre lang nicht gesehen. Der Bursche aber drückte den Alten herzlich an seine Brust und sprach: »Vater, nun sind wir glücklich und geborgen, ich bringe ein Zauberbüchlein mit, durch welches

wir die reichsten Leute werden können.« Das gefiel dem Alten wohl, denn er lebte sehr dürftig. Bald darauf machte sich der junge Zauberer zu einem überaus großen, fetten Ochsen und sprach zu seinem Vater: »Nun führet mich zum Markt und verkauft mich, aber fordert ja viel, recht viel, man wird mich teuer bezahlen, und vergesset ja nicht, das kleine Stricklein, welches um meinen linken Hinterfuß gebunden ist, abzulösen und wieder mit heimzunehmen, sonst bin ich verloren.«

Das machte der Vater alles so; er verkaufte den Ochsen für ein schweres Geld, denn als er nun mit ihm auf dem Markte erschien, versammelte sich gleich ein Haufen Volkes um ihn, alles bewunderte den Raritätsochsen, und Christen und Juden schlugen sich darum, ihn zu kaufen. Der Käufer aber, der das höchste Gebot tat und bezahlte und den Ochsen im Triumph von dannen führte, hatte am andern Morgen statt des herrlichen Ochsens ein Bündlein Stroh in seinem Stalle liegen. Und der Buchbindergeselle – der war wohlgemut wieder daheim bei seinem Vater und lebte mit ihm herrlich und in Freuden von dem Gelde. Manch einer macht sich auch zu einem großen, fetten Ochsen, aber keiner kauft ihn teuer.

Bald darauf verzauberte der Bursch sich wieder in einen prächtigen Rappen und ließ sich von seinem Vater auf den

Roßmarkt führen und verkaufen. Da lief wieder das Volk zusammen, um das wunderschöne glänzend schwarze Roß zu sehen. – Jener Meister Buchbinder aber, als er nach Hause zurückgekehrt war, hatte gleich gesehen, was vorgegangen, und da er eigentlich kein Buchbinder, sondern ein mächtiger Zauberer war, der nur zum Schein diese Beschäftigung trieb, so wußte er auch gleich, wieviel es geschlagen hatte, und setzte dem Entflohenen nach. Auf jenem Roßmarkt nun war der Meister unter den Käufern, und da er alle Stücklein des Zauberbüchelchens kannte, so merkte er alsobald, was es für eine Bewandtnis mit dem Pferd habe, und dachte: Halt, jetzt will ich dich fangen. Und so suchte er für jeden Preis das Pferd zu kaufen, was ihm auch ohne große Mühe gelang, weil er es gleich um den ersten Kaufpreis annahm. Der Vater kannte den Käufer nicht, aber das Pferd fing an, heftig zu zittern und zu schwitzen, und gebärdete sich äußerst scheu und ängstlich, doch es konnte der Vater die nun so gefährliche Lage seines Sohnes nicht ahnen. Als das Pferd des neuen Eigentümers eingeführt und an den für dasselbe bestimmten Platz gestellt war, wollte der Vater wieder das Stricklein ablösen; aber der Käufer ließ dieses durchaus nicht zu, da er sehr wohl wußte, daß es dann um seinen Fang geschehen wäre. So mußte denn der Vater ohne Stricklein abziehen und dachte in seinem Sinn: Er wird sich schon selbst helfen, kann er so viel, daß er sich zu einem Pferde macht, kann er sich gewiß auch wieder durch seine Zauberkunst dort in dem Stall losmachen und heimkommen.

In jenem Pferdestall aber war ein mächtiges Gedränge von Menschen; groß und klein, alt und jung – alles wollte das ausgezeichnet schöne Roß beschauen. Ein kecker Knabe wagte sogar, das Pferd zu streicheln und liebkosend zu klopfen, und es ließ sich dieses, wie es schien, gar gerne gefallen, und als dieser Knabe sich immer vertraulicher näherte und das Pferd am Kopf und am Hals streichelte, da flüsterte es dem Knaben ganz leise zu: »Liebster Junge, hast du kein Messerchen einstecken?« Und der froh verwunderte Knabe antwortete: »O ja, ich habe ein recht scharfes.« Da sprach der Rappe wieder ganz leise: »Schneide einmal das Stricklein an meinem linken Hinterfuß ab«, und schnell schnitt es der Knabe entzwei. Und in diesem Augenblicke fiel das schöne Roß vor aller Augen zusammen und ward ein Bündlein Stroh, und daraus flog eine Schwalbe hervor und aus dem Stall empor in die hohen blauen Lüfte. Der Meister hatte das Roß nur einen Augenblick außer acht gelassen, jetzt war keine Zeit zu verlieren. Er brauchte seine Kunst, verwandelte sich rasch in einen Geier und schoß der flüchtigen Schwalbe nach. Es bedurfte nur noch einer kleinen Weile, so hatte der Geier die Schwalbe in seinen Klauen, aber das Schwälblein merkte den Feind, blickte nieder auf die Erde und sah da gerade unter sich ein schönes Schloß, und vor dem Schloß saß eine Prinzessin, und flugs verwandelte sich das Schwälblein in einen goldnen Fingerreif, fiel nieder und gerade der holden Prinzessin auf den Schoß. Die wußte nicht, wie ihr geschah, und steckte das Ringlein an den Finger. Aber die scharfen Augen des Geiers hatten alles gesehen, und rasch verwandelte sich der Zaubermeister aus einem Geier in einen schmucken Junker und trat heran zur Prinzessin und bat sie höflichst und untertänigst, dieses Ringlein, mit welchem er soeben ein Kunststück gemacht habe, ihm wieder einzuhändigen. Die schöne Prinzessin lächelte errötend, zog das Ringlein vom Finger und wollte es dem Künstler überreichen, doch siehe, da entfiel es ihren zarten Fingern und rollte als ein winziges Hirsekörnlein in eine Steinritze. Im Augenblicke verwandelte sich der Junker und wurde ein stolzer Gückelhahn, der mit seinem Schnabel emsig in der Steinritze nach dem Hirsekörnlein pickte, aber gleich darauf wurde aus dem Hirsekörnlein ein Fuchs, und dieser biß dem Gückel den Kopf ab. Und somit war der Zaubermeister besiegt. Jetzt aber nahm der junge Geselle wieder seine Gestalt an, sank der Prinzessin zu Füßen und pries sie dankend, daß sie ihn an ihrem Finger getragen und sich so mit ihm verlobt habe. Die Prinzessin war über alles, was vorgegangen war, mächtig erschrocken, denn sie war noch sehr jung und unerfahren und schenkte ihm ihr Herz und ihre Hand, doch unter der Bedingung, daß er fortan aller Verwandlung entsage und ihr unwandelbar treu bleibe. Dies gelobte der Jüngling und opferte sein Zauberbüchlein den Flammen, woran er indes sehr übel tat, denn er hätte es ja dir, lieber Leser, oder mir schenken und vermachen können; in *Ochsen* hätten *wir zwei* uns gewißlich nicht verwandelt.

Oda und die Schlange

Es war einmal ein Mann, der hatte drei Töchter, von denen hieß die jüngste Oda. Nun wollte der Vater dieser drei einmal zu Markte fahren und fragte seine Töchter, was er ihnen mitbringen sollte. Da bat die Älteste um ein goldnes Spinnrad, die zweite um eine goldne Weife, Oda aber sagte: »Bringe mir das mit, was unter deinem Wagen wegläuft, wenn du auf dem Rückweg bist.« Da kaufte denn nun der Vater auf dem Markt ein, was sich die älteren Mädchen gewünscht, und fuhr heim, und siehe, da lief eine Schlange unter den Wagen, die fing der Mann und brachte sie Oda mit.

Er warf sie untenhin in den Wagen und nachher vor die Haustür, wo er sie liegenließ. Wie nun Oda herauskam, da fing die Schlange an zu sprechen: »Oda! liebe Oda! Soll ich nicht hinein auf die Diele?« – »Was?« sagte Oda, »mein Vater hat dich bis an unsere Türe mitgenommen, und du willst auch herein auf die Diele?« Aber sie ließ sie doch ein. Da nun Oda nach ihrer Kammer ging, so rief die Schlange wieder: »Oda, liebe Oda! Soll ich nicht vor deiner Kammertüre liegen?« – »Ei seht doch«, sagte Oda, »mein Vater hat dich bis an die Haustür gebracht, ich habe dich hereingelassen auf die Diele, und nun willst du auch noch vor meiner Kammertür liegen? Doch es mag drum sein!« Wie nun Oda in ihre Schlafkammer eingehen wollte und die Kammertür öffnete, da rief die Schlange wieder: »Ach Oda, liebe Oda! Soll ich nicht in deine Kammer?« – »Wie?« rief Oda, »hat dich mein Vater nicht bis an die Haustür mitgenommen? Hab ich dich nicht auf die Diele gelassen und vor meine Kammertür? Und nun willst du auch noch mit in die Kammer? – Aber wenn du nun zufrieden sein willst, so komm nur herein, lieg aber stille, das sag ich dir!« Damit ließ Oda die Schlange ein und fing an, sich auszukleiden. Wie sie nun ihr Bettchen besteigen wollte, so rief die Schlange doch wieder: »Ach Oda, liebste Oda! Soll ich denn nicht mit in dein Bette?« – »Nun wird es aber zu toll!« rief Oda zornig aus. »Mein Vater hat dich bis an die Haustür mitgenommen; ich habe dich auf die Diele gelassen, nachher vor die Kammertür, nachher herein in die Kammer – und nun willst du gar noch bei mich ins Bett? Aber du bist wohl erfroren? Nun, so komm mit herein und wärme dich, du armer Wurm!« Und da streckte die gute Oda selbst ihre weiche warme Hand aus und hob die kalte Schlange zu sich herauf in ihr Bette. Da mit einem Male verwandelte sich die Schlange, die eine lange Zeit verzaubert gewesen war und die nur erlöst werden konnte, wenn alles das geschah, was mit ihr sich zugetragen hatte – in einen jungen und schönen Prinzen, der alsobald die gute Oda zu seiner Frau nahm.

Das Kätzchen und die Stricknadeln

Es war einmal eine arme Frau, die in den Wald ging, um Holz zu lesen. Als sie mit ihrer Bürde auf dem Rückwege war, sah sie ein krankes Kätzchen hinter einem Zaun liegen, das kläglich schrie. Die arme Frau nahm es mitleidig in ihre Schürze und trug es nach Hause zu. Auf dem Wege kamen ihre beiden Kinder ihr entgegen, und wie sie sahen, daß die Mutter etwas trug, fragten sie: »Mutter, was trägst du?« und wollten gleich das Kätzchen haben; aber die mitleidige Frau gab den Kindern das Kätzchen nicht, aus Sorge, sie möchten es quälen, sondern sie legte es zu Hause auf alte weiche Kleider und gab ihm Milch zu trinken. Als das Kätzchen sich gelabt hatte

und wieder gesund war, war es mit einem Male fort und verschwunden. Nach einiger Zeit ging die arme Frau wieder in den Wald, und als sie mit ihrer Bürde Holz auf dem Rückwege wieder an die Stelle kam, wo das kranke Kätzchen gelegen hatte, da stand eine ganz vornehme Dame dort, winkte die arme Frau zu sich und warf ihr fünf Stricknadeln in die Schürze. Die Frau wußte nicht recht, was sie denken sollte, und dünkte diese absonderliche Gabe ihr gar zu gering; doch nahm sie die fünf Stricknadeln des Abends auf den Tisch. Aber als die Frau des andern Morgens ihr Lager verließ, da lag ein Paar neue fertig gestrickte Strümpfe auf dem Tisch. Das wunderte die arme Frau über alle Maßen, und am nächsten Abend legte sie die Nadeln wieder auf den Tisch, und am Morgen darauf lagen neue Strümpfe da. Jetzt merkte sie, daß zum Lohn ihres Mitleids mit dem kranken Kätzchen ihr diese fleißigen Nadeln beschert waren, und ließ dieselben nun jede Nacht stricken, bis sie und die Kinder genug hatten. Dann verkaufte sie auch Strümpfe und hatte genug bis an ihr seliges Ende.

Tischlein deck dich, Esel streck dich, Knüppel aus dem Sack

In einem kleinen Städtchen lebte ein ehrlicher Schneider mit seiner Familie, die fünf Häupter zählte: Vater, Mutter und drei Söhne. Letztere wurden sowohl von den Eltern als auch von sämtlichen Einwohnern des Städtchens nicht nach ihren Taufnamen genannt, sondern schlechtweg nur der Lange, der Dicke, der Dumme. So folgten sie der Älte nach aufeinander. Der Lange wurde ein Schreiner, der Dicke ein Müller, der Dumme ein Drechsler. Als nun der Lange aus der Lehre kam, wurde sein Bündel geschnürt und er in die Fremde geschickt, und er zog wohlgemut mit langen Schritten zum Tore des heimatlichen Städtchens hinaus. Lange Zeit wanderte der Bursche von Ort zu Ort und konnte keine Arbeit bekommen; da nun sein ohnehin knappes Reisegeld sehr zu Ende ging und er keine frohe Aussicht hatte zu Arbeit und Verdienst, so wurde er traurig und ging kopfhängerig und sachte auf seinem Wege weiter. Dieser führte just durch einen stillen, schönen Wald, und wie der Bursche so eine Strecke hinein war, begegnete ihm ein kleiner, etwas wohlbeleibter Mann, der ihn gar freundlich grüßte, stehenblieb und fragte: »Na, Bürschlein, wo hinaus denn? Siehst ja gar traurig aus, was fehlt dir denn?« – »Mir fehlt Arbeit«, sprach der Bursche treuherzig. »Das ist meine ganze Trauer – bin schon lange gewandert – hab kein Geld mehr.« – »Was kannst du denn für ein Handwerk?« forschte das Männlein weiter. – »Ich bin ein Schreiner.« – »O so komm doch mit mir«, rief der Kleine fröhlich aus, »ich will dir Arbeit geben! Sieh, ich wohne hier in diesem Wald – ja, ja, komm nur mit, du wirst's gleich sehen.« Und kaum hundert Schritte weiter lag ein schönes Haus, und ringsherum war ein dichter, frischgrüner Tannenzaun, anzusehen wie eine Schutzmauer, und vorne am Eingang standen zwei hohe Tannen, gleich wie riesige Schildwachen. Dahinein führte das Männlein den Schreinergesellen, der nun alsbald seine Traurigkeit fahrenließ und mit vergnügten Mienen in das trauliche Zimmer des einsamen Meisters einschritt. »Willkommen!« rief da aus der Ecke hinterm Ofen ein ältliches Mütterlein und trippelte auf den Burschen zu, um ihn seines Felleisens entledigen zu helfen. Der Meister plauderte den Abend noch gar lange mit dem Burschen, und das Mütterlein trug Speisen auf und stellte auch ein Krüglein auf den Tisch, worin etwas weit Besseres war als Wasser oder Kovent.

Dem jungen Schreiner gefiel es ganz wohl bei seinem Meister; er bekam nicht allzuviel zu tun, arbeitete fleißig und hielt sich auch sonst brav und ordentlich, so daß keine Klage über ihn geführt wurde. Doch nach etlichen Monaten sprach das alte Männlein: »Lieber Gesell, ich kann dich nun nicht länger brauchen, sondern muß dir Feierabend geben. Und mit Geld kann ich dir deine Arbeiten, die du mir getan, auch nicht belohnen; aber ich will dir ein schönes Andenken geben, das dir mehr helfen wird als Gold und Silber.« Dabei reichte er ihm ein allerliebstes kleines Tischchen und sprach weiter: »Sooft du dieses ›Tischlein deck dich‹ hinstellen wirst und dreimal sprechen: ›Tischlein, decke dich‹, so oft wird es dir diejenigen Speisen und Getränke zum Mahle darbieten, die du nur wünschen magst. Und nun lebe wohl und gedenke fein deines alten Meisters.« Ungern verließ der Geselle seine bisherige Werkstätte, er nahm betrübt und froh zugleich das wundertätige Tischlein aus den Händen des Gebers und zog, noch vielmals dankend, ab und lenkte seine Schritte der lieben Heimat zu. Unterwegs bot ihm das Tischlein, sooft der Bursche die Zauberformel nur sprach, seine reichen Genüsse, da standen im Nu die feinsten Gerichte, die edelsten Weine darauf, und alle Gefäße waren von Silber, und darunter glänzte das feinste schneeweiße Tischgedeck. Natürlich hielt der Geselle sein ›Tischlein decke dich‹ sehr hehr; auf seiner letzten Herberge, ehe er heimkam, gab er es noch seinem Wirt aufzuheben. Da er aber vorher nichts im Wirtshaus gezehrt, sondern sich mit dem Tischchen eingeschlossen hatte, so hatte der Wirt ihn belauscht durch eine Klinse in der Brettertür und hatte des Tischleins Geheimnis entdeckt. Daher war er über alle Maßen froh, daß er das Tischlein in seine Verwahrung bekam, freute sich mächtig über die herrliche Eigenschaft desselben. Er ließ sich's ganz trefflich behagen vor der kleinen Tafel und sann dabei nach, wie er sich auf die beste Weise das Tischchen aneignen möchte. Da fiel ihm bei, daß er ein ganz ähnliches Tischchen, obschon kein ›Tischchen decke dich‹, besitze. Der schlaue Wirt versteckte daher das echte Tischlein und stellte das andere, unechte, am andern Morgen dem Gesellen zu, der sich ohne Bedenken damit belud und nun fröhlich seiner Heimat zueilte. Mit Freude grüßte der lange Schreiner daheim die Seinen und entdeckte sogleich seinem Vater die köstliche Bewandtnis, die es mit dem Tischchen habe. Der Vater zweifelte stark, der Sohn aber stellte es vor sich hin, sprach dreimal: »Tischlein, decke dich« – aber es deckte sich nicht, und der ehrliche Schneidermeister sprach zu seinem Sohne: »Du dummer Hans, bist du darum in der Fremde gewesen, deinen alten Vater zu huzen? Geh, laß dich nicht auslachen!« Der lange Schreiner wußte in der Welt keinen Rat, wie es nun so einmal mit dem Tischchen die Quere gehe. Er probierte noch allerlei; aber es deckte sich nicht wieder, und der Lange mußte wieder zum Hobel greifen und arbeiten, daß die Schwarte knackte.

Unterdessen war der dicke Müller auch aus der Lehre gekommen und wanderte fort in die Fremde. Und es fügte sich, daß dieser ebenfalls denselben Weg nahm, auch das nämliche kleine Männlein fand und von ihm in Arbeit genommen wurde. Das Waldhaus war aber jetzt eine Mühle. Als der junge Mühlknappe eine Zeitlang brav, treu und fleißig in Arbeit gestanden hatte, schenkte ihm sein Meister zum Andenken einen schönen Müllerlöwen und sprach: »Nimm zum Abschied noch eine kleine Gabe, die dir, obgleich ich dir deine Arbeiten nicht mit Geld belohnen kann, doch mehr nützen wird als Gold und Silber. Sooft du zu diesem Eselein sprechen wirst: ›Eselein, strecke dich!‹, so oft wird es dir Dukaten – niesen.«

Fast öfter, als der Lange unterwegs gesprochen hatte: »Tischlein, decke dich«, sprach jetzt der Dicke: »Eselein, strecke dich«, und da streckte sich's und ließ Dukaten fallen, daß es rasselte und prasselte. Es war eine allerliebste Sache – die blanken Goldstücke. – Aber auch der Müllergeselle kam mit seinem Esel in die Herberge des betrüglichen und schlauen Wirtes, ließ auftafeln, bewirtete, wer nur bewirtet sein wollte, und als der Wirt die Zeche forderte, sprach er: »Harret ein wenig, ich will nur erst Geld holen.« Nahm das Tischtuch mit, ging in den Stall, breitete es über das Stroh, darauf der Esel stand, und sprach: »Eselein, strecke dich!« – da streckte sich der Esel und nieste, und es klingelten Dukaten auf dem Tuche, draußen aber stand der Wirt, sah durch ein Astloch in der Türe und merkte sich die Sache. Am andern Morgen stand zwar ein Esel da, aber nicht der rechte, und der Dicke, keinen Betrug ahnend, setzte sich heiter auf und ritt fort. Als er zu seinem Vater kam, verkündete er ihm auch sein Glück und sprach, als alle die Seinen froh verwundert den Esel umstanden: »Nun habt Achtung!« und zum Esel sich wendend: »Eselein, strecke dich!« Das fremde Eselein streckte sich zwar auch, aber was selbiges fallen ließ, das waren nichts weniger als Goldstücke. Der Dicke wurde von allen, denen er die Kunst hatte wollen sehen lassen, fürchterlich ausgelacht; er schlug den Esel windelweich, schlug ihm dennoch keine Dukaten aus der Haut und mußte fortan wie-

der arbeiten und im Schweiß seines Angesichts sein Brot essen.

Es war nun wieder ein Jahr verflossen, und auch der Dumme hatte seine Lehrzeit überstanden und zog als ein wackrer Drechsler in die Fremde. Recht mit Fleiß nahm er denselben Lauf wie seine Brüder und wünschte sehr, bei jenem kleinen Männlein auch in Arbeit zu kommen, da dasselbe, wie die Brüder erzählt hatten, in allen Fächern bewandert war, in Handwerken wie in Gelehrtheit und Weisheit, und so schöne Sachen zu verschenken hatte. Richtig gelangte auch der Drechslergeselle in den gewissen Wald, fand die einsame Wohnung des Männleins, und auch ihn nahm es als einen fleißigen Burschen gerne in Arbeit. Nach etlichen Monaten hieß es jedoch wieder: »Lieber Gesell, ich kann dich nun nicht länger behalten, du hast Feierabend.« Zum Abschied sprach das Männlein: »Ich schenkte dir gerne auch, wie deinen Brüdern, ein schönes Andenken, aber was würde dir das helfen, da sie dich den Dummen nennen? Dein langer Bruder und dein dicker Bruder sind durch ihre Dummheit um die Gaben gekommen, was würde es erst bei dir werden? Doch nimm dieses schlichte Säcklein; es kann dir sehr nützlich werden. Sooft du zu ihm sagen wirst: ›Knüppel, aus dem Sack!‹ – so oft wird ein darin steckender wohlgedrehter Prü-

gel herausfahren zu deinem Schutz, deiner Wehr und Hilfe, und dieser wird so lange ausprügeln, bis du gebieten wirst: ›Knüppel, in den Sack!‹«

Der Drechsler bedankte sich schön und zog mit seinem Säcklein heimwärts; er bedurfte jedoch auf seiner Reise der Schutzwehr erst lange nicht, denn jedermann ließ ihn, der leicht und lustig seine Straße zog, ungehindert fürbaß wandern. Nur manchmal einem gestrengen Herrn Bettelvogt gab er einiges aus dem Säcklein zu kosten oder den Dorfhunden, die aus allen Höfen herausfahren und den Wanderer an- und nachbellen. So kam er denn endlich bis an jene Herberge, wo der arge Wirt seine Brüder um das ihrige betrogen hatte und jetzt herrlich und in Freuden lebte, aber dennoch immer ein Gelüst hatte, sich vom Gut der Reisenden etwas anzueignen. Beim Schlafengehen gab der Drechsler dem Wirt den Sack in Verwahrung und warnte ihn, er möge ja nicht zu diesem Säcklein sagen: ›Knüppel, aus dem Sack!‹, denn damit habe es eine besondere Bewandtnis, und könne einer, wenn er das sage, wohl etwas davontragen. Jedoch dem Wirt gefiel sein

Tischlein und Eselein zu wohl, als daß er nicht noch ein drittes wundertuendes Gegenständlein hätte so heimlich wegfangen mögen; er konnte kaum die Zeit erwarten, bis der Gast sich zur Ruhe gelegt hatte, um zu sprechen: »Knüppel, aus dem Sack!« Und im Nu fuhr der Knüppel heraus und wirbelte wie ein Trommelschläger auf des Wirtes Rücken, prügelte fort und fort und prügelte den Wirt dermaßen braun und blau, daß dieser ein jämmerliches Geschrei erhub und heulend den Drechslergesellen munterrief. Dieser sagte: »Wirt, das geschieht dir recht! Ich warnte dich ja. Du hast meinen Brüdern das ›Tischlein decke dich‹ und das ›Eselein strecke dich‹ gestohlen.« Der Wirt kreischte: »Ach helft mir nur um Gottes willen! Ich werde umgebracht!« (Denn der Knüppel arbeitete noch immer rastlos auf des Wirts Rücken.) »Ich will alles wieder herausgeben, das Tischlein und das Eselein! Ach, ich falle um und bin tot!«

Jetzt gebot der Geselle: »Knüppel, in den Sack!«, und da kroch das Prügelein im Nu wieder in den Sack. Und der Wirt war nur froh, daß er sein Leben davongebracht, und gab willig das Tischlein und das Eselein wieder heraus. Da packte der Drechsler seinen Kram zusammen, lud sein Bündel und sich selbst auf den Esel und trabte dem Heimatstädtlein zu.

Da war keine geringe Freude bei den Brüdern, als sie die überaus wertvollen Geschenke und Andenken wiedergewonnen sahen, die jetzt gerade noch so herrlich ihre Wunder taten wie ehemals – wiedergewonnen durch den, den sie immer den Dummen gescholten hatten und der doch klüger war wie sie. Und die Brüder blieben zusammen bei den Eltern und brauchten nicht mehr zu arbeiten, um vom Verdienst das tägliche Brot zu schaffen, denn sie hatten von nun an von allem, was das menschliche Leben bedarf, die Hülle und die Fülle.

Siebenschön

Es waren einmal in einem Dorfe ein paar arme Leute, die hatten ein kleines Häuschen und nur eine einzige Tochter, die war wunderschön und gut über alle Maßen. Sie arbeitete, fegte, wusch, spann und nähte für sieben und war so schön wie sieben zusammen, darum ward sie Siebenschön geheißen. Aber weil sie ob ihrer Schönheit immer von den Leuten angestaunt wurde, schämte sie sich und nahm sonntags, wenn sie in die Kirche ging – denn Siebenschön war auch frömmer wie sieben andre, und das war ihre größte Schönheit –, einen Schleier vor ihr Gesicht. So sah sie einstens der Königssohn und hatte seine Freude über ihre edle Gestalt, ihren herrlichen Wuchs, so schlank wie eine junge Tanne, aber es war ihm leid, daß er vor dem Schleier nicht auch ihr Gesicht sah, und fragte seiner Diener einen: »Wie kommt es, daß wir Siebenschöns Gesicht nicht sehen?« – »Das kommt daher«, antwortete der Diener, »weil Siebenschön so sittsam ist.« Darauf sagte der Königssohn: »Ist Siebenschön so sittsam zu ihrer Schönheit, so will ich sie lieben mein Leben lang und will sie heiraten. Gehe du hin und bringe ihr diesen goldnen Ring von mir und sage ihr, ich habe mit ihr zu reden, sie solle abends zu der großen Eiche kommen.« Der Diener tat, wie ihm befohlen war, und Siebenschön glaubte, der Königssohn wolle ein Stück Arbeit bei ihr bestellen, ging daher zur großen Eiche, und da sagte ihr der Prinz, daß er sie lieb habe um ihrer großen Sittsamkeit und Tugend willen und sie zur Frau nehmen wolle; Siebenschön aber sagte: »Ich bin ein armes Mädchen, und du bist ein reicher Prinz, dein Vater würde sehr böse werden, wenn du mich wolltest zur Frau nehmen.«

Der Prinz drang aber noch mehr in sie, und da sagte sie endlich, sie wolle sich's bedenken, er solle ihr ein paar Tage Bedenkzeit gönnen. Der Königssohn konnte aber unmöglich ein paar Tage warten, er schickte schon am folgenden Tage Siebenschön ein Paar silberne Schuhe und ließ sie bitten, noch einmal unter die große Eiche zu kommen. Da sie nun kam, so fragte er schon, ob sie sich besonnen habe. Sie aber sagte, sie habe noch keine Zeit gehabt, sich zu besinnen, es gebe im Haushalt gar viel zu tun, und sie sei ja doch ein armes Mädchen und er ein reicher Prinz, und sein Vater werde sehr böse werden, wenn er, der Prinz, sie zur Frau nehmen wolle. Aber der Prinz bat von neuem und immermehr, bis Siebenschön versprach, sich gewiß zu bedenken und ihren Eltern zu sagen, was der Prinz im Willen habe. Als der folgende Tag kam, da schickte der Königssohn ihr ein Kleid, das war ganz von Goldstoff, und ließ sie abermals zu der Eiche bitten. Aber als nun Siebenschön dahin kam und der Prinz wieder fragte, da mußte sie wieder sagen und klagen, daß sie abermals gar zu viel und den ganzen Tag zu tun gehabt und keine Zeit zum Bedenken und daß sie mit ihren Eltern von dieser Sache auch noch nicht habe reden können, und wiederholte auch noch einmal, was sie dem Prinzen schon zweimal gesagt hatte, daß sie arm, er aber reich sei, und daß er seinen Vater nur erzürnen werde. Aber der Prinz sagte ihr, das alles habe nichts auf sich, sie solle nur seine Frau werden, so werde sie später auch Königin, und da sie sah, wie aufrichtig der Prinz mit ihr es meinte, so sagte sie endlich ja und kam nun jeden Abend zu der Eiche und zu dem Königssohne – auch sollte der König noch nichts davon erfahren. Aber da war am Hofe eine alte häßliche Hofmeisterin, die lauerte dem Königssohn auf, kam hinter sein Geheimnis und sagte es dem Könige an. Der König ergrimmte, sandte Diener aus und ließ das Häuschen, worin Siebenschöns Eltern wohnten, in Brand stecken, damit sie darin anbrenne. Sie tat dies aber nicht, sie sprang, als sie das Feuer merkte, heraus und alsbald in einen leeren Brunnen hinein, ihre Eltern aber, die armen alten Leute, verbrannten in dem Häuschen.

Da saß nun Siebenschön drunten im Brunnen und grämte

sich und weinte sehr, konnt's aber zuletzt doch nicht auf die Länge drunten im Brunnen aushalten, krabbelte herauf, fand im Schutt des Häuschens noch etwas Brauchbares, machte es zu Geld und kaufte dafür Mannskleider, ging als ein frischer Bub an des Königs Hof und bot sich zu einem Bedienten an. Der König fragte den jungen Diener nach dem Namen, da erhielt er die Antwort: »Unglück!«, und dem König gefiel der junge Diener alsowohl, daß er ihn gleich annahm und auch bald vor allen andern Dienern gut leiden konnte.

Als der Königssohn erfuhr, daß Siebenschöns Häuschen verbrannt war, wurde er sehr traurig, glaubte nicht anders, als Siebenschön sei mit verbrannt, und der König glaubte das auch und wollte haben, daß sein Sohn nun endlich eine Prinzessin heirate, und mußte dieser nun eines benachbarten Königs Tochter freien. Da mußte auch der ganze Hof und die ganze Dienerschaft mit zur Hochzeit ziehen, und für Unglück war das am traurigsten, es lag ihm wie ein Stein auf dem Herzen. Er ritt auch mit hintennach, der letzte im Zuge, und sang wehklagend mit klarer Stimme:

»Siebenschön war ich genannt,
Unglück ist mir jetzt bekannt.«

Das hörte der Prinz von weitem und fiel ihm auf und hielt und fragte: »Ei wer singt doch da so schön?« – »Es wird wohl mein Bedienter, der Unglück sein«, antwortete der König, »den ich zum Diener angenommen habe.« Da hörten sie noch einmal den Gesang:

»Siebenschön war ich genannt,
Unglück ist mir jetzt bekannt.«

Da fragte der Prinz noch einmal, ob das wirklich niemand anders sei als des Königs Diener, und der König sagte, er wisse es nicht anders.

Als nun der Zug ganz nahe an das Schloß der neuen Braut kam, erklang noch einmal die schöne klare Stimme:

»Siebenschön war ich genannt,
Unglück ist mir jetzt bekannt.«

Jetzt wartete der Prinz keinen Augenblick länger, er spornte sein Pferd und ritt wie ein Offizier längs des ganzen Zugs in gestrecktem Galopp hin, bis er an Unglück kam und Sieben-

schön erkannte. Da nickte er ihr freundlich zu und jagte wieder an die Spitze des Zuges und zog in das Schloß ein. Da nun alle Gäste und alles Gefolge im großen Saal versammelt war und die Verlobung vor sich gehen sollte, so sagte der Prinz zu seinem künftigen Schwiegervater: »Herr König, ehe ich mit Eurer Prinzessin Tochter mich feierlich verlobe, wollet mir erst ein kleines Rätsel lösen. Ich besitze einen schönen Schrank, dazu verlor ich vor einiger Zeit den Schlüssel, kaufte mir also einen neuen; bald darauf fand ich den alten wieder, jetzt saget mir, Herr König, wessen Schlüssel ich mich bedienen soll?« – »Ei, natürlich des alten wieder!« antwortete der König, »das Alte soll man in Ehren halten und es über Neuem nicht hintansetzen.« – »Ganz wohl, Herr König«, antwortete nun der Prinz, »so zürnt mir nicht, wenn ich Eure Prinzessin Tochter nicht freien kann, sie ist der neue Schlüssel, und dort steht der alte.« Und nahm Siebenschön an der Hand und führte sie zu seinem Vater, indem er sagte: »Siehe, Vater, das ist meine Braut.« Aber der alte König rief ganz erstaunt und erschrocken aus: »Ach, lieber Sohn, das ist ja Unglück, mein Diener!« – Und viele Hofleute schrien: »Herr Gott, das ist ja ein Unglück!« – »Nein!« sagte der Königssohn, »hier ist gar kein Unglück, sondern hier ist Siebenschön, meine liebe Braut.« Und nahm Urlaub von der Versammlung und führte Siebenschön als Herrin und Frau auf sein schönstes Schloß.

Die drei Musikanten

Es zogen einmal drei junge Musikanten aus ihrer Heimat in die Fremde; sie hatten alle drei bei *einem* Meister die Musik gelernt und wollten nun auch vereint bleiben und ihr Glück in fremden Landen versuchen. Von Ort zu Ort wanderten sie fröhlich dahin, spielten auf zu Kirmes- und Festtagtänzen und gewannen durch ihre lustigen Musikstücklein gar manchen schweren Batzen, neben dem stillen und lauten Beifall. So kamen sie denn auch einmal in ein Städtchen und belustigten am Abend die Gesellschaft mit schöner Musik. Endlich hörten sie auf aufzuspielen, sondern tranken eins, taten

manchem Bescheid und gaben auch zum Gespräch der Gäste ihren Teil. Da ward mancherlei Verwunderliches durcheinandergeplaudert und erzählt. Zunächst ging die Rede von einem Zauberschloß, welches sich in der Nähe des Städtchens befände und von welchem ebensoviel Wunderschönes als Wunderbares erzählt wurde. Bald hieß es: Ja, dort sind ungeheure Schätze, dort ist stets Überfluß an den köstlichsten Lebensmitteln, obgleich keine Menschenseele darinnen wohnt – bald hieß es wieder: Aber dort ist ein schrecklicher Gespensterspuk. Wer seinen Buckel weiß hineinträgt, bringt ihn braun und blau gefärbt wieder heraus, ohne die Schätze gehoben oder den Zauber gelöst zu haben. Dies und vieles andere wurde hin und her geredet über das verzauberte Schloß. Die drei Musikanten waren nicht sobald allein in ihrem Schlafkämmerlein, als sie sich lange unterredeten und zugleich den Gedanken erfaßten, das rätselhafte Schloß sich näher zu besehen, ja, sogar sich hineinzuwagen, um möglicherweise die dort verborgenen und verzauberten Schätze zu heben. Nun wurden sie einig unter sich, daß ein jeder einzeln, einer nach dem andern, sich hineinwagen sollte, je nach der Älte, und daß einem jeden ein ganzer Tag dazu vergönnt sein sollte, sein Abenteuer zu bestehen. Der erste Glücksversuch fiel dem Geiger zu. Der machte sich mutvoll und ohne Säumen auf das Schloß und fand, als er dort anlangte, die Eingangspforten schon offen, als ob man seiner geharrt hätte; doch als er über die Schwelle geschritten war, schlug hinter ihm die schwere Türe zu, und es sprang ein riesiger Eisenriegel vor, obgleich kein lebendes Wesen zu erblicken war, doch als wenn ein strenger Pförtner hier sein Amt verrichte und Wache halte – und dem Geiger kam ein Grausen an, so daß sein Haar sich auf dem Wirbel sträubte. Aber er konnte weder umkehren noch verweilen, und es kräftigte ihn wieder der Gedanke an das zu hoffende Glück, an Gold und Schätze. Treppe auf, Treppe ab wanderte der Jüngling, durch herrliche Zimmer, kostbare Säle, trauliche Kabinettchen – alles prachtvoll ausgestattet und in der schönsten Sauberkeit erhalten. Aber überall war eine Totenstille, auch nicht das kleinste Mückchen lebte und wohnte hier. Doch dem Jüngling wuchs der Mut aufs neue, zumal als er den untern Räumen, Küche und Gewölben, sich zuwandte, wo in Fülle die seltensten und köstlichsten Speisevorräte vorhanden waren, in den Gewölben die Weinflaschen hoch aufgespeichert lagen und alle Sorten süßer eingemachter Früchte in großen Gläsern nach der Reihe standen. In der schönen blanken Küche knisterte vertraulich ein helles Feuerlein, und darüber ward von unsichtbarer Hand ein Bratrost gesetzt, und ein ausgesuchtes Wildbretfleisch tanzte aus dem Gewölbe herein in die Küche und auf den Rost; und viele andre Speisen, feine Gemüse und Pasteten und köstliches Backwerk wurde ebenso schnell als kostbar von unsichtbaren Händen zubereitet und dann in eins der schönsten Zimmer, wohin sich der Jüngling begeben hatte, ihm nachgetragen und auf einer gedeckten Tafel vor ihm ausgesetzt. Der Jüngling ergriff zuerst sein Instrument und ließ klangvoll seine schönen Melodien durch die stillen Räume schallen, worauf er sich dann ohne Zaudern zur einladenden Tafel setzte und zu schmausen anfing.

Doch nicht lange, so öffnete sich die Türe, und es trat ein Männlein herein, etwa drei Ellenbogen hoch, mit einem Scharlachröcklein angetan, mit verwelktem Gesichtlein und einem grauen Bart, der bis auf die großen silbernen Schuhschnallen reichte. Und das Männlein setzte sich schweigend neben den Geiger und schmausete mit. Als nun die Reihe an den schönen Wildbretbraten kam, nahm der Geiger die Schüssel und nickte dem Männlein zu, doch zuerst zuzulangen, und dieses spießte lächelnd ein Stück Fleisch an die Gabel und nickte wieder und ließ dabei das Bratenstückchen unter den Tisch fallen. Gefällig bückte sich da gleich der gute Geiger, um es wieder aufzuheben; aber im Nu saß ihm schon das Bartmännlein auf dem Rücken und bleute so unbarmherzig auf ihn los, als ob es ihm das Lebenslicht ausblasen wolle. Und auch des Geigers Mund wurde zugehalten, bis unter unaufhörlichen Prügeln derselbe endlich zur großen Eingangspforte hinausgeschoben ward. Draußen schöpfte der halbtote Geiger frischen Odem und schlich dann ächzend dem Gasthof zu, wo die Kameraden geblieben waren. Es war schon Nacht, als er ihn erreichte, und jene beiden schliefen bereits. Am andern Morgen sahen sie ganz erstaunt den Geiger ebenfalls im Bette liegen und bestürmten ihn bald mit vielen Fragen; doch er kraute sich Kopf und Rücken, gab sehr kurze Antworten und sprach: »Gehet hin und sehet selber zu! Es ist eine kitzlige Sache.«

Der zweite Musiker, ein Trompeter, trat nun den Gang nach dem Zauberschloß an, fand alles ebenso wie das gebleute Geigerlein und wurde auch ebenso bewirtet mit Pasteten und Prügeln, so daß er am folgenden Morgen ebenfalls wie ein geprellter Fuchs auf seinem Lager lag und klagte, es sei ihm absonderlich aufgespielt worden, aus grober Tonart. Dennoch hatte der dritte, ein Flötenbläser, noch Mut genug, um sein Heil im Zauberschloß zu versuchen. Er war der pfiffigste. Furchtlos durchwanderte er das ganze Schloß, es deuchte ihm recht angenehm, diese schönen Räume für immer zu besitzen; in Küche und Keller war ja Vorrat an Lebensmitteln die Hülle und Fülle. Bald ward auch für ihn eine kostbare Tafel gedeckt, und als er lange genug fröhlich singend und Flöte blasend herumgewandert war, nahm er Platz und ließ es sich behagen. Da trat wieder das Bartmännlein herein und setzte sich neben den Gast. Und der unerschrokkene Musikant ließ sich mit ihm in ein Gespräch ein und tat gerade, als ob er ihn schon hundertmal hier getroffen, doch war das Männlein nicht sehr redselig. Endlich kam es wieder an den Braten, und das Männlein ließ wieder mit Absicht sein Stück fallen; gutmütig war eben der Flötenbläser im Begriff, es aufzunehmen, als er gewahrte, daß das Zwerglein flugs auf seinen Rücken springen wollte. Da wandte er sich alsbald rasch um, riß es von sich und packte und schüttelte das Männlein an seinem Bart so derb, bis er denselben zuletzt ganz herausriß und der kleine Alte ächzend niederstürzte. Aber sowie der Jüngling den Bart in seinen Händen hatte, überkam ihn eine außerordentliche Kraft, und er erschaute im Schloß noch viel wunderbarere Dinge wie vorher; dagegen hatte das Männlein fast alles Leben verloren; es winselte und flehte: »Gib, o gib mir meinen Bart wieder, so will ich dir allen Zauber, der dieses Schloß umfaßt, kundtun und dir dazu verhelfen, den Zauber zu lösen, so daß du dadurch reich und ewig glücklich werden wirst.« Der kluge Flötenbläser aber sprach: »Deinen Bart sollst du wiederhaben, doch mußt du mir zuvor alles dies kundtun, sonst bist du ein Schalk. Und eher gebe ich den Bart nicht aus meinen Händen.« Da mußte der Alte sich bequemen, erst sein Versprechen zu erfüllen, ob er es gleich nicht willens gewesen war, sondern nur mit List seinen Bart wieder an sich bringen wollte. Der Jüngling mußte ihm nun folgen, durch dunkle geheime Gänge, unterirdische Gewölbe und grauliche Felsklüfte, bis sie endlich auf ein freies Gefilde kamen, das gänzlich aussah wie eine viel schönere Welt als die unsrige. Und an einen Strom kamen sie, der brausete wild; doch das Männlein zog einen kleinen Stab hervor und schlug ins Wasser, worauf alsobald die Flut auseinandertrat und stillestand, bis beide trockenen Fußes hinüber waren. Drüben war es eine Pracht! – da ging es weiter durch grüne, herrliche Laubgänge, überall Blumen, Vöglein mit Silber- und Goldfedern, die sangen wundersam, und glänzende Käfer und Schmetterlinge gaukelten und tanzten herum, und andere niedliche Tiere schäkerten in Büschen und Hecken; und der Himmel über ihnen sah nicht blau, sondern wie pure Goldstrahlen, und die Sterne waren viel größer und kreiseten wie in verschlungenen Tänzen durcheinander.

Der Jüngling staunte; und staunte noch mehr, als er von dem grauen Zwerglein in ein noch weit prachtvolleres Gebäude als das Wunderschloß geführt wurde. Auch hier herrschte neben aller Herrlichkeit die tiefste Stille in den Gemächern, und als sie deren viele durchwandert, kamen sie in eins, welches ganz mit Schleiern behangen war, wo in der Mitte des Zimmers ein dicht verhülltes Bette stand, darüber ein schöner Vogelbauer hing mit einem Vöglein, welches gar helle Lieder durch die einsame Stille schmetterte. Das graue Männlein hub die Schleier und Hüllen vom Bette und führte den Jüngling näher; dieser sah hier auf weichen seidenen Kissen, die reich mit Goldtroddeln behangen waren, ein gar liebliches Mädchen schlafend daliegen, das war so schön wie ein Engel, hatte ein weißes Kleidchen an, und über ihre Brust und Schultern wallten die goldnen Locken herab, und auf dem Haupte blitzte eine demantne Krone; aber ein tiefer, totenähnlicher Schlaf hielt die sanften Züge gefangen, und kein Geräusch vermochte die holde Schläferin zu erwecken. Da sprach das Männlein zu dem verwunderten Jüngling: »Siehe

hier dieses schlafende Kind! Es ist eine hohe Prinzessin. Dieses schöne Schloß und dieses gesegnete Land ist ihr Erbgut, wann sie erlöset ist; aber seit Jahrhunderten schläft sie den festen Zauberschlaf, und auch seit Jahrhunderten fand noch keine menschliche Seele den Weg, der hierherführt, den ich nur täglich zurücklegte, um dort im Schloß, welches meine Wohnung ist, zu speisen und etwa die goldbegierigen Menschen, die sich einfanden, mit einem Gericht Prügel zu bedienen. Ich bin der Wächter über diese Schläferin und mußte sorgfältig verhüten, daß kein Fremder hier eindringe, und dazu ward mir mein Bart, in welchem solche übermäßige Kräfte wohnen, daß auch ich ebenfalls seit Jahrhunderten diesen Zauber zu üben vermag. Doch nun, wo mir der Bart entrissen, bin ich kraftlos und muß dieses überschwengliche Glück lassen, welches mit der holden Prinzessin erwacht, dir entdecken und überlassen. Und so schicke dich rasch zur Ausführung des Erlösungswunders. Nimm diesen Vogel, der über der Prinzessin hängt und der sie einst in den Zauberschlummer gesungen hat und seitdem jene Melodien auch immerfort singen mußte – nimm ihn, schlachte ihn und schneide ihm das kleine Herz aus, brenne es dann zu Pulver und gib dieses der Prinzessin in den Mund, alsobald wird sie davon erwachen und wird dich beglücken mit Hand und Herz, mit Land und Schloß und allen ihren Schätzen.« Das Männlein schwieg erschöpft, und der Jüngling säumte nicht, an das Werk der Erlösung zu gehen. Schnell und gut wurde alles getreu nach der Angabe des kleinen Alten ausgeführt und das Pülverlein bereitet. Nach wenigen Minuten, als es der Prinzessin gegeben war, schlug sie frisch und lächelnd die Augen auf und hob sich vom Lager empor und sank dem glücklichen Jüngling an die Brust, liebkosete und dankte ihm und nahm ihn zu ihrem Gemahl an. Und in demselben Moment zog ein Donnern und Krachen durch das Schloß, auf allen Treppen wurde es laut, und in allen Zimmern wurde es geräuschvoll. Und endlich kam eine Schar Diener und Dienerinnen mit freundlichen Gesichtern in das Zimmer getreten, in welchem das glückliche Paar weilte, und alle freuten sich und flogen dann flink und froh in die Küchen und Kellerräume, in Zimmer und Säle und Gänge an ihre Arbeit, und waren alle wie neugeboren.

Das graue Zwerglein aber heischte nun streng seinen Bart von dem Jüngling und gedachte immer noch in seinem boshaften Herzen dem Glücklichen einen Possen zu spielen. Denn wenn ihm der Bart erst wieder am Kinn saß, hatte er Macht, alle Sterbliche zu überwältigen. Allein der kluge Flötenbläser gebrauchte noch immer Vorsicht mit dem tückischen Männlein, er sprach: »Oh, deinen Bart sollst du wiederhaben, sei nicht bange, ich will ihn dir zum Abschied überreichen, aber erlaube, daß wir beide, meine holde Braut und ich, dich eine kleine Strecke begleiten dürfen.« Das konnte das Männlein nicht verweigern. Sie gingen nun weit durch schöne Laubgänge und Blumenbeete mit dem Zwerg und kamen endlich an das ungeheuer tiefe, rauschende Wasser, welches viele, viele Meilen weit in der Runde um das Land der Prinzessin strömte und gleichsam die Grenzscheidung bildete. Keine Brücke und kein Nachen war rings vorhanden, worauf Menschen das jenseitige Ufer erreichen konnten; auch kein kühner Schwimmer hätte es errungen, denn die Wellenflut war zu tosend und wild. Da sprach der Jüngling zu dem Männlein: »Gib mir deinen Stab, auf daß ich dir diesmal noch zur Ehre das Wasser auseinanderscheide.« Und das Männlein mußte gehorchen, weil es seine Bartkräfte noch nicht wiederhatte, und dachte auch im stillen noch in hämischer Freude: Wenn er mir drüben über dem Wasser den Bart überreicht, so bekomme ich ihn doch in meine Gewalt, nehme ihm dann den Stab wieder ab, und beide können ihr wunderschönes Land nie betreten. Aber nicht also gingen des Zwerges boshafte Gedanken aus. Der kluge, glückliche Jüngling schlug mit dem Stab ins Wasser, es teilte sich behende und stand stille, und der Zwerg ging voran und ging hinüber, und schnell hinter ihm brausete die Flut zusammen; aber der Jüngling war mit seiner lieben Braut am andern Ufer zurückgeblieben, er behielt den Zauberstab und schleuderte nur den Bart übers Wasser hinüber, so daß ihn der Zwerg drüben auffing und sich ihn wieder ansetzte; und so ward der Alte doch um seinen Zauberstab betrogen und durfte hinfort nimmer wieder das herrliche Gebiet betreten. Und der glückliche Jüngling kehrte zurück ins Schloß mit seiner Holden zu steter Freude und Glückseligkeit; und keine Sehnsucht kam ihm in sein Herz, je wieder zu seinen Kameraden zurückzukehren. Die saßen lange im Wirtshaus, und als jener nicht wiederkam, sprachen sie: »Der ist flötengegangen« – und das ist hernach zum Sprichwort geworden, wenn einer oder eine Sache abhanden und nicht wiederkommt.

Der Müller und die Nixe

Es war einmal ein Müller, der war reich an Geld und Gut und führte mit seiner Frau ein vergnügtes Leben. Aber Unglück kommt über Nacht; der Müller wurde arm und konnte zuletzt kaum noch die Mühle, in der er saß, sein eigen nennen. Da ging er am Tage voll Kummer umher, und wenn er abends sich niederlegte, fand er keine Ruhe, sondern verwachte die ganze Nacht in traurigen Gedanken. Eines Morgens stand er früh vor Tage auf und ging ins Freie; er dachte, es sollte ihm leichter ums Herz werden. Als er nun auf dem Damme an seinem Mühlteiche sorgenvoll auf und nieder ging, hörte er es auf einmal in dem Weiher rauschen, und als er hinsah, da stieg eine weiße Frau daraus empor. Da erkannte er, daß es die Nixe des Weihers sein müsse, und vor großer Furcht wußte er nicht, ob er davongehen oder stehenbleiben sollte. Indem er so zauderte, erhob die Nixe ihre Stimme, nannte ihn bei Namen und fragte ihn, warum er so traurig wäre. Als der Müller die freundlichen Worte hörte, faßte er sich ein Herz und erzählte ihr, wie er sonst so reich und glücklich gewesen wäre, und jetzt sei er so arm, daß er sich vor Not und Sorgen nicht zu raten wisse. Da redete ihm die Nixe mit tröstlichen Worten zu und versprach ihm, sie wolle ihn noch reicher machen, als er je gewesen sei, wenn er ihr dagegen das gebe, was eben in seinem Hause jung geworden sei. Der Müller dachte, sie wolle ein Junges von seinem Hunde oder seiner Katze haben, sagte ihr also zu, was sie verlangte, und eilte guten Mutes nach seiner Mühle. Aus der Haustür trat ihm seine Magd mit freudiger Gebärde entgegen und rief ihm zu, seine Frau habe soeben einen Knaben geboren. Da stand nun der Müller und konnte sich über die Geburt seines Kindes, die er nicht so bald erwartet hatte, nicht freuen. Traurig ging er ins Haus und erzählte seiner Frau und seinen Verwandten, die herbeikamen, was er der Nixe gelobet hatte. »Mag doch alles Glück, das sie mir versprochen hat, verfliegen«, sprach er, »wenn ich nur mein Kind retten kann.« Aber niemand wußte andern Rat, als daß man das Kind sorgfältig in acht nehmen müsse, damit es niemals dem Weiher zu nahe käme.

Der Knabe wuchs fröhlich auf, und unterdessen kam der Müller nach und nach zu Geld und Gut, und es dauerte nicht lange, so war er reicher, als er je gewesen war. Aber er konnte sich seines Glückes nicht recht freuen, da er immer seines Gelübdes gedachte und fürchtete, die Nixe werde über kurz oder lang auf die Erfüllung dringen. Aber Jahr auf Jahr verging, der Knabe wurde groß und lernte die Jägerei, und weil er ein schmucker Jäger war, nahm ihn der Herr des Dorfes in seinen Dienst, und der Jäger freite sich ein junges Weib und lebte friedlich und in Freuden.

Einstmals verfolgte er auf der Jagd einen Hasen, der endlich auf das freie Feld ausbog. Der Jäger setzte ihm eifrig nach und streckte ihn mit einem Schusse nieder. Sogleich machte er sich ans Ausweiden und achtete nicht darauf, daß er sich in der Nähe des Weihers befand, vor dem er sich von Kind auf hatte hüten müssen. Mit dem Ausweiden war er bald fertig und ging nun an das Wasser, um seine blutigen Hände zu waschen. Kaum hatte er sie in den Weiher getaucht, als die Nixe emporstieg, ihn mit nassen Armen umfing und ihn mit sich hinabzog, daß die Wellen über ihm zusammenschlugen.

Als der Jäger nicht heimkehrte, geriet seine Frau in große Angst, und als man nach ihm suchte und am Mühlteiche seine Jagdtasche liegen fand, da zweifelte sie nicht mehr

daran, wie es ihm ergangen sei. Ohne Rast und Ruhe irrte sie an dem Weiher umher und rief wehklagend Tag und Nacht ihren Mann. Endlich fiel sie vor Müdigkeit in einen Schlaf, darinnen es ihr träumte, wie sie durch eine blühende Flur zu einer Hütte wanderte, worin eine Zauberin wohnte, die ihr ihren Mann wiederzuschaffen versprach. Als sie am Morgen erwachte, beschloß sie, der Eingebung zu folgen und die Zauberin aufzusuchen. So wanderte sie aus und kam bald zur blühenden Flur und dann zu der Hütte, worin die Zauberin wohnte. Sie erzählte ihren Kummer und daß ein Traum ihr Rat und Hilfe von ihr versprochen habe. Die Zauberin gab ihr zum Bescheid, sie solle beim Vollmond an den Weiher gehen und dort mit einem goldnen Kamme ihre schwarzen Haare strählen und dann den Kamm ans Ufer legen. Die junge Jägersfrau beschenkte die Zauberin reichlich und begab sich auf den Heimweg.

Die Zeit bis zum Vollmonde verging ihr langsam; als es aber endlich Vollmond war, ging sie zum Weiher und strählte sich mit einem goldnen Kamme ihre schwarzen Haare, und als sie fertig war, legte sie den goldnen Kamm am Ufer nieder und sah dann ungeduldig in das Wasser. Da rauschte es und brauste es aus der Tiefe, und eine Welle spülte den goldnen Kamm vom Ufer, und es dauerte nicht lange, so erhob ihr Mann den Kopf aus dem Wasser und sah sie traurig an. Aber bald kam wiederum eine Welle gerauscht, und der Kopf versank, ohne ein Wort gesprochen zu haben. Der Weiher lag wieder ruhig wie zuvor und glänzte im Mondscheine, und die Jägersfrau war um nichts besser daran als vorher.

Trostlos durchwachte sie Tage und Nächte, bis sie wieder ermüdet in Schlaf sank und derselbe Traum, der sie an die Zauberin gewiesen hatte, wieder über sie kam. Abermals ging sie am Morgen nach der blühenden Flur und nach der Hütte und klagte der Zauberin ihren Kummer. Die Alte gab ihr zum Bescheid, sie solle beim Vollmond an den Weiher gehen, auf einer goldnen Flöte blasen und dann die Flöte an das Ufer legen.

Als es Vollmond geworden war, ging die Jägersfrau zum Weiher, blies auf einer goldnen Flöte und legte sie dann ans Ufer. Da rauschte es und brauste es aus der Tiefe, und eine Welle spülte die Flöte vom Ufer, und bald erhob der Jäger den Kopf über das Wasser und tauchte immer höher empor, bis über die Brust, und breitete seine Arme nach seiner Frau aus. Da kam wieder eine rauschende Welle und zog ihn in die Tiefe zurück. Die Jägersfrau hatte voller Freude und Hoffnung am Ufer gestanden und versank in tiefen Gram, als sie ihren Mann in dem Wasser verschwinden sah.

Aber zum Troste erschien ihr wiederum der Traum, der sie zu der blühenden Flur und zu der Hütte der Zauberin verwies. Die Alte gab diesmal den Bescheid, sie solle, sobald es Vollmond sein werde, an den Weiher gehen, dort auf einem goldnen Rädchen spinnen und dann das Rädchen ans Ufer stellen. Als der Vollmond kam, befolgte die Jägersfrau das Geheiß, ging an den Weiher, setzte sich nieder und spann auf einem goldenen Rädchen und stellte dann das Rädchen ans Ufer. Da rauschte es und brauste es aus der Tiefe, und eine Welle spülte das goldne Rad vom Ufer, und bald erhob der Jäger den Kopf über das Wasser und tauchte immer höher empor, bis er endlich an das Ufer stieg und seiner Frau um den Hals fiel. Da fing das Wasser an zu rauschen und zu brausen und überschwemmte das Ufer weit und breit und riß beide, wie sie sich umfaßt hielten, mit sich hinab. In ihrer Herzensangst rief die Jägerin den Beistand der Alten an, und auf einmal war die Jägerin in eine Kröte und der Jäger in einen Frosch verwandelt. Aber sie konnten nicht beisammen bleiben, das Wasser riß sie nach verschiedenen Seiten hin, und als die Überschwemmung vergangen war, da waren zwar beide wieder zu Menschen geworden, aber der Jäger und die Jägerin waren jedes in einer fremden Gegend, und sie wußten nichts voneinander.

Der Jäger entschloß sich, als Schäfer zu leben, und auch die Jägerin ward eine Schäferin. So hüteten sie lange Jahre ihre Herden, eines vom andern entfernt.

Einstmals aber trug es sich zu, daß der Schäfer dahin kam,

wo die Schäferin lebte. Die Gegend gefiel ihm, und er sah, daß sie recht fruchtbar gelegen sei zur Weide seiner Herde. Er brachte also seine Schafe dorthin und hütete sie wie zuvor. Schäfer und Schäferin wurden gute Freunde, aber sie erkannten einander nicht.

An einem Abende aber saßen sie im Vollmond beieinander, ließen ihre Herden grasen, und der Schäfer blies auf seiner Flöte. Da gedachte die Schäferin jenes Abends, wo sie am Weiher bei Vollmond auf der goldnen Flöte geblasen; sie konnte sich nicht länger halten und brach in lautes Weinen aus. Der Schäfer fragte sie, was sie so weine und klage – bis sie ihm erzählte, was ihr alles widerfahren sei. Da fiel es wie Schuppen von den Augen des Schäfers, er erkannte seine Jägerin und gab sich ihr zu erkennen. Nun kehrten sie fröhlich in ihre Heimat zurück und lebten zusammen ungestört und in Frieden.

Goldener

Vor langen Jahren hat einmal in einem dichten Wald ein armer Hirte gelebt, der hatte sich ein bretternes Häuschen mitten im Wald erbaut, darin wohnte er mit seinem Weib und sechs Kindern, die waren alle Knaben. An dem Hause war ein Ziehbrunnen und Gärtlein, und wenn der Vater das Vieh

fütterte, so gingen die Kinder hinaus und brachten ihm zu Mittag oder zu Abend einen kühlen Trunk aus dem Brunnen oder ein Gericht aus dem Gärtlein.

Den jüngsten Knaben riefen die Eltern nur ›Goldener‹, denn seine Haare waren wie Gold, und obgleich der jüngste, so war er doch der stärkste von allen und auch der größte. Sooft die Kinder hinaus in die Flur gingen, so ging Goldener mit einem Baumzweige voran, anders wollte keins gehen, denn jedes fürchtete sich, zuerst auf ein Abenteuer zu stoßen; ging aber Goldener voran, so folgten sie freudig eins hinter dem andern nach durch das dunkelste Dickicht, und wenn auch schon der Mond über dem Gebirge stand.

Eines Abends ergötzten sich die Knaben auf dem Rückwege vom Vater mit Spielen im Walde, und Goldener hatte sich vor allen so sehr im Spiele ereifert, daß er so hell aussah wie das Abendrot. »Laßt uns zurückgehen!« sprach der Älteste, »es scheint dunkel zu werden.« – »Seht da, der Mond!« sprach der zweite. Da kam es auf einmal licht zwischen den dunklen Tannen hervor, und eine Frauengestalt, leuchtend wie der Mond, setzte sich auf einen der moosigen Steine, spann mit einer kristallenen Spindel einen lichten Faden in die Nacht hinaus, nickte mit dem Haupte gegen Goldener und sang:

»Der weiße Fink, die goldne Ros,
Die Königin im Meeresschoß!«

Sie hätte wohl noch weiter gesungen, da brach ihr der Faden, und sie erlosch wie ein Licht. Nun war es ganz Nacht, die Kinder faßte ein Grausen, sie sprangen mit kläglichem Geschrei, das eine dahin, das andere dorthin, über Felsen und Klüfte, und verlor eins das andere.

Wohl viele Tage und Nächte irrte auch Goldener in dem dicken Wald umher, fand aber weder einen seiner Brüder noch die Hütte seines Vaters, noch sonst die Spur eines Menschen, denn es war der Wald gar dicht verwachsen, ein Berg über den andern gestellt und eine Kluft unter die andere.

Die Brombeeren, welche überall herumrankten, stillten seinen Hunger und Durst, sonst wär er gar jämmerlich gestorben. Endlich am dritten Tage – andere sagen gar erst am sechsten oder siebenten Tage – wurde der Wald hell und immer heller, und da kam Goldener zuletzt hinaus auf eine schöne grüne Wiese.

Da war es ihm so leicht um das Herz, und er atmete mit vollen Zügen die freie Luft ein.

Auf derselben Wiese waren Garne ausgelegt, denn da wohnte ein Vogelsteller, der fing Vögel, die aus dem Wald flogen, und trug sie in die Stadt zum Kaufe.

Solch ein Bursche ist mir gerade vonnöten, dachte der Vogelsteller, als er Goldener erblickte, der auf der grünen Wiese nah an den Garnen stand und in den weiten blauen Himmel hineinsah und sich nicht satt sehen konnte.

Der Vogelsteller wollte sich einen Spaß machen, er zog seine Garne, und husch! war Goldener gefangen und lag unter dem Garne ganz erstaunt, denn er wußte nicht, wie das geschehen war. »So fängt man die Vögel, die aus dem Walde kommen«, sprach der Vogelsteller laut lachend, »deine roten Federn sind mir eben recht. Du bist wohl ein verschlagener Fuchs? Bleibe bei mir, ich lehre dich auch die Vögel fangen!«

Goldener war gleich dabei, ihm deuchte unter den Vöglein ein gar lustig Leben, zumal er ganz die Hoffnung aufgegeben hatte, die Hütte seines Vaters wiederzufinden.

»Laß erproben, was du gelernt hast«, sprach der Vogelsteller nach einigen Tagen zu ihm. Goldener zog die Garne, und bei dem ersten Zuge fing er einen schneeweißen Finken.

»Packe dich mit diesem weißen Finken!« schrie der Vogelsteller – »du hast es mit dem Bösen zu tun!«, und so stieß er ihn gar unsanft von der Wiese, indem er den weißen Finken, den ihm Goldener gereicht hatte, unter vielen Verwünschungen mit den Füßen zertrat.

Goldener konnte die Worte des Vogelstellers nicht begreifen, er ging traurig, doch getrost, wieder in den Wald zurück und nahm sich noch einmal vor, die Hütte seines Vaters zu suchen. Tag und Nacht lief er über Felsensteine und alte, gefallene Baumstämme, fiel auch gar oft über die schwarzen Wurzeln, die aus dem Boden überall hervorragten.

Am dritten Tage aber wurde der Wald endlich wieder heller, und da kam er hinaus in einen schönen lichten Garten, der war voll der lieblichsten Blumen, und weil Goldener dergleichen noch keine erblickt, blieb er voll Bewunderung stehen. Der Gärtner im Garten erblickte ihn nicht sobald – denn Goldener stand unter den Sonnenblumen, und seine Haare glänzten im Sonnenschein nicht anders als so eine Blume –, als er sprach: »Ha! solch einen Burschen hab ich gerade vonnöten!« und das Tor des Gartens schloß. Goldener ließ es sich gefallen, denn ihm deuchte unter den Blumen ein gar buntes Leben, zumal da er ganz die Hoffnung aufgegeben hatte, die Hütte seines Vaters wiederzufinden.

»Fort in den Wald!« sprach der Gärtner eines Morgens zu Goldener, »hol mir einen wilden Rosenstock, damit ich zahme Rosen darauf pflanze!« Goldener ging und kam mit einem Stock der schönsten goldfarbenen Rosen zurück, die

waren auch nicht anders, als hätte sie der geschickteste Goldschmied für die Tafel eines Königs geschmiedet.

»Packe dich mit diesen goldnen Rosen!« schrie der Gärtner – »du hast es mit dem Bösen zu tun«, und so stieß er ihn gar unsanft aus dem Garten, indem er die goldenen Rosen unter vielen Verwünschungen in die Erde trat.

Goldener konnte die Worte des Gärtners nicht begreifen, doch ging er getrost wieder in den Wald zurück und nahm sich nochmals vor, die Hütte seines Vaters zu suchen.

Er lief Tag und Nacht, von Baum zu Baum, von Fels zu Fels. Am dritten Tage endlich wurde der Wald hell und immer heller, und da kam Goldener hinaus an das blaue Meer; das lag in einer unermeßlichen Weite vor ihm, die Sonne spiegelte sich eben in der kristallhellen Fläche, da war es wie fließendes Gold, darauf schwammen schön geschmückte Schiffe mit langen, fliegenden Wimpeln. Einige Fischer hielten in einer zierlichen Barke am Ufer, in die trat Goldener und sah mit Erstaunen in die Helle hinaus.

»Ein solcher Bursch ist uns gerade vonnöten«, sprachen die Fischer, und husch stießen sie vom Lande. Goldener ließ es sich gefallen, denn ihm deuchte bei den Wellen ein goldenes Leben, zumal er ganz die Hoffnung aufgegeben hatte, seines Vaters Hütte wiederzufinden. Die Fischer warfen ihre Netze aus und fingen nichts. »Laß sehen, ob du glücklicher bist!« sprach ein alter Fischer mit silbernen Haaren zu Goldener. Mit ungeschickten Händen senkte Goldener das Netz in die Tiefe, zog und fischte – eine Krone von hellem Golde.

»Triumph!« – rief der alte Fischer und fiel Goldener zu Füßen – »ich begrüße dich als unsern König! Vor hundert Jahren versenkte der alte König, welcher keine Erben hatte, sterbend seine Krone in das Meer, und so lange, bis irgendeinem Glücklichen das Schicksal bestimmt hätte, die Krone wieder aus der Tiefe zu ziehen, sollte der Thron ohne Nachfolger in Trauer gehüllt bleiben.«

»Heil unserm König!« riefen die Fischer und setzten Goldener die Krone auf. Die Kunde von Goldener und der wiedergefundenen Königskrone erscholl bald von Schiff zu Schiff und über das Meer weit in das Land hinein. Da war die goldene Fläche bald mit bunten Nachen besetzt und mit Schiffen, die mit Blumen und Laubwerk geziert waren; diese begrüßten mit lautem Jubel alle das Schiff, auf welchem König Goldener stand. Er stand, die helle Krone auf dem Haupte, am Vorderteile des Schiffs und sah ruhig der Sonne zu, wie sie im Meer erlosch. Im Abendwinde wehten seine goldnen Locken.

Des kleinen Hirten Glückstraum

Es war einmal ein sehr armer Bauersmann, der war in einem Dörflein Hirte, und das schon seit vielen Jahren. Seine Familie war klein, er hatte ein Weib und nur ein einziges Kind, einen Knaben. Doch diesen hatte er sehr frühzeitig mit hinaus auf die Weide genommen und ihm die Pflichten eines treuen Hirten eingeprägt, und so konnte er, als nur einigermaßen der Knabe herangewachsen war, sich ganz auf denselben verlassen, konnte ihm die Herde allein anvertrauen und konnte unterdessen daheim noch einige Dreier mit Körbeflechten verdienen. Der kleine Hirte trieb seine Herde mun-

ter hinaus auf die Triften und Raine; er pfiff oder sang manch helles Liedlein und ließ dazwischen gar laut seine Hirtenpeitsche knallen; dabei wurde ihm keine Zeit lang. Des Mittags lagerte er sich gemächlich neben seine Herde, aß sein Brot und trank aus der Quelle dazu, und dann schlief er auch wohl ein Weilchen, bis es Zeit war weiterzutreiben. Eines Tages hatte sich der kleine Hirte unter einen schattigen Baum zur Mittagsruhe gelagert, schlief ein und träumte einen gar wunderlichen Traum: Er reise fort, gar unendlich weit fort – ein lautes Klingen, wie wenn unaufhörlich eine Masse Münzen zu Boden fielen – ein Donnern, wie wenn unaufhörliche Schüsse knallten – eine endlose Schar Soldaten mit Waffen und in blitzenden Rüstungen – das alles umkreisete, umschwirrte, umtosete ihn. Dabei wanderte er immerzu und stieg immer bergan, bis er endlich oben auf der Höhe war, wo ein Thron aufgebaut war, darauf er sich setzte, und neben ihm war noch ein Platz, auf dem ein schönes Weib, welches plötzlich erschien, sich niederließ. Nun richtete sich im Traum der kleine Hirte empor und sprach ganz ernst und feierlich: »Ich bin König von Spanien.« Aber in demselben Augenblick wachte er auf. Nachdenklich über seinen sonderbaren Traum, trieb der Kleine seine Herde weiter, und des Abends erzählte er daheim seinen Eltern, die vor der Türe saßen und Weiden schnitzten und wo er ihnen auch half, seinen wunderlichen Traum und sprach zum Schluß: »Wahrlich, wenn ich noch einmal so träume, gehe ich fort, nach Spanien, und will doch einmal sehen, ob ich nicht König werde!« — »Dummer Junge«, murmelte der alte Vater, »dich macht man zum König, laß dich nicht auslachen!« Und seine Mutter kicherte weidlich und klatschte in die Hände und wiederholte ganz verwundert: »König von Spanien, König von Spanien!« — Am andern Tag zu Mittag lag der kleine Hirte zeitig unter jenem Baume, und o Wunder! derselbe Traum umfing wieder seine Sinne. Kaum hielt es ihn bis zum Abend auf der Hut, er wäre gern nach Hause gelaufen und wäre aufgebrochen zur Reise nach Spanien. Als er endlich heimtrieb, verkündete er seinen abermaligen Traum und sprach: »Wenn mich aber noch einmal so träumt, so gehe ich auf der Stelle fort, gleich auf der Stelle.« — Am dritten Tage lagerte er sich denn wieder unter jenem Baum, und ganz derselbe Traum kam zum dritten Male wieder. Der Knabe richtete sich im Traume empor und sprach: »Ich bin König von Spanien«, und darüber erwachte er wieder, raffte aber auch sogleich Hut und Peitsche und Brotsäcklein von dem Lager auf, trieb die Herde zusammen und geradenwegs nach dem Dorfe zu. Da fingen die Leute an, mit ihm zu zanken, daß er so bald und so lange vor der Vesperzeit eintreibe, aber der Knabe war so begeistert, daß er nicht auf das Schelten der Nachbarn und der eignen Eltern hörte, sondern seine wenigen Kleidungsstücke, die er des Sonntags trug, in einen Bündel schnürte, denselben an ein Nußholzstöcklein hing, über die Achsel nahm und so mir nichts, dir nichts fortwanderte. Gar flüchtig war der Knabe auf den Beinen; er lief so rasch, als sollte er noch vor nachts in Spanien eintreffen. Doch erreichte er nur an diesem Tage einen Wald, nirgends war ein Dorf oder ein einzelnes Haus; und er beschloß, in diesem Wald in einem dichten Busch sein Nachtlager zu suchen. Kaum hatte er aber zur Ruhe sich niedergelegt und war entschlummert, als ein Geräusch ihn wieder erweckte: Es zog eine Schar Männer in lautem Gespräch an dem Busch vorüber, in welchen er sich gebettet. Leise machte der Knabe sich hervor und ging den Männern in einer kleinen Entfernung nach und dachte, vielleicht findest du doch noch eine Herberge; wo diese Männer heute schlafen, kannst du gewiß auch schlafen. – Gar nicht lange waren sie weitergewandert, als ein ziemlich ansehnliches Haus vor ihnen stand, aber so recht mitten im dunkeln Wald. Die Männer klopften an, es wurde aufgetan, und neben den Männern schlüpfte auch der Hirtenknabe mit hinein in das Haus. Drinnen öffnete sich wieder eine Türe, und alle traten in ein großes, sehr spärlich erhelltes Zimmer, wo auf dem Fußboden umher viele Strohbunde, Betten und Deckbetten lagen, die zum Nachtlager der Männer bereitgehalten schienen. Der kleine Hirtenbub verkroch sich schnell unter einen Strohhaufen, welcher nahe an der Türe aufgeschichtet war, und lauschte nun auf alles, was er nur aus seinem Versteck hören und wahrnehmen konnte. Bald kam er dahinter, denn er war ohnehin klug und aufgeweckt, daß diese Männerschar eine Räuberbande sei, deren Hauptmann der Herr dieses Hauses war. Dieser bestieg, als die neu angelangten Mitglieder der Bande sich hingelagert hatten, einen etwas erhöhten Sitz und sprach mit tiefer Baßstimme: »Meine braven Genossen, tut mir Bericht von eurem heutigen Tagewerk, wo ihr eingesprochen seid und was ihr erbeutet habt!« Da richtete sich zuerst ein langer Mann mit kohlschwarzem Bart empor und antwortete: »Mein lieber Hauptmann, ich habe heute früh einen reichen Edelmann seiner ledernen Hose beraubt, diese hat zwei Taschen, und sooft man sie unterst oberst kehrt und tüchtig schüttelt, so fällt ein Häuflein Dukaten heraus auf den Boden.« – »Das klingt sehr gut!« sprach der Hauptmann. Ein anderer der Männer trat auf und berichtete: »Ich habe heute einem General seinen dreieckigen Hut gestohlen; dieser Hut hat die Eigenschaft, wenn man ihn auf dem Kopf dreht, daß unaufhörlich aus den drei Ecken Schüsse knallen.« – »Das läßt sich hören!« sprach der Hauptmann wieder. Und ein dritter richtete sich auf und sprach: »Ich habe einen Ritter seines Schwertes beraubt; so man dasselbe mit der Spitze in die

Erde stößt, ersteht augenblicklich ein Regiment Soldaten.« – »Eine tapfere Tat!« belobte der Hauptmann. Ein vierter Räuber erhob sich nun und begann: »Ich habe einem schlafenden Reisenden seine Stiefeln abgezogen, und wenn man diese anzieht, legt man mit jedem Schritt sieben Meilen zurück.« – »Rasche Tat lobe ich!« sprach der Hauptmann zufrieden, »hänget eure Beute an die Wand, und dann esset und trinket und schlafet wohl.« Somit verließ er das Schlafzimmer der Räuber; diese zechten noch weidlich und fielen dann in festen Schlaf. Als alles stille und ruhig war und die Männer allesamt schliefen, machte sich der kleine Hirte hervor, zog die ledernen Hosen an, setzte den Hut auf, gürtete das Schwert um, fuhr in die Stiefeln und schlich dann leise aus dem Haus. Draußen aber zeigten die Stiefeln zur Freude des Kleinen schon ihre Wunderkraft, und es währte gar nicht lange, so schritt das Bürschchen zur großen Residenzstadt Spaniens hinein; sie heißt Madrid.

Hier fragte er den ersten besten, der ihm aufstieß, nach dem größesten Gasthof, aber er erhielt zur Antwort: »Kleiner Wicht, geh du hin, wo deinesgleichen einkehrt, und nicht, wo reiche Herren speisen.« Doch ein blankes Goldstück machte jenen gleich höflicher, so daß er nun gerne der Führer des kleinen Hirten wurde und ihm den besten Gasthof zeigte. Dort angelangt, mietete der Jüngling sogleich die schönsten Zimmer und fragte freundlich seinen Wirt: »Nun, wie steht es in Eurer Stadt? Was gibt es hier Neues?« Der Wirt zog ein langes Gesicht und antwortete: »Herrlein, Ihr seid hierzuland wohl fremd? Wie es scheint, habt Ihr noch nicht gehört, daß unser König, Majestät, sich rüstet mit einem Heer von zwanzigtausend Mann? Seht, wir haben Feinde; o es ist gar eine schlimme Zeit! Herrlein, wollt Ihr auch etwa unters Militär gehen?« – »Freilich, freilich«, sprach der zarte Jüngling, und sein Gesicht glänzte vor Freude. Als der Wirt sich entfernt hatte, zog er flugs seine ledernen Hosen aus, schüttelte sich ein Häuflein Goldstücke und kaufte sich kostbare Kleider und Waffen und Schmuck, tat alles an und ließ dann beim König um eine Audienz bitten. Und wie er in das Schloß kam und von zwei Kammerherren durch einen großen, herrlichen Saal geführt wurde, begegnete ihnen eine wunderliebliche junge Dame, die sich anmutig vor dem schönen Jüngling, der in der Mitte der Herren ging und sie zierlich grüßte, verneigte, und die Herren flüsterten: »Das ist die Prinzessintochter des Königs.« Der junge Mann war nicht wenig von der Schönheit der Königstochter entzückt, und seine Entzückung und Begeisterung ließen ihn keck und mutvoll vor dem Könige reden. Er sprach: »Königliche Majestät! Ich biete hiermit untertänigst meine Dienste als Krieger an. Mein Heer, das ich Euch zuführe, soll Euch den Sieg erfechten, mein Heer soll alles erobern, was mein König zu erobern befiehlt. Aber eine Belohnung bitte ich mir aus, daß ich, wofern ich den Sieg davontrage, Eure holde Tochter als Gemahlin heimführen dürfe. Wollt Ihr das, mein gnädigster König?« Und der König erstaunte ob der kühnen Rede des Jünglings und sprach: »Wohl, ich gehe in deine Forderung ein; kehrst du heim als Sieger, so will ich dich als meinen Nachfolger einsetzen und dir meine Tochter zur Gemahlin geben.«

Jetzt begab sich der ehemalige Hirte ganz allein hinaus auf das freie Feld und begann sein Schwert drauf und drein in die Erde zu stoßen, und in wenigen Minuten standen viele Tausende kampfgerüstete Streiter auf dem Platz, und der Jüngling saß als Feldherr kostbar gewaffnet und geschmückt auf einem herrlichen Roß, welches mit goldgewirkten Dekken behangen war; der Zaum blitzte von Edelsteinen, und der junge Feldherr zog aus und dem Feind entgegen, da gab es eine große, blutige Schlacht; aus dem Hut des Feldherrn donnerten unaufhörlich tödliche Schüsse, und das Schwert desselben rief ein Regiment nach dem andern aus der Erde hervor, so daß in wenigen Stunden der Feind geschlagen und zerstreut war und die Siegesfahnen wehten. Der Sieger aber folgte nach und nahm dem Feinde auch noch den besten Teil seines Landes hinweg. Siegreich und glorreich kehrte er dann zurück nach Spanien, wo ihn das holdeste Glück noch erwartete. Die schöne Königstochter war nicht minder entzückt von dem schmucken Jüngling gewesen, wie sie ihm im Saale begegnet war, als er von ihr; und der gnädigste König wußte die sehr großen Verdienste des tapfern Jünglings auch gebührend zu schätzen, hielt sein Wort, gab ihm seine Tochter zur Gemahlin und machte ihn zu seinem Nachfolger und Thronerben.

Die Hochzeit wurde prunkvoll und glänzend vollzogen, und der ehemalige Hirte saß ganz im Glück. Bald nach der Hochzeit legte der alte König Krone und Zepter in die Hände seines Schwiegersohns, der saß stolz auf dem Thron und neben ihm seine holde Gemahlin, und es wurde ihm, als dem neuen König, von seinem Volke Huldigung gebracht. Da gedachte er seines so schön erfüllten Traumes und gedachte seiner armen Eltern und sprach, als er wieder allein bei seiner Gemahlin war: »Meine Liebe, sieh, ich habe noch Eltern, aber sie sind sehr arm, mein Vater ist Dorfhirte, weit von hier, und ich selbst habe als Knabe das Vieh gehütet, bis mir durch einen wunderbaren Traum offenbart wurde, daß ich noch König von Spanien werde. Und das Glück war mir hold, sieh, ich bin nun König, aber meine Eltern möcht ich auch gern noch glücklich sehen, daher ich mit deiner gütigen Zustimmung nach Hause reisen und die Eltern holen will.« Die Königin war's gerne zufrieden und ließ ihren Gemahl ziehen, der sehr schnell zog, weil er die Siebenmeilenstiefeln anhatte. Unterwegs stellte der junge König die Wunderdinge, die er den Räubern abgenommen, ihren rechtmäßigen Eigentümern wieder zu, bis auf die Stiefeln, holte seine armen Eltern, die vor Freude ganz außer sich waren, und dem Eigentümer der Stiefeln gab er für dieselben ein Herzogtum. Dann lebte er glücklich und würdiglich als König von Spanien bis an sein Ende.

Des Königs Münster

Es war einmal ein König, der erbaute ein prachtvolles Münster zur Ehre und zum Lobe Gottes, und durfte niemand zu diesem Bau einen Heller beisteuern nach des Königs ausdrücklichem Gebot, sondern er wollte es ganz aus dem eignen Schatz erbauen. Und so geschah es auch, und das Münster war vollendet, schön und würdig, mit aller Pracht und aller Zier. Und da ließ der König eine große marmorne Tafel zurichten, in diese ließ er mit goldnen Buchstaben eine Schrift graben, daß er, der König, allein den Dom erbaut habe, und niemand habe dazu beigesteuert. Aber als die Tafel einen Tag und eine Nacht lang aufgerichtet war, so war in der Nacht die Schrift verändert, und statt des Königs Namen stand ein anderer Name darauf, und zwar der Name einer armen Frau, so daß es nun lautete, als habe *sie* das ganze präch-

tige Münster erbaut. Das verdroß den König mächtig; er ließ den Namen austilgen und den seinigen wieder einschreiben. Aber über Nacht stand wieder der Name jener armen Frau auf der Tafel, und jedermann las, daß *sie* des Münsters Stifterin sei. Und zum dritten Male ward des Königs Name auf die Tafel geschrieben, und zum dritten Male verschwand er, und jener kam zum Vorschein. Da merkte der König, daß hier Gottes Finger schreibe, demütigte sich und ließ nach der Frau forschen und sie vor seinen Thron heischen. Voll Angst und erschrocken trat sie vor den König, der sprach zu ihr: »Frau, es geben sich wunderliche Dinge, sage mir bei Gott und deinem Leben die Wahrheit! Hast du mein Gebot nicht vernommen, daß niemand zu dem Münster geben solle? Oder hast du doch dazugegeben?«

Da fiel das Weib dem Könige zu Füßen und sprach: »Gnade, mein Herr und König! Ich will alles auf deine Gnade bekennen! Ich bin ein ganz armes Weib; ich muß mich kümmerlich mit Spinnen ernähren, daß mich der Hunger nicht ertötet, und da hatte ich doch ein Hellerlein erübrigt, das mocht ich gar zu gerne darbringen zu deinem Tempelbau und Gott zu Ehren, aber ich fürchtete, o Herr, deinen Bann und deine harte Bedräuung, und da kaufte ich um das Hellerlein ein Bündelein Heu, das streute ich auf die Straße den Ochsen hin, welche die Steine zu deinem Münster zogen, und sie fraßen es. So tat ich nach meinem Willen und ohne dein Gebot zu verletzen.«

Da ward der König mächtiglich bewegt von der Frauen Rede und sah, wie Gott der Herr ihren reinen Sinn gewürdigt und ihn als höheres Opfer angenommen wie des Königs reichen Schatz. Und der König begabte die arme Frau reichlich und nahm sich die Strafe seiner Eitelkeit wohl zu Herzen.

Die Hexe und die Königskinder

Mitten in einem Walde wohnte eine alte, schlimme Hexe ganz allein mit ihrer Tochter, welche letztere ein gutes, mildes Kind war und bei der das Sprichwort, der Apfel fällt nicht weit vom Stamme, nicht zutraf. Der Stamm nämlich war über alle Maßen knorrig, stachlig und häßlich; wer die Alte sah, ging ihr aus dem Wege und dachte: Weit davon ist gut vorm Schuß. Die Alte trug beständig eine grüne Brille und über ihrem Zottelhaar, das ungekämmt ihr vom Kopfe weit herunterhing, einen roten Tuchlappen und ging gern in kurzen Ärmeln, daß ihre dürren wettergebräunten Arme weit aus dem sie umschlotternden Gewand hervorragten. Auf dem Rücken trug sie für gewöhnlich einen Sack mit Zauberkräutern, die sie im Walde sammelte, und in der Hand einen großen Topf, darin sie dieselben kochte und damit Ungewitter, Hagel und Schloßen, Reif und Frost zuwege brachte, sooft es ihr beliebte.

Am Finger trug sie einen Hexenreif von Golde mit einem glühroten Karfunkelstein, mit dem sie Menschen und Tiere bezaubern konnte. Dieser Ring machte die Alte riesenstark und lebenskräftig und machte sie, wenn sie wollte, auch ganz und gar unsichtbar; da konnte sie hingehen, wohin sie wollte, und nehmen, was sie wollte – und das tat sie auch, und im Walde suchte sie die Hirschkühe auf, und wenn die Tiere den Ring sahen und sahen den Stein funkeln, da mußten sie an eine Stelle gebannt stehenbleiben, und dann ging die Alte zu den Hirschkühen und molk deren Milch in ihren Topf und trank sie mit ihrer Tochter. Diese Tochter hieß Käthchen und hatte es nicht gut bei ihrer bösen Mutter, doch trug sie geduldig alles Leid. Am schmerzlichsten war ihr, daß ihre Mutter manches Mal Kinder mitbrachte, mit denen Käthchen gern gespielt hätte, allein die Alte nahm immer den Kindern ihre Kleider, sperrte die Kinder ein und fütterte sie mit Hirschmilch, daß sie fett wurden, und was sie dann mit ihnen vornahm, ist gruselig zu erzählen; sie verwandelte sie nämlich in Hirschkälbchen und verkaufte diese an Jäger. Die Jäger aber schossen die armen verwandelten und verkauften Hirschkälbchen tot und lieferten sie in die Stadt, wo die Leute das junge Wildbret gar gern essen. So schlimm und böse war die häßliche Alte, und da sie den ganzen Tag nichts tat als zaubern und böse Ränke ersinnen und dabei oft und viel laut vor sich hin murmelte, so lernte ihre Tochter Käthchen ihr unvermerkt einige Zauberstücklein ab, die sie ganz im stillen für sich behielt.

Da brachte eines Abends die Alte wieder zwei wunderschöne Kinder geführt, einen Knaben und ein Mädchen, denen sah man an, daß es Geschwister waren und reicher Leute Kinder; beide hatten sich im Walde verirrt, waren von der Alten gefunden und nach ihrem Hause mitgenommen worden, und sie hatte ihnen gesagt, sie wolle sie zurück zu den Eltern bringen. Die Kinder sahen sich schrecklich getäuscht, als die Alte ihnen ihre schönen Kleider auszog, ihnen dafür Lumpen anlegte und sie in ein dunkles Kämmerchen einsperrte. Doch bekamen sie einen ganzen Topf voll Hirschmilch zu essen, welche gut schmeckte, und ein Stück schwarzes Brot dazu, welches weniger gut schmeckte, aber endlich doch auch verzehrt wurde.

Am andern Morgen humpelte die Alte schon frühzeitig in den Wald und winkte den Hirschkühen. Da war eine Hirschfamilie, welche die Alte besonders gut kannte und schätzte, bestehend aus dem Herrn Hirsch, der Frau Hirschin und zwei jungen Kälbchen, die hielten sich immer treulich im Walde zusammen, waren aber doch in steter Furcht vor der bösen Alten, welche machen konnte, daß sie alle stillstehen mußten und mußten sich von der bösen Hexe die Muttermilch nehmen lassen, so daß die Kälbchen sich nicht satt trinken und nicht fett werden konnten. Könnt ich dir nur einmal mein Geweih durch den dürren Leib rennen! dachte oft der Hirsch, und die Hirschin hatte auch keine guten Wünsche für die Alte — es half aber ihr Wünschen allen beiden nichts. Während die Alte im Walde war, schlich Käthchen zu dem Kämmerlein und sah durch eine Ritze in der Tür die armen gefangenen Kinder, welche seufzten und weinten in großem Herzeleid. Da fragte Käthchen: »Wer seid ihr denn, ihr armen Kinder?« — »Wir sind eines Königs Kinder! O mache uns frei, mein Vater wird es dir lohnen!« sprach der Königsprinz. »Und meine Mutter auch«, sagte die kleine Prinzessin, indem sie hinzufügte: »Du sollst auch unsre gute Schwester sein und sollst bei mir im seidnen Bettchen schlafen, und ich will dir gar schöne goldne Kleider geben, hilf uns, hilf uns nur!« Da sagte Käthchen: »Seid nur geduldig, liebe Königskinder; ich will schon zusehen und darauf sinnen, daß ich euch befreie.«

Am andern Morgen in aller Frühe machte das gute Käthchen ein Zauberstück. Sie verließ eilig ihr Lager, hauchte hinein und sagte leise:

»Liebes Bettchen, sprich für mich,
Bin ich weg, sei du mein Ich!«

So auch hauchte sie auf ihre Lade, auf die Treppe und auf den Herd in der Küche und sprach das nämliche Sprüchlein. Darauf ging sie an das wohlverwahrte Kämmerlein der Königskinder, hielt eine Springwurzel, welche die Alte auf dem Kannrück liegen hatte, an das Schloß und sagte:

»Riegel, Riegel, Riegelein,
Öffne dich, laß aus und ein!«

Da sprangen gleich Schloß und Riegel auf, und Käthchen führte alsbald die Königskinder hinweg und in den Wald hinein.

Als die Alte aufwachte, rief sie: »Käthchen, stehe auf und schüre Feuer an!« Da rief es aus dem Bettchen:

»Ich bin schon auf und munter!
Ich komme gleich in die Küche hinunter!«

Die Alte blieb nun noch liegen, doch da sie nach einer Weile nichts hörte, rief sie wieder: »Käthchen! Wo bleibt denn das faule Ding?« — »Gleich!« rief es von der Lade:

»Ich sitze auf der Lade
Und binde das Strumpfband über die Wade!«

Da nun wieder eine Weile verging und sich im Hause nichts rührte noch regte, so ward die Alte böse und schrie: »Käthe! Balg! Wo bleibst du denn?« Da scholl eine Stimme von der Treppe:

»Ich komme schon, ich fliege!
Ich bin ja schon leibhaftig auf der Stiege!«

Die Alte beruhigte sich noch einmal — aber nicht gar lange, denn da wieder alles still blieb, so fuhr sie auf und schalt und fluchte. Da rief es vom Herde her:

»Wozu die bösen Flüche?
Ich bin ja schon am Herd und in der Küche!«

Gleichwohl blieb es in der Küche und im ganzen Hause totenstill. Jetzt riß der Alten völlig der Geduldsfaden, sie sprang aus ihrem Bett, fuhr in die Kleider und nahm einen Besenstiel, willens, Käthchen unbarmherzig durchzuprügeln. Aber wie sie hinauskam, war kein Käthchen da, nicht zu sehen, nicht zu hören, und was das Schönste, für die Alte aber das Schlimmste war, auch die Königskinder waren fort. Jetzt hättet ihr sollen die Hexensprünge sehen, welche das zornige, böse alte Weib machte. Ihr Ring zeigte ihr sogleich die Richtung an, nach welcher Käthchen mit den Kindern geflohen war, und sie raste nun wild hinter ihnen her. Die Kinder aber, als sie in den Wald gekommen waren, hatten dort den Herrn von Edelhirsch nebst Gemahlin, Sohn und Tochter angetroffen und dieser Familie in aller Eile ihr Unglück und ihre Flucht erzählt und ihre edlen Herzen mächtig gerührt, so daß sie sich bereit zeigten, ihnen alle mögliche Hilfe angedeihen zu lassen. Die gute Dame Hirsch bot den Kindern ihren Rücken dar, sie alle drei nach dem Königsschlosse zu tragen, das jenseits des Waldes lag, und der Gemahl befahl seinen Kindern, sich in das Dickicht zurückzuziehen, er selbst stellte sich hinter dichtes Laubgebüsch nahe am Weg, willens, die Alte, wenn sie vorbeirenne und er ihren Ring nicht sehe, über den Haufen zu stoßen.

Es währte auch gar nicht lange, so kam die Alte in großen Sprüngen gesetzt; in ihrem Zorn und Eifer vergaß sie ganz, unsichtbar sein zu wollen, hielt auch den Finger mit dem Ring nicht empor, und so geschah es, daß plötzlich ein großes und stattliches Hirschgeweih mit ihr in eine sehr verwikkelte Berührung kam, bei welcher eines der Enden des Geweihes mit Gewalt den Finger der Alten so streifte, daß der Zauberring vom Finger herabging und sich auf dem Ende feststeckte, und ehe sich's einer versah, so hatte der Hirsch die alte Hexe aufgegabelt, die nun durch des Ringes Kraft selbst starr und steif wurde, und trug sie in gestrecktem Lauf der Fährte nach, welche die gute Hinde, seine Gemahlin, im tauigen Grase zurückgelassen. Diese war indes mit den drei

Kindern bereits im Königsschloß angekommen, und von dem König und der Königin waren die verlorenen Kinder und das gute Käthchen, das sie gerettet, mit großer Freude empfangen worden – als sie plötzlich alle mit großer Verwunderung die Alte, auf dem Geweih des stattlichen Edelhirsches sitzend und getragen, daherschweben sahen. Der Hirsch aber sprang ohne Säumen in den Schloßteich und tauchte mit dem Kopfe unter. Als er wieder auftauchte, war sein Geweih frei von der Last. Aber auch der Zauberring blieb im Grunde. Hirsch und Hirschin kehrten zu ihrem Walde und zu ihren Kindern zurück und waren sehr froh, daß ihnen nun niemand mehr ihre Milch nahm; Käthchen aber blieb bei den Königskindern und schlief in einem seidnen Bettchen und trug goldne Kleidchen und wurde selbst gehalten wie ein Königskind.

Der Mönch und das Vögelein

Es war in einem Kloster ein junger Mönch, des Namens Urbanus, gar fromm und fleißig, dem war der Schlüssel zur Bücherei des Klosters anvertraut, und er hütete sorglich diesen Schatz, schrieb selbst manches schöne Buch und studierte viel in den andern Büchern und in der Heiligen Schrift. Da fand er auch einen Spruch des Apostels Petrus, der lautet: Vor Gott sind tausend Jahre wie ein Tag und wie eine Nachtwache. Das dünkte dem jungen Mönch schier unmöglich, mocht und konnte es nicht glauben und quälte sich darob mit schweren Zweifeln. Da geschah es eines Morgens, daß der Mönch herunterging aus dem dumpfen Bücherzimmer in den hellen, schönen Klostergarten, da saß ein kleines buntes Waldvögelein im Garten, das suchte Körnlein, flog auf einen Ast und sang schön wie eine Nachtigall. Es war auch dieses Vögelein gar nicht scheu, sondern ließ den Mönch nahe an sich herankommen, und er hätte es gern gehascht, doch entfloh es, von einem Ast zum andern, und der Mönch folgte

ihm eine gute Weile nach, dann sang es wieder mit lauter und heller Stimme, aber es ließ sich nicht fangen, obschon der junge Mönch das Vögelein aus dem Klostergarten heraus in den Wald noch eine gute Weile verfolgte. Endlich ließ er ab und kehrte zurück nach dem Kloster, aber ein anderes dünkte ihm alles, was er sah. Alles war weiter, größer und schöner geworden, die Gebäude, der Garten, und statt des niedern alten Klosterkirchleins stand jetzt ein stolzes Münster da mit drei Türmen. Das dünkte dem Mönch sehr seltsam, ja zauberhaft. Und als er an das Klostertor kam und mit Zagen die Schelle zog, da trat ihm ein ihm gänzlich unbekannter Pförtner entgegen, der wich bestürzt zurück vor ihm. Nun wandelte der Mönch über den Klosterkirchhof, auf dem waren so viele, viele Denksteine, die er gesehen zu haben sich nicht erinnern konnte. Und als er nun zu den Brüdern trat, wichen sie alle vor ihm aus, ganz entsetzt. Nur der Abt, aber nicht *sein* Abt, sondern ein andrer, junger, hielt ihm stand, streckte ihm aber auch gleich ein Kruzifix entgegen und rief: »Im Namen des Gekreuzigten, Gespenst, wer bist du? Und was suchst du, der den Höhlen der Toten entflohen, bei uns, den Lebenden?«

Da schauerte der Mönch zusammen und wankte, wie ein Greis wankt, und senkte den Blick zur Erden. Siehe, da hatte er einen langen silberweißen Bart bis über den Gürtel herab, an dem noch der Schlüsselbund hing zu den vergitterten Bücherschreinen. Den Mönchen dünkte der Mann ein wunderbarer Fremdling, und sie leiteten ihn mit scheuer Ehrfurcht zum Sessel des Abtes. Dort gab er einem jungen Mönch die Schlüssel zu dem Büchersaal, der schloß auf und brachte ein Chronikbuch getragen, darin stand zu lesen, daß vor dreihundert Jahren der Mönch Urban spurlos verschwunden, niemand wisse, ob entflohen oder verunglückt. »O Waldvögelein, war das dein Lied?« fragte der Fremdling mit einem Seufzer. »Kaum drei Minuten lang folgte ich dir und horchte deinem Gesang, und drei Jahrhunderte vergingen seitdem! Du hast mir das Lied von der Ewigkeit gesungen, die ich nicht fassen konnte! Nun fasse ich sie und bete Gott an im Staube, selbst ein Staub!« Sprach's und neigte sein Haupt, und sein Leib zerfiel in ein Häuflein Asche.

Die sieben Geißlein

Es ist einmal eine alte Geiß gewesen, die hatte sieben junge Zicklein, und wie sie einmal fort in den Wald wollte, hat sie gesagt: »Ihr lieben Zicklein, nehmt euch in acht vor dem Wolf und laßt ihn nicht herein, sonst seid ihr alle verloren.« Darnach ist sie fortgegangen.

In einer Weile rappelt was wieder an der Haustüre und ruft: »Macht auf, macht auf, liebe Kinder! Euer Mütterlein ist aus dem Wald gekommen!« Aber die sieben Geißlein erkannten's gleich an der groben Stimme, daß das ihr Mütterlein nicht war, und haben gerufen: »Unser Mütterlein hat keine so grobe Stimme!« Und haben nicht aufgemacht.

Nach einer Weile rappelt's wieder an der Türe und ruft ganz fein und leise: »Macht auf, macht auf, ihr lieben Kinder! Euer Mütterlein ist aus dem Walde kommen!«

Aber die jungen Geißlein guckten durch die Türspalte und haben ein paar schwarze Füße gesehen und gerufen: »Unser Mütterlein hat keine so schwarzen Füße!« Und haben nicht aufgemacht.

Wie das der Wolf, denn er war es, gehört hat, ist er geschwind hin in die Mühle gelaufen und hat die Füße ins Mehl gesteckt, daß sie ganz weiß worden sind. Danach ist er wieder vor die Türe gekommen, hat die Füße zur Spalte hineingesteckt und hat wieder ganz leise gerufen: »Macht auf, macht auf, ihr lieben Kinder! Euer Mütterlein ist aus dem Walde kommen!«

Und wie die Geißlein die weißen Füße gesehen haben und die leise Stimme gehört, da haben sie ja gemeint, ihr Mütterlein sei's, und haben geschwind aufgemacht. Aber kaum haben sie aufgemacht gehabt, so ist der Wolf hereingesprungen. Ach wie sind da die armen Geißlein erschrocken und haben sich verstecken wollen! Eins ist unter's Bett, eins unter den Tisch, eins hinter den Ofen, eins hinter einen Stuhl, eins hinter einen großen Milchtopf und eins in den Uhrkasten gesprungen. Aber der Wolf hat sie alle gefunden und zusammengebracht. Hernach ist er fortgegangen, hat sich in den Garten unter einen Baum gelegt und hat angefangen zu schlafen.

Wie hernach die alte Geiß aus dem Walde zurückgekommen ist, hat sie das Haus offen gefunden und die Stube leer, da hat sie gleich gedacht, jetzt ist's nicht geheuer, und hat angefangen, ihre lieben Zicklein zu suchen, sie hat sie aber nicht finden können, wo sie auch gesucht hat, und so laut sie auch gerufen hat, es hat keins Antwort gegeben. Endlich ist sie in den Garten gegangen, da hat der Wolf noch gelegen unterm Baum und hat geschlafen und hat geschnarcht, daß alle Äste gezittert haben; und wie sie näher zu ihm gekommen ist, hat sie gesehen, daß etwas in seinem Bauch gezappelt hat. Da hatte sie eine Freude und dachte, ihre Geißlein leben wohl noch. Jetzt ist sie geschwind hinein ins Häuslein gesprungen, hat eine Schere geholt und hat dem Wolf den Bauch aufgeschnitten, da sind ihre sieben Geißlein eins nach dem andern herausgesprungen und haben alle noch gelebt. Darnach hat die Alte geschwind sieben Wackelsteine geholt, hat sie in den Wolf seinen Bauch gesteckt und hat den wieder zugenäht.

Wie der Wolf munter wurde, hatte er Durst und ist an den Brunnen gegangen, um zu trinken, aber wie er einen Schritt gegangen ist, da haben die Wackelsteine in seinem Bauch angefangen zusammenzuschlagen, und da hat er gesagt:

»Was rumpelt,
Was pumpelt
In meinem Bauch?
Ich hab gemeint, ich hab junge Geißlein drein,
Und jetzt sind's nichts als Wackelstein!«

Und wie nun der Wolf an den Brunnen gekommen ist und hat trinken wollen, so haben ihn die Wackelsteine hineingezogen, und er ist ersoffen. Und die alte Geiß ist mit ihren Zicklein vor Freude um den Brunnen herumgetanzt.

Des Hundes Not

Es war ein Hund, der lag hungrig und kummervoll auf dem Felde, da sang über ihm eine Lerche ihr wonnigliches Liedlein mit süßem Ton. Als der Hund das hörte, da sprach er: »O du glückliches Vögelein, wie froh du bist, wie süß du singest, wie hoch du dich aufschwingst! Aber ich – wie soll ich mich freuen? Mich hat mein Herr verstoßen, seine Türe hinter mir gesperrt, ich bin lahm, bin krank, kann kein Essen erjagen und muß hier Hungers sterben!«

Wie die Lerche den hungrigen Hund also klagen hörte, flog sie nahe zu ihm und sprach: »O du armer Hund! Mich bewegt dein Leiden, wirst du mir es auch Dank wissen, wenn ich dir helfe, daß du satt wirst?«

»Womit, Frau Lerche?« fragte der Hund mit matter Stimme, und die Lerche antwortete: »Sieh, dort kommt ein Kind gegangen, das trägt Speise zu jenem Ackersmann; ich will machen, daß es die Speise niederlegt und mir nachläuft, indes gehst du hinzu und issest den Käse und das Brot und stillest deinen Hunger!«

Der Hund bedankte sich dieses freundlichen Anerbietens, und die Lerche flog nun dem Kind entgegen und begann es zu äffen. Bald lief sie vor ihm, bald flatterte sie auf dieser, bald auf jener Seite, bis das Kind dachte: Die Lerche muß ich fangen. Und zumal stellte die Lerche sich flügellahm und ließ einen ihrer kleinen Fittiche hangen wie gebrochen. Das Kind griff oft nach ihr, aber es haschte vergebens mit der einen Hand, und da legte es sein Tüchlein nieder, darin es das Essen trug, und lief der Lerche nach, die immer voran in einen Grund flog; indessen erhob sich der Hund, hinkte nach dem Tuche und schnüffelte hinein, da lag ein Stück Brot, ein Quarkkäse und vier gute Eier, die fraß er ungesotten und ungeschält und den Käse untranchiert, und das Brot nahm er mit von dannen, als er fortkroch und sich in das Korn versteckte.

Die Lerche, als sie merkte, daß der Hund sein Teil hatte, flog in die Lüfte und sang lustig; das geäffte Kind aber ver-

wünschte sie, und noch viel mehr, als es sein Tüchlein leer fand. Weinend ging es zurück zu seiner Mutter, und ob es Schläge bekommen hat, weiß ich nicht; es wird aber wohl etwas dergleichen abgefallen sein.

Die Lerche flog zum Hunde hin und fragte ihn, wie er sich jetzt befinde. Er sagte ihr schönen Dank, und nie sei ihm wohler gewesen. »Nur eine Bitte, herzliebe Frau Lerche, habe ich noch auf dem Herzen«, sprach er, »wer satt ist, der ist gern froh. O bitte, erzählet mir noch etwas, davon ich ein wenig lachen und lustig werden mag.«

»Wohlan!« sprach die Lerche, »folge mir.« Und da flog die Lerche voran, und der Hund folgte ihr zu einer Scheuer, auf deren Dachboden man von der Erde leicht gelangen konnte; da hinauf hieß die Lerche den Hund steigen und hinuntersehen, denn der Boden war schadhaft und durchgebrochen. Unten auf der Tenne standen zwei Kahlköpfe, die draschen; da setzte sich flugs die Lerche dem einen auf die Glatze, und flugs klapste der andre mit der Hand drauf, vermeinend, die Lerche zu fangen; das kluge Vöglein war aber schneller als er und flog zur Seite.

»Nun, Geselle, was soll das? Was schlägst du mich?« fragte der erste Kahlkopf den andern. Der entschuldigte sich, daß ein Vöglein sich jenem auf den Kopf gesetzt, dieses habe er erhaschen wollen; habe der Klaps weh getan, sei es ihm leid. Indem setzte sich die Lerche auf die Glatze dessen, der eben sprach, und da schlug gleich der andre hin mit einem so harten Schmitz, daß der Kopf gewiß zersprungen, wenn er von Glas gewesen wäre, wenigstens brummte er dem Geschlagenen tüchtig, und nun ging gleich das Schelten los, und beide Drescher warfen ihre Flegel hin und wollten einander in die Haare. Weil sie nun keine Haare hatten, so konnte keiner dem andern welche ausraufen, und so kratzten sie einander auf die Glatzen statt des Raufens, daß das Blut danach lief, und stießen sich hart; da ging es Glatz wider Glatz und Kratz wider Kratz, auch zerrten sie sich an den Ohren, und darüber mußte der Hund so unbändig lachen, daß ihm ganz weh ward und er weder liegen noch stehen konnte, und da purzelte er vor Lachen von dem Boden hoch herunter, den Dreschern gerade auf die Kahlköpfe, daß sie stutzten, denn der Hund war schwer, und diese Art, Haare auf den Kopf zu bekommen, kam ihnen spanisch vor. Sie wandten ihren Zorn gleich vereint gegen den Hund, und da sie Drescher waren, so draschen sie ihn so lange, bis er mit Ach und Krach durch ein Loch in der Scheuerwand und durch den Zaun fuhr, wobei ihm nicht nur das Lachen, sindern schier Hören und Sehen verging. Ganz mürb und marode legte er sich in das Gras hinter den Zaun, und da kam die Lerche geflogen und fragte: »Edler Herr, wie befinden Sie sich?«

»Ei, Frau Lerche«, ächzte der Hund, »ich habe vollauf genug. Ich bin ein ganz geschlagener Mann! Ich glaube, meiner Treu, ich habe gar keinen Rücken mehr, die Drescher haben mir das Fell bei lebendigem Leibe abgeschunden und ge-

gerbt. Ach, soll ich länger leben, so muß ich einen Wundarzt haben!« – »Wohl und getrost! Ich hole dir auch den, so es irgend möglich ist«, sprach die Lerche und flog von dannen. Bald fand sie einen Wolf, den redete sie an: »Herr Wolf? Ihr habt wohl gar keinen Appetit?«

»Ach, Frau Lerche«, ward ihr zur Antwort, »was das betrifft, so kann ich mit Wolfshunger dienen.«

»Nun, wenn Ihr mir es danken wollt«, sprach die Lerche weiter, »so wollte ich Euch wohl weisen, wo ein feister Hund liegt, der Euch kaum entrinnen wird!«

»O meine edle Königin, wie gnädig Ihr seid!« schmeichelte und schmunzelte der Wolf und leckte sich die Zähne. Die Lerche flog vor ihm her, und er folgte ihr, und wie sie zu dem Hund kam, redete sie ihn an: »Nun Geselle? Schläfst du? Willst du nicht den Arzt sehen? Richte dich auf, dort kommt der Doktor.«

»Wo? Frau Lerche, wo?« fragte der Hund ganz müde; aber als er den Wolf sah, da schrie er: »Nein, Frau Lerche, nein, diesen Doktor nicht! Haltet ihn zurück! Ich bin gesund!« Und mit einem Satze war der Hund auf den Beinen und fort, als flögen wir davon, daß ihm kein Zaun zu hoch und kein Graben zu breit war.

Die drei Hunde

Ein Schäfer hinterließ seinen beiden Kindern, einem Sohn und einer Tochter, nichts als drei Schafe und ein Häuschen und sprach auf seinem Totenbette: »Teilt euch geschwisterlich darein, daß nicht Hader und Zank zwischen euch entstehe.« Als der Schäfer nun gestorben war, fragte der Bruder die Schwester, welches sie lieber wolle, die Schafe oder das Häuschen. Und als sie das Häuschen wählte, sagte er: »So nehm ich die Schafe und gehe in die weite Welt: Es hat schon mancher sein Glück gefunden, und ich bin ein Sonntagskind.« Er ging darauf mit seinem Erbteil fort; das Glück

wollte ihm jedoch lange nicht begegnen. Einst saß er recht verdrießlich an einem Kreuzweg, ungewiß, wohin er sich wenden wollte; auf einmal sah er einen Mann neben sich, der hatte drei schwarze Hunde, von denen der eine immer größer als der andre war. »Ei, junger Gesell«, sagte der Mann, »Ihr habt da drei schöne Schafe. Wißt Ihr was, gebt mir die Schafe, ich will Euch meine Hunde dafür geben.« Trotz seiner Traurigkeit mußte jener lachen. »Was soll ich mit Euren Hunden tun?« fragte er. »Meine Schafe ernähren sich selbst, die Hunde aber wollen gefüttert sein.« — »Meine Hunde sind von absonderlicher Art«, antwortete der Fremde, »sie ernähren Euch statt Ihr sie und werden Euer Glück machen. Der kleinere da heißt ›Bring Speisen‹, der zweite ›Zerreiß'n‹ und der große starke ›Brich Stahl und Eisen‹.« Der Schäfer ließ sich endlich beschwatzen und gab seine Schafe hin. Um die Eigenschaft seiner Hunde zu prüfen, sprach er: »Bring Speisen!«, und alsbald lief der eine Hund fort und kam zurück mit einem großen Korb voll der herrlichsten Speisen. Den Schäfer gereuete nun der Tausch nicht; er ließ sich's wohl sein und zog lange im Lande umher.

Einst begegnete ihm ein Wagen, mit zwei Pferden bespannt und ganz mit schwarzen Decken bekleidet, und auch der Kutscher war schwarz angetan. In dem Wagen saß ein wunderschönes Mädchen in einem schwarzen Gewande, das weinte bitterlich. Die Pferde trabten traurig und langsam und hingen die Köpfe. »Kutscher, was bedeutet das?« fragte der Schäfer. Der Kutscher antwortete unwirsch, jener aber ließ nicht nach zu fragen, bis der Kutscher erzählte, es hause ein großer Drache in der Gegend, dem habe man, um sich vor seinen Verwüstungen zu sichern, eine Jungfrau als jährlichen Tribut versprechen müssen, die er mit Haut und Haar verschlinge. Das Los entscheide allemal unter den vierzehnjährigen Jungfrauen, und diesmal habe es die Königstochter betroffen. Darüber sei der König und das ganze Land in tiefster Betrübnis, und doch müsse der Drache sein Opfer erhalten. Der Schäfer fühlte Mitleid mit dem schönen jungen Mädchen und folgte dem Wagen. Dieser hielt endlich an einem hohen Berge. Die Jungfrau stieg aus und schritt langsam ihrem schrecklichen Schicksal entgegen. Der Kutscher sah nun, daß der fremde Mann ihr folgen wollte, und warnte ihn, der Schäfer ließ sich jedoch nicht abwendig machen. Als sie die Hälfte des Berges erstiegen hatten, kam vom Gipfel herab ein schreckliches Untier mit einem Schuppenleib, Flügeln und ungeheuren Krallen an den Füßen; aus seinem Rachen loderte ein glühender Schwefelstrom, und schon wollte es sich auf seine Beute stürzen, da rief der Schäfer: »Zerreiß'n!«, und der zweite seiner Hunde stürzte sich auf den Drachen, biß sich in der Weiche desselben fest und setzte ihm so zu, daß das Ungeheuer endlich niedersank und sein giftiges Leben aushauchte, der Hund aber fraß ihn völlig auf, daß nichts übrigblieb als ein Paar Zähne, die steckte der Schäfer zu sich. Die Königstochter war ganz ohnmächtig vor Schreck und vor Freude, der Schäfer erweckte sie wieder zum Leben, und nun sank sie ihrem Retter zu Füßen und bat ihn flehentlich, mit zu ihrem Vater zu kommen, der ihn reich belohnen werde. Der Jüngling antwortete, er wolle sich erst in der Welt umsehen, nach drei Jahren aber wiederkommen. Und bei diesem Entschluß blieb er. Die Jungfrau setzte sich wieder in den Wagen, und der Schäfer ging eines andern Weges fort.

Der Kutscher aber war auf böse Gedanken gekommen. Als

sie über eine Brücke fuhren, unter der ein großer Strom floß, hielt er still, wandte sich zur Königstochter und sprach: »Euer Retter ist fort und begehrt Eures Dankes nicht. Es wäre schön von Euch, wenn Ihr einen armen Menschen glücklich machtet. Saget deshalb Eurem Vater, daß ich den Drachen umgebracht habe; wollt Ihr aber das nicht, so werf ich Euch hier in den Strom, und niemand wird nach Euch fragen, denn es heißt, der Drache habe Euch verschlungen.« Die Jungfrau wehklagte und flehte, aber vergeblich; sie mußte endlich schwören, den Kutscher für ihren Retter auszugeben und keiner Seele das Geheimnis zu verraten. So fuhren sie in die Stadt zurück, wo alles außer sich vor Entzücken war; die schwarzen Fahnen wurden von den Türmen genommen und bunte daraufgesteckt, und der König umarmte mit Freudentränen seine Tochter und ihren vermeintlichen Retter. »Du hast nicht nur mein Kind, sondern das ganze Land von einer großen Plage errettet«, sprach er. »Darum ist es auch billig, daß ich dich belohne. Meine Tochter soll deine Gemahlin werden; da sie aber noch allzu jung ist, so soll die Hochzeit erst in einem Jahre sein.« Der Kutscher dankte, ward prächtig gekleidet, zum Edelmanne gemacht und in allen feinen Sitten, die sein nunmehriger Stand erforderte, unterwiesen. Die Königstochter aber erschrak heftig und weinte bitterlich, als sie dies vernahm, und wagte doch nicht, ihren Schwur zu brechen. Als das Jahr um war, konnte sie nichts erreichen als die Frist noch eines Jahres. Auch dies ging zu Ende, und sie warf sich dem Vater zu Füßen und bat um noch ein Jahr, denn sie dachte an das Versprechen ihres wirklichen Erretters. Der König konnte ihrem Flehen nicht widerstehen und gewährte ihr die Bitte, mit dem Zusatz jedoch, daß dies die letzte Frist sei, die er ihr gestatte. Wie schnell verrann die Zeit! Der Trauungstag war nun festgesetzt, auf den Türmen wehten rote Fahnen, und das ganze Volk war im Jubel.

An demselben geschah es, daß ein Fremder mit drei Hunden in die Stadt kam. Der fragte nach der Ursache der allgemeinen Freude und erfuhr, daß die Königstochter eben mit dem Manne vermählt werde, der den schrecklichen Drachen erschlagen. Der Fremde schalt diesen Mann einen Betrüger, der sich mit fremden Federn schmücke. Aber er wurde von der Wache ergriffen und in ein enges Gefängnis mit eisernen Türen geworfen. Als er nun so auf seinem Strohbündel lag und sein trauriges Geschick überdachte, glaubte er plötzlich draußen das Winseln seiner Hunde zu hören; da dämmerte ein lichter Gedanke in ihm auf. »Brich Stahl und Eisen!« rief er, so laut er konnte, und alsbald sah er die Tatzen seines größten Hundes an dem Gitterfenster, durch welches das Tageslicht spärlich in seine Zelle fiel. Das Gitter brach, und der Hund sprang in die Zelle und zerbiß die Ketten, mit denen sein Herr gefesselt war; darauf sprang er wieder hinaus, und sein Herr folgte ihm. Nun war er zwar frei, aber der Gedanke schmerzte ihn sehr, daß ein anderer seinen Lohn ernten solle. Es hungerte ihn auch, und er rief seinen Hund an: »Bring Speisen!« Bald darauf kam der Hund mit einer Serviette voll köstlicher Speisen zurück; in die Serviette war eine Königskrone gestickt.

Der König hatte eben mit seinem ganzen Hofstaat an der Tafel gesessen, als der Hund erschienen war und der bräutlichen Jungfrau bittend die Hand geleckt hatte. Mit freudigem Schreck hatte sie den Hund erkannt und ihm die eigne Serviette umgebunden. Sie sah dies als einen Wink des Himmels an, bat den Vater um einige Worte und vertraute ihm das ganze Geheimnis. Der König sandte einen Boten dem Hunde nach, der bald darauf den Fremden in des Königs Kabinett brachte. Der König führte ihn an der Hand in den Saal; der ehemalige Kutscher erblaßte bei seinem Anblick und bat kniend um Gnade. Die Königstochter erkannte den Fremdling als ihren Retter, der sich noch überdies durch die Drachenzähne, die er noch bei sich trug, auswies. Der Kutscher ward in einen tiefen Kerker geworfen, und der Schäfer nahm seine Stelle an der Seite der Königstochter ein. Diesmal bat sie nicht um Aufschub der Trauung.

Das junge Ehepaar lebte schon eine geraume Zeit in wonniglichem Glück, da gedachte der ehemalige Schäfer seiner armen Schwester und sprach den Wunsch aus, ihr von seinem Glück mitzuteilen. Er sandte auch einen Wagen fort, sie zu holen, und es dauerte nicht lange, so lag sie an der Brust ihres Bruders. Da begann einer der Hunde zu sprechen und sagte: »Unsere Zeit ist nun um; du bedarfst unser nicht mehr. Wir blieben nur so lange bei dir, um zu sehen, ob du auch im Glück deine Schwester nicht vergessen würdest.« Darauf verwandelten sich die Hunde in drei Vögel und verschwanden in den Lüften.

Das Märchen vom Schlaraffenland

Hört zu, ich will euch von einem guten Lande sagen, dahin würde mancher auswandern, wüßte er, wo selbes läge und eine gute Schiffsgelegenheit. Aber der Weg dahin ist weit für die Jungen und für die Alten, denen es im Winter zu heiß ist und zu kalt im Sommer. Diese schöne Gegend heißt Schlaraffenland, auf welsch Cuccagna, da sind die Häuser gedeckt mit Eierfladen, und Türen und Wände sind von Lebzelten und die Balken von Schweinebraten. Was man bei uns für einen Dukaten kauft, kostet dort nur einen Pfennig. Um jedes Haus steht ein Zaun, der ist von Bratwürsten geflochten und von bayerschen Würsteln, die sind teils auf dem Rost gebraten, teils frisch gesotten, je nachdem sie einer so oder so gern ißt. Alle Brunnen sind voll Malvasier und andre süße Weine, auch Champagner, die rinnen einem nur so in das Maul hinein, wenn er es an die Röhren hält. Wer also gern solche Weine trinkt, der eile sich, daß er in das Schlaraffenland hineinkomme. Auf den Birken und Weiden, da wachsen die Semmeln frischbacken, und unter den Bäumen fließen Milchbäche; in diese fallen die Semmeln hinein und weichen sich selbst ein für die, so sie gern einbrocken; das ist etwas für Weiber und für Kinder, für Knechte und Mägde! Holla Gretel, holla Steffel! Wollt ihr nicht mit auswandern? Macht euch herbei zum Semmelbach, und vergeßt nicht, einen großen Milchlöffel mitzubringen.

Die Fische schwimmen in dem Schlaraffenlande obendrauf auf dem Wasser, sind auch schon gebacken oder gesotten und schwimmen ganz nahe am Gestade; wenn aber einer gar zu faul ist und ein echter Schlaraff, der darf nur rufen: bst! bst! – so kommen die Fische auch heraus aufs Land spaziert und hüpfen dem guten Schlaraffen in die Hand, daß er sich nicht zu bücken braucht.

Das könnt ihr glauben, daß die Vögel dort gebraten in der Luft herumfliegen, Gänse und Truthähne, Tauben und Kapaunen, Lerchen und Krammetsvögel, und wem es zuviel Mühe macht, die Hand darnach auszustrecken, dem fliegen sie schnurstracks ins Maul hinein. Die Spanferkel geraten dort alle Jahr überaus trefflich; sie laufen gebraten umher, und jedes trägt ein Tranchiermesser im Rücken, damit, wer da will, sich ein frisches, saftiges Stück abschneiden kann.

Die Käse wachsen in dem Schlaraffenlande wie die Steine, groß und klein; die Steine selbst sind lauter Taubenkröpfe mit Gefülltem oder auch kleine Fleischpastetchen. Im Winter, wenn es regnet, so regnet es lauter Honig in süßen Tropfen, da kann einer lecken und schlecken, daß es eine Lust ist, und wenn es schneit, so schneit es klaren Zucker, und wenn es hagelt, so hagelt es Würfelzucker, untermischt mit Feigen, Rosinen und Mandeln.

Im Schlaraffenland legen die Rosse keine Roßäpfel, son-

dern Eier, große, ganze Körbe voll und ganze Haufen, so daß man tausend um einen Pfennig kauft. Und das Geld kann man von den Bäumen schütteln wie Kästen. Jeder mag sich das Beste herunterschütteln und das minder Werte liegenlassen.

In dem Lande hat es auch große Wälder, da wachsen im Buschwerk und auf Bäumen die schönsten Kleider: Röcke, Mäntel, Schauben, Hosen und Wämser von allen Farben, schwarz, grün, gelb (für die Postillions), blau oder rot, und wer ein neues Gewand braucht, der geht in den Wald und wirft es mit einem Stein herunter oder schießt mit dem Bolzen hinauf. In der Heide wachsen schöne Damenkleider von Sammet, Atlas, Gros de Naples, Barège, Madras, Taft, Nanking usw. Das Gras besteht aus Bändern von allen Farben, auch ombriert. Die Wacholderstöcke tragen Broschen und goldne Chemisett- und Mantelettnadeln, und ihre Beeren sind nicht schwarz, sondern echte Perlen. An den Tannen hängen Damenuhren und Chatelaines sehr künstlich. Auf den Stauden wachsen Stiefeln und Schuhe, auch Herren- und Damenhüte,

Reisstrohhüte und Marabouts und allerlei Kopfputz, mit Paradiesvögeln, Kolibris, Brillantkäfern, Perlen, Schmelz und Goldborten verziert.

Dieses edle Land hat auch zwei große Messen und Märkte mit schönen Freiheiten. Wer eine alte Frau hat und mag sie nicht mehr, weil sie ihm nicht mehr jung genug und hübsch ist, der kann sie dort gegen eine junge und schöne vertauschen und bekommt noch ein Draufgeld. Die alten und garstigen (denn ein Sprichwort sagt: Wenn man alt wird, wird man garstig) kommen in ein Jungbad, damit das Land begnadigt ist, das ist von großen Kräften; darin baden die alten Weiber etwa drei Tage oder höchstens vier, da werden schmucke Dirnlein daraus von siebzehn oder achtzehn Jahren.

Auch viel und mancherlei Kurzweil gibt es in dem Schlaraffenlande. Wer hierzulande gar kein Glück hat, der hat es dort im Spiel und Lustschießen wie im Gesellenstechen. Mancher schießt hier alle sein Lebtag nebenaus und weit vom Ziel, dort aber trifft er, und wenn er der allerweiteste davon wäre, doch das Beste. Auch für die Schlafsäcke und Schlafpelze, die hier von ihrer Faulheit arm werden, daß sie Bankrott machen und betteln gehen müssen, ist jenes Land vortrefflich. Jede Stunde Schlafens bringt dort einen Gulden ein und jedesmal Gähnen einen Doppeltaler. Wer im Spiel verliert, dem fällt sein Geld wieder in die Tasche. Die Trinker haben den besten Wein umsonst und von jedem Trunk und Schlunk drei Batzen Lohn, sowohl Frauen als Männer. Wer die Leute am besten necken und aufziehen kann, bekommt jeweil einen Gulden. Keiner darf etwas umsonst tun, und wer die größte Lüge macht, der hat allemal eine Krone dafür.

Hierzulande lügt so mancher drauf und drein und hat nichts für diese seine Mühe; dort aber hält man Lügen für die beste Kunst, daher lügen sich wohl in das Land allerlei Prokura-, Dok- und andre toren, Roßtäuscher und die ***r Handwerksleute, die ihren Kunden stets aufreden und nimmer Wort halten.

Wer dort ein gelehrter Mann sein will, muß auf einen Grobian studiert haben. Solcher Studenten gibt's auch bei uns zulande, haben aber keinen Dank davon und keine Ehren. Auch muß er dabei faul und gefräßig sein, das sind drei schöne Künste. Ich kenne einen, der kann alle Tage Professor werden.

Wer gern arbeitet, Gutes tut und Böses läßt, dem ist jedermann dort abhold, und er wird Schlaraffenlandes verwiesen. Aber wer tölpisch ist, gar nichts kann und dabei doch voll

dummen Dünkels, der ist dort als ein Edelmann angesehen. Wer nichts kann als schlafen, essen, trinken, tanzen und spielen, der wird zum Grafen ernannt. Dem aber, welchen das allgemeine Stimmrecht als den Faulsten und zu allem Guten Untauglichsten erkannt, der wird König über das ganze Land und hat ein großes Einkommen.

Nun wißt ihr des Schlaraffenlandes Art und Eigenschaft. Wer sich also auftun und dorthin eine Reise machen will, aber den Weg nicht weiß, der frage einen Blinden; aber auch ein Stummer ist gut dazu, denn der sagt ihm gewiß keinen falschen Weg.

Um das ganze Land herum ist aber eine berghohe Mauer von Reisbrei. Wer hinein oder heraus will, muß sich da erst überzwerch durchfressen.

Schneeweißchen

Es war einmal eine Königin, die hatte keine Kinder und wünschte sich eins, weil sie so ganz einsam war. Da sie nun eines Tages an einer Stickerei saß und den Rahmen von schwarzem Ebenholz betrachtete, während es schneite und Schneeflocken vom Himmel fielen, war sie in so tiefen Gedanken, daß sie sich heftig in die Finger stach, so daß drei Blutstropfen auf den weißen Schnee fielen; und da mußte sie wieder daran denken, daß sie kein Kind hatte. »Ach!« seufzte die Königin, »hätte ich doch ein Kind, so rot wie Blut, so weiß wie Schnee, so schwarz wie Ebenholz!«

Und nach einer Zeit bekam diese Königin ein Kind, ein Mägdlein. Das war so weiß wie Schnee an seinem Leibe, und seine Wangen blüheten wie blutrote Röselein, und seine

Haare waren so schwarz wie Ebenholz. Die Königin freute sich, nannte das Kind Schneeweißchen, und bald darauf starb sie. Da der König nun ein Witwer geworden war und kein Witwer bleiben wollte, so nahm er sich eine andre Gemahlin, das war ein stattliches Weib voll hoher Schönheit, aber auch voll unsaglichen Stolzes und auch so eitel, daß sie sich für die schönste Frau in der ganzen Welt hielt. Dazu war sie zumal durch einen Zauberspiegel verleitet, der sagte ihr immer, wenn sie hineinsah und fragte:

»Spieglein, Spieglein an der Wand,
Wer ist die Schönste im ganzen Land?«

»Ihr, Frau Königin, seid die Schönst im Land.«

Und der Spiegel schmeichelte doch nicht, sondern sagte die Wahrheit wie jeder Spiegel.

Das kleine Schneeweißchen, der Königin Stieftochter, wuchs heran und wurde die schönste Prinzessin, die es nur geben konnte, und wurde noch viel schöner wie die schöne Königin. Diese fragte, als das Schneeweißchen sieben Jahre alt war, einmal wieder ihren treuen Spiegel:

»Spieglein, Spieglein an der Wand,
Wer ist die Schönst im ganzen Land?«

Aber da antwortete der Spiegel nicht wie sonst, sondern er antwortete:

»Frau Königin, Ihr seid die Schönste hier,
Aber Schneeweißchen ist tausendmal schöner als Ihr.«

Darüber erschrak die Königin zum Tode, und war ihr, als kehre sich ihr ein Messer im Busen um, und da kehrte sich auch ihr Herz um gegen das unschuldige Schneeweißchen, das nichts zu seiner übergroßen Schönheit konnte. Und weil sie weder Tag noch Nacht Ruhe hatte vor ihrem bösen, neidischen Herzen, so berief sie ihren Jäger zu sich und sprach: »Dieses Kind, das Schneeweißchen, sollst du in den dichten Wald führen und es töten. Bringe mir Lunge und Leber zum Wahrzeichen, daß du mein Gebot vollzogen!«

Und da mußte das arme Schneeweißchen dem Jäger in den wilden Wald folgen, und im tiefsten Dickicht zog er seine Wehr und wollte das Kind durchstoßen. Das Schneeweißchen weinte jämmerlich und flehte, es doch leben zu lassen, es habe ja nichts verbrochen, und die Tränen und der Jammer des unschuldigen Kindes rührten den Jäger auf das innigste, so daß er bei sich dachte: Warum soll ich mein Gewissen beladen und dies schöne unschuldige Kind ermorden? Nein, ich will es lieber laufenlassen! Fressen es die wilden Tiere, wie sie wohl tun werden, so mag das die Frau Königin vor Gott verantworten. Und da ließ er Schneeweißchen laufen, wohin es wollte, fing ein junges Wild, stach es ab und weidete es aus und brachte Lunge und Leber der bösen Königin. Die nahm beides und briet es in Salz und Schmalz und verzehrte es und war froh, daß sie, wie sie vermeinte, nun wieder allein die Schönste sei im ganzen Lande. Schneeweißchen im Walde wurde bald angst und bange, wie es so mutterseelenallein durch das Dickicht schritt und wie es zum ersten Male die harten spitzen Steine fühlte, wie die Dornen ihm das Kleid zerrissen und vollends, als es zum ersten Male wilde Tiere sah. Aber die wilden Tiere taten ihm gar nichts zuleide; sie sahen Schneeweißchen an und fuhren in die Büsche. Und das Mägdlein ging den ganzen Tag und ging über sieben Berge.

Des Abends kam Schneeweißchen an ein kleines, kleines Häuschen mitten im Walde, da ging es hinein, sich auszuruhen, denn es war sehr müde, war auch sehr hungrig und sehr durstig. Darinnen in dem kleinen, kleinen Häuschen war alles gar zu niedlich und zierlich und dabei sehr sauber. Es stand ein kleines Tischlein in der Stube, das war schneeweiß gedeckt, und darauf standen und lagen sieben Tellerchen, auf jedem ein wenig Gemüse und Brot, sieben Löffelchen, sieben Paar Messerchen und Gäbelchen, sieben Becherchen. Und an der Wand standen sieben Bettchen, alle blütenweiß überzogen. Da aß nun das hungrige Schneeweißchen von den sieben Tellerchen, nur ein klein wenig von jedem, und trank aus jedem Becherchen ein Tröpflein Wein. Dann legte es sich in eins der sieben Bettchen, um zu ruhen, aber das Bettchen war zu klein, und sie mußte es in einem andern probieren, doch wollte keins recht passen, bis zuletzt das siebente, das paßte, da hinein schlüpfte Schneeweißchen, deckte sich zu, betete zu Gott und schlief ein, tief und fest, wie fromme Kinder, die gebetet haben, schlafen.

Derweil wurde es Nacht, und da kamen die Häuschensherren, sieben kleine Bergmännerchen, jedes mit einem brennenden Grubenlichtchen vorn am Gürtel, und da sahen sie gleich, daß eins dagewesen war. Der erste fing an zu fragen: »Wer hat auf meinem Stühlchen gesessen?« Der zweite fragte: »Wer hat von meinem Tellerchen gegessen?« Der dritte fragte: »Wer hat von meinem Brötchen gebrochen?« Der vierte: »Wer hat von meinem Gemüslein geleckt?« Der fünfte: »Wer hat mit meinem Messerchen geschnitten?« Der sechste: »Wer hat mit meinem Gäbelchen gestochen?« Und der siebente fragte: »Wer hat aus meinem Becherchen getrunken?« Wie die Zwerglein also gefragt hatten, sahen sie sich nach ihren Bettchen um und fragten: »Wer hat in unsern Bettchen gelegen?«, bis auf den siebenten, der fragte nicht so, sondern: »Wer liegt in meinem Bettchen?«, denn da lag das Schneeweißchen darin. Da leuchteten die Bergmännerchen mit ihren Lämpchen alle hin und sahen mit Staunen das schöne Kind und störten es nicht, sondern sie ließen den siebenten in ihren Bettchen liegen, in jedem ein Stündchen, bis die Nacht herum war. Da nun der Morgen mit seinen frühen Strahlen in das kleine, kleine Häuschen der Zwerglein schien, wachte Schneeweißchen auf und fürchtete sich vor den Zwergen. Die waren aber ganz gut und freundlich und sagten, es solle sich nicht fürchten, und fragten, wie es heiße. Da sagte und erzählte nun Schneeweißchen alles, wie es ihm ergangen sei. Darauf sagten die Zwergmännchen: »Du kannst bei uns in unserm Häuschen bleiben, Schneeweißchen, und kannst uns unsern Haushalt führen, kannst uns unser Essen kochen, unsre Wäsche waschen und alles hübsch rein und sauber halten, auch unsre Bettchen machen.« Das war Schneeweißchen recht, und es hielt den Zwergen haus. Die taten am Tage ihre Arbeit in den Bergen, tief unter der Erde, wo sie Gold und Edelsteine suchten, und abends kamen sie und aßen und legten sich in ihre sieben Bettchen.

Unterdessen war die böse Königin froh geworden in ihrem argen Herzen, daß sie nun wieder die Schönste war, wie sie meinte, und versuchte den Spiegel wieder und fragte ihn:

»Spieglein, Spieglein an der Wand,
Wer ist die Schönst im ganzen Land?«

Da antwortete ihr der Spiegel:

»Frau Königin! Ihr seid die Schönste hier,
Aber Schneeweißchen, über den sieben Bergen,
Bei den sieben guten Zwergen,
Das ist noch tausendmal schöner als Ihr!«

Das war wiederum ein Dolchstich in das eitle Herz der Frau Königin, und sie sann nun Tag und Nacht darauf, wie sie dem Schneeweißchen ans Leben käme, und endlich fiel ihr ein, sich verkleidet selbst zu Schneeweißchen aufzumachen, und sie verstellte ihr Gesicht und zog geringe Kleider an, nahm auch einen Allerhandkram und ging über die sieben Berge, bis sie an das kleine, kleine Häuschen der Zwerge kam. Da klopfte sie an die Türe und rief: »Holla! Holla! Kauft

schöne Waren!« Die Zwerge hatten aber dem Schneeweißchen gesagt, es solle sich vor fremden Leuten in acht nehmen, vornehmlich vor der bösen Königin. Deshalb sah das Mägdlein vorsichtig heraus, da sah sie den schönen Tand, den die Frau zu Markte trug, die schönen Halsketten und Schnüre und allerlei Putz. Da dachte Schneeweißchen nichts Arges und ließ die Krämerin herein und kaufte ihr eine Halsschnur ab, und die Frau wollte ihr zeigen, wie diese Schnur umgetan würde, und schnürte ihm von hinten den Hals so zu, daß Schneeweißchen gleich der Odem ausging und es tot hinsank. »Da hast du den Lohn für deine übergroße Schönheit!« sprach die böse Königin und hob sich von dannen.

Bald darauf kamen die sieben Zwerglein nach Hause, und da fanden sie ihr schönes, liebes Schneeweißchen tot und sahen, daß es mit der Schnur erdrosselt war. Geschwinde schnitten sie die Schnur entzwei und träufelten einige Tropfen von der Goldtinktur auf Schneeweißchens blasse Lippen, da begann es leise zu atmen und wurde allmählich wieder lebendig. Als es nun erzählen konnte, erzählte es, wie die alte Krämersfrau ihr den Hals böslich zugeschnürt, und die Zwerge riefen: »Das war kein anderes Weib als die falsche Königin! Hüte dich und lasse gar keine Seele in das kleine Häuschen, wenn wir nicht da sind.«

Die Königin trat, als sie von ihrem schlimmen Gange wieder nach Hause kam, gleich vor ihren Spiegel und fragte ihn:

»Spieglein, Spieglein an der Wand,
Wer ist die Schönst im ganzen Land?«

Und der Spiegel antwortete:

»Frau Königin! Ihr seid die Schönst allhier,
Aber Schneeweißchen, über den sieben Bergen,
Bei den sieben guten Zwergen,
Das ist noch tausendmal schöner als Ihr.«

Da schwoll der Königin das Herz vor Zorn wie einer Kröte der Bauch, und sie sann wieder Tag und Nacht auf Schneeweißchens Verderben. Bald nahm sie wieder die falsche Gestalt einer andern Frau an, durch Verstellung ihres Gesichts und fremdländische Kleidung, machte einen vergifteten Kamm, den tat sie zu anderm Kram und ging über die sieben Berge an das kleine, kleine Zwergenhäuslein. Dort klopfte sie wieder an die Türe, rief: »Holla! Holla! Kauft schöne Waren! Holla!« Schneeweißchen sah zum Fenster heraus und sagte: »Ich darf niemand hereinlassen!« Das Kramweib aber rief: »Schade um die schönen Kämme!« Und dabei zeigte sie den giftigen, der ganz golden blitzte. Da wünschte sich Schneeweißchen von Herzen einen goldenen Kamm, dachte nichts Arges, öffnete die Türe und ließ die Krämerin herein und kaufte den Kamm.

»Nun will ich dir auch zeigen, mein allerschönstes Kind, wie der Kamm durch die Haare gezogen und wie er gesteckt wird«, sprach die falsche Krämerin und strich dem Schneeweißchen damit durchs Haar; da wirkte gleich das Gift, daß das arme Kind umfiel und tot war. »So, nun wirst du wohl das Wiederaufstehen vergessen«, sprach die böse Königin und entfloh aus dem Häuschen.

Bald darauf – und das war ein Glück – wurde es Abend, und da kamen die sieben Zwerge wieder nach Hause, hielten das arme Schneeweißchen für tot und fanden in seinem schönen Haar den giftigen Kamm. Diesen zogen sie geschwind aus dem Haar, und da kam es wieder zu sich. Und die Zwerglein warnten es aufs neue gar sehr, doch ja niemand ins Häuschen zu lassen.

Daheim trat die böse Königin wieder vor ihren Spiegel und fragte ihn:

»Spieglein, Spieglein an der Wand,
Wer ist die Schönst im ganzen Land?«

Und der Spiegel antwortete:

»Frau Königin! Ihr seid die Schönst allhier,
Aber über den sieben Bergen,
Bei den sieben guten Zwergen
Ist Schneeweißchen — tausendmal schöner als Ihr.«

Da wußte sich die Königin vor giftiger Wut darüber, daß alle ihre bösen Ränke gegen Schneeweißchen nichts fruchteten, gar nicht zu lassen und zu fassen und tat einen schweren Fluch, Schneeweißchen müsse sterben, und solle es ihr, der Königin, selbst das Leben kosten. Und darauf machte sie heimlich einen schönen Apfel giftig, aber nur auf einer Seite, wo er am schönsten war, nahm dazu noch einen Korb voll gewöhnlicher Äpfel, verstellte ihr Gesicht, kleidete sich wie eine Bäuerin, ging abermals über die sieben Berge und klopfte am Zwergenhäuslein an, indem sie rief: »Holla! Schöne Äpfel kauft! Kauft!« Schneeweißchen sah zum Fenster heraus und sagte: »Geht fort, Frau! Ich darf nicht öffnen und auch nichts kaufen!« — »Auch gut, liebes Kind!« sprach die falsche Bäuerin. »Ich werde auch ohne dich meine schönen Äpfel noch alle los! Da hast du einen umsonst!«

»Nein, ich danke schön, ich darf nichts annehmen!« rief Schneeweißchen. — »Denkst wohl gar, der Apfel wäre vergiftet? Siehst du, da beiße ich selber hinein! Das schmeckt einmal gut! So hast du in deinem ganzen Leben keinen Apfel gegessen.« Dabei biß das trügerische Weib in die Seite des Apfels, die nicht vergiftet war, und da wurde Schneeweißchen lüstern und griff nach dem Apfel hinaus, und die Bäuerin reichte ihn hin und blieb stehen. Kaum hatte Schneeweißchen den Apfel auf der andern Seite angebissen, wo er ein schönes rotes Bäckchen hatte, so wurden Schneeweißchens rote Bäckchen ganz blaß, und es fiel um und war tot.

»Nun bist du aufgehoben, Ding!« sprach die Königin und ging fort, und zu Hause trat sie wieder vor den Spiegel und fragte wieder:

»Spieglein, Spieglein an der Wand,
Wer ist die Schönst im ganzen Land?«

Und der Spiegel antwortete dieses Mal:

»Ihr, Frau Königin, seid allein die Schönst im Land!«

Nun war das Herz der bösen Königin zufrieden, soweit ein Herz voll Bosheit und Tücke und Mordschuld zufrieden sein kann.

Aber wie erschraken die sieben guten Zwerge, als sie abends nach Hause kamen und ihr Schneeweißchen ganz tot fanden. Vergebens suchten sie nach einer Ursache, und vergebens versuchten sie die Wunderkraft ihrer Goldtinktur, Schneeweißchen war und blieb jetzt tot.

Da legten die betrübten Zwerglein das liebe Kind auf eine Bahre und setzten sich darum herum und weinten drei Tage lang, hernach wollten sie es begraben. Aber da Schneeweißchen noch nicht wie tot aussah, sondern noch frisch wie ein Mägdlein, das schläft, so wollten sie es nicht allein in die Erde senken, sondern sie machten einen schönen Sarg von Glas, da hinein legten sie es, und schrieben darauf: *Schneeweißchen, eine Königstochter* — und setzten dann den Sarg auf einen von den sieben Bergen, und hielt immer einer von ihnen Wache bei dem Sarge. Da kamen auch die Tiere aus dem Walde und weinten über Schneeweißchen, die Eule, der Rabe und das Täubelein.

Und so lag Schneeweißchen lange Jahre in dem Sarge, ohne daß es verweste, vielmehr sah es noch so frisch und so weiß aus wie frischgefallener Schnee und hatte wieder rote Wängelein wie frische Blutröschen und die schwarzen, ebenholzfarbenen Haare. Da kam ein junger schöner Königssohn zu dem kleinen Zwergenhäuslein, der sich verirrt hatte in den sieben Bergen, und sah den gläsernen Sarg stehen und las die Schrift darauf: *Schneeweißchen, eine Königstochter* — und bat die Zwerge, ihm doch den Sarg mit Schneeweißchen zu überlassen, er wolle denselben ihnen abkaufen.

Die Zwerge aber sprachen: »Wir haben Goldes die Fülle und brauchen deines nicht! Und um alles Gold in der Welt geben wir den Sarg nicht her.« — »So schenkt ihn mir!« bat der Königssohn. »Ich kann nicht sein ohne Schneeweißchen,

ich will es aufs höchste ehren und heilighalten, und es soll in meinem schönsten Zimmer stehen; ich bitte euch darum!«

Da wurden die Zwerglein von Mitleid bewegt und schenkten ihm Schneeweißchen im gläsernen Sarge. Den gab er seinen Dienern, daß sie ihn vorsichtig forttrügen, und er folgte sinnend nach. Da stolperte der eine Diener über eine Baumwurzel, daß der Sarg schütterte, und hätten ihn beinahe fallen lassen, und durch das Schüttern fuhr das giftige Stückchen Apfel, das Schneeweißchen noch im Munde hatte (weil es umgefallen war, ehe es den Bissen verschluckt), heraus, und da war es mit einem Male wieder lebendig.

Geschwind ließ es der Königssohn niedersetzen, öffnete den Sarg und hob es mit seinen Armen heraus und erzählte ihm alles und gewann es nun erst recht lieb und nahm es zu seiner Gemahlin, führte es auch gleich in seines Vaters Schloß, und wurde zur Hochzeit zugerüstet mit großer Pracht, auch viele hohe Gäste wurden geladen, darunter auch die böse Königin. Die putzte sich auf das allerschönste, trat vor ihren Spiegel und fragte wieder:

»Spieglein, Spieglein an der Wand,
Wer ist die Schönst im ganzen Land?«

Darauf antwortete der Spiegel:

»Frau Königin, Ihr seid die Schönst allhier,
Aber die junge Königin ist noch tausendmal schöner als Ihr!«

Da wußte die Königin nicht, was sie vor Neid und Scheelsucht sagen und anfangen sollte, und es wurde ihr ganz bange ums Herz und wollte erst gar nicht auf die Hochzeit gehen; dann wollte sie aber doch die sehen, die schöner sei als sie, und fuhr hin. Und wie sie in den Saal kam, trat ihr Schneeweißchen als die allerschönste Königsbraut entgegen,

die es jemals gegeben, und da mochte sie vor Schrecken in die Erde sinken.

Schneeweißchen aber war nicht allein die Allerschönste, sondern sie hatte auch ein großes, edles Herz, das die Untaten, die die falsche Frau an ihr verübt, nicht selbst rächte. Es kam aber ein giftiger Wurm, der fraß der bösen Königin das Herz ab, und dieser Wurm war der Neid.

Das Dornröschen

Es war einmal ein König und eine Königin, die hatten keine Kinder, wünschten sich aber tagtäglich ein Kind. Zu einer Zeit geschah es, daß die Königin badete und seufzete, als sie so allein war: »Ach, hätte ich doch ein Kind!« Da hüpfte ein Frosch aus dem Wasser und sprach: »Was du wünschest, soll dir werden!« Und darauf hat die Königin ein Töchterlein bekommen, das war schön über alle Maßen, und der König hatte darüber die größte Freude, daß sein liebster Wunsch erfüllt war, und stellte ein großes Fest an, zu dem er alle seine Freunde einlud. Nun lebten in dem Lande auch weise Frauen, die waren begabt mit Zauber- und Wundermacht und genossen große Ehrfurcht vor allem Volke; die lud der König auch ein, und sollten auf goldnen Tellern essen. Damals hatten aber die Könige nicht so viele Schüsseln und Teller wie jetzt, und dieser König hatte nur ein Dutzend, das sind zwölf, und der weisen Frauen waren dreizehn, da konnte er auch nur zwölf einladen, und die dreizehnte blieb uneingeladen, was sie aber übelnahm.

Die weisen Frauen begabten das Königskind mit gar köstlichen Gütern, nicht mit Schönheit, denn die besaß es schon, sondern mit Liebenswürdigkeit, Heiterkeit, Anmut, Sanftmut, Bescheidenheit, Frömmigkeit, Sittsamkeit, Tugend, Aufrichtigkeit, Verstand und Reichtum, und eben wollte die zwölfte weise Frau auch noch ihren Wunsch aussprechen, als die dreizehnte in das Zimmer trat, die nicht eingeladen wor-

den war, und zornig ausrief: »In fünfzehn Jahren soll die Königstochter sich in eine Spindel stechen und tot hinfallen!« Mit diesen Worten war die böse Alrune wieder verschwunden, und die andern standen starr vor Schrecken, denn die weisen Frauen machten keine vergeblichen Worte. Ein Glück, daß die zwölfte weise Frau ihren Wunsch noch nicht ausgesprochen hatte. Sie konnte zwar das, was einmal eine weise Frau gedroht hatte, nicht abändern, aber ihm doch eine mildernde Wendung geben, und rief: »Die Königstochter soll nur in einen tiefen Schlaf fallen, der soll hundert Jahre dauern und nicht länger.« Der König ließ sogleich ein Regierungsmandat im ganzen Lande ergehen, kraft dessen alle Spindeln überall abgeschafft und dafür die Spinnräder eingeführt wurden. Indes erwuchs die schöne Königstochter zu einem Fräulein, das an Schönheit, Holdseligkeit, Freundlichkeit, Milde, Demut, Züchtigkeit, Herzensgüte, Tugend und Verstand seinesgleichen suchte, und so kam es zu seinem fünfzehnten Jahre, von allen, die es kannten, geliebt, ja angebetet. Und da bekam die Prinzessin gerade Lust, sich im Schloß ein bißchen umzusehen, ging durch mehre Gemächer und kam an eine Treppe, die zu einem alten Turm führte;

diese stieg es hinan und kam an ein niedrig Kammertürlein, da steckte ein alter verrosteter Schlüssel daran, und neugierig, wie die ganz jungen Mädchen sind, drehte die Prinzessin an dem Schlüssel, und die Türe ging gleich auf. Da saß ein uraltes Spinneweiblein und spann emsig mit einer Spindel; es mochte wohl des Königs Gesetz nicht gehört oder gelesen oder es längst vergessen haben. Die umhertanzende, auf und nieder wirbelnde Spindel machte der jungen Königstochter viel Freude, sie haschte nach der Spindel, wollte auch spinnen und stach sich damit, denn es war gerade der Tag, an welchem die Prophezeiung der erzürnten weisen Frau in Erfüllung gehen sollte. Und die Königstochter fiel nieder in einen Schlaf. Und da überkam derselbe Schlaf auch den König und die Königin und das ganze Schloß. Da mag es schön langweilig gewesen sein! Der ganze Hofstaat schlief ein, vom Hofmarschall bis zum Küchenjungen, den der Koch wegen eines Versehens gerade an den Haaren zauste und ihm eine Ohrfeige geben wollte, und Koch und Kellner, Kammerfrau und Kammerjungfer, Kind und Kegel, Hund und Katze, ja die Tauben und Sperlinge auf dem Dache, die Pfauen und Papageien und selbst die Fliegen an der Wand, die schliefen alle. Und das Feuer auf dem Herd legte sich und schlief ein, und der Wind legte sich auch, und wurde alles piepstill, daß man kein Mäuschen im ganzen Schloß mehr knuspern hörte, dieweil die Mäuslein auch schliefen. Und da kam kein Mensch mehr in das verzauberte Schlummerschloß, um welches rundherum eine mächtige Dornenhecke emporwuchs, jedes Jahr einige Schuh höher, bis sie den höchsten Turm überwachsen hatte, daß man nicht einmal die Fahne und den Wetterhahn mehr sah, und so dicht, daß kein menschliches Wesen eindringen konnte. Und da wurde das Schloß allmählich ganz vergessen, und es ging nur die Sage, hinter den Dornen stehe ein Schloß, darin schlafe das Dornröschen, die verzauberte Prinzessin, wie lange schon und wie lange noch, wisse niemand. Zwar kamen von Zeit zu Zeit Königssöhne, die wollten hindurchdringen durch die Hecke, allein dieselbe war allzu dicht, und konnten es nicht erlangen, blieben wohl gar in den Dornen verstrickt und kamen elendiglich darin um.

Und so waren nun hundert Jahre vergangen, und die Zeit war da, daß das Dornröschen wieder erwachen sollte, es wußte dies aber niemand genau, und da kam auch ein Königssohn, der hörte die Mär von dem schlafenden Dornröschen aus dem Mund eines Alten, der sie ihm gewiß versicherte, denn sein Vater und Urgroßvater hätten ihm oft davon erzählt, und der Alte mußte den Königssohn hin an die verrufene Dornhecke führen. Und das geschah just am hundertsten Jahrestag, seit das Dornröschen in seinen Zauberschlaf gefallen war. Und die Dornhecke stand über und über voll Rosenblumen, das war seit Menschengedenken nicht der Fall gewesen, auch konnte der Königssohn frei durch die Dornhecke gehen, kein Dorn berührte sein Gewand, aber

gleich hinter ihm schloß sich die Hecke wieder. Und da fand er alles unversehrt; kein Wind hatte geweht und kein Regen genäßt, das Jahrhundert war über den Häuptern der Schlummernden so leise hinweggeflogen wie ein Schwan über einen stillen See voll träumender Wasserlilien. Da schliefen noch alle Fliegen und alle Mäuschen, da schliefen Huhn und Hahn, Katz und Hund, Magd und Zofe, Kammerherr und Kammerknecht und auch König und Königin. Das alles sah der Königssohn mit großer Verwunderung, ging nun hinauf in den Turm und kam in die Kammer, wo das süße Dornröschen lag und so sanft schlief, hehr umflossen vom Heiligenschein seiner Unschuld und vom Glanze seiner Schönheit. Da beugte der Prinz sich nieder und küßte das Dornröschen, und alsbald schlug es die Augen auf. Der Königssohn sagte ihm, wie alles sich zugetragen, und führte es herab in das Schloß. Da erwachte alles, König und Königin, Zwerg und Zofe, Hunde und Pferde, Feuer und Wasser, Wind und Wetterhahn, und der Koch gab dem Küchenjungen die Ohrfeige, die er ihm vor hundert Jahren schuldiggeblieben war, und alles ging wieder seinen Gang, und wurde eine stattliche Hochzeit ausgerichtet, nämlich des Dornröschens mit dem Königssohn, der es aus dem Schlummer erlöst, und lebten glücklich und zufrieden miteinander bis an ihr Ende.

Schwan, kleb an

Es waren einmal drei Brüder, von denen hieß der älteste Jakob, der zweite Friedrich und der dritte und jüngste Gottfried. Dieser jüngste war das Stichblatt aller Neckereien seiner Brüder und der gewöhnliche Ablenker ihres Unmuts. Wenn ihnen etwas quer über den Weg lief, so mußte Gottfried es entgelten, und er mußte sich das alles gefallen lassen, weil er von schwächlichem Körperbau war und sich gegen seine stärkeren Brüder nicht wehren konnte. Dadurch wurde ihm das Leben sauer gemacht, und er sann Tag und Nacht darauf, sein Schicksal erträglicher zu machen. Als er einst im Walde war, um Holz zu sammeln, und bitterlich weinte, trat ein altes Weiblein zu ihm, das fragte ihn um seine Not, und er vertraute ihr all seinen Kummer. »Ei, mein Junge«, sagte das Weiblein darauf, »ist die Welt nicht groß? Warum versuchst du nicht anderswo dein Glück?« Das nahm sich Gottfried zu Herzen und verließ eines Morgens frühe das väterliche Haus und machte sich auf den Weg in die weite Welt, um, wie das Weiblein gesagt hatte, sein Glück zu suchen. Aber der Abschied von dem Ort, wo er geboren worden war und wenigstens eine glückliche Kindheit verlebt hatte, ging ihm doch nahe, und er setzte sich auf einen Hügel nieder, um noch einmal recht das heimatliche Dorf zu betrachten. Siehe, da stand das Weiblein hinter ihm, schlug ihn auf die Schulter und sprach: »Das hast du einmal gut gemacht, mein Junge! Aber was willst du nun anfangen?« Gottfried dachte jetzt erst

daran, was er beginnen solle. Er hatte bis jetzt geglaubt, das Glück müsse ihm wie eine gebratne Taube in den Mund fliegen. Das Weiblein mochte seine Gedanken erraten, lächelte grinsend und sagte: »Ich will dir sagen, was du anfangen sollst. Warum? Weil ich dich liebhabe und weil ich glaube, daß du auch mich nicht vergessen wirst, wenn du dem Glücke im Schoß sitzest.« Gottfried versprach dies mit Hand und Mund; die Alte fuhr fort: »Heute abend, wenn die Sonne untergeht, gehe an den großen Birnbaum, der dort am Kreuzweg steht. Darunter wird ein Mann liegen und schlafen, an den Baum aber wird ein großer schöner Schwan angebunden sein; den Mann hütest du dich aufzuwecken, und du mußt deswegen gerade mit Sonnenuntergang kommen, den Schwan aber knüpfst du los und führst ihn mit dir fort. Die Leute werden in seine schönen Federn vernarrt sein, und du magst ihnen erlauben, davon eine auszurupfen. Wenn aber der Schwan berührt wird, so wird er schreien, und wenn du dann sagst: Schwan, kleb an! so wird dem, der ihn berührt, die Hand fest ankleben und nicht eher wieder los werden, bis du sie mit diesem Stöcklein antippst, das ich dir hiermit zum Geschenk mache. Wenn du nun so einen weidlichen Zug Menschenvögel gefangen hast, so führe sie nur immer gradaus. Da wirst du an eine große Stadt kommen, da wohnt eine Königstochter, die noch nie gelacht hat. Bringst du sie zum Lachen, so ist dein Glück gemacht; aber dann vergiß auch mich nicht, mein Junge!« Gottfried gab nochmals das Versprechen und war mit Sonnenuntergang richtig an dem bezeichneten Baum. Der Mann lag da und schlief, und ein großer, schöner Schwan war mit einem Bande an den Baum gebunden. Gottfried knüpfte den Vogel beherzt los und führte ihn davon, ohne daß der Mann erwachte.

Nun traf es sich, daß Gottfried mit seinem Schwan an einer Baustätte vorüberkam, wo einige Männer mit aufgestreiften Beinkleidern Lehm kneteten; die bewunderten die schönen Federn des Vogels, und ein vorwitziger Junge, der über und über voll Lehm war, sagte laut: »Ach, wenn ich doch nur eine solche Feder hätte.« – »Zieh dir eine aus!« sprach Gottfried freundlich; der Junge griff nach dem Schweife des Vogels, der

Schwan schrie; »Schwan, kleb an!« sprach Gottfried, und der Junge konnte nicht wieder los kommen, er mochte anfangen, was er wollte. Die andern lachten, je mehr der Junge schrie, bis vom nahen Bache eine Magd herzugelaufen kam, die mit hoch aufgeschürztem Rocke dort gewaschen hatte. Die fühlte Mitleid mit dem Jungen und reichte ihm die Hand, um ihn loszumachen. Der Schwan schrie; »Schwan, kleb an!« sprach Gottfried, und die Magd war ebenfalls gefangen. Als Gottfried mit seiner Beute eine Strecke gegangen war, begegnete ihm ein Schornsteinfeger, der lachte über das sonderbare Gespann und fragte die Magd, was sie denn da triebe. »Ach, herzliebster Hans«, antwortete die Magd kläglich, »gib mir doch deine Hand und mach mich von dem verteufelten Jungen los.« – »Wenn's weiter nichts ist!« lachte der Schornsteinfeger und gab der Magd die Hand, der Vogel schrie; »Schwan, kleb an!« sprach Gottfried, und der schwarze Mensch war ebenfalls behext. Sie kamen nun in ein Dorf, wo eben Kirchweih war; eine Seiltänzergesellschaft gab dort Vorstellungen, und der Bajazzo machte eben seine Narreteidinge. Der riß Mund und Nase auf, als er das seltsame Kleeblatt sah, das an dem Schweife des Schwans festhing. »Bist du ein Narr geworden, Schwarzer?« lachte er. – »Da ist gar nichts zu lachen!« antwortete der Schornsteinfeger. »Das Weibsbild hält mich so fest, daß meine Hand wie angenagelt ist. Mach mich los, Bajazzo; ich tu dir einmal einen andern Liebesdienst.« Der Bajazzo faßte die ausgestreckte Hand des Schwarzen, der Vogel schrie; »Schwan, kleb an!« sprach Gottfried, und der Bajazzo war der vierte im Bunde. Nun stand in der vordersten Reihe der Zuschauer der stattlich wohlbeleibte Amtmann des Dorfes, der machte ein gar ernsthaftes Gesicht dazu, und er ärgerte sich gar höchlich über das Blendwerk, das nicht mit rechten Dingen zugehen könne. Sein Eifer ging so weit, daß er den Bajazzo an der ledigen Hand faßte und ihn losreißen wollte, um ihn dem Büttel zu übergeben; da schrie der Vogel, und »Schwan, kleb an!« sprach Gottfried, und der Amtmann teilte das Schicksal der Vorgänger. Die Frau Amtmännin, eine lange dürre Spindel, entsetzte sich über das Mißgeschick ihres Eheherrn und riß mit Leibeskräften an dem freien Arm desselben, der Vogel schrie; »Schwan, kleb an!« sprach Gottfried, und die arme Frau Amtmännin mußte trotz ihres Geschreis folgen. Hinfort hatte niemand mehr Lust, die Gesellschaft zu vergrößern.

Gottfried sah schon die Türme der Hauptstadt vor sich; da kam ihm eine wunderschöne Equipage entgegen, in der eine schöne junge, aber ernste Dame saß. Als diese den bunten Zug erblickte, brach sie jedoch in lautes Gelächter aus, und ihre Dienerschaft lachte mit. »Die Königstochter hat gelacht!« rief alles vor Freuden. Sie stieg aus, betrachtete sich die Sache noch genauer und lachte immer mehr bei den Kapriolen, welche die Festgebannten machten. Der Wagen mußte umwenden und fuhr langsam neben Gottfried nach der Stadt zurück. Als der König die Kunde vernahm, daß seine Tochter gelacht habe, war er voll Entzücken und nahm selbst Gottfried, seinen Schwan und dessen wunderliches Gefolge in Augenschein, wobei er selbst lachen mußte, daß ihm die Tränen in den Augen standen. »Du närrischer Gesell«, sprach er zu Gottfried, »weißt du, was ich dem versprochen habe, der meine Tochter zum Lachen bringt?« – »Nein«,

sagte Gottfried. – »So will ich dir's sagen«, antwortete der König. »Tausend Goldgulden oder ein schönes Gut. Wähle dir zwischen den beiden.« Gottfried entschied sich für das Gut. Dann berührte er den Buben, die Magd, den Schornsteinfeger, den Bajazzo, den Amtmann und die Amtmännin mit seinem Stäbchen, und alle fühlten sich frei und liefen davon, als brenne die Hölle hinter ihnen her, was neues, unauslöschliches Gelächter verursachte. Da wurde die Königstochter bewegt, den schönen Schwan zu streicheln und sein Gefieder zu bewundern. Der Vogel schrie; »Schwan, kleb an!« sprach Gottfried, und so gewann er die Königstochter. Der Schwan aber erhob sich in die Lüfte und verschwand in den blauen Horizont. Gottfried erhielt nun ein Herzogtum zum Geschenk; er erinnerte sich aber auch des alten Weibleins, das schuld an seinem Glücke war, und berief sie als seine und seiner auserwählten Braut Haushofmeisterin in sein stattliches Residenzschloß.

Die sieben Schwanen

In einem Lande war ein junger Rittersmann, der war reich und schön und hatte eine prächtige Burg. Zu einer Zeit ritt er mit seinen Hunden in den Wald, um zu jagen, da sah er eine Hindin, die war weißer als der Schnee und floh vor ihm auf und davon in das Gebirge zwischen die wilden hohen Gesträuche. Der Rittersmann aber folgte ihr gar eilig nach und kam zuletzt in ein wildes, finstres Tal, da verlor er durch die Hunde die Hindin aus dem Gesicht, ritt hin und her und rief die Hunde wieder zusammen. Darüber kam er an einen Fluß, an dem sah er eine schöne Jungfrau stehen, die wusch sich und trug in der Hand eine güldne Kette. Und da ihm diese Jungfrau sehr wohl gefiel, so stieg er sacht vom Roß, schlich sich ihr unversehens nah und nahm ihr die goldne Kette aus der Hand. In dieser Kette aber war sonderliche Kraft und Planetenzauber, und die Jungfrau war ein Wünschelweiblein und so schön, daß er ob ihrer Schönheit die Hindin samt seinen Hunden vergaß und gedachte, die Jungfrau heimzuführen als seine Gemahlin. Und also tat er auch und führte sie heim auf seine Burg.

Nun hatte der junge Rittersmann noch eine Mutter, der kam die Schnur ungelegen, denn sie hatte bisher das Regiment ganz allein geführt und besorgte sich nun, daß sie Gewalt und Ansehen auf dem Schloß verlieren werde. Und wurde der Schnur gram und haßte sie und ermahnte oft ihren Sohn, jene nicht allzu lieb zu haben, und hätte gar zu gern Unfrieden und Zwietracht zwischen beiden angestiftet. Aber sie konnte das nicht zuwege bringen, denn ihr Sohn wollte ihre Worte nicht hören und war dann jedesmal ungehalten auf sie. Als sie nun das wahrnahm, da stellte sie sich in allem willfährig und dienstgefällig gegen ihren Sohn und die junge Frau, aber es kam bei ihr alles aus einem falschen Herzen, darin sie zumal eine grausame Bosheit erdacht hatte gegen die junge Frau, obschon sie sie äußerlich gar sehr zu ehren schien. Darüber kam die Zeit, daß die junge Frau in das Kindbett kam und genas von sechs Söhnen und einer Tochter, die trugen alle goldne Ringe um ihre Hälse. Sofort kam das alte böse Weib, die Mutter des jungen Herrn, und nahm die sieben Kinderchen, während die Mutter schlief, trug sie hinweg und legte sieben junge Hündlein, die in derselben Nacht geworfen worden, an deren Stelle. Nun hatte dieses falsche und ungetreue Weib einen vertrauten Knecht, dem überantwortete sie die sieben Kinder und verpflichtete ihn bei Treuen und Eide, daß er sie in den wilden Wald tragen, sie töten und begraben sollte in der Erde oder im Wasser ertränken. Das gelobte der Knecht zu tun, trug die Kindlein in den Wald, legte sie unter einen Baum und bereitete sich, sie zu erwürgen. Da kam ihn aber ein Grauen an vor dem Mord, und er schauderte zurück vor solch ungetreuer Tat und ließ die Kindlein leben, ging und sagte der Frau, daß er ihr Gebot vollbracht habe.

Aber der Schöpfer aller Wesen, der alle Dinge zum besten lenkt, erbarmte sich der Kindlein und sandte ihnen einen Nährvater, das war ein alter, weiser Meister, der in dem Walde wohnte, Weisheit zu pflegen, der nahm die Kindlein in seine Klause und nährte sie mit der Milch der Hirschkühe, die zu ihm zu kommen gewohnt waren, sieben Jahre lang.

Als jenes böse Weib die Kinder weggebracht hatte von der Mutter, führte sie ihren Sohn zu der jungen Frau, zeigte ihm die Hündlein und sprach: »Siehe, Sohn, die Kinder, die deine Frau dir geboren, es sind junge Hunde.« Das tat sie ihrem Sohn aus Rache an, weil er die junge Frau so liebhatte. Als er das sah, glaubte er seiner Mutter und warf einen Haß auf die junge Frau, die er vorher so liebgehabt, wollte auch kein Wort einer Entschuldigung hören, sondern er ließ sie auf dem Hofe vor dem Palas seiner Burg in die Erde eingraben bis an die Brust, und über ihr Haupt ließ er ein Waschbecken mit Wasser setzen und gebot allem seinen Gesinde, sich über ihrem Haupt zu waschen und ihre Hände an ihrem schönen Haar zu trocknen. Auch sollte sie keine andere Nahrung bekommen wie die Hunde.

Und so mußte das arme Weib stehen bleiben in der Grube in Nöten und Ängsten sieben ganzer Jahre, und durfte sich ihrer keine Seele erbarmen. Darüber verzehrte sich ihr schöner Leib, ihre Kleider vermoderten, und es blieb nur die Haut über ihren Gebeinen.

Indessen lernten die jungen Kinder im Walde Wild und Vögel schießen und sich von deren Fleisch nähren, und da geschah es, daß der Ritter, ihr Vater, wieder einmal jagen ging in dem Walde. Da ward er der Kinder gewahr, die in dem Holze spielend hin und her liefen, und hatten alle güldne Kettlein am Halse. Und sein Herz ward von Neigung zu den Kindern bewegt; hätte gern eins oder das andere ergriffen, aber sie ließen sich nicht fangen, sondern verschwanden im Walde. Daheim erzählte er seiner Mutter und anderen Herren und Freunden, daß er im Walde kleine Kinder gesehen mit Goldkettchen an den Hälsen. Darüber erschrak

seine Mutter innerlich, nahm den Knecht vor und fragte ihn: »Hast du damals die Kinder getötet, oder hast du sie leben lassen?« Da bekannte der Knecht, daß er sie nicht mit eigner Hand zu töten vermocht habe, doch habe er sie unter einen Baum gelegt, und da wären sie gewiß bald gestorben. Hierauf gebot sie dem Knecht, schleunigst in den Wald zu reiten, die Kinder zu suchen, die mitnichten gestorben seien, und ihnen die goldnen Ketten zu nehmen, sonst würden sie beide zuschanden werden. Der Knecht gehorchte voll Angst, suchte drei Tage die Kinder im Walde und fand sie nicht; erst am vierten Tage fand er sie, sie hatten die Kettchen abgelegt und waren nun in Schwäne verwandelt und spielten auf dem Wasser. Aber das Mädchen hatte noch seine menschliche Gestalt und sah den Schwänen zu, wie sie auf dem Wasser spielten. Da ging der Knecht heimlich hinzu und nahm die sechs goldnen Kettchen weg; aber das Mädchen entlief ihm, daß er es nicht erreichen konnte.

Wie der Knecht die Ketten der Alten darbrachte, sandte sie zu einem Goldschmied und hieß ihn von denselben einen Becher machen. Als der Goldschmied nun von den Ketten einen Becher gießen wollte, befand er, daß das Gold also edel und rein war, daß es weder mit dem Hammer verarbeitet noch im Feuer fließend gemacht werden konnte, bis auf ein Kettchen, das zerschlug er und machte einen Ring davon; die andern wog er auf seiner Waage, legte sie beiseit und gab dafür an Gewicht soviel anderes Gold und machte einen Becher davon, den gab er der Frau und auch den Ring, die schloß beides fest in ihren Kasten.

Jene Schwäne aber, die nun ihre menschliche Gestalt nicht wiedererlangen konnten, wurden betrübt und sangen mit süßer, kläglicher Stimme wehmutvollen Gesang, der klang wie Weinen kleiner Kinder. Zuletzt erhoben sie sich auf ihrem Gefieder hoch empor, zu sehen, wo sie sich hinwenden möchten. Da gewahrten sie einen großen, spiegelklaren See, auf dem ließen sie sich nieder. Der See aber umschloß einen hohen Berg, an dem hing ein großer Felsen, und auf diesem lag eine schöne Burg. Der Felsen war also steil, und das Wasser stand so dicht am Berge, daß außer einem ganz schmalen Steig keinerlei Zugang zur Burg war. Und das war gerade die Burg des jungen Ritters, welcher der Vater jener Kinder war, und die Fenster des Speisesaales der Burg standen nach dem Wasser gekehrt, so daß der Herr bald der Schwanen gewahr ward und wunderte sich, denn er hatte so schöne Vögel noch niemals gesehen. Darum warf er ihnen Brot und andere Speisen hinunter und gebot allem seinen Gesinde, daß sie niemand solle verjagen oder vertreiben, sondern sie sollten allezeit Brot hinunterwerfen, so lange, bis daß die Schwäne sich dort beständig heimisch hielten. Diesem Gebot ward fleißig nachgelebt, und die Schwäne gewöhnten sich dahin und wurden so zahm, daß sie stets zur Essenszeit kamen und ihr Futter empfingen.

Das arme verlassene Mädchen aber, ihre Schwester, hatte nun zwar ihre menschliche Gestalt behalten, war aber hilflos und ging betteln hinauf auf die Burg ihres Vaters. Da gab man ihr den Abfall vom Tische, und sie teilte diesen mit der armen Frau in der Grube, denn sooft sie diese sah, mußte sie bitterlich weinen. Doch kannte eins das andere nicht. Auch brachte das Mägdlein noch einige übriggebliebene Brosamen herunter unter die Burg an das Wasser und gab die den Schwanen, ihren Brüdern. Allezeit, wann sie nahete, so kamen die Schwanen herbei, fliegend und flatternd und kitternd, und aßen ihre Speise aus der Schürze des Mägdleins. Das kosete sie freundlich und nahm sie oft in ihre Arme und

ging dann stets gegen Abend wieder auf die Burg und schlief alle Nacht vor der Frau, die in der Erde stand, ohne daß sie wußte, daß diese ihre Mutter war.

Alle Bewohner der Burg sahen das alles mit großer Verwunderung und daß sie immer weinte, wenn sie bei der Frau stand, und auch, daß sie dieser sehr ähnlich sah. Und da ward auch des Ritters Herz bewegt, daß er das Mägdlein näher betrachtete, und sah die Ähnlichkeit mit seiner Frau und sah auch an ihrem Hals das güldne Kettlein. Und ließ das Dirnlein vor sich treten und fragte es: »Mein liebes Kind, sage mir, von wannen bist du und von wannen kömmst du her? Wer sind deine Eltern, und wie hast du die Schwanen so gezähmt, daß sie aus deinem Schoße essen?«

Da erseufzte das arme Kind aus tiefstem Herzensgrund und sprach: »Lieber Herr, die Eltern, die ich hatte, habe ich nie gekannt. Ich weiß auch nicht, ob ich sie gesehen habe. Wenn du aber nach den Schwanen fragst, das sind meine Brüder, die mit mir ernährt wurden von der Milch der Hindinnen im Walde. Zu einer Zeit geschah es, daß meine Brüder ihre goldenen Ketten ablegten, weil sie baden wollten, da wurden sie in Schwäne verwandelt; und weil die Ketten geraubt wurden, konnten sie die Menschengestalt nicht wiedererlangen und mußten Schwäne bleiben.«

Diese Rede vernahmen das falsche untreue Weib und der Knecht, ihr Helfershelfer, und erschraken heftiglich und wurden beide bleich im Bewußtsein ihrer Schuld. Der Ritter nahm das wahr und dachte darüber nach, indem er von der Burg herab spazierenging. Die Alte aber hetzte den Knecht auf, er sollte das Mägdlein töten. Und er nahm ein blankes Schwert und folgte dem Mägdlein, als es nach seiner Gewohnheit herabging zu den Schwanen. Allein der Herr gewahrte seiner, trat herzu, und wie der Knecht die Missetat begehen wollte, schlug er ihm das Schwert aus der Hand. Da fiel der Knecht auf seine Knie nieder und bekannte alles. Darauf trat der Ritter zu seiner Mutter und zwang sie mit Drohungen zum Geständnis; da schloß sie ihren Kasten auf und gab dem Sohn jenen Becher, der von den Kettchen gefertigt sein sollte. Sogleich sandte der Ritter nach dem Goldschmied und fragte ihn ernstlich wegen des Bechers. Da sich dieser nun auch der Strafe besorgte, so bekannte er die Wahrheit, daß er die Ketten noch ganz habe, bis auf eine, aus der er einen Ring gefertigt. Der Ritter hieß ihm die Ketten bringen und gab sie der Jungfrau; die legte sie den Schwanen, jeglichem eine, um den Hals. Da erhielten sie alle die menschliche Gestalt wieder, bis auf einen – der mußte ein Schwan bleiben. Von diesem Schwan findet man in manchem Buche viel sonderliche Abenteuer beschrieben. Nun ließ der Ritter gar eilig die arme Frau aus der Erde nehmen, ließ sie mit edler Spezerei und kostbaren Würzen wieder er-

quicken, daß sie wieder ein schönes Weib wurde. Seine falsche Mutter ließ er in das nämliche Loch setzen, darin seine unschuldige Frau sieben lange Jahre geschmachtet und gelitten hatte durch jene Bosheit. So geschah ihr nach dem Prophetenspruch: In die Grube fällt, wer andern sie gegraben.

Mann und Frau im Essigkrug

Es war einmal ein Mann und eine Frau, die haben lange, lange miteinander in einem Essigkruge gewohnt. Am Ende sind sie's überdrüssig geworden, und der Mann hat zu der Frau gesagt: »Du bist schuld daran, daß wir in dem sauern Essigkrug leben müssen, wären wir nur nicht da!« Die Frau hat aber gesagt: »Nein, du bist schuld daran.« Und da haben sie angefangen, miteinander zu kippeln und zu zanken, und ist eins dem andern in dem Essigkrug nachgelaufen. Da ist gerade ein goldiges Vögelein an den Essigkrug gekommen, dies hat gesagt: »Was habt ihr denn nur so miteinander?« – »Ei«, hat die Frau gesagt, »wir sind's Essigkrügel überdrüssig und möchten auch einmal wohnen wie andere Leute, hernach wollen wir gern zufrieden sein.« Da hat sie das goldene Vögelein aus dem Essigkrug herausgelassen, hat sie an ein neues Häuschen geführt, wo hinten ein zierliches Gärtchen gewesen ist, und hat zu ihnen gesagt: »Dies ist jetzt euer! Lebt jetzt einig und zufrieden untereinander, und wenn ihr mich braucht, so dürft ihr nur dreimal in die Hände klatschen und rufen:

›Goldvögelein im Sonnenstrahl!
Goldvögelein im Demantsaal!
Goldvögelein überall!‹,

so bin ich da.«

Damit flog das Goldvögelein fort, und der Mann und die Frau waren froh, daß sie nicht mehr in dem sauern Essigkrug wohnten, und freuten sich über ihr nettes Häuschen und grünes Gärtchen. Das dauerte aber nur eine Weile, denn wie sie

nun ein paar Wochen in dem Häuschen gewohnt hatten und in der Nachbarschaft herumgekommen waren, da hatten sie die großen stattlichen Bauernhöfe gesehen, mit großen Stallungen, Gärten, Äckern, vielem Gesinde und Vieh. Und da hat es ihnen schon wieder nicht mehr gefallen in ihrem winzigen Häuslein, und sind's ganz überdrüssig geworden, und an einem schönen Morgen haben sie alle zwei fast zu gleicher Zeit in die Hände geklatscht und haben gerufen:

»Goldvögelein im Sonnenstrahl!
Goldvögelein im Demantsaal!
Goldvögelein überall!«

Witsch, da ist das goldige Vöglein zum Fenster hereingeflogen gekommen und hat sie gefragt, was sie denn schon wieder wollten.

»Ach«, haben sie gesagt, »das Häuslein ist doch gar zu klein, wenn wir nur auch so einen großen, prächtigen Bauernhof hätten, hernach wollten wir zufrieden sein.« Das goldige Vöglein blinzte ein wenig mit seinen Guckäugelein, sagte aber nichts und führte den Mann und die Frau an einen großen, prächtigen Bauernhof, wo viele Äcker daran waren und Stallungen mit Vieh und Knechten und Mägden, und hat ihnen alles geschenkt.

Der Mann und die Frau sprangen deckenhoch und konnten sich vor Freuden gar nicht lassen. Und jetzt sind sie ein ganzes Jahr lang zufrieden und fröhlich gewesen und haben sich gar nichts Besseres denken können. Aber länger hat's auch nicht gedauert, keinen Tag, denn weil sie jetzt manchmal in die Stadt gefahren sind, haben sie die schönen, großen Häuser und die schöngeputzten Herren und Madamen sehen spazierengehn, da haben sie gedacht: Ei, in der Stadt muß es aber herrlich sein, und da braucht man nicht viel zu tun und zu arbeiten; und die Frau hat sich gar nicht können satt sehen an dem Staat und dem Wohlleben und hat zu ihrem Mann gesagt: »Wir wollen auch in die Stadt, ruf du dem goldigen Vöglein! Wir sind nun schon lange genug auf dem Bauernhof.« Der Mann hat aber gesagt: »Frau, ruf du ihm!« – Endlich hat die Frau dreimal in die Hände geklatscht und hat gerufen:

»Goldvögelein im Sonnenstrahl!
Goldvögelein im Demantsaal!
Goldvögelein überall!«

Da ist das goldige Vöglein wieder zum Fenster hereingeflogen und hat gesagt: »Was wollet ihr nur von mir?« – »Ach«, hat die Frau gesagt, »wir sind das Bauernleben müde, wir möchten auch gern Stadtleute sein und schöne Kleider haben und in so einem großen, prächtigen Haus wohnen, hernach wollen wir zufrieden sein.« Das goldne Vöglein hat wieder mit seinen Guckäugelein geblinzt, hat aber nichts gesagt und hat sie in das schönste Haus in der Stadt geführt, da war alles raritätisch aufgeputzt, und waren Schränke darin und Kommoden, da hingen und lagen Kleider drinnen nach der neuesten Mode. Jetzt haben der Mann und die Frau gemeint, es gibt auf der Welt nichts Besseres und Schöneres, und waren vor lauter Freude außer sich. Das hat aber leider wieder nicht lange gedauert, so hatten sie es wieder satt und sprachen zueinander: »Wenn wir's nur so hätten wie die Edelleute! die wohnen in herrlichen Palästen und Schlössern und haben Kutschen und Pferde, und Bediente mit goldbordierten Röcken stehen auf den Kutschen. Ja, das wär erst etwas Rechtes, so ist's doch nur eine armselige Lumperei.« Und die Frau hat gesagt: »Jetzt ist's an dir, dem goldigen Vögelein zu rufen.« Der Mann hat doch wieder lange nicht gewollt, endlich, wie die Frau gar nicht nachgelassen hat mit Dringen und Drängen, hat er dreimal in die Hände geklatscht und gerufen:

»Goldvögelein im Sonnenstrahl!
Goldvögelein im Demantsaal!
Goldvögelein überall!«

Da ist das goldene Vöglein wieder zum Fenster hereingeflogen und hat gefragt: »Was wollt ihr nur von mir?« Da sagte der Mann: »Wir möchten gern Edelleute werden, hernach wollen wir zufrieden sein.« Da hat aber das goldene Vöglein gar arg mit den Äuglein geblinzelt und hat gesagt: »Ihr unzufriednen Leute! Werdet ihr denn nicht einmal genug haben? Ich will euch auch zu Edelleuten machen, es ist euch aber nichts nutz!« und hat ihnen gleich ein schönes Schloß geschenkt. Kutschen und Pferde und eine zahlreiche Bedienung. Jetzt sind sie nun Edelleute gewesen und sind alle Tage spazierengefahren und haben an nichts mehr gedacht, als wie sie die Tage herumbringen wollten in Freuden und mit Nichtstun, außer daß sie die Zeitungen gelesen haben.

Einmal sind sie in die Hauptstadt gefahren, ein großes Fest zu sehen. Da sind der König und die Königin in ihrer ganz vergoldeten Kutsche gesessen, in goldgestickten Kleidern, und vorn und hinten und auf beiden Seiten sind Marschälle, Hofleute, Edelknaben und Soldaten geritten, und alle Leute haben die Hüte und Taschentücher geschwenkt, wo der König und die Königin vorbeigefahren sind. Ach, wie hat da dem Manne und der Frau vor Ungeduld das Herz geklopft! Kaum waren sie wieder nach Hause, so sprachen sie: »Jetzt wollen wir noch König und Königin werden, hernach wollen wir aber einhalten.« Und da haben sie wieder alle zwei miteinander in die Hände geklatscht und haben gerufen, was sie nur rufen konnten:

»Goldvögelein im Sonnenstrahl!
Goldvögelein im Demantsaal!
Goldvögelein überall!«

Da ist das goldne Vöglein wieder zum Fenster hereingeflogen und hat gefragt: »Was wollt ihr nur von mir?« Da haben sie beide geantwortet: »Wir möchten gern König und Köni-

gin sein.« Da hat aber das Vöglein ganz schrecklich mit den Augen geblinzelt, hat alle Federchen gesträubt, hat mit den Flügeln geschlagen und hat gesagt: »Ihr wüsten Leute, wann werdet ihr denn einmal genug haben? Ich will euch auch noch zum König und zur Königin machen, aber dabei wird's doch nicht bleiben sollen, denn ihr habt nimmermehr genug!«

Jetzt sind sie nun König und Königin gewesen und haben übers ganze Land zu gebieten gehabt, haben sich einen großen Hofstaat gehalten und ihre Minister und Hofleute haben müssen auf die Knie niederfallen, wenn sie eines von ihnen ansichtig wurden. Auch haben sie nach und nach alle Beamten im ganzen Lande vor sich kommen lassen und ihnen vom Thron herab ihre strengsten Befehle erteilt. Und was es nur Teures und Prächtiges in aller Herren Ländern gab, das mußte herbeigeschafft werden, daß ein Glanz und ein Reichtum sie umgab, der unbeschreiblich ist. Und doch sind sie jetzt noch nicht zufrieden gewesen und sagten immer: »Wir müssen noch etwas mehr werden!« Da sprach die Frau: »Werden wir Kaiser und Kaiserin.« – »Nein!« sagte der Mann. »Wir wollen Papst werden!« – »Hoho! Das ist alles nicht genug!« schrie die Frau in ihrem Eifer. »Wir wollen lieber Herrgott sein!«

Kaum aber hatte sie dies Wort ausgeredet, so ist ein mächtiger Sturmwind gekommen und ein großer, schwarzer Vogel mit funkelnden Augen, die wie Feuerräder rollten, ist zum Fenster hereingeflogen und hat gerufen, daß alles erzitterte: »Daß ihr versauern müßt im Essigkrug!«

Pautz, und da war alle Herrlichkeit zum Kuckuck, und da saßen sie alle beide, der Mann und die Frau, wieder in ihrem engen Essigkrug drin; da sitzen sie noch und können drin bleiben bis an den Jüngsten Tag.

Das ist eine Lehre für solche, die nie genug bekommen können.

Das Mäuslein Sambar
oder
Die treue Freundschaft der Tiere

In einem weiten Walde war des Wildes viel, und stand darin ein großer Baum mit vielen Ästen, auf dem hatte ein Rabe sein Nest. Da sah er zu einer Zeit den Vogelsteller kommen und ein Garn unter den Baum spannen, erschrak und bedachte sich und dachte: Spannt dieser Waidmann sein Jagdzeug deinetwegen oder wegen andrer Tiere? Das wollen wir doch sehen! Indem so streute der Vogelsteller Samen auf die Erde, richtete sein Garn und stellte sich auf die Lauer. Bald darauf kam eine Taube mit einer ganzen Schar andrer Tauben, deren Führerin sie war, und da sie den Samen sahen und des Garns nicht acht hatten, so fielen sie darauf, und das Netz schlug zusammen und bedeckte sie alle. Des freute sich der Vogler, und die Tauben flatterten unruhig hin und her. Da sprach die Taube, welche die Führerin war, zu den andern Tauben: »Verlasse sich keine auf sich allein und habe keine sich selbst lieber als die andern, sondern lasset uns alle zugleich aufschwingen, vielleicht, daß wir das Garn mit in die Höhe nehmen, so erledigt eine jegliche sich selbst und die andern mit ihr.« Diesem Rate folgten die Tauben, flogen zugleich auf und hoben das Garn mit in die Lüfte. Der Vogelsteller hatte das Nachsehen und das Nachlaufen, um zu gewahren, wo sein Netz wieder herab zur Erde fallen werde; der Rabe aber dachte bei sich: Du willst doch auch nachfolgen und sehen, was aus diesem Wunder werden will.

Als die kluge Führerin der Tauben sah, daß der Jäger ihrem Fluge nachlief, sprach sie zu ihren Gefährtinnen: »Sehet, der Waidmann folgt uns nach; beharren wir auf der Richtung über dem Wege, so bleiben wir ihm im Gesicht und werden ihm nicht entgehen, fliegen wir aber über Berge und Täler, so vermag er uns nicht im Auge zu behalten und muß von seiner Verfolgung abstehen, da er daran verzweifeln wird, uns wiederzufinden. Nicht weit von hier ist eine Schlucht, da wohnt eine Maus, meine Freundin, ich weiß, daß, wenn wir zu ihr kommen, sie uns das Netz zernagt und uns erlöst.«

Die Tauben folgten dem Rat ihrer Führerin und kamen dem Vogler aus dem Gesicht. Der Rabe aber flog langsam hinter ihnen her, um zu sehen, was aus dieser Geschichte werden würde und auf welche Weise sich wohl die Tauben von dem Netz erledigen würden und ob er nicht lernen werde, in eigener Gefahr ihr Rettungsmittel zu gebrauchen.

Indessen erreichten die Tauben jene Schlucht, wo das Mäuschen wohnte, ließen sich nieder und sahen, daß die Maus wohl hundert Löcher und Aus- und Eingänge zu ihrer unterirdischen Wohnung hatte, um an vielen Enden bei drohender Gefahr sich verbergen zu können. Die Maus hieß Sambar, und die kluge Taube rief nun der Freundin: »Sambar, komm heraus!« Da rief das Mäuslein inwendig: »Wer bist du?« Und da rief die Taube: »Ich bin es, die Taube, deine Freundin!« Und da kam das Mäuslein, guckte aus einem der Löcher vorsichtig und fragte: »O liebe Gesellin, wer hat dich so überstrickt?« Da sprach die Taube: »O liebe Freundin! Weißt du nicht, daß keiner lebt, dem Gott nicht ein widerwärtiges Verhängnis schickt? Und der Betrügerinnen arglistigste ist die Zeit! Sie streute mir süße Weizenkörner und verbarg meinen Augen das trugvolle Netz, so daß ich mit meinen Freundinnen hineinfiel. Niemand verwahret sich der Schickung, die von oben kommt, ja Mond und Sonne leiden auch Verfinsterung, und aus des Sees grundloser Tiefe lockt der Menschen Trug den Fisch, wie er den Vogel aus der Lüfte Meer herab in seine falschen Schlingen zieht.«

Als die Taube dies mit vieler Beredsamkeit gesprochen, begann die Maus das Netz zu zernagen, und zwar an dem

Ende, wo ihre Gespielin, die Taube, lag, diese aber sprach: »Fange an bei den andern, meinen Schwestern, und wenn du sie alle erledigt hast, dann erledige auch mich.« Aber die Maus folgte ihr nicht, ob sie gleich wiederholt bat, und wie sie noch einmal die Maus darum ansprach, so fragte diese: »Was sagst du mir dies so oft, als ob du nicht auch wünschtest, frei zu sein?« Darauf antwortete die Taube: »Laß meine Bitte dir nicht mißfallen; diese meine Schwestern haben mir vertraut als ihrer Führerin; sie folgten willig mir und voll Vertrauen, und durch meine Unvorsichtigkeit gerieten sie unter das Netz, darum ist es billig, daß ich auf ihre Erlösung eher denke als auf die meinige, zumal es nur durch ihre gemeinsame Hilfe gelang, auch mich zu erheben samt des Voglers Garn. Auch möchtest du ermüden bei den andern, weißt du aber mich, deine liebste Freundin, noch im Netz, so wirst du mich nicht verlassen.«

Darauf sprach das Mäuslein: »O liebe, gute Taube, Taubenherz; viele Ehre macht dir diese Gesinnung und muß die Liebe stärken zwischen dir und deinen Gesellinnen.« Und sie zernagte das Netz allenthalben, und die Tauben flogen frei und fröhlich ihren Weg, die Maus aber schlüpfte wieder in ihr Löchlein.

Das alles hatte der Rabe, der in der Nähe sich auf einen Baum niedergelassen hatte, gesehen und mit angehört und hielt hierauf ein Selbstgespräch: »Wer weiß«, sprach er, »ob ich nicht auch in gleiche Lage und Gefahr komme wie diese Tauben? Dann ist es doch gar herrlich, edle Freunde zu haben, die uns aus der Not helfen. Mit dieser Maus möchte mir Freundschaft allewege frommen!«

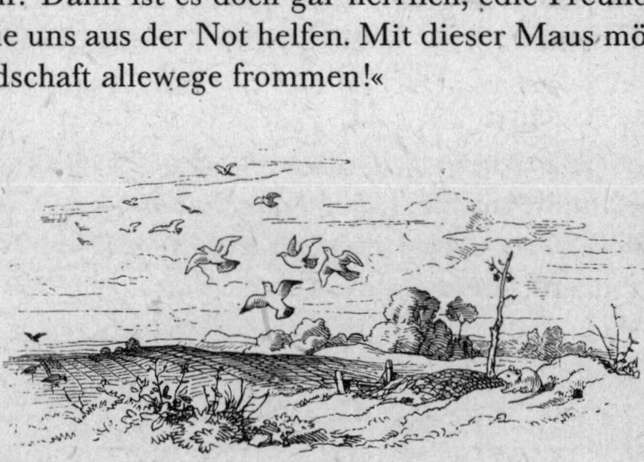

Und da flog er von seinem Baum und hüpfte zu der Schlucht und rief: »Sambar, komm heraus!« Und drinnen rief das Mäuselein: »Wer bist du?« Da sprach er: »Ich bin der Rabe und habe gesehen, was deiner lieben Freundin, der Taube, begegnet ist, und wie Gott sie erledigt hat durch deine Treue, deshalb komme ich, auch deine Freundschaft zu suchen.« Da sprach Sambar, das kluge Mäuslein, ohne daß es hervorkam: »Es kann nicht Freundschaft sein zwischen dir und mir; ein Weiser strebt nur zu erlangen das, was möglich ist, und für unweise gilt, der das Unmögliche erringen will. So führe einer Schiffe übers Land und Karren übers Meer. Wie könnte zwischen uns Gesellschaft sein, da ich dein Fraß bin und der Fresser du?« Da sprach der Rabe: »Mäuselein, versteh mich wohl und sinn meiner Rede nach. Was frommte mir, fräße ich dich auf, dein Tod! Dein Leben soll mir hilfreich sein und deine Freundschaft so beständig wie Ambra, der lieblich duftet, ob man auch verhüllt ihn trägt.« Darauf sprach die Maus: »Wisse, Rabe, der Haß der Begierde ist der größte Haß. Löwe und Elefant hassen einander ihrer Stärke halber, das ist ein edler und gleicher Haß des Mutes und des Streites; aber der eingefleischte Haß des Starken gegen den Schwachen, das ist ein unedler und ungleicher Haß; so haßt der Habicht das Rebhuhn, die Katze die Ratte, der Hund den Hasen und du – mich. Erhitze Wasser am Feuer, daß es gleich dem Feuer dich brennt, es wird darum doch kein Feuer sein, auch nie des Feuers Freund, sondern es wird, in das Feuer geschüttet, dieses dennoch dämpfen. Die Weisen sagen: Wer seinen Feind anhängt, gleicht dem, der eine giftige Schlange in seine Hand nimmt; er weiß nicht, wann sie ihn beißen wird. Der Kluge traut seinem Feinde niemals, sondern er hält sich fern von ihm, sonst geschieht ihm, wie einst dem Manne mit der Schlange geschah.«

Der Rabe fragte: »Wie geschah dem?«, und da erzählte ihm die Maus folgendes Märchen:

Der Mann und die Schlange

»Es war einmal ein Mann, in dessen Hause wohnte eine Schlange, die wurde von dem Weibe dieses Mannes wohl gehalten und bekam täglich ihre Nahrung. Sie hatte ihre Wohnung ganz nahe bei dem Herde, wo es immer hübsch warm war, in einem Mauerloch. Der Mann und das Weib bildeten sich ein, nach dem herrschenden Aberglauben, daß es Glück bringe, wenn eine Schlange im Hause sei! Nun geschah es an einem Sonntag, daß dem Hausherrn das Haupt schmerzte, deshalb blieb er früh in seinem Bette liegen und hieß die Frau und das Gesinde in die Kirche gehen. Da gingen sie alle aus, und es war nun ganz still im Hause, und jetzt schlüpfte die Schlange leise aus ihrem Loch und sahe sich allenthalben sehr um. Das sahe der Mann, dessen Kammer offenstand, und wunderte sich im stillen, daß sich die Schlange, gegen ihre sonstige Gewohnheit, so sehr umsah. Sie durchkroch alle Winkel und kam auch in die Kammer und guckte hinein, sah aber niemand, denn der Hausherr hatte sich verborgen. Und nun kroch sie auf den Herd, wo ein Topf mit der Suppe am Feuer stand, hing ihren Kopf darüber und spie ihr Gift in den Topf, darauf verbarg sie sich wieder in ihre Höhle. Der Hausherr stieg alsbald auf, nahm den Topf und grub ihn mit Speise und Gift in die Erde. Wie nun die Zeit da war, daß

man essen wollte, wo auch die Schlange gewöhnlich hervorzukommen pflegte, stellte sich der Mann mit einer Axt vor das Loch, willens, sobald sie herausschlüpfen werde, ihr den Kopf vom Rumpfe zu hauen. Aber die Schlange steckte ganz vorsichtig ihren Kopf erst nur ein klein wenig aus dem Loch, und wie der Mann zuschlug, fuhr sie blitzschnell zurück und zeigte, daß sie kein gutes Gewissen hatte. Nach einigen Tagen redete die Frau ihrem Manne zu, er solle mit der Schlange Frieden schließen, sie würde wohl nicht wieder so Böses tun; der Hauswirt war gutwillig und rief einen Nachbarn, der sollte Zeuge sein des Friedensbundes mit der Schlange und einen Vertrag mit ihr aufrichten, daß eins sicher sein sollte vor dem andern. Hierauf riefen sie der Schlange und machten ihr den Antrag; die Schlange aber sagte: ›Nein! – Unsre Gesellschaft kann fürder in Treuen nicht mehr bestehen, denn wenn du daran denkst, was ich dir in deinen Topf getan, und wenn ich bedenke, wie du mir mit scharfer Axt nach meinem Kopf gehauen hast, so möchte wohl keiner von uns dem andern trauen. Darum gehören wir nicht zusammen; gib du mir frei Geleit, das ist alles, was ich von dir begehre, und laß mich meine Straße ziehen, je weiter von dir, desto besser, und du bleibe ruhig in deinem Hause.‹ Und also geschah es.«

Der Rabe, als er diese Erzählung aus dem Mund des Mäusleins Sambar vernommen hatte, nahm wieder das Wort und sprach: »Ich fasse wohl die Lehre, die dein Märlein in sich hält, allein bedenke deine Natur und meine Aufrichtigkeit, sei minder streng und weigere mir nicht deine Genossenschaft. Es ist ein Unterschied zwischen edel und unedel; der Becher aus Gold währet länger als der aus Glas, und wenn der Glaspokal zerbricht, so ist er hin, leidet aber der Goldpokal, so ist der Wert noch nicht verloren. Die Freundschaft der bösen und unedeln Gemüter ist gar keine Freundschaft, du aber hast ein edles Gemüt, das hab ich wohl erkannt, und so sehnt sich mein Herz nach deiner Freundschaft und bedarf ihrer, und ich werde nicht weichen vom Eingang deiner Wohnung und nicht eher essen noch trinken, bis du meiner Bitte Gehör gegeben!«

Darauf sprach das kluge Mäuslein Sambar: »Ich nehme jetzt deine Gesellschaft an, denn ich habe noch nie eine billige Bitte ungewährt gelassen. Du magst aber wohl erwägen, daß ich mich nicht zu dir gedrängt, auch, daß ich in meiner Wohnung sicher vor dir bin, aber ich begehre nützlich zu sein allen, die meiner Hilfe begehren, darum rühme dich nicht etwa: Haha, ich habe eine unvorsichtige und unvernünftige Maus gefunden! – damit es dir nicht gehe wie dem Hahn mit dem Fuchs.«

»Wie war das?« fragte der Rabe, und da erzählte das Mäuslein ein Gleichnis:

Der Hahn und der Fuchs

»In einer kalten Winternacht kroch ein hungeriger Fuchs aus seinem Bau und ging dem Fange nach. Da hörte er auf einem Meierhofe einen Hahn fort und fort krähen, der saß auf einem Kirschbaum und hatte schon die ganze Nacht gekräht. Jetzt strich der Fuchs hin nach dem Baum und fragte: ›Herr Hahn, was singst du in dieser kalten und finstern Nacht?‹ Der Hahn sprach: ›Ich verkünde den Tag, dessen Kommen meine Natur mich erkennen lehrt.‹ Darauf versetzte der Fuchs: ›O Hahn, so hast du etwas Göttliches in dir, daß du zukünftig kommende Dinge weißt!‹, und alsbald begann der Fuchs zu tanzen. Jetzt fragte der Hahn: ›Herr Fuchs, warum tanzest du?‹ Ihm antwortete der Fuchs: ›So du singest, o wei-

ser Meister, so ist billig, daß ich tanze, denn es ziemet, sich zu freuen mit den Fröhlichen. O Hahn, du edler Fürst aller Vögel, du bist nicht allein begabt zu fliegen in den Lüften, nein, auch hohe Prophetengaben lieh dir die Natur! O wie bevorzugte sie dich vor allen andern Tieren! Wie glücklich wär ich, gönntest du mir deine Gunst! Wie gerne küßt ich dein weisheitdurchdrungenes, verehrtes Haupt! O wie beneidenswert, wenn ich dann künden könnte meinen Freunden: Ich war der Glückliche, dem ein Prophet sein Haupt zum Kusse hingeneigt!‹ Der alberne Hahn glaubte dem Schmeichelwort des arglistigen Fuchses, flog vom Baum und hielt ihm seinen Kopf zum Küssen hin. Mit einem Schnapper war er abgebissen, und lachend sprach der Fuchs: ›Ich habe den Propheten ohne alle Vernunft befunden.‹ «

Als das Mäuslein diese Fabel geendigt hatte, fuhr es fort, zum Raben zu sprechen: »Ich habe dir dies nicht gesagt, weil ich glaube, daß ich der Hahn sei und du der Fuchs, ich die Speise und du der Fresser, vielmehr will ich glauben, daß deine Worte nicht mit zweigespaltener Schlangenzunge gesprochen sind.« Und darauf ging die Maus in die Öffnung ihres Türloches. Der Rabe fragte: »Warum stellst du dich unter die Türe? Was macht dich so zaghaft, zu mir herauszugehen? Hegst du immer noch Furcht vor mir?« Darauf antwortete das Mäuslein: »Ich habe meinen Glauben und mein Vertrauen auf dich gesetzt, denn du gefällst mir, und nicht Furcht vor deiner Unredlichkeit hält mich ab, hervorzukommen. Aber du hast viele Gesellen deiner Art, doch vielleicht nicht deines Gemütes, und deren Freundschaft ist nicht mit mir wie deine. Sieht mich einer, so muß ich fürchten, daß er mich frißt.« Dagegen sprach der Rabe: »Zu treuer Genossenschaft gehört doch vor allem, daß einer sei seines Genossen treuer Freund und Feind seines Feindes; sei gewiß, o Freundin Sambar, daß mir kein Freund lebt, der nicht ebenso treuer Freund dir sein soll wie ich selbst. Auch habe ich Macht und Kraft genug, dich zu schützen und zu schirmen.« Nun endlich ging das Mäuslein Sambar hervor aus seinem Löchlein und verschwur sich mit dem Raben zu einem unverbrüchlichen Freundschaftsbündnis, und als das geschehen war, wohnten sie bei- und nebeneinander friedsam und freundlich und erzählten einander alle Tage schöne Märchen.

Endlich aber zu einer Zeit sprach der Rabe zur Maus: »Höre, meine liebe Freundin Sambar, deine Wohnung ist doch gar lautbar und zu nahe am Weg; ich besorge, es kommt einmal einer, der dich oder mich schießt oder schädigt, auch fällt es mir schwer, hier meine Nahrung zu finden. Aber ich weiß einen lustigen und nützlicheren Aufenthalt, da gibt es Wasser und Wiesen, Früchte und Futter, und dort in dem Wasser wohnt auch noch eine alte Freundin von mir, gar eine treue Genossin; ich wünschte, du zögest mit mir an jenen Ort.«

»Das will ich dir gern zuliebe tun«, sprach die Maus, »denn ich bin hier selbst scheu und halte mich nicht recht sicher, deshalb siehst du auch die vielen Ein- und Ausgänge meiner Wohnung. Glaube nur, lieber Freund, mir sind schon gar mancherlei Fährlichkeiten begegnet, davon ich dir erzählen will, wenn wir an den neuen Aufenthalt kommen.«

Darauf nahmen beide Abschied von ihrem alten Wohnort, und der Rabe faßte die Maus am Schwänzlein in seinen Schnabel und flog mit ihr dahin an den Ort, den er meinte. Da guckte ein Tier mit dem Kopf aus dem Wasser, das erschrak vor der Maus, denn es erkannte sie nicht, wie der Rabe sie aus dem Schnabel ließ, und tauchte schnell unter. Der Rabe flog auf einen Baum und rufte: »Korax, Korax!« Da kam das Tier aus dem Wasser hervor, das war seine Freundin, eine Schildkröte, die freute sich, den Raben wiederzusehen, und fragte ihn, was ihn zu seinem langen Außenbleiben bewogen. Da erzählte ihr der Rabe die Geschichte von der Taube und der Maus und stellte seine Freundinnen einander vor, und die Schildkröte verwunderte sich über die hohe Vernunft der Maus, kroch zu ihr, gab ihr die Hand und freute sich sehr, ihre Bekanntschaft zu machen. Hernach bat der Rabe die Maus, ihm und seiner alten Freundin doch ihre Lebensgeschichte zu erzählen, und sie ließ sich dazu gern bereit und willig finden und erzählte wie folgt:

Die Lebensgeschichte der Maus Sambar

»Ich bin geboren in dem Hause eines frommen Einsiedels; es waren unsrer viele Geschwister, und außer meinen lieben verstorbenen Eltern lebten auch deren Geschwister, Vettern und Muhmen und deren Kinder allzumal in diesem Hause. Es fehlte uns niemals an Nahrungsmitteln aller Art, denn die guttätigen Leute in der Nachbarschaft trugen dem Einsiedel alle Tage Brot, Mehl, Käse, Eier, Butter, Früchte und Gemüse zu, viel mehr, als er brauchte, darum, daß er für sie beten solle. Ob er für sie gebetet und ob das ihnen etwas geholfen hat, weiß ich nicht. Nun gönnte der Einsiedel mir und meinen Verwandten doch nicht alles und hing deshalb einen Korb mitten in seine Küche, wo wir nicht dazukonnten. Da ich mich aber schon als junges Mäuslein durch Mut, gepaart mit List und Vorsicht, vorteilhaft auszeichnete, sprang ich von der nahen Wand dennoch in den Korb, aß, soviel mir nur schmeckte, und warf das übrige meinen Verwandten herunter, die an jenem Tag einen wahren Festtag feierten. Als der Einsiedel hereinkam und sah, was geschehen war, traf er Anstalt, den Korb noch höher zu hängen. Da besuchte ihn ein Wallbruder, den bewirtete er nach seinem Vermögen, und als sie miteinander gegessen und getrunken hatten, tat der Einsiedel die Speisereste in den Korb und hing ihn an den neuen Ort und gedachte achtzuhaben, ob das Mäuslein auch da hineinkommen möchte. Indes begann der Gast zu reden und zu erzählen von seinen Fahrten zu Land und zu Meer und seinen Abenteuern, die er erlebt und bestanden, aber er nahm wahr, daß der Gastfreund immer nur mit halbem Ohr auf ihn hörte und immer dem Korbe mit Leib und Blicken halb zugewendet blieb. Da ward der Waller unwillig und sprach: ›Ich erzähle dir die schönsten Abenteuer, und du achtest nicht darauf und scheinst keine Lust daran zu haben.‹ — ›Mitnichten‹, erwiderte der Einsiedel, ›ich höre gar gern deine Reden, aber ich muß achthaben, ob die Mäuse wieder in den Speisekorb kommen, denn dieses Ungeziefer frißt mir alles weg, daß kaum etwas für mich übrigbleibt, und besonders ist eine, die springt in den Korb für alle andern.‹ Damit meinte er mich, die kleine Sambar. Darauf sagte der Wallbruder: ›Bei deiner Rede machst du mich der Fabel eingedenk von einer Frau, die zu ihrer Freundin sprach: Diese Frau gibt nicht ohne Ursache den ausgeschwungenen Weizen für den unausgeschwungenen.‹ — ›Wieso? Wie war das?‹ fragte der Einsiedel, und der Waller sagte: ›Laß dir erzählen. Einstmals auf meiner Wanderschaft herbergte ich bei einem ehrenwer-

ten Manne, den hörte ich des Nachts, da ich nebenan schlief, zu seiner Frau sprechen: ‚Frau, morgen will ich etliche Freunde zu Gaste laden.‘ Dem antwortete das Weib: ‚Du vermagst nicht alle Tage Gäste zu haben und Wirtschaft zu machen; damit vertust du, was wir haben, und zuletzt bleibt uns im Haus und Hof gar nichts mehr.‘ Da sprach der Mann: ‚Hausfrau, laß dir das nicht mißfallen, was mein Wille ist, besonders in solchen Sachen! Ich sage dir, wer allewege karg ist und immer einnehmen und zusammenscharren, aber niemals wieder ausgeben will und dessen, was er hat, nicht recht froh wird, der nimmt ein Ende wie der Wolf.‘

‚Wie war denn das Ende von dem Wolf?‘ fragte die Frau, und ihr Mann erzählte: ‚Es war einmal, so sagt man, ein Jäger, der ging nach dem Walde mit seinem Schießzeug, Pfeil und Armbrust, da begegnete ihm ein Rehbock, den schoß er und lud sich denselben auf, ihn heimzutragen. Darauf aber begegnete ihm ein Bär, der eilte auf ihn zu, und der Jäger, sich seiner zu erwehren, spannte in Eile die Armbrust, legte den Pfeilbogen darauf, aber er vermochte nicht anzulegen, weil ihn der Rehbock hinderte, und legte geschwind die Armbrust nieder, zückte sein Weidmesser und begann den Kampf mit dem Bären, und er rannte ihm das Messer durch den Leib in dem Augenblick, wo der Bär ihn umfaßte und ihn totdrückte. Wie der Bär die schwere Wunde fühlte, brüllte er und riß sie aus Wut noch weiter auf, so daß er sich bald verblutete. Abends ging ein Wolf des Wegs, der fand nun einen toten Rehbock, einen toten Bären und einen toten Jäger. Darüber ward er herzlich froh und sprach in seinem Herzen: Das alles, was ich hier finde, das soll alles mein bleiben, davon kann ich mich lange nähren. Meine Brüder sollen nichts davon bekommen. Vorrat ist Herr, sagt das Sprichwort. Heute will ich sparen und nichts davon anrühren, daß der Schatz lange dauert, obschon mich sehr hungert. Da liegt aber eine Armbrust, deren Sehne könnte ich abnagen. Und da machte sich der Wolf mit der gespannten Armbrust zu schaffen, die schnappte los, und der aufgelegte Stahl oder Bogenpfeil fuhr ihm mitten durchs Herz! – Siehe, Frau', so fuhr der Mann fort, dem ich zuhörte‹, sprach der Wallbruder zu dem Einsiedel – von welchem das Mäuslein Sambar ihren Freunden, dem Raben und der Schildkröte, erzählte –, ‚siehe, Frau, da hast du ein Beispiel, daß es nicht immer gut sei, zu sammeln und das Gesammelte treue Freunde nicht mit genießen lassen zu wollen.' Darauf sprach die Frau: ‚Du magst recht haben.' Als nun der Morgen kam, stand sie auf, nahm ausgehülsten Weizen, wusch ihn, breitete den aus, daß er trockne, und setzte ihr Kind dazu, ihn zu hüten, und dann ging sie weiter zur Besorgung ihrer übrigen Geschäfte. Aber das Kind tat, wie Kinder tun, es spielte und hatte nicht acht auf den Weizen, und da kam die Sau, fraß davon und verunreinigte den übrigen Weizen, den sie nicht fraß. Als die Frau hernach kam und das sah, ekelte ihr vor dem übrigen Weizen, nahm ihn und ging auf den Markt und bot ihn feil gegen ungehülsten zu gleichem Maß. Da hörte ich eine Nachbarsfrau jener, die gesehen hatte, was vorgegangen war, spöttisch zu einer dritten sagen: ‚Schau, wie gibt die Frau so wohlfeil gehülsten Weizen gegen den ungehülsten! Es hat alles seine Ursache.' – So ist's auch mit der Maus, von der du sagst, sie springe in den Korb für die andern Mäuse alle zusammen, und das muß wohl seine Ursache haben. Gib mir eine Haue, so will ich dem Mausloch nachgraben und die Ursache wohl finden.‹ – Diese Rede hörte ich«, so erzählte Sambar weiter, »im Löchlein einer meiner Gespielinnen; in meiner Höhle aber lagen tausend Goldgülden verborgen, ohne daß ich noch der Einsiedel wußten, wer sie hineingelegt, mit denen spielte ich täglich und hatte damit meine Kurzweil. Der Waller grub und fand bald das Gold, nahm es und sprach: ›Siehe, die Kraft des Goldes hat der Maus solche Stärke verliehen, so kecklich in den hohen Korb zu springen. Sie wird es nun nicht mehr vermögen.‹ Diese Worte vernahm ich mit Bekümmernis, und leider befand ich sie bald wahr. Als es Morgen wurde, kamen die andern Mäuse alle zu mir, daß ich sie, wie gewohnt, wieder füttere, und waren hungriger als je; ich aber vermochte nicht, wie ich sonst gekonnt und getan, in den Korb zu springen, denn die Kraft war von mir gewichen, und alsbald sah ich mich von den Mäusen, meinen nächsten Freunden und Verwandten, ganz schnöd behandelt; ja, sie besorgten sich, am Ende mir etwas geben und mich ernähren zu müssen, deshalb ging eine jede ihres Wegs, und keine sah mich mehr an, als ob ich sie auf das bitterste beleidigt hätte.

Da sprach ich zu mir traurig in meinem Gemüte diese Worte: ›Gute Freunde in der Not, gehn fünfundzwanzig auf ein Lot; soll es aber ein harter Stand sein, so gehen fünf auf ein Quentlein. Wer keine Habe hat, hat auch keine Brüder; wer keine Brüder hat, hat keine Verwandtschaft; wer keine Verwandtschaft hat, hat auch keine Freundschaft, und wer keine Freundschaft hat, der wird vergessen. Armut ist ein harter Stand; Armut macht das Leben krank. Keine Wunde brennt so heftig als Armut. Vieles Lob wird dem Reichen, wenn aber der Reiche arm wird, dann wird ihm doppelter und dreifacher Tadel; war er mild und gastfrei, so ist er ein Verschwender gewesen; war er edel und freisinnig, so heißt er nun stolz und streitsüchtig; ist er still und verschlossen, so heißt er tiefsinnig; ist er gesprächig, so heißt er ein Schwätzer. Tod ist minder hart als Armut. Dem armen Mann ist eher geholfen, wenn er seine Hand in den offenen Rachen einer giftigen Schlange steckt, als wenn er Hilfe begehrt von einem Geizhals.‹

Weiter sah ich nun, daß der Waller und der Einsiedel die gefundenen Goldgülden zu gleichen Hälften unter sich teilten und fröhlich voneinander schieden; und der Einsiedel legte sein Geld unter das Kopfkissen, darauf er schlief. Ich aber gedachte, mir etwas davon anzueignen, um meine verlorne Kraft wieder zu ersetzen, aber der Einsiedel erwachte von meinem leisen Geräusch und gab mir einen Schlag, daß ich nicht wußte, wo mir der Kopf stand und wie ich in mein Loch kam. Dennoch hatte ich keine Ruhe vor meiner Gier nach dem Gold und machte einen zweiten Versuch; da traf mich der Einsiedel abermals so hart, daß ich blutete und todwund in meine Höhle entrann. Da hatte ich genug und dachte nur mit Schrecken an Gold und Geld und sagte mir vier Sprüche vor in meinen Schmerzen und in meiner Traurigkeit: Keine Vernunft ist besser als die, seine eignen Sachen wohl betrachten und nicht nach fremden streben. Niemand ist edel ohne gute Sitten. Kein besserer Reichtum als Genügsamkeit. Weise ist der, welcher nicht nach dem strebt, was ihm unerreichbar ist. So beschloß ich, in Armut und edlem Sinn zu beharren, verließ des Einsiedels Haus und wanderte in die Einöde. Dort richtete ich mir ein wohnlich Wesen ein und lernte die friedsame Taube kennen, die ihre Hilfe bei mir suchte, dadurch auch du, Freund Rabe, dich zu mir gesellt hast, der mir von seiner Freundschaft zu dir, Schildkröte Korax, viel erzählte, so daß ich gern Verlangen trug, dich kennenzulernen, denn es ist auf der Welt nichts Schöneres als Gesellschaft treuer Freunde, und kein größeres Betrübnis gibt's, als einsam und freundlos sein.«

Damit endete das kluge Mäuslein Sambar seine Lebensgeschichte, und die Schildkröte nahm das Wort und sprach gar mild und freundlich: »Ich sage dir besten Dank für deine so lehrreiche Geschichte; viel hast du erfahren, und dein Schatz ist Weisheit geworden, die mehr ist als Gold. Nun vergiß hier bei uns dein Leiden und deinen Verlust und denke, daß das edle Gemüt man ehrt, auch wenn am irdischen Besitz es Mangel hat. Der Löwe, ob er schlafe, ob er wache, bleibt gefürchtet, und seine Stärke geht mit ihm, wohin er geht. Der Weise aber wechselt gern den Aufenthalt, auf daß er kennenlerne fremde Landesart, und zur Begleiterin erwählt er Gold nicht, nein – Vernunft.«

Wie der Rabe diese Worte hörte, freute er sich herzinnig über die Einigung seiner Freundinnen und sprach zu ihnen freundliche Worte; indem so kam ein Hirsch gelaufen, und als die treuen Tiere ihn hörten, so flohen sie, die Schildkröte in das Wasser, die Maus in ein Löchlein, der Rabe auf einen Baum. Und wie der Hirsch an das Wasser kam, erhob sich der Rabe in die Luft, zu sehen, ob vielleicht ein Jäger den Hirsch verfolge, da er aber niemand sah, so rief er seinen

Freundinnen, und da kamen sie wieder hervor. Die Schildkröte sah den Hirsch am Wasser stehen mit ausgestrecktem Hals, als scheue er sich zu trinken, und rief ihm zu: »Edler Herr, wenn dich dürstet, so trinke; du hast hier niemand zu fürchten!« Da neigte der Hirsch sein Haupt und grüßte die Schildkröte und näherte sich ihr, und sie fragte, von wannen er käme. Er antwortete: »Ich bin lange im wilden Walde gewesen, da habe ich gesehen, daß die Schlangen von einem Ende an das andere wandelten, und habe Furcht gefaßt, es möchten Jäger den Wald einkreisen, und bin hierher gewichen.« Die Schildkröte sprach: »Hierher kam noch nie ein Jäger, darum fürchte dich nicht. Und willst du hier wohnen, so kannst du von unsrer Gesellschaft sein; es ist hier rings gute Weide.« Das hörte der Hirsch gern und blieb auch da, und die Tiere erkoren einen Platz unter den Ästen eines schattenreichen Baumes, da kamen sie alle zusammen und erzählten einander von dem Laufe der Welt und auch schöne Märchen.

So kamen eines Tages die treubefreundeten Tiere auch zusammen, der Rabe, die Maus und die Schildkröte, aber der Hirsch blieb aus und fehlte. Da besorgten sie sich seiner, ob ihm etwa von einem Jäger etwas begegnet wäre, und der Rabe ward ausgesandt, nach ihm zu spähen und Botschaft zu bringen. Da sah er ihn nach einer Weile im Walde, nicht allzufern von ihrem Aufenthalt, in einem Netz gefangen liegen, kam wieder und sagte das seinen lieben Gesellen an. Sobald die Maus das vernahm, bat sie den Raben, sie zum Hirsch zu tragen, und dort sprach sie zu ihm: »Bruder, wer doch hat dich also überwältiget? Man rühmet doch als der verständigsten Tiere eines dich!« Darauf seufzte der Hirsch und sprach: »O liebe Schwester! Verstand schirmt nicht gegen den Urteilsspruch, der uns von oben kommt. Des Läufers Schnelle und des Starken Kraft zerreißt das Netz nicht, das Verhängnis heißt.«

Wie diese zwei noch redeten, kam die Schildkröte daher, sie war gekrochen, so schnell sie konnte; da wandte der Hirsch sich ihr zu und sprach: »O liebe Schwester, warum kommst du zu uns her? Und welchen Nutzen bringt uns deine Gegenwart? Die Maus allein vermag mich zu erledigen, und naht der Jäger, so entfliehe ich gar leicht, der Rabe fliegt von dannen, und die Maus entschlüpft. Dir aber, die Natur gemachsam schuf, nicht schnellen Schritts, auch fluchtgewandt nicht, dir droht schmähliche Gefangenschaft.« Darauf antwortete die Schildkröte: »Ein treuer Freund, der auch Vernunft hat, wird sich nicht wert des Lebens dünken, wenn er um seine Freunde kam. Und wenn ihm nicht vergönnt ist, daß er helfe, so mag er trösten doch nach seinen Kräften. Das Herz aus seinem Busen zieht ein treuer Freund und reicht es seinem treuen Freunde dar.« Als die Schildkröte noch sprach, während die Maus bereits das Netz eifrig zernagt hatte, hörten die Tiere den Jäger nahen, da entrann der Hirsch, der Rabe entflog, die Maus entschlüpfte. Der Jäger fand sein Netz zernagt, erschrak, sah sich um und fand niemand als die Schildkröte. Die nahm er, daß es Rabe und Maus mit Bedauern sahen, und band sie fest in einen Fetzen von dem Netz. Die Maus rief dem Raben zu: »O wehe, weh! Wenn einem Glück kommt, harret er des folgenden, und kommt ein Unglück, überfällt auch gleich ein zweites ihn. Trug ich nicht Leids genug an meines Goldes Verlust, und nun bin ich der liebgewordenen Schwester bar, sie, die mein Herz vor allem liebgewonnen hat. Weh mir, weh meinem Leib, der aus einem Trübsalsnetz ins andre rennt, und dem nichts anderes beschert ist als nur Widerwärtigkeit.«

Da sprachen Rabe und Hirsch zur Maus: »O kluge Freundin, klage nicht so sehr, denn Klagen ist nicht, was der Freundin frommt, und deine und unsre Trauer macht sie nicht von Banden frei. Ersinne Listen, wie wir sie befreien!«

Da sann das kluge Mäuslein Sambar eine Weile, dann sprach's: »Ich hab's. Du, Hirsch, gewinne schnell die Straße des Jägers und falle nahe dabei hin, wie halb tot, und du, Rabe, steh auf ihm, als ob du von ihm äßest. Wenn das der Jäger sieht, so wird er, was er trägt, aus den Händen legen, dann schleppst du, Freund Hirsch, dich gemachsam etwas tiefer in den Wald, damit er dich verfolgt, indes zernage ich das Netz und mache unsre liebe Schwester frei.«

Dieser Ratschlag ward schnell ausgeführt. Der Hirsch und der Rabe eilten auf einem Umweg dem Jäger voraus und taten, wie die Maus geraten. Der Jäger war gierig, den Hirsch zu erreichen, und warf alles, was er trug, von sich, der Hirsch kroch ins Dickicht, der Rabe flog nach, und der Jäger lief nach, und die Maus zernagte das Netz der Schildkröte und ging mit ihr nach Hause, dort fanden sie schon den Raben und den Hirsch, die schnell dem Jäger aus den Augen gekommen waren. Wie dieser nun zurückkehrte an den Ort, wo er seine Sachen hingeworfen hatte, die er noch dazu eine gute Länge suchen mußte, so fand er das Netz zernagt und konnte sich nicht genug wundern. »Das muß der böse Teufel getan haben und kein guter Geist!« fluchte er und dachte, daß böse Geister und Zauberer diese Gegend innehaben müßten, welche die Jäger in Tiergestalten äfften, ging furchtsam nach Hause und jagte nie mehr in diesem Walde. Und da wohnten nun die befreundeten Tiere miteinander in Ruhe, Eintracht und Glückseligkeit, und von Zeit zu Zeit kam auch die Taube in diese schöne Einsamkeit und besuchte die kluge Maus Sambar, ihre liebe Freundin, und brachte Neuigkeiten aus der Welt und allerlei schöne Geschichten, daran alle ihre Freude hatten.

Der Wettlauf
zwischen dem Hasen und dem Igel

Diese Geschichte ist ganz lügenhaft zu erzählen, Jungens, aber wahr ist sie doch, denn mein Großvater, von dem ich sie habe, pflegte immer, wenn er sie erzählte, dabei zu sagen: »Wahr muß sie doch sein, meine Söhne, denn sonst könnte man sie ja nicht erzählen.« Die Geschichte aber hat sich so zugetragen:

Es war einmal an einem Sonntagmorgen in der Herbstzeit, just als der Buchweizen blühte. Die Sonne war goldig am Himmel aufgegangen, der Morgenwind ging frisch über die Stoppeln, die Lerchen sangen in der Luft, die Bienen summten in dem Buchweizen, und die Leute gingen in ihren Sonntagskleidern nach der Kirche, kurz, alle Kreatur war vergnügt und der Swinegel auch.

Der Swinegel aber stand vor seiner Türe, hatte die Arme übereinandergeschlagen, kuckte dabei in den Morgenwind hinaus und trällerte ein Liedchen vor sich hin, so gut und so schlecht, als es nun eben am lieben Sonntagmorgen ein Swinegel zu singen vermag. Indem er nun noch so halbleise vor sich hin sang, fiel ihm auf einmal ein, er könne wohl, während seine Frau die Kinder wüsche und anzöge, ein bißchen im

Felde spazieren und dabei sich umsehn, wie seine Steckrüben stünden. Die Steckrüben waren das nächste bei seinem Hause, und er pflegte mit seiner Familie davon zu essen, und deshalb sah er sie denn auch als die seinigen an. Der Swinegel machte die Haustüre hinter sich zu und schlug den Weg nach dem Felde ein. Er war noch nicht sehr weit vom Hause und wollte just um den Schlehenbusch, der da vor dem Felde liegt, hinaufschlendern, als ihm der Hase begegnete, der in ähnlichen Geschäften ausgegangen war, nämlich um seinen Kohl zu besehen. Als der Swinegel des Hasen ansichtig wurde, bot er ihm einen freundlichen guten Morgen. Der Hase aber, der nach seiner Weise ein gar vornehmer Herr war und grausam hochfahrig dazu, antwortete nichts auf des

Swinegels Gruß, sondern sagte zu ihm, wobei er eine gewaltig höhnische Miene annahm: »Wie kommt es denn, daß du schon bei so frühem Morgen im Felde rumläufst?« – »Ich gehe spazieren«, sagte der Swinegel. »Spazieren?« lachte der Hase, »mir deucht, du könntest die Beine auch wohl zu besseren Dingen gebrauchen.« Diese Antwort verdroß den Swinegel über alle Maßen, denn alles kann er vertragen, aber auf seine Beine läßt er nichts kommen, eben weil sie von Natur schief sind. »Du bildest dir wohl ein«, sagte nun der Swinegel, »daß du mit deinen Beinen mehr ausrichten kannst?« – »Das denk ich«, sagte der Hase. – »Nun, es käme auf einen Versuch an«, meinte der Swinegel, »ich pariere, wenn wir wettlaufen, ich laufe dir vorbei.« – »Das ist zum Lachen, du mit deinen schiefen Beinen!« sagte der Hase, »aber meinetwegen mag es sein, wenn du so übergroße Lust hast. Was gilt die Wette?« – »Einen goldnen Lujedor und eine Buttelje Schnaps«, sagte der Swinegel. – »Angenommen«, sprach der Hase, »schlag ein, und dann kann's gleich losgehen.« – »Nein, so große Eile hat es nicht«, meinte der Swinegel, »ich bin noch ganz nüchtern; erst will ich nach Hause gehn und ein bißchen frühstücken. In einer halben Stunde bin ich auf dem Platze.« Darauf ging der Swinegel, denn der Hase war es zufrieden.

Unterwegs dachte der Swinegel bei sich: Der Hase verläßt sich auf seine langen Beine, aber ich will ihn schon kriegen. Er dünkt sich zwar ein vornehmer Herr zu sein, ist aber doch ein dummer Kerl, und bezahlen muß er doch. Als nun der Swinegel zu Hause ankam, sagte er zu seiner Frau: »Frau, zieh dich eilig an, du mußt mit ins Feld hinaus.« – »Was gibt es denn?« sagte die Frau. – »Ich habe mit dem Hasen um einen goldenen Lujedor und eine Buttelje Schnaps gewettet, ich will mit ihm um die Wette laufen, und da sollst du dabeisein.« – »O mein Gott, Mann!« schrie dem Swinegel seine Frau, »bist du nicht klug, hast du den Verstand verloren? Wie kannst du mit dem Hasen um die Wette laufen wollen?« – »Halt das Maul, Weib«, sagte der Swinegel, »das ist meine Sache. Räsonniere nicht in Männergeschäfte. Marsch, zieh dich an, und dann komm mit.« Was sollte dem Swinegel seine

Frau machen? Sie mußte wohl folgen, sie mochte wollen oder nicht.

Als sie nun miteinander unterwegs waren, sprach der Swinegel zu seiner Frau also: »Nun paß auf, was ich dir sagen werde. Sieh, auf dem langen Acker dort wollen wir unsern Wettlauf machen. Der Hase läuft nämlich in der einen Furche und ich in der andern, und von oben fangen wir an zu laufen. Nun hast du weiter nichts zu tun, als du stellst dich hier unten in die Furche, und wenn der Hase auf der andern Seite ankommt, so rufst du ihm entgegen: ›Ich bin schon da.‹

Damit waren sie beim Acker angelangt, der Swinegel wies seiner Frau ihren Platz an und ging nun den Acker hinauf. Als er oben ankam, war der Hase schon da. »Kann es losgehen?« sagte der Hase. »Jawohl«, erwiderte der Swinegel. »Dann man zu!« Und damit stellte sich jeder in seine Furche. Der Hase zählte: »Eins, zwei, drei!«, und los ging er wie ein Sturmwind den Acker hinunter. Der Swinegel aber lief nur ungefähr drei Schritte, dann duckte er sich in die Furche nieder und blieb ruhig sitzen.

Als nun der Hase im vollen Laufe unten ankam, rief ihm dem Swinegel seine Frau entgegen: »Ich bin schon da!« Der Hase stutzte und verwunderte sich nicht wenig. Er meinte nicht anders, es wäre der Swinegel selbst, der ihm das zurufe, denn bekanntlich sieht dem Swinegel seine Frau geradeso aus wie ihr Mann.

Der Hase aber meinte: »Das geht nicht mit rechten Dingen zu.« Er rief: »Noch einmal gelaufen, wieder herum!« Und fort ging es wieder wie der Sturmwind, so daß ihm die Ohren am Kopfe flogen. Dem Swinegel seine Frau aber blieb ruhig auf ihrem Platze. Als nun der Hase oben ankam, rief ihm der Swinegel entgegen: »Ich bin schon da!« Der Hase aber, ganz außer sich vor Eifer, schrie: »Nochmal gelaufen, wieder herum!« – »Mir recht«, antwortete der Swinegel, »meinetwegen so oft, als du Lust hast.« So lief der Hase dreiundsiebzigmal, und der Swinegel hielt es immer mit ihm aus. Jedesmal, wenn der Hase unten oder oben ankam, sagte der Swinegel oder seine Frau: »Ich bin schon da!«

Zum vierundsiebzigsten Mal aber kam der Hase nicht mehr zu Ende. Mitten auf dem Acker stürzte er zur Erde, das Blut floß ihm aus dem Halse, und er blieb tot auf dem Platze. Der Swinegel aber nahm seinen gewonnenen Louisdor und die Flasche Branntwein, rief seine Frau aus der Furche ab, und beide gingen vergnügt nach Hause, und wenn sie nicht gestorben sind, leben sie noch.

So begab es sich, daß auf der Buxtehuder Heide der Swinegel den Hasen zu Tode gelaufen hat, und seit jener Zeit hat es sich kein Hase wieder einfallen lassen, mit dem Buxtehuder Swinegel um die Wette zu laufen.

Die Lehre aber aus dieser Geschichte ist erstens, daß keiner, und wenn er sich auch noch so vornehm dünkt, sich soll beikommen lassen, über den geringen Mann sich lustig zu machen, und wäre es auch nur ein Swinegel. Und zweitens, daß es geraten ist, wenn einer freiet, daß er sich eine Frau aus seinem Stande nimmt, die just so aussieht als er selbst. Wer also ein Swinegel ist, der muß darauf sehen, daß seine Frau auch ein Swinegel sei.

Zitterinchen

Es war einmal ein armer Taglöhner, der hatte zwei Kinder, einen Sohn mit Namen Abraham und eine Tochter, die hieß Christinchen. Beide Kinder waren noch sehr jung, als der Vater starb, und gute Menschen mußten sich ihrer annehmen, sonst wären sie umgekommen, so arm waren sie. Das Mädchen wurde eine herrlich aufblühende Schönheit, die nicht ihresgleichen hatte weit und breit. Abraham ward ein kräftiger Jüngling und kam durch Vermittelung eines Gönners als Bedienter zu einem reichen Grafen. Ehe er aber von seiner

Schwester schied, ließ er sich von einem guten Freunde ihr Porträt malen und nahm es mit sich, denn er hatte sie sehr lieb. Der Graf war mit Abraham sehr wohl zufrieden, bemerkte jedoch öfters, daß er ein weibliches Porträt aus dem Busen zog und küßte; er verwunderte sich darüber, da Abraham still und sittsam war und kaum aus dem Hause kam; er fragte ihn deshalb, ob das Porträt seine Geliebte vorstelle, und betrachtete sich's genauer, als Abraham sagte, es sei seine Schwester. »Ist deine Schwester so schön«, sagte der Graf, »so wäre sie wohl wert, eines Edelmanns Weib zu sein!« — »Sie ist noch weit schöner!« entgegnete Abraham. Der Graf war entzückt und sandte heimlich seine Amme nach dem Orte, wo sich Christinchen befand, um sie nach seinem Schlosse zu holen.

Die Amme fuhr mit einem vierspännigen Wagen vor das Haus von Christinchens Pflegeeltern, grüßte sie von ihrem Bruder, und sie solle mit ihr nach dem gräflichen Schloß fahren. Christinchen sehnte sich sehr, ihren Bruder wiederzusehen, und war bereit zu folgen; sie besaß aber ein Hündchen, das sie einst aus dem Wasser gerettet hatte, das hieß Zitterinchen und hegte große Anhänglichkeit an sie. Das Hündchen sprang mit Christinchen in den Wagen. Die Amme hatte jedoch einen schlimmen Plan gefaßt. Als sie am steilen Ufer eines großen Flusses hinfuhren, machte sie Christinchen auf die Goldfische aufmerksam, die in den blauen Wellen spielten, und da Christinchen unbefangen aus dem Kutschenschlag hinaussah, stürzte sie sie in den Fluß, während der Wagen weiterfuhr. Die Amme hatte eine Base, die schon eine alte Jungfer war; mit dieser hatte sie bereits verabredet, an einem gewissen Ort zu warten, und als der Kutscher seine Pferde tränkte, stieg sie heimlich in den Wagen. Sie trug einen dichten Schleier, und die Amme unterwies sie, dem Grafen zu sagen, sie habe ein Gelübde getan, ihren Schleier innerhalb eines halben Jahres nicht zu lüften.

Die verhüllte Dame ward vor den Grafen geführt, der sie inständig bat, den Schleier zurückzuschlagen, sie verweigerte es jedoch standhaft, und der Graf ward um so begieriger. Er vertraute der Redlichkeit seines Abrahams, der die Schwester ihm noch viel schöner geschildert hatte, als das Porträt war. Er erbot sich daher, sie zu seiner Gemahlin zu erheben. Der Priester ward gerufen und die Trauung vollzogen. Nach dieser Feierlichkeit weigerte sich die Dame nicht länger, den Schleier zu lüften, doch wie erschrak der Graf, als er statt eines jugendlich frischen ein abgeblühtes Gesicht sah! Er geriet in den höchsten Zorn und ließ Abraham in ein Gefängnis werfen, trotz seiner Beteuerungen, daß diese Dame seine Schwester nicht sei; das betrügerische Bildnis ließ er in den Rauchfang hängen.

Eines Tages hatte der Bediente, der in des Grafen Vorzimmer schlief, eine seltsame Erscheinung. Eine weiße Gestalt stand vor seinem Bette und rasselte mit Ketten und sprach in leisem, wehklagendem Ton: »Zitterinchen, Zitterinchen!« Darauf kroch das Hündchen, das bisher im Schlosse geduldet worden war, unter dem Bette hervor, wo es geschlafen, und antwortete: »Mein allerliebstes Christinchen!« – »Wo ist mein Bruder Abraham?« fragte die Gestalt weiter. – »Er liegt gar hart gefangen in Ketten und Banden!« versetzte das Hündchen. – »Wo ist mein Bild?« – »Es hängt im Rauch.« –

»Wo ist die alte Kammerfrau?« – »Sie liegt in des Grafen Arm.« – »Daß's Gott erbarm! Nun komm ich zweimal noch, und werd ich nicht erlöst, so bin ich verloren für dieses Leben.« Die Gestalt zerfloß darauf wie ein Nebel. Der Bediente glaubte geträumt zu haben und sagte seinem Herrn nichts von der Erscheinung. Aber in der folgenden Nacht ward dieselbe Szene vor seinem Bett aufgeführt, doch rasselte die Gestalt mit ihren Ketten mehr als das vorige Mal und sagte, sie werde nun noch einmal kommen. Diesmal war der Bediente seiner Sache gewiß; er entdeckte den Vorgang seinem Herrn; dieser ward nachdenklich und entschloß sich, die Erscheinung zu belauschen. Er stand um die zwölfte Stunde hinter der angelehnten Türe des Schlafzimmers und lauschte. Endlich sah er die weiße Gestalt plötzlich in dem Dunkel des Vorzimmers auftauchen, hörte sie mit ihren Ketten rasseln und sprechen: »Zitterinchen, Zitterinchen!«, und das Hündchen antwortete: »Mein allerliebstes Christinchen!« – »Wo ist mein Bruder Abraham?« – »Er ist gar hart gefangen und liegt in Ketten und Banden.« — »Wo ist mein Bild?« — »Es hängt im Rauch.« — »Wo ist die alte Kammerfrau?« — »Sie liegt in des Grafen Arm.« — »Daß's Gott erbarm!« Da öffnete der Graf rasch die Türe, griff nach der Erscheinung und hielt eine schwere Kette in der Hand, die in dem Augenblick sich von der Gestalt abstreifte. Die gespenstische Erscheinung war zu einem holden Frauenbild geworden, das ihn anlächelte und das wohl Ähnlichkeit mit jenem Bilde hatte, aber es an Schönheit noch weit übertraf. Der Graf war entzückt und bat um Enträtselung des Geheimnisses. Nun erzählte Christinchen, wie die alte Amme sie arglistig ins Wasser gestürzt, die Nixen aber hatten sie mit ihren grünen Schleiern aufgefangen und sie in ihren unterirdischen Palast geführt. Sie habe eine der ihrigen werden sollen, habe sich jedoch geweigert, und die Nixen hätten ihr endlich erlaubt, in drei Nächten in des Grafen Vorgemach zu erscheinen. Würden zu diesen dreien Malen ihre Ketten nicht gelöst, so sei sie unwiderruflich verbunden, eine Nixe zu werden.

Der Graf war über diesen Bericht ebenso erfreut als erstaunt. Abraham wurde seiner Haft entlassen und in die Gunst des Grafen erhoben, in denselben Kerker aber ward die böse Amme geworfen und ihre Base aus dem Schlosse gepeitscht; Christinchen's Bild wurde aus dem Rauchfang genommen, und der Graf trug es auf seinem Herzen, Christinchen selbst aber ward seine Gemahlin. Zitterinchen leckte schmeichelnd die Hand der Herrin, als sie ihm aber liebkosend versprach, daß es nun gute Tage bei ihr haben sollte, verwandelte sich's in eine schöne Prinzessin, die dem verwunderten Christinchen ihr Schicksal erzählte. Sie war von einer bösen Zauberfrau verwünscht gewesen und war durch Christinchens Erlösung selbst erlöst worden.

Aschenbrödel

Ein Mann und eine Frau hatten zwei Töchter, und war auch noch eine Stieftochter da, des Mannes erstes liebes Kind, gar fromm und gut, aber nicht gern gesehen von ihrer Stiefmutter und Stiefschwestern, deshalb wurde es auch schlecht behandelt. Es mußte in der Küche den ganzen Tag über wohnen, alle Küchenarbeit tun, früh aufstehen, kochen, waschen und scheuern, und nachts mußte es in der Bodenkammer schlafen. Da kroch es bisweilen lieber in die Asche am Küchenherd und wärmte sich, und da es davon nicht sauber aussehen konnte, so wurde es von der Mutter und den Schwestern noch obendrein Aschenbrödelchen genannt, aus Spott und Bosheit.

Einst war der Vater zur Messe gereist und hatte die Mädchen gefragt, was er ihnen mitbringen solle; da hatte die eine schöne Kleider, die andere Perlen und Edelgesteine gewünscht, Aschenbrödel aber nur ein grünes Haselreis. Diese Wünsche hatte der Vater auch erfüllt. Die Schwestern putzten und schmückten sich, Aschenbrödel aber pflanzte das Reis auf das Grab ihrer Mutter und begoß es alle Tage mit ihren Tränen. Da wuchs das Reis sehr schnell und wurde ein schönes Bäumlein, und wenn Aschenbrödel auf dem Grab ihrer Mutter weinte, so kam allemal ein Vöglein geflogen, das sah sie mitleidig an.

Da begab sich's, daß der König ein Fest anstellte und dazu alle Jungfrauen des Landes einladen ließ, denn sein Sohn sollte sich aus ihnen eine Braut wählen. Und da schmückten sich die Schwestern überaus reizend, und Aschenbrödel mußte ihnen die Haare kämmen und schöne Zöpfe flechten, und daß sie auch gern zum Tanz mitgehen mochte, das fiel gar niemand ein. Als sie endlich es wagte, um Erlaubnis zu bitten, ward sie schrecklich ausgelacht, daß sie sich einfallen ließe, zum Tanz gehen zu wollen, da sie doch keine schönen Kleider habe und nicht einmal Schuhe. Die böse Stiefmutter nahm geschwind eine Schüssel voll Linsen, warf diese in die Asche und sagte: »So, Aschenbrödel, mache dir etwas zu tun,

lies erst die Linsen; dann sollst du mitgehen, mußt aber in zwei Stunden fertig sein.«

Das arme Kind ging in den Garten und rief dem Vöglein auf ihrem Haselnußbaum und auch den Täubchen, daß sie lesen sollten, die guten ins Töpfchen, die schlechten ins Kröpfchen, und bald wimmelte es von Tauben und andern Vögeln, da währte es gar nicht lange, so war die Schüssel voll Linsen ganz rein gelesen. Aber wie das gute Mädchen voller Freude die Linsen brachte, ärgerte sich die Stiefmutter und schüttete jetzt zwei Schüsseln voll Linsen in die Asche, und die sollte es nun auch noch in zwei Stunden lesen. Aschenbrödel weinte, rief aber die Vöglein wieder, und bald war auch diese Arbeit getan. Es wurde ihr aber dennoch nicht Wort gehalten, sondern sie wurde ausgelacht, denn sie habe ja keine Kleider und keine Schuhe, und wie sie sei, könnte sie sich nimmermehr sehen lassen, auch müsse der Königssohn und jeder andre einen schlechten Geschmack haben, der mit ihr tanze, und da gingen jene Stolzen fort und ließen Aschenbrödel tiefbetrübt zurück. Die ging zu ihrem Bäumchen und weinte bitterlich, da kam das Vöglein geflogen und rief:

»Mein liebes Kind, o sage mir,
Was du wünschest, schenk ich dir!«

Da rief Aschenbrödel, indem sie das Bäumchen anfaßte:

»O liebes Bäumchen, rüttle dich!
O liebes Bäumchen, schüttle dich!
Wirf schöne Kleider über mich!«

Da flog ein schönes Kleid herunter und kostbare Strümpfe und Schuhe, das zog Aschenbrödel geschwind an und ging auf den Ball, und das Mädchen war so schön, ach, so schön, daß es gar niemand kannte, auch nicht einmal seine Mutter und seine Schwestern, und der Königssohn tanzte nur mit ihm und mit keiner andern Jungfrau, und als es abends nach Hause ging, wollte er ihm folgen, es entwich ihm aber, zog geschwind Kleid und Schuhe aus auf dem Grabe unter dem Bäumchen und legte sich in seine Asche. Kleider und Schuhe verschwanden augenblicklich.

So ging es noch zweimal, immer kam Aschenbrödel unerkannt und in stets schönern Kleidern zum Tanze, immer tanzte der König nur mit ihm, und immer folgte dieser, und beim dritten Mal verlor es von ungefähr den einen kleinen goldnen Schuh; der Königssohn hob ihn auf, bewunderte seine Zierlichkeit und sprach es laut, ließ es auch durch die Herolde kundtun, nur die Jungfrau, an deren Fuß der kleine Schuh passe, solle seine Gemahlin werden, und ritt von Haus zu Haus, die Probe zu machen.

Vergebens probierten die beiden Schwestern den kleinen Schuh; es war, als ob ihre Füße ordentlich größer würden, da fragte der Königssohn, ob nicht drei Töchter da wären, und der Mann sagte: »Ja, Herr Prinz, noch ein kleines Aschenbrödelchen!«, und die Mutter setzte gleich hinzu: »Die sich nicht sehen lassen kann.« Der Königssohn wollte sie aber doch sehen; Aschenbrödel wusch sich fein und rein und trat ein, auch in ihrem aschgrauen Kittelchen durch ihre Schönheit die Schwestern überstrahlend. Und wie es den goldnen Schuh anzog, so paßte er prächtig, wie angegossen. Und der

Königssohn erkannte sie nun auch gleich wieder und rief: »Das ist meine holde Tänzerin, meine liebe Braut!«, nahm sie, führte sie aufs Schloß und befahl, ein stattliches Hochzeitsfest zuzurüsten.

Beim Kirchgang hatte Aschenbrödel ein ganz goldenes Kleid an und ein goldnes Krönlein auf dem Kopf; ihre Schwestern gingen ihr voll Neid zur Rechten und zur Linken. Da kam das Vöglein vom Haselbäumchen und pickte jeder ins Auge, daß dies erblindete. Als nun die Braut aus der Kirche ging, kam wieder das Vöglein und pickte wieder jeder das andere Auge aus, und so waren sie für ihren Neid und die Bosheit mit Blindheit geschlagen ihr lebelang.

Die drei Gaben

Es war einmal ein armer Leinweber, zu dem kamen drei reiche Studenten, und da sie sahen, daß der Mann sehr arm war, so schenkten sie ihm in seine Wirtschaft hundert Taler. Der Leinweber freute sich sehr über diese Gabe, gedachte sie gut anzuwenden, wollte aber noch eine Zeitlang seine Augen an den blanken Talern weiden, sagte daher seiner Frau, die nicht zu Hause gewesen war, nichts von seinem Glück und versteckte das Geld dahin, wo niemand Geld sucht, nämlich in die Lumpen.

Als er einmal auswärts war, kam ein Lumpensammler, und verkaufte die Frau ihm den ganzen Vorrat für einige Kreuzer. Da war groß Herzeleid, wie der Leinweber heimkam und seine Frau ihm erfreut das für die Lumpen gelöste wenige Geld zeigte.

Über ein Jahr so kamen die drei Studenten wieder, hofften den Leinweber nun in guten Umständen zu treffen, fanden ihn aber noch ärmer wie zuvor, da er ihnen sein Mißgeschick klagte. Mit der Ermahnung, vorsichtiger zu sein, schenkten ihm die Studenten abermals hundert Taler; nun wollte er's recht klug machen, sagte seiner Frau wieder nichts und steckte das Geld in den Aschentopf. Und da ging's gerade wieder so wie das vorige Mal; die Frau vertauschte die Asche an einen Aschensammler gegen ein paar Stückchen Seife, als gerade ihr Mann wieder abwesend war, irgendeinem Kunden bestellte Leinwand abzuliefern. Als er wiederkam und den Aschenhandel erfuhr, wurde er so böse, daß er seine Frau mit ungebrannter Asche laugte.

Über ein Jahr kamen die Studenten zum dritten Male, fanden den Leinweber fast als Lumpen und sagten ihm, indem sie ihm ein Stück Blei vor die Füße warfen: »Was nutzt der Kuh Muskate? Dir Tropf Geld zu schenken wäre dümmer, als du selbst bist. Zu dir kommen wir auch nicht wieder.« Damit gingen sie ganz ärgerlich fort, und der Leinweber hob das Stück Blei vom Boden auf und legte es aufs Fensterbrett. Bald darauf kam sein Nachbar herein, der war ein Fischer, bot guten Tag und sprach: »Lieber Nachbar, habt Ihr nicht etwa ein Stückchen Blei oder sonst was Schweres, das ich an mein Netz brauchen könnte? Ich habe nichts mehr von dergleichen.« Da gab ihm der Leinweber das Stückchen Blei, und der Nachbar bedankte sich gar schön und sagte: »Den ersten großen Fisch, den ich fange, den sollt Ihr zum Lohne haben!« – »Schon gut, es ist nicht darum«, sprach der zufriedene Leinweber.

Bald darauf brachte der Nachbar wirklich einen hübschen Fisch von ein Pfunder vier bis fünfe, und der Leinweber mußte ihn annehmen. Dieser schlachtete alsbald den Fisch, da hatte derselbe einen großen Stein im Magen. Den Stein legte der Leinweber auch auf das Fensterbrett. Abends, als es dunkel wurde, fing der Stein an zu glänzen, und je dunkler es wurde, je heller leuchtete der Stein, wie ein Licht. »Das ist eine wohlfeile Lampe«, sagte der Leinweber zu seiner Frau. »Willst du sie nicht vermöbelieren, wie du die zweihundert Taler vermöbeliert hast?« Und legte den Stein so, daß er die ganze Stube erhellte.

Am folgenden Abend ritt ein Herr am Hause vorbei, erblickte den Glanzstein, stieg ab und trat in die Stube, besah den Stein und bot zehn Taler dafür. Der Weber sagte: »Dieser Stein ist mir nicht feil!« – »Auch nicht für zwanzig Taler?« fragte der Herr. »Auch nicht«, antwortete der Leinweber. Jener aber fuhr fort, zu bieten und zu bieten, bis er tausend Taler bot, denn der Stein war ein kostbarer Diamant und noch viel mehr wert. Jetzt schlug der Weber ein und war der reichste Mann im Dorfe. Nun hatte die Frau das letzte Wort und sagte: »Siehst du, Mann! Wenn ich das Geld nicht zweimal mit fortgegeben hätte! Das hast du doch nur mir zu danken!«

Gott Überall

Es waren ein Paar Geschwister, hießen Görgel und Lieschen, seelengute Kinder, die blieben einmal ganz allein zu Hause; ihre Eltern waren über Feld gegangen und trugen Körbe, die sie von Weiden geflochten hatten, zum Verkauf in die Stadt. Zwar hatten die guten Eltern ihren Kindern, Görgeln und Lieschen, jedem ein ziemliches Stück Brot gegeben, davon sie sich diesen Tag über nähren sollten, allein bald hatte Görgel seines aufgezehrt und verspürte noch Eßlust, hatte aber nichts mehr zu brocken und nichts mehr zu beißen. Lieschen gab ihm noch ein wenig von ihrem Brot, doch auch dieses sättigte den Jungen nicht ganz, und er fing an, mit schelmischen Schmeichelworten zu seinem jüngern Schwesterchen zu reden: »Komm, lieb Lieschen, wir wollen ein wenig von dem süßen Rübensaft naschen, den die Mutter draußen im Schrank aufbewahrt, es ist ein großer Topf voll, sie merkt es gewiß nicht daran, und es sieht's ja auch gar niemand.« Aber

Lieschen sprach: »Ei, du bist sehr böse, Görgel, wenn du das tust; siehst du nicht die Sonnenstrahlen dort am Schrank? die läßt der liebe Gott hinanscheinen, und der sieht's auch, wenn wir naschen.« Da sprach Görgel: »So wollen wir auf den Dachboden gehen, wo die Mutter schöne Birnen liegen hat, davon wollen wir essen, dort ist kein Fenster, kann die Sonne nicht hineinscheinen, und dort sieht uns also der liebe Gott auch nicht.«

Lieschen weigerte sich anfangs, endlich gingen die Kinder doch nach dem Dachboden; aber hier fielen die gebrochenen Sonnenstrahlen reichlich durch die Lücken der Dachziegel und flimmerten ganz eigentümlich über den Birnen, als wenn sie darauf tanzten, und Lieschen sprach wieder: »O Görgel, auch hier sieht uns der liebe Gott, hier dürfen wir nicht naschen.« Sie gingen wieder herunter, und auf der Treppe fiel dem Görgel etwas bei, was er gleich aussprach: »Ei, im Keller hat die Mutter ein Töpfchen voll Rahm stehen, und drunten ist's ganz dunkel, da kann unmöglich der liebe Gott hineinsehen; komm, laß uns hinuntergehen, Lieschen, komm geschwind, geschwind!« – Görgel faßte sein zögerndes Schwesterchen fest an der Hand und zog es schnell mit sich fort hinunter in den Keller, wo er sorgfältig die Türe von innen zumachte, daß kein Tag hineinscheine und es der liebe Gott nicht sähe, wenn sie von dem Rahm naschten. Aber nach einigen Minuten wurde es ein wenig licht im Keller, Lieschen sah, daß durch eine Mauerspalte die liebe Sonne hereinschien, und gerade auf das Rahmtöpfchen, da erschrak das gute Lieschen und ging eilig wieder hinauf in die Stube. Görgel aber blieb, verstopfte ärgerlich die Spalte mit Moos und fing an, von dem Rahm zu essen. Doch wie er im besten Lecken und Schlecken war, rollte ein mächtiger Donner über ihn, und der Blitz zuckte durch die Mauerspalte, daß es ganz hell und feurig im Keller war, und ein schwarzer Mann stieg aus einer Ecke des Kellers, schritt auf Görgeln zu und setzte sich ihm gerade gegenüber; er hatte zwei feurige Augen, mit denen er fort und fort nach dem Rahmtöpfchen hinfunkelte, so daß der Görgel vor Angst keinen Finger regen konnte und daß er ganz still sitzen bleiben mußte.

Indessen war zum Lieschen droben in der Stube ein gar holdes Engelein gekommen, hatte ihm, nebst vielen schönen Spielsachen und Kleidern, auch Zuckerküchlein und süße Milch gebracht und hatte so lange mit Lieschen gespielt, bis dessen Eltern zurückkamen, die mit großer Freude die schönen Sachen betrachteten. Als dieselben nach dem Görgel fragten, erschrak Lieschen, denn sie hatte über die schönen Geschenke von dem Engelskindlein ganz vergessen, daß ihr Bruder im Keller geblieben war, und rief nun: »Ach, du lieber Gott, der ist ja noch im Keller, wir wollen ihn geschwinde holen, vielleicht kann er die Türe nicht wieder aufbringen.« Alle gingen schnell hinunter, machten die Kellertüre auf, und siehe, da saß Görgel noch ganz starr und hielt den Rahmtopf in der Hand. Und wie er das Geräusch hörte und seine Mutter sahe, erschrak er heftig und fuhr zusammen und weinte. Und die Mutter nahm ihm den halbgeleerten Rahmtopf aus den Händen, führte ihn heraus aus dem Keller und gab ihm seinen wohlverdienten Plätzer.

Der Görgel hat aber in seinem ganzen Leben nicht wieder genascht, und wenn später manchmal andre ihn zu etwas Bösem verleiten wollten und zu Taten, die das Licht scheuen, so sagte er immer: »Ich tu's nicht, ich gehe nicht mit, der Gott Überall sieht's, Gott behüte mich!« – Und ist ein durchaus rechtlicher und braver Mann geworden.

Die Knaben mit den goldnen Sternlein

Es war einmal ein junger Graf, der kannte, so schön er auch war, die Liebe noch nicht und hatte daher den Vorstellungen seiner Mutter und seiner Freunde, sich zu verehelichen, noch nicht Raum gegeben. Er fand aber Vergnügen daran, bei Nacht im Dorfe herumzuschleichen und die jungen Bursche und Mädchen zu belauschen, was sie in ihren Spinnstuben trieben, sangen und sagten. Einst nun hörte er ein Gespräch, von dem er selbst der Gegenstand war. »O wenn sich unser guter Graf ein Weib nähme«, sagte das eine der Mädchen, »so wollte ich, wenn ich's würde, ihm die leckersten Speisen kochen.« – »Und ich«, fiel eine zweite ein, »wollte ihm seine Kinder recht gut warten und pflegen.« – »Ich aber«, sprach die dritte, »wollte ihm zwei Knäblein bringen, wenn er mich zum Weibe nähme, die sollten goldne Sternlein auf der Brust tragen.« Die andern lachten, der Graf aber hatte allerlei Gedanken und ging auf sein Schloß.

Am andern Tage ließ er die drei Mädchen rufen, und sie mußten ihm alles noch einmal sagen, was sie gestern miteinander über ihn gesprochen, wenn er ein Weib nähme. Die letzte weigerte sich lange, denn sie schämte sich; als sie aber endlich ihren kühnen Wunsch bekannt, nahm sie der Graf freundlich bei der Hand und sprach: »Du sollst mein Weib sein, wenn du mir zwei Knäblein gebierst, so wie du gesagt hast; wo aber nicht, so will ich dich mit Schmach aus meinem Schlosse jagen.« Das Mädchen willigte ein, denn sie war freudigen Mutes und trug verborgene Liebe zu dem Grafen in ihrem Herzen. Die Hochzeit ward demnach begangen, obgleich die alte Gräfin sehr sauer dazu sah. Als nun einige Monde vergangen waren und die junge Gräfin sich guter Hoffnung fühlte, begab sich's, daß der Graf in ferne Lande ziehen mußte, und er bat seine Mutter, die gegen ihre Schnur alle Freundlichkeit erheuchelte, ihm alsbald zu schreiben, wenn seine Gemahlin geboren haben würde.

Die schwere Zeit rückte heran, und die junge Frau genas

zweier holder Knäblein, die trugen goldne Sternlein auf der Brust, sie war aber so erschöpft, daß sie lange in Ohnmacht lag; als sie nun erwachte und nach den Kindlein fragte, sagte man ihr, sie habe zwei ungestalte Katzen geboren, die man ersäuft habe. Darüber jammerte sie sehr, mehr als über das Unglück, das nun folgte. Schmachvoll ward sie aus dem Hause gewiesen, wie eine Bettlerin, und niemand erbarmte sich ihrer als ein Diener; der vertraute ihr heimlich, daß sie zwei schöne Knäblein mit goldnen Sternlein auf der Brust geboren habe; sie seien ihm in einem Korb mit dem Befehl übergeben worden, sie ins Wasser zu werfen, da es Katzen seien; er habe aber den Korb geöffnet, und da ihn die unschuldigen Würmlein gedauert, habe er sie einer Muhme zur Erziehung übergeben. Darüber freute sich die Verstoßene in ihrem Schmerze sehr, dankte dem mitleidigen Menschen vieltausendmal, eilte zu ihren Kindern und lebte mehrere Jahre in verborgener Einsamkeit mit ihnen.

Die Knäblein wuchsen heran und wurden immer schöner, die arme Frau dachte wieder an ihren Gemahl, wenn er die Knäblein sähe, würde er alles gutmachen, was seine böse Mutter an ihr verschuldet. Da träumte ihr, sie solle unter einen großen Lindenbaum am Kreuzweg gehen, dort werde sie einen Haufen Leinknotten finden, mit denen solle sie sich die Taschen füllen, aber ja nicht mehr nehmen, und dann nach Portugal gehen, wo ihr Gemahl in den Liebesnetzen einer Zauberin oder Fee verstrickt sei. Die Frau ging an den Baum, fand die Leinknotten und füllte sich die Taschen damit an. In einem Walde wurde sie von Räubern überfallen und ganz ausgeplündert, so daß sie keinen Pfennig behielt; sie mußte sich durch Betteln weiterhelfen, ihre Füße waren blutig gerissen, und noch war ihres Wegs kein Ende. Da tröstete sie abermals ein Traum in ihrem Elend und verhieß ihr endliches Gelingen. Einst bettelte sie an der Pforte eines schönen Schlosses; die Edelfrau sah ihre Knaben und war von ihrer Schönheit aufs höchste überrascht. Sie bat die arme Frau um einen ihrer Knaben und versprach, ihr dafür jede Bitte zu erfüllen. Der Armen ging es schwer an, eines ihrer Kinder zu missen, aber sie willigte endlich doch ein und bat

dagegen um das goldne Spinnrädchen, das die Edelfrau eben vor sich stehen hatte. Diese wunderte sich über das Verlangen, gab jedoch das Rädchen hin, und einer der beiden Knaben blieb bei ihr zurück. Die arme Frau war weiter und weiter gegangen und mußte sich endlich auch noch von ihrem zweiten Knaben trennen, für den sie ein goldnes Weiflein erhielt. Diese beiden Kleinodien verwahrte sie sehr sorgfältig und setzte ihre beschwerliche Wanderschaft fort.

Nach unendlichen Mühseligkeiten kam sie denn doch in Portugal an und kam an das Schloß, wo ihr Gemahl wohnte. Die Diener erzählten ihr, ihr Herr sei verheiratet, aber noch niemand habe das Antlitz seiner Gemahlin gesehen, da sie nur des Nachts im Schlosse sei, und des Tags wisse niemand, wohin sie gekommen. Als nun die Sonne untergegangen war, schlich sie sich in den Schloßgarten, setzte sich unter das Fenster der Gräfin und drehte ihr Spinnrädlein, daß es wie ein Stern durch die Nacht leuchtete. Dies sah aber die Zauberin, welche die Gemahlin des Grafen war, und trat zu der Frau und fragte sie nach dem seltsamen Spielzeug. Die Frau bot es ihr zum Geschenk an, wenn sie ihr dafür eine Bitte gewähre, sie bitte nämlich, eine Nacht bei ihrem Gemahl bleiben zu dürfen. Die Frau wunderte sich darüber sehr, willigte jedoch ein; heimlich aber gab sie dem Grafen einen Schlaftrunk, so daß er die ganze Nacht nicht erwachte und die verzweifelte Frau an seiner Seite den Morgen heranbrechen sah, wo die Zauberin sie abholte. Den nächsten Abend aber saß sie wieder vor dem Schloß und drehte ihr goldnes Weiflein; die Zauberin kam wieder und mußte ihr dieselbe Bitte gewähren. Diesmal hatte sie's versehen und ihrem Manne den Schlaftrunk nicht stark genug gemischt; ehe der Morgen anbrach, erwachte er daher, wunderte sich, die abgemagerte, verkümmerte Frau neben sich zu finden, die nun vor ihm ihr ganzes Herz ausschüttete. Da ergriff den Grafen eine namenlose Sehnsucht nach seinen Kindern, und er versprach ihr, sie wieder als seine Gattin anzuerkennen. Dann stellte er sich schlafend, als die Fee kam und die Frau von dannen führte. Der Fee aber erzählte er, er habe einen sonderbaren Traum gehabt. Ein Mann habe irrtümlich seine Gattin verstoßen und eine andere gefreit; die erste aber habe ihn aufgesucht mit Aufopferung ihres Leibes und ihrer Schönheit. Was der Gatte nun tun solle, wenn sie ihn gefunden. »Dann muß er sich von der zweiten scheiden und zu der Treuen zurückkehren!« sprach die Fee. – »Du hast dein Urteil gesprochen«, antwortete der Graf und erzählte ihr alles, was geschehen war. Da trennte die Fee sich schmerzlich von ihm. Der Graf aber kehrte mit der treuen Gattin in die Heimat zurück, nachdem er seine Knäblein ausgelöst. Die böse Mutter durfte ihm nicht wieder vors Antlitz kommen; die Gattin dagegen hielt er lieb und wert; den mitleidigen Bedienten belohnte er reich. Die Knaben mit den goldnen Sternlein wuchsen heran zu der Eltern Freude und wurden später wackere Kriegshelden, die viele Schlachten schlugen und gewannen.

Der Wacholderbaum

Es ist nun schon lange her – wohl zweitausend Jahre –, da war einmal ein reicher Mann, der hatte eine schöne, fromme Frau, und die hatten sich beide recht lieb; aber sie hatten keine Kinder, sie wünschten sich aber gar sehr welche, und die Frau betete oft darum Tag und Nacht, aber sie kriegten keine und kriegten keine. Vor ihrem Hause war ein Hof, auf dem stand ein Wacholderbaum; unter diesem stand eines Tages im Winter die Frau und schälte sich einen Apfel, und als sie sich den Apfel so schälte, so schnitt sie sich in den Finger, und das Blut floß in den Schnee. »Ach«, sagte die Frau und seufzte so recht dabei auf, sah das Blut vor sich an und war tief wehmütig, »hätte ich doch ein Kind, so rot als Blut und so weiß wie Schnee.« Und als sie das sagte, so wurde ihr wieder fröhlich zumute, es war ihr, als sollte das wahr werden. Da ging sie wieder ins Haus, und als ein Monat vorbei war, da war der Schnee vergangen, und zwei Monat, da war es grün, und drei Monat, da kamen die Blumen aus der Erde, und vier

Monat, da drängten sich alle Bäume in dem Holze, und die grünen Zweige waren alle ineinandergewachsen. Dort sangen die Vöglein, daß das ganze Holz erschallte, und die Blüten fielen von den Bäumen. Da war der fünfte Monat vorbei, und die Frau stand wieder unter dem Wacholderbaum, dort sprang ihr das Herz vor Freude, und sie fiel auf die Knie und wußte sich gar nicht zu lassen. Und als der sechste Monat vorbei, da wurden die Früchte dick und stark, und sie wurde ganz still, und im siebenten Monat, da griff sie nach den Beeren und aß sich recht satt; da wurde sie traurig und krank. Der achte Monat ging hin, und sie rief ihren Mann und weinte und sagte, wenn ich sterbe, so begrabet mich unter dem Wacholderbaume. Da war sie ganz getrost und freute sich, bis der neunte Monat vorbei war; da kriegte sie ein Kind, so weiß wie Schnee und so rot wie Blut, und als sie das sah, da freute sie sich so, daß sie starb.

Da begrub ihr Mann sie unter den Wacholderbaum, und er fing an, gar sehr zu weinen. Eine Zeitlang, und das ließ nach, und da er noch ein wenig geweint hatte, da wurde er wieder heitrer, und noch eine Zeit, da nahm er wieder eine Frau. Mit der zweiten Frau kriegte er eine Tochter, das Kind aber von der ersten Frau war ein kleiner Junge; der war so rot wie Blut und so weiß wie Schnee. Wenn die Frau ihre Tochter ansah, so hatte sie sie gar sehr lieb, aber wenn sie dann den kleinen Jungen ansah, da ging es ihr immer durch's Herz, und es deuchte ihr, als stünde er ihr überall im Wege, und sie dachte dann immer, wie sie ihrer Tochter all das Vermögen zuwenden wollte. Das aber hatte ihr der Böse eingegeben. Sie wurde nun dem kleinen Jungen ganz gram, stieß ihn herum von einer Ecke in die andere, puffte ihn hier und knuffte ihn dort, so daß das arme Kind immer in Angst war. Wenn es aus der Schule kam, hatte es nicht, wo es ruhig sitzen konnte.

Einmal war die Frau in die Kammer gegangen, da kam das kleine Töchterchen auch herauf und sagte: »Mutter, gib mir einen Apfel.« — »Ja, mein Kind«, sagte die Frau und gab ihr einen schönen Apfel aus der Kiste; die Kiste aber hatte einen großen, schweren Deckel mit einem großen, scharfen eisernen Schlosse. »Mutter«, sagte das Töchterchen, »soll Brüderchen nicht auch einen haben?« Das verdroß die Frau, doch ließ sie's nicht merken und sagte: »Ja, wenn er aus der Schule kommt.« Und als sie ihn durch das Fenster gewahr wurde, so war ihr doch gerade so, als wenn der Böse über sie käme. Schnell nahm sie ihrer Tochter den Apfel wieder weg und sagte: »Du sollst nicht eher einen haben als Bruder.« Darauf warf sie den Apfel in die Kiste und machte sie zu. Als nun der kleine Junge in die Türe trat, da sagte sie ganz freundlich zu ihm: »Mein Sohn, willst du einen Apfel haben?« und sah ihn dabei ganz böse an. »Mutter«, sagte der kleine Junge, »was siehst du mich so gräsig an! ja, gib mir einen Apfel.« —

»Komm mit mir«, sagte sie und machte den Deckel auf. »Hol dir einen Apfel heraus.« Und als sich der kleine Junge hineinbückt — da rät ihr der Böse. — Bratsch! schlug sie den Deckel zu, daß der Kopf des kleinen Jungen abflog und unter die roten Äpfel fiel. Da überlief es sie, und sie dachte in großer Angst: Wie kann ich das wohl von mir abbringen! Da ging sie hinunter in die Stube und holte aus der untersten Schublade der Kommode ein weißes Tuch; nun setzte sie den Kopf auf den Leib und band das Halstuch so um, daß man nichts sehen konnte, dann setzte sie ihn vor die Türe auf einen Stuhl und gab ihm den Apfel in die Hand.

Bald darauf kam Marlenchen zu ihrer Mutter in die Küche; die stand beim Feuer und rührte immer in einem Topfe. »Mutter«, sagte Marlenchen, »Bruder sitzt vor der Tür und sieht ganz weiß aus; er hat einen Apfel in der Hand; ich habe ihn gebeten, er soll mir den Apfel geben, aber er antwortet

nicht, und da wurde mir ganz graulich.« – »Geh noch einmal hin«, sagte die Mutter, »und wenn er wieder nicht antworten will, so gib ihm eins hinter die Ohren.« Da ging Marlenchen hin und sagte: »Bruder, gib mir den Apfel.« Aber er schwieg still, da gab sie ihm eins an die Ohren, und da fiel der Kopf herunter; darüber nun erschrak sie sich und fing an gar sehr zu weinen; sie lief zur Mutter und sagte: »Ach, Mutter, ich hab meinem Bruder den Kopf abgeschlagen«, und weinte und weinte und wollte sich nicht zufriedengeben. »Marlenchen«, sagte die Mutter, »was hast du getan! Aber sei nur still, daß es kein Mensch merkt, das ist nun doch einmal nicht zu ändern; wir wollen ihn in Essig kochen.« Da nahm die Mutter den kleinen Jungen, hackte ihn in Stücken, tat sie in einen Topf und kochte ihn im Essig. Marlenchen aber stand dabei und weinte und weinte, und die Tränen fielen alle in den Topf, so daß sie gar kein Salz brauchten.

Da kam der Vater nach Haus, setzte sich zu Tisch und sagte: »Wo ist denn mein Sohn?« Da trug die Mutter eine große, große Schüssel auf mit Schwarzsauer, und Marlenchen weinte und konnte sich gar nicht halten. Da sagte der Vater wieder: »Wo ist denn mein Sohn?« – »Ach«, sagte die Mutter, »er ist über Land gegangen zum Großohm, er will dort eine Zeitlang bleiben.« – »Was tut er denn dort? Er hat nicht einmal adjö zu mir gesagt.« – »Er wollte gern hin und fragte mich, ob er wohl sechs Wochen bleiben könnte; er ist ja dort gut aufgehoben.« – »Ach!« sagte der Mann, »ich bin recht traurig, und es ist doch nicht recht, er hätte mir doch adjö sagen sollen.« Damit fing er an zu essen und sagte: »Marlenchen, was weinst du? Bruder wird wohl wiederkommen.« – »Ach, Frau«, sagte er dann, »was schmeckt mir das Essen gut, gib mir mehr!« Und je mehr er aß, je mehr wollte er haben, und er sagte immer: »Gebt mir mehr, ihr sollt nichts davon haben, das ist, als wenn das alles mein wäre.« Und er aß und aß, und die Knochen warf er alle unter den Tisch, bis alles alle war. Marlenchen aber ging hin zu ihrer Kommode und nahm aus der untersten Schublade ihr bestes seidenes Tuch; holte alle die Knochen unter dem Tische hervor, band sie in das seidene Tuch und trug sie vor die Tür und weinte ihre blutigen Tränen. Dort legte sie sie unter den Wacholderbaum in das grüne Gras, und als sie sie dort hingelegt hatte, da war ihr mit einem Male so recht leicht, und sie weinte nicht mehr. Da fing der Wacholderbaum an, sich zu bewegen, und die Zweige taten sich immer voneinander und dann wieder zusammen, so, als wenn sich einer recht freut und mit den Händen so tut. Damit ging durch den Baum ein Nebel, und durch den Nebel brannte ein Feuer, und aus dem Feuer flog ein schöner Vogel heraus, der sang so herrlich und flog hoch in die Luft, und als er weg war, da war der Wacholderbaum, wie er vorher gewesen war, aber das Tuch mit den Knochen war weg. Marlenchen aber war recht vergnügt, als ob der Bruder noch lebte. Da ging sie wieder ganz lustig in das Haus, setzte sich zu Tisch und aß.

Der Vogel aber flog weg, setzte sich auf eines Goldschmieds Haus und fing nun an zu singen:

»Meine Mutter, die mich g'schlacht',
Mein Vater, der mich aß,
Meine Schwester, das Marlenichen,
Sucht alle meine Beenichen,
Bind' sie in ein seiden Tuch,
Legt's unter den Wacholderbaum.
Kiwit, Kiwit,
Was für ein schöner Vogel bin ich.«

Der Goldschmied saß in seiner Werkstatt und machte gerade eine goldene Kette, da hörte er den Vogel, der auf seinem Dache saß und sang, und das deuchte ihm gar zu schön. Da stand er auf, und als er über den Flur ging, da verlor er einen Pantoffel. Er ging aber so recht mitten in die Straße hin und hatte nur einen Pantoffel und einen Socken an. Er hatte sein Schurzfell vor, und in der einen Hand die goldene Kette und in der andern Hand die Zange; die Sonne schien so hell auf die Straße. Da stellte er sich so, daß er den Vogel gut sehen konnte. »Vogel«, sagte er, »wie schön kannst du singen! Sing mir das Stück noch mal.« – »Nein«, sagte der Vogel, »zweimal singe ich nicht umsonst. Gib mir die goldene Kette, so will ich es nochmals singen.« – »Da«, sagte der Goldschmied, »hast du die goldene Kette, nun singe es mir noch mal.« Da kam der Vogel, nahm die goldene Kette ins rechte Pfötchen, setzte sich vor den Goldschmied hin und sang:

»Meine Mutter, die mich g'schlacht',
Mein Vater, der mich aß,
Meine Schwester, das Marlenichen,
Sucht alle meine Beenichen,
Bind' sie in ein seiden Tuch,
Legt's unter den Wacholderbaum.
Kiwit, Kiwit,
Was für ein schöner Vogel bin ich.«

Da flog der Vogel weg und setzte sich auf das Dach eines Schusters und sang:

»Meine Mutter, die mich g'schlacht',
Mein Vater, der mich aß,
Meine Schwester, das Marlenichen,
Sucht alle meine Beenichen,
Bind' sie in ein seiden Tuch,
Legt's unter den Wacholderbaum.
Kiwit, Kiwit,
Was für ein schöner Vogel bin ich.«

Als der Schuster das hörte, lief er in Hemdsärmeln vor seine Türe, sah nach seinem Dache und mußte die Hand vor die Augen halten, damit ihn die Sonne nicht blende. »Vogel«, sagte er, »was kannst du schön singen!« Da rief er in seine Türe hinein: »Frau, komm mal heraus, da ist ein Vogel, der kann mal schön singen.« Dann rief er auch seine Tochter,

seine Kinder und Gesellen, die Lehrjungen und die Magd, und sie kamen alle auf die Straße und sahen den Vogel an, und wie schön er war; er hatte so schöne rote und grüne Federn, und um den Hals war es wie lauter Gold, und die Augen blinkten ihm im Kopfe wie Sterne. »Vogel«, sagte der Schuster, »nun sing mir das Stück noch mal.« – »Nein«, sagte der Vogel, »zweimal singe ich nicht umsonst, du mußt mir was schenken.« – »Frau«, sagte der Mann, »gehe in den Laden, auf dem obersten Brett, da stehen ein Paar rote Schuh, die bring heraus.« Da ging die Frau hin und holte die Schuh. »Da, Vogel«, sagte der Mann, »nun sing mir das Stück noch mal.« Da kam der Vogel, nahm die Schuhe mit dem linken Pfötchen, flog wieder auf das Dach und sang:

»Meine Mutter, die mich g'schlacht',
Mein Vater, der mich aß,
Meine Schwester, das Marlenichen,
Sucht alle meine Beenichen,
Bind' sie in ein seiden Tuch,
Legt's unter den Wacholderbaum.
Kiwit, Kiwit,
Was für ein schöner Vogel bin ich.«

Als er ausgesungen hatte, flog er fort. Die Kette hatte er in dem rechten und die Schuhe in dem linken Pfötchen, und er flog weit weg nach einer Mühle, und die Mühle ging klipp-klapp, klipp-klapp, klipp-klapp. In der Mühle saßen zwanzig Knappen, die behauten einen Stein und hackten hick-hack, hick-hack, hick-hack, und die Mühle ging klipp-klapp, klipp-klapp, klipp-klapp. Da setzte sich der Vogel auf einen Lindenbaum, der vor der Mühle stand, und sang:

»Meine Mutter, die mich g'schlacht'«,

da hörte ein Knappe auf,

»Mein Vater, der mich aß«,

da hörten noch zwei auf und hörten zu,

»Meine Schwester, das Marlenichen«,

da hörten wieder viere auf,

»Sucht alle meine Beenichen«,

nun hauten nur noch dreizehn,

»Bind' sie in ein seiden Tuch«,

jetzt nur noch sieben,

»Legt's unter«,

jetzt nur fünf,

»den Wacholderbaum«,

nur noch einer,

»Kiwit, Kiwit,
Was für ein schöner Vogel bin ich.«

Da hielt der letzte auch inne und hatte das letzte noch gehört. »Vogel«, sagte er, »was singst du schön! Laß mich das auch hören, singe das noch mal.« – »Nein«, sagte der Vogel, »zweimal singe ich nicht umsonst; gib mir den Mühlstein, so will ich es noch mal singen.« – »Ja«, sagte er, »wenn er mir allein gehörte, so solltest du ihn haben.« Da sagten die andern:

»Wenn er noch mal singt, so soll er ihn haben.« Da kam der Vogel herunter, und alle zwanzig Knappen faßten an und hoben mit Hebebäumen den Stein auf. Da steckte der Vogel den Hals durch das Loch und nahm ihn um, als ob es ein Kragen wäre, flog wieder auf den Baum und sang:

»Meine Mutter, die mich g'schlacht',
Mein Vater, der mich aß,
Meine Schwester, das Marlenichen,
Sucht alle meine Beenichen,
Bind' sie in ein seiden Tuch,
Legt's unter den Wacholderbaum.
Kiwit, Kiwit,
Was für ein schöner Vogel bin ich.«

Als er ausgesungen hatte, da tat er die Flügel auseinander und hatte in dem rechten Pfötchen die Kette, in dem linken die Schuh und um den Hals den Mühlstein und flog fort damit nach seines Vaters Hause. In der Stube saß der Vater, die Mutter und Marlenchen bei Tisch, und der Vater sagte: »Ach, wie wird mir so leicht und wohl zumute.« – »Ach, nein«, sagte die Mutter, »mir ist es angst, als wenn ein schweres Gewitter käme.« Marlenchen aber saß und weinte und weinte, da kam der Vogel angeflogen, und als er sich auf das Dach setzte, sagte der Vater: »Mir ist so recht freudig ums Herz, und die Sonne scheint draußen so schön, mir ist gerade, als sollte ich einen alten Bekannten wiedersehen.« – »Ach, nein«, sagte die Frau, »mir ist so angst, die Zähne klappern mir, mir ist, als hätte ich Feuer in den Adern.« Aber Marlenchen saß in der Ecke und weinte und hatte ein Tuch vor den Augen und weinte das Tuch ganz naß. Da setzte sich der Vogel auf den Wacholderbaum und sang:

»Meine Mutter, die mich g'schlacht'«

Da hielt die Mutter die Ohren zu und kniff die Augen zusammen, denn sie wollte nicht sehen noch hören; aber das brauste ihr in den Ohren wie der stärkste Sturm, und die Augen brannten und zuckten ihr wie Blitze.

»Mein Vater, der mich aß«

»Ach, Mutter«, sagte der Mann, »das ist ein schöner Vogel, der singt so herrlich, die Sonne scheint so warm, und das riecht wie lauter Maiblumen.«

»Meine Schwester, das Marlenichen«

Da legte Marlenchen den Kopf auf die Knie und weinte immerfort, der Mann aber sagte: »Ich gehe hinaus, ich muß den Vogel in der Nähe sehen.« – »Ach, geh nicht«, sagte die Frau, »mir ist, als bebte das ganze Haus und stände in Flammen.« Aber der Mann ging hinaus und sah den Vogel an.

»Sucht alle meine Beenichen,
Bind' sie in ein seiden Tuch,
Legt's unter den Wacholderbaum.
Kiwit, Kiwit,
Was für ein schöner Vogel bin ich.«

Dabei ließ der Vogel die goldene Kette fallen, und sie fiel dem Manne just um den Hals, gerade so, daß sie ihm so recht schön paßte. Da ging er hinein und sagte: »Sieh, was ist das für ein guter Vogel; er hat mir diese schöne Kette geschenkt, und er sieht so prächtig aus.« Der Frau aber wurde so angst, daß sie niederstürzte, wobei ihr die Mütze vom Kopfe fiel. Da sang der Vogel wieder:

»Meine Mutter, die mich g'schlacht'«

»Ach, daß ich tausend Klafter unter der Erde wäre, damit ich das nicht hören müßte.«

»Mein Vater, der mich aß«

Da fiel die Frau für tot nieder.

»Meine Schwester, das Marlenichen«

»Ach«, sagte Marlenchen, »ich will auch hinausgehen und sehen, ob mir der Vogel was schenkt.« Und da ging sie hinaus.

»Sucht alle meine Beenichen,
Bind' sie in ein seiden Tuch«

Da warf er ihr die Schuhe herunter.

»Legt's unter den Wacholderbaum
Kiwit, Kiwit,
Was für ein schöner Vogel bin ich.«

Da wurde sie ganz vergnügt und fröhlich; sie zog die neuen roten Schuhe an, tanzte und sprang hinein. »Ach«, sagte sie, »ich war so traurig, als ich hinausging, und nun bin ich lustig; das ist mal ein herrlicher Vogel; hat mir ein Paar Schuhe geschenkt.« – »Nein«, sagte die Frau und sprang auf, und die Haare standen ihr zu Berge wie Feuerflammen, »mir ist, als sollte die Welt untergehen! Ich will auch hinaus, vielleicht wird es mir auch leichter.« Und als sie aus der Türe kam, bratsch! warf ihr der Vogel den Mühlstein auf den Kopf, daß sie ganz zerquetscht wurde. Als der Vater und Marlenchen das hörten, gingen sie hinaus, da sahen sie Dampf, Flammen und Feuer auf der Stelle, und als das verloschen war, da stand der kleine Bruder da, der nahm den Vater und Marlenchen bei der Hand. Alle drei waren nun recht vergnügt und gingen in das Haus, setzten sich zu Tische und aßen.

Der weiße Wolf

Ein König ritt jagen in einem großen Walde, darinnen er sich verirrte, und mußte manchen Tag wandern und manche Nacht, fand immer nicht den rechten Weg und mußte Hunger und Durst leiden. Endlich begegnete ihm ein kleines schwarzes Männlein, das fragte der König nach dem rechten

Weg. »Ich will dich wohl führen und geleiten«, sagte das Männlein, »aber du mußt mir auch etwas dafür geben, du mußt mir das geben, was dir aus deinem Hause zuerst entgegenkommt.« Der König war froh und sprach unterwegs: »Du bist recht brav, Männchen; wahrlich, und wenn mein bester Hund mir entgegenlief, so wollt ich dir ihn doch gern zum Lohne geben.« Das Männlein aber erwiderte: »Deinen besten Hund, den mag ich nicht, mir ist was andres lieb.« Wie sie nun beim Schlosse ankamen, so sah des Königs jüngste Tochter durchs Fenster ihren Vater geritten kommen und sprang ihm fröhlich entgegen. Da sie ihn aber in ihre Arme schloß, sprach er: »Ei, wollt ich doch, daß lieber mein bester Hund mir entgegengekommen wäre!« Über diese Rede erschrak die Königstochter gar sehr und weinte und rief: »Wie das, mein Vater? Ist dir dein Hund lieber denn ich, und sollte er dich froher willkommen heißen?« Aber der König tröstete sie und sagte: »O liebe Tochter, so war es ja nicht gemeint!« und erzählte ihr alles. Sie aber blieb ganz standhaft und sagte: »Es ist besser so, als daß mein lieber Vater umgekommen wäre im wilden Walde«, und das Männchen sagte: »Nach acht Tagen hole ich dich.«

Und nach acht Tagen, richtig, da kam ein weißer Wolf in das Königsschloß, und die Königstochter mußte sich auf seinen Rücken setzen, und heißa, da ging's durch dick und dünn, bergauf und -ab, und die Königstochter konnte das Reiten auf dem Wolf nicht aushalten und fragte: »Ist's noch weit?« — »Schweig! Weit, weit ist's noch zum gläsernen Berge — schweigst du nicht, so werf ich dich herunter!« Nun ging es wieder so fort, bis die arme Königstochter wieder zagte und klagte und fragte, ob es noch weit sei. Und da sagte ihr der Wolf die nämlichen drohenden Worte und rannte immer fort, immer weiter, bis sie zum dritten Male die Frage wagte, da warf er sie auf der Stelle von seinem Rücken herunter und rannte davon.

Nun war die arme Prinzessin ganz allein in dem finstern Walde und ging und ging und dachte: Endlich werde ich doch einmal zu Leuten kommen. Und endlich kam sie an eine Hütte, da brannte ein Feuerchen und da saß ein altes

Waldmütterchen, das hatte ein Töpfchen am Feuer. Und da fragte die Königstochter: »Mütterchen, hast du den weißen Wolf nicht gesehen?« – »Nein, da mußt du den Wind fragen, der fragt überall herum, aber bleibe erst noch ein wenig hier und iß mit mir. Ich koche hier ein Hühnersüppchen.« Das tat die Prinzessin, und als sie gegessen hatten, sagte die Alte: »Nimm die Hühnerknöchelchen mit dir, du wirst sie gut gebrauchen können.« Dann zeigte ihr die Alte den rechten Weg nach dem Winde.

Als die Königstochter bei dem Winde ankam, fand sie ihn auch am Feuer sitzen und sich eine Hühnersuppe kochen, aber auf ihre Frage nach dem weißen Wolf antwortete er ihr: »Liebes Kind, ich habe ihn nicht gesehen, ich bin heute einmal nicht gegangen und wollte mich einmal hübsch ausruhen. Frage die Sonne, die geht alle Tage auf und unter, aber erst mache es wie ich, ruhe dich aus und iß mit mir, kannst hernach auch alle die Hühnerknöchlein mit dir nehmen, wirst sie wohl gut brauchen können.«

Als dies geschehen war, ging die Kleine nach der Sonne zu, und es ging da gerade wieder wie beim Winde, die Sonne kochte sich gerade eine Hühnersuppe an sich selbst, daher es damit sehr geschwind ging, hatte auch den weißen Wolf nicht gesehen und lud die Prinzessin zum Mitessen ein. »Du mußt den Mond fragen, denn wahrscheinlich läuft der weiße Wolf nur des Nachts, und da sieht der Mond alles.« Als nun die Königstochter mit der Sonne gegessen und die Knöchlein aufgesammelt hatte, ging sie weiter und fragte den Mond. Auch er kochte Hühnersuppe und sagte: »Es ist fatal, ich habe letzt nicht geschienen oder bin zu spät aufgegangen, ich weiß gar nichts von dem weißen Wolf.« Da weinte das Mädchen und rief: »O Himmel, wen soll ich nun fragen?« – »Nun, nur Geduld, mein Kind«, sagte der Mond. »Vor Essen wird kein Tanz, setze dich und iß erst die Hühnersuppe mit mir und nimm auch die Knöchelchen mit, du wirst sie wohl brauchen. Etwas Neues weiß ich doch; im gläsernen Berge das schwarze Männchen – das hält heute Hochzeit, der Mann im Mond ist auch dazu eingeladen.« – »Ach, der gläserne Berg, der gläserne Berg! Dahin wollte ich ja eben, da-

hin hat mich ja der weiße Wolf tragen sollen!« rief die Königstochter. – »Nun, bis dorthin kann ich dir schon leuchten und den Weg zeigen«, sagte der Mond, »sonst könntest du dich leichtlich irren, denn ich zum Beispiel bestehe ganz und gar aus lauter gläsernen Bergen. Nimm immer deine Knöchlein hübsch alle mit.« Das tat die Prinzessin, aber in der Eile vergaß sie doch ein Knöchlein.

Bald stand sie an dem gläsernen Berge, aber der war ganz glatt und glitschig, da war nicht hinaufzukommen, aber da nahm die Königstochter alle Hühnerknöchlein von der alten Waldmutter, von dem Wind, von der Sonne und von dem Monde und machte sich daraus eine Leiter, die wurde sehr lang, aber, o weh, zuletzt fehlte noch eine einzige Sprosse, noch ein Glied. Da schnitt sich die Prinzessin das oberste Gelenk von ihrem kleinen Finger ab, und so tat es gut, und sie konnte nun rasch zum Gipfel des gläsernen Berges klimmen. Oben war eine große Öffnung, da führte eine schöne Treppe hinunter und war alles voll Glanz und Pracht und war ein Saal da voll Hochzeitsgäste und viele Musikanten und reichbesetzte Tafeln. Und da saß das schwarze Männlein, und an seiner Seite saß eine Dame, die war seine Braut, das schwarze Männlein aber schien traurig. Und der Königstochter tat es auch so weh, so weh, daß sie nun zu spät kam und daß das schwarze Männlein so traurig war, und dachte bei sich: Ich will ein Lied vom weißen Wolf singen, vielleicht kennt er mich dann. Denn er hatte sie noch gar nicht angesehen, folglich auch nicht wiedererkannt. Und da stand eine Harfe an der Wand, welche die Prinzessin gut spielte, die nahm sie nun und sang:

»Deinen besten Hund, den mag ich nicht,
Mir ist was andres lieb!
Die jüngste Königstochter.

Der weiße Wolf, der lief davon,
Sie weiß nicht, wo er blieb;
Die jüngste Königstochter.«

Da horchte das schwarze Männlein hoch auf, aber die Prinzessin fuhr fort zu spielen und zu singen.

»Sie ist dem Wolfe nachgereist,
Schnitt ab ihr Fingerglied,
Die jüngste Königstochter.

Nun ist sie da – du kennst sie nicht,
Traurig singt dir dies Lied
Die jüngste Königstochter.«

Da sprang das schwarze Männlein von seinem Sitze auf und war plötzlich ein ganz schöner, junger Prinz und eilte auf sie zu und schloß sie in seine Arme.

Alles war Zauber gewesen. Der Prinz war in das alte Männlein und in den weißen Wolf und in den gläsernen Berg hinein verzaubert so lange, bis eine Prinzessin, um zu ihm zu gelangen, sich's ein Glied von ihrem kleinen Finger kosten lassen würde, wenn das aber bis zu einer gewissen Zeit nicht geschähe, so müsse er eine andre freien und ein schwarzes Männlein bleiben all sein Leben lang. Nun war der Zauber gelöst, die andre Braut verschwand, der entzauberte Prinz heiratete die Königstochter, reiste darauf mit ihr zu ihrem Vater, der sich herzlich freute, sie wiederzusehen, und lebten alle glücklich miteinander bis an ihr Ende. Sollte dieses aber nicht erfolgt sein, so ist es einigermaßen wahrscheinlich, daß sie noch heute leben.

Bruder Sparer und Bruder Vertuer

Es war einmal ein Bauer, der hatte zwei Söhne, die ließ er Handwerke lernen. »Denn«, sprach er, »Handwerk hat einen goldnen Boden.« Der eine Sohn wurde ein Schuhmacher, der andere ein Schneider, und wie ihre Lehrzeit beendigt war, gingen sie auf die Wanderschaft. Sie waren beide ein Paar lustige Brüder, aber der Schuhmacher vertat all sein Geld in Rauchtabak, Schnupftabak und Schnaps, der Schneider aber rauchte nicht, schnupfte und schnapste nicht. Bisweilen riet er seinem Bruder, doch haushälterisch mit dem Gelde umzugehen, aber der Schuster lachte ihn aus und sagte: »Wozu soll ich denn sparen? Du sparst ja! Sparer muß einen Vertuer haben – sagt das Sprichwort.«

So wanderten die guten Gesellen ein ganzes Jahr lang miteinander. Der Schneider hielt sich einen besondern Geldbeutel, dahinein legte er jedesmal, wenn sein Bruder Geld für unnütze Dinge ausgab, ebensoviel aus der gemeinschaftlichen Kasse, die niemals reich war, zu einem Notpfennig, und so tat er das ganze Jahr hindurch und hatte seine Freude daran, wie das Bäuchlein des Beutelchens immer stärker wurde.

Nun kamen sie einmal miteinander in Wortwechsel, wieder über Sparen und Vertuen; der Schneider rühmte sich des ersparten Schatzes, wo der Schuster sagte: »Es wird ein rechter Bettel sein, was du erspart hast.« Darüber gelangten sie

auf eine Brücke, die hatte schöne, breite und glatte Steine auf ihrer Einfassungsmauer, und da wollte der Schneider seinen Bruder überzeugen, daß Sparen ein gut Ding sei, denn das Sprichwort sagt: Spare in der Zeit, so hast du in der Not. Und: Junges Blut, spar dein Gut! Darben im Alter wehe tut. Sie legten ihre Ränzel ab, und der Schneider zog sein Beutelchen und zählte die schönen Silbergroschen und Sechser, die vom langen Tragen ganz rötlich geworden waren, auf einem Brückenstein; es war ein hübsches Sümmchen, und er freute sich königlich darüber. Der Schuhmacher sah es ganz gleichgültig, stopfte sich eine Pfeife und schlug eben Feuer, als plötzlich ein so heftiger Windstoß kam, daß das Schneiderlein gleich in den Fluß geweht worden wäre, wenn die Brücke keine Einfassung gehabt hätte, aber das Geld, das wehte der Wind alles hinunter ins Wasser. Der Schneider stand starr vor Schrecken, der Schuhmacher aber legte den brennenden Schwamm auf die Pfeife und fragte mit dem ruhigsten Gesicht von der Welt: »Na, Bruder Sparer, wieviel hast du nun?« Da heulte der Schneider, daß ihn der Bock stieß. »So viel wie Duhuhuhuhu! So viel wie Duhuhuhuhu!«

Goldhähnchen

Es lebte einmal ein alter Mann in einem Waldhäuschen, der besaß außer mehrern Kindern auch ein Goldhähnchen, das ist der kleinste unter den europäischen Vögeln und gehört in das Geschlecht der Zaunkönige. Dieses allerliebste Vögelchen hatte der Alte sehr lieb, und die Kinder hatten es nicht minder lieb, und wie der Alte starb, so sagte er zu den Kindern: »Verkauft nur ja das Goldhähnchen nicht, denn das ist ein Glücksvögelchen.« Aber wie der Alte gestorben war, kehrte Not und Mangel in das Häuschen der Kinder ein. Nun legte Goldhähnchen jede Woche ein Ei, so groß wie eine Erbse und von erbsengelber Farbe. Diese Eier hatte der Va-

ter immer fortgetragen und war mit Geld und Lebensmitteln zurückgekehrt. Da nun die Lebensmittel ausgegangen waren, entschloß sich der älteste Sohn, die indes gelegten Eier zu nehmen und sie feilzubieten. Wo er die Goldhähncheneier aber anbot, wurde er ausgelacht, und endlich gab ihm ein Mann, den der arme hungernde Knabe dauerte, aus Mitleid ein paar Pfennige dafür. Als diese verzehrt waren und der Hunger stärker als zuvor war, so machte sich der Knabe wieder auf den Weg, diesmal nur mit einem einzigen Ei, und da war er glücklicher. Er fand den Mann, dem der Vater immer die Eier verkauft hatte und der ihren Wert wohl kannte, denn sie waren von purem Gold. Wie der Mann aber merkte, daß der Junge nichts von dem Geheimnis wußte, so sagte er: »Was soll ich mit dem Ei? Verkaufe mir den Vogel, ich will dir ihn sehr gut bezahlen.« Und ging auch gleich mit in das Waldhäuschen. Die andern Kinder weinten und klagten, als ihr ältester Bruder das Goldhähnchen an den Mann verkaufte, der einige blanke Taler dafür auf den Tisch legte. Das Vöglein flatterte unruhig im Käfig hin und her, und den Kindern war es, als wenn es schrie: »Verkauf mich nicht, verkauf mich nicht!« Aber es wurde doch verkauft. – Und wie das Vöglein fort war, da war es vollends aus mit dem Glück in dem Waldhäuschen; die Kinder konnten dasselbe nicht erhalten und mußten betteln gehen und kamen weit voneinander.

Um diese Zeit geschah es, daß der König des Landes starb, und seine junge, schöne Witwe ließ nach der Trauerzeit bekanntmachen, sie werde demjenigen ihre Hand reichen und den Thron mit ihm teilen, der mit verbundenen Augen die aufgehängte Krone mit einer Lanze herabstechen werde. Das Goldhähnchen sang damals immerfort: »Wer mich ißt, wird König! Wer mich ißt, wird König!« Das gefiel dem Mann, der es gekauft hatte, und obgleich er nun auf die goldnen Eier verzichten mußte, wenn er es verspeiste, so tötete er es doch, ließ es rupfen und mit bunter Seide bezeichnen, um es, gebraten, wiederzuerkennen, und gab der Köchin strengen Befehl, ja recht darauf achtzuhaben. Er hatte viele Freunde zu einem festlichen Mahle geladen, damit ihm gleich gehuldigt werde, wenn er den Vogel gegessen und plötzlich König werde.

Während nun zu dem Festmahl alle möglichen Zurüstungen geschahen, kam der junge Mensch, der das Goldhähnchen verkauft hatte, als ein armer, müßiger Bettler vor das Haus und sprach die Köchin um ein Almosen oder ein Stück Brot an, und diese sagte: »Haben sollst du etwas, mußt aber auch etwas tun!«, und dazu war jener gern bereit. Er holte Wasser, spaltete Holz zum Herdfeuer, drehte den Bratenwender und hatte acht auf die Vögel, die in der Pfanne brieten und darunter das Goldhähnchen auch war. Von ungefähr stieß er mit einem Stück Holz an die Pfanne, und da fiel das Goldhähnchen heraus in die glühenden Kohlen.

Schad um das Vögelein! dachte der Jüngling, obschon er sehr erschrocken war, und schob es in den Mund und verspeiste es, obschon er sich tüchtig verbrannte. Er wußte es aber nicht, daß es sein ehemaliges Goldhähnchen gewesen. Als die Köchin in die Küche kam, zählte sie die Vögel, sah, daß eins fehlte, und jagte den neuen ungetreuen Küchenbuben mit Schimpfen und Schelten von dannen, zeichnete aber geschwind einen andern kleinen Vogel und trug das Gericht ihrem Herrn auf. Dieser aß das gezeichnete Vöglein und sitzt heute noch und wartet, bis er König wird, und ärgert sich, daß er seine Freunde traktiert hat.

Der Fortgejagte schlich trübselig durch die Straßen und bettelte vor der Türe eines Müllers. Dieser brauchte just einen Eseltreiber und verlieh diese Stelle dem armen Burschener durfte bei den Eseln im Stalle schlafen. Und siehe, am andern Morgen fand der Müller, als er anderes Stroh streute und das alte wegräumte, goldne Eier in dem Stroh, darauf sein Eseltreiber geschlafen hatte. Das gefiel ihm, und er dachte: Den Burschen mußt du lange behalten, das ist ein Goldfink, während der vorige ein Mistfink war.

Jetzt kam der Tag des Kronenstechens, und da meinte der Eseltreiber, wenn jedermann stechen und sein Glück versuchen dürfte, möcht er's auch wagen, bat den Müller um einen Speer und um ein Pferd. Der Müller lachte aus vollem Halse, doch dachte er, das gibt einen Hauptspaß, gab ihm eine alte, lahme und spindeldürre Mähre und einen alten Speer und sandte ihn hin zum Stechen um die Königskrone.

Alles lachte, wie der wunderliche Ritter von der traurigen Gestalt dahergetrabt kam, und die Königin schaute unwillig drein, daß so ein armseliger Bursche sich zu dem Kronenstechen drängte, zu welchem sich so viele vornehme Ritter und Herren eingefunden; allein da sie das Kronenstechen einmal gänzlich freigegeben hatte, so durfte sie dasselbe nun nicht ausschließlich machen.

Das Kampfspiel begann damit, daß ein Graf und ein Ritter

nach dem andern nach der Krone mit verbundenen Augen stach und keiner dieselbe erlangte; und es endete damit, daß der Eseltreiber so glücklich war, die Krone zu treffen und herabzustechen. Der Königin war das gar unlieb, allein sie mußte des Eseltreibers Gemahlin werden, weil sie das einmal beschworen hatte, und so wurde derselbe König, und jener Müller, sein Herr, fand fürder keine Goldeier mehr im Stroh seines Stalles, sondern nur solche, wie sie die Esel legen.

Da die Königin ihren Gemahl nicht liebte wegen seiner geringen Herkunft, so sann sie Tag und Nacht darauf, sich seiner zu entledigen. Sie nahm deshalb ihre nächste Zuflucht zu einer alten, mächtigen Zauberin, und die gab ihr ein Kraut, das die Kraft hatte, die menschliche Gestalt in eine tierische zu verwandeln. Dieses Kraut mischte die böse Königin ihrem Gemahl und Herrn unter die Speise, und siehe, als der König die Speise genossen hatte, so begann er sich zu verwandeln und wurde ein leibhaftiger Esel aus ihm, der vorher ein sehr schöner junger Mensch gewesen war. Dieserhalb wurde er mit Schimpf und Schande aus dem Hofe gejagt, und nun wurde ein andrer zum König gewählt, dessen Wahl man klugerweise nicht wieder dem Glück und dem blinden Zufall überließ, weil man fürchtete, abermals einen Esel zur höchsten Stelle gelangen zu sehen.

Der arme gewesene Eseltreiber, jetzt selbst Esel, hatte alle Mühseligkeit seines neuen Standes zu empfinden. Er hatte seinen Weg nach der Mühle genommen, wo er einst zufrieden die Esel getrieben und auf Stroh geschlafen hatte. Der

Müller, als er ihn kommen sah, vermochte nicht, ihn von den andern Eseln zu unterscheiden, obgleich in seinen Augen etwas Menschliches war. Und da wurde er in der Mühle zu den andern Eseln gestellt, mußte Säcke mit Getreide und Mehl tragen jahraus, jahrein und hatte es um kein Haar besser oder schlimmer als die übrigen Esel auch.

Nun hatte dieser arme Esel, als er weiland noch ein Mensch gewesen war, eine Schwester gehabt, die war auch damals von ihm gekommen und hatte gebettelt, und da hatte sie auch in einem Kloster Brot geheischt, und man hatte sie als junges kräftiges Ding zu Mägdediensten angenommen. Sie war treu und fleißig, wurde endlich selbst eine Nonne, und man vertraute ihr das Amt der Pförtnerin. Dieses Kloster ließ nun just in derselben Mühle mahlen, in welcher der gewisse Esel sich befand, und wie er zum ersten Male mit seinen Säcken an die Klosterpforte kam, erkannte er gleich in der Pförtnerin seine Schwester, denn er hatte noch menschliche Gedanken und menschliche Erinnerungen. Da iahte er hellauf und gab seine Freude zu erkennen, und auch im Busen der Pförtnerin erwachte eine gewisse Sympathie für diesen Esel; das war die Stimme der Natur. Nun war die Pförtnerin kundig aller Kräuter und baute die besten und kräftigsten in dem Klostergarten selbst. Da ging sie hin, pflückte ein Zauberkraut, das die Kraft besaß, die tierische Gestalt, wenn sie durch Zauberei verliehen war, wieder in menschliche zu verwandeln, und gab es dem Esel zu fressen. Da wurde er wieder Mensch wie zuvor und bedankte sich bei seiner guten Schwester mit vielen Küssen und Tränen. Er hatte aber sieben Jahre Säcke und Prügel genug getragen und verlangte nicht wieder zu den Menschen. In der Nähe des Klosters, wo er seine gute, fromme Schwester wiedergefunden, erbaute er sich eine Hütte von Baumzweigen und wurde ein frommer Einsiedel und Waldbruder. Da lebte er von Wurzeln und Kräutern und hatte seine Lust an dem lieblichen Gesang der Waldvögel und fütterte und pflegte sie mit Ausnahme der Goldhähnchen, die konnte er nicht leiden und verwünschte sie, weil das eine ihm nur Unglück gebracht hatte, und fing sie und tötete sie, wo er nur eins habhaft werden konnte.

Das Märchen vom Ritter Blaubart

Es war einmal ein gewaltiger Rittersmann, der hatte viel Geld und Gut und lebte auf seinem Schlosse herrlich und in Freuden. Er hatte einen blauen Bart, davon man ihn nur Ritter Blaubart nannte, obschon er eigentlich anders hieß, aber sein wahrer Name ist verlorengegangen. Dieser Ritter hatte sich schon mehr als einmal verheiratet, allein man hatte gehört, daß alle seine Frauen schnell nacheinander gestorben seien, ohne daß man eigentlich ihre Krankheit erfahren hatte. Nun ging Ritter Blaubart abermals auf Freiersfüßen, und da war eine Edeldame in seiner Nachbarschaft, die hatte zwei schöne Töchter und einige ritterliche Söhne, und diese Geschwister liebten einander sehr zärtlich. Als nun Ritter Blaubart die eine dieser Töchter heiraten wollte, hatte keine von beiden rechte Lust, denn sie fürchteten sich vor des Ritters blauem Bart und mochten sich auch nicht gern voneinander trennen. Aber der Ritter lud die Mutter, die Töchter und die Brüder samt und sonders auf sein großes, schönes Schloß zu Gaste und verschaffte ihnen dort so viel angenehmen Zeitvertreib und so viel Vergnügen durch Jagden, Tafeln, Tänze, Spiele und sonstige Freudenfeste, daß sich endlich die jüngste der Schwestern ein Herz faßte und sich entschloß, Ritter Blaubarts Frau zu werden. Bald darauf wurde auch die Hochzeit mit vieler Pracht gefeiert.

Nach einer Zeit sagte der Ritter Blaubart zu seiner jungen Frau: »Ich muß verreisen und übergebe dir die Obhut über das ganze Schloß, Haus und Hof mit allem, was dazugehört. Hier sind auch die Schlüssel zu allen Zimmern und Gemächern, in alle diese kannst du zu jeder Zeit eintreten. Aber dieser kleine goldne Schlüssel schließt das hinterste Kabinett am Ende der großen Zimmerreihe. In dieses, meine Teure, muß ich dir verbieten zu gehen, so lieb dir meine Liebe und dein Leben ist. Würdest du dieses Kabinett öffnen, so erwartet dich die schrecklichste Strafe der Neugier. Ich müßte dir dann mit eigner Hand das Haupt vom Rumpfe trennen!« Die Frau wollte auf diese Rede den kleinen goldnen Schlüssel nicht annehmen, indes mußte sie dies tun, um ihn sicher aufzubewahren, und so schied sie von ihrem Mann mit dem Versprechen, daß es ihr nie einfallen werde, jenes Kabinett aufzuschließen und es zu betreten.

Als der Ritter fort war, erhielt die junge Frau Besuch von ihrer Schwester und ihren Brüdern, die gerne auf die Jagd gingen; und nun wurden mit Lust alle Tage die Herrlichkeiten in den vielen, vielen Zimmern des Schlosses durchmustert, und so kamen die Schwestern auch endlich an das Kabinett. Die Frau wollte, obschon sie selbst große Neugierde trug, durchaus nicht öffnen, aber die Schwester lachte ob ihrer Bedenklichkeit und meinte, daß Ritter Blaubart darin doch nur aus Eigensinn das Kostbarste und Wertvollste von seinen Schätzen verborgen halte. Und so wurde der Schlüssel mit einigem Zagen in das Schloß gesteckt, und da flog auch gleich mit dumpfem Geräusch die Türe auf, und in dem sparsam erhellten Zimmer zeigten sich – ein entsetzlicher Anblick! – die blutigen Häupter aller früheren Frauen Ritter Blaubarts, die ebensowenig wie die jetzige dem Drang der Neugier hatten wiederstehen können und die der böse Mann alle mit eigner Hand enthauptet hatte. Vom Tod geschüttelt, wichen jetzt die Frauen und ihre Schwester zurück; vor Schreck war der Frau der Schlüssel entfallen, und als sie ihn aufhob, waren Blutflecke daran, die sich nicht abreiben ließen, und ebensowenig gelang es, die Türe wieder zuzumachen, denn das Schloß war bezaubert, und indem verkündeten Hörner die Ankunft Berittner vor dem Tore der Burg. Die Frau atmete auf und glaubte, es seien ihre Brüder, die sie von der Jagd zurückerwartete, aber es war Ritter Blaubart selbst, der nichts Eiligeres zu tun hatte, als nach seiner Frau zu fragen, und als diese ihm bleich, zitternd und bestürzt entgegentrat, so fragte er nach dem Schlüssel; sie wollte den Schlüssel holen, und er folgte ihr auf dem Fuße, und als er die Flecken am Schlüssel sah, so verwandelten sich alle seine Gebärden, und er schrie: »Weib, du mußt nun von meinen Händen sterben! Alle Gewalt habe ich dir gelassen! Alles war dein! Reich und schön war dein Leben! Und so gering war deine Liebe zu mir, du schlechte Magd, daß du meine einzige

geringe Bitte, meinen ernsten Befehl nicht beachtet hast? Bereite dich zum Tode! Es ist aus mit dir!«

Voll Entsetzen und Todesangst eilte die Frau zu ihrer Schwester und bat sie, geschwind auf die Turmzinne zu steigen und nach ihren Brüdern zu spähen und diesen, sobald sie sie erblicke, ein Notzeichen zu geben, während sie sich auf den Boden warf und zu Gott um ihr Leben flehte. Und dazwischen rief sie: »Schwester! Siehst du noch niemand!« – »Niemand!« klang die trostlose Antwort. – »Weib! komm herunter!« schrie Ritter Blaubart, »deine Frist ist aus!«

»Schwester! siehst du niemand?« schrie die Zitternde. »Eine Staubwolke – aber ach, es sind Schafe!« antwortete die Schwester. – »Weib! komm herunter, oder ich hole dich!« schrie Ritter Blaubart.

»Erbarmen! Ich komme ja sogleich! Schwester! siehst du niemand?« – »Zwei Ritter kommen zu Roß daher, sie sahen mein Zeichen, sie reiten wie der Wind.«

»Weib! Jetzt hole ich dich!« donnerte Blaubarts Stimme, und da kam er die Treppe herauf. Aber die Frau gewann Mut, warf ihre Zimmertüre ins Schloß und hielt sie fest, und dabei schrie sie samt ihrer Schwester so laut um Hilfe, wie sie beide nur konnten. Indessen eilten die Brüder wie der Blitz herbei, stürmten die Treppe hinauf und kamen eben dazu, wie Ritter Blaubart die Türe sprengte und mit gezücktem Schwert in das Zimmer drang. Ein kurzes Gefecht, und Ritter Blaubart lag tot am Boden. Die Frau war erlöst, konnte aber die Folgen ihrer Neugier lange nicht verwinden.

Die drei dummen Teufel

In der Hölle war einmal ein großes Wunder, daß nur lauter Männer und keine Weiber in die Hölle kämen, und von Herzen hätten sie doch auch gerne Weiber darinne gehabt. Da warf sich ein ganz junger Teufel auf und sprach: »Was gilt's, ich schaffe eine her!« Die andern Teufel freuen sich zwar, aber sie glauben dem, was jener spricht, doch nicht recht. Der Teufel fährt sofort ab, und die andern wünschen ihm großes Glück. Er kömmt also auf die Erde und trifft eine junge Dirne; zu dieser spricht er: »He, Jungfer! hat Sie nicht Lust zu heiraten?« – »Warum nicht«, sagte sie. »Meinetwegen kann morgen die Hochzeit sein.« – »Mir schon recht«, sagt der Teufel. Wie's also morgen war, geht er zum Pfarrer und läßt sich die Dirne zur Frau geben. Eh aber der Küßmond vorüber, verlangt die junge Frau Geld, Kleider, und das aber schöne, und der Teufel kann kaum das Brot verdienen, muß oft über seinem Maul sparen und es seiner Frau lassen, und dadurch wird er dürr und mager und ist lange nicht mehr so guten Mutes als zuvor. Die Frau hatte sich mehr von diesem Galan versprochen – viel Geld und schöne Kleider. Sie fängt daher an und wird kalt gegen ihren Teufel. Er gibt gute Worte; er brummt. Sie zankt aber arg und drohet ihm mit Schlägen. Das lächert dem Teufel, und er denkt: Ich werde dich doch zwingen können. Zankt er aber *ein* Wort, so zankt sie zehne, und das geht ein und alle Tage so fort. Was geschieht? Der Teufel bekommt zuletzt derbe Schläge. Da denkt der Teufel: Ei, was sollst du dich mit der Frau plagen? Gehe doch hübsch heim, und – da ging er heim. Wie er in die Hölle kömmt und bringt kein Weib mit, da lachen ihn die Teufel tüchtig aus, und überall rufen sie: »Dummer Teufel! Dummer Teufel!« Er aber antwortet: »Ich will keine wieder, und wenn ich die ganze Hölle geschenkt kriegte. Seid froh, daß ich sie nicht mitgebracht habe, die hätte uns allen die Hölle erst recht heiß gemacht!« Da spricht ein andrer, etwas älterer Teufel: »Nun will ich fort, ich will schon eine herschaffen!« Er reiset ebenfalls ab, kömmt auf einen Erbsenakker, dort trifft er eine alte Jungfer. Da denkt er: Warte, diese ist nicht so ein junger Lecker, die willst du nehmen. Er spricht also zu ihr: »Heda, Jungfer! hat Sie nicht Lust zu heiraten?« – »O ja! wenn Er Geld und Brot für mich hat?« – »O ja!« spricht der Teufel. Als nun die beiden Hochzeit gemacht hatten, da merkte es die Frau, daß der Teufel gelogen hatte,

denn er war ein armer, blutarmer Teufel und hatte nichts und konnte nichts. Das kam ihm heim, denn er war an einen Geizdrachen geraten, der sparte das Salz an den Kartoffeln und tat sonntags einen Knopf in den Klingelbeutel statt des Hellers. Die gibt dem Teufel zu tun genug und zu beißen wenig, aber Schelte konnte er haben, soviel er wollte, und Streiche waren auch nicht rar. Und wenn ihm vor Hunger gleich der Bauch grimmt und ihm die Zunge ellenlang zum Halse heraushängt, so erbarmt sie sich seiner doch nicht. Will der Teufel etwas essen, so muß er fort und muß Kartoffeln stopfeln. Kömmt er abends und hat kein großes Säckchen voll, so kriegt er auch noch Schläge, und das geht so einen und alle Tage. Endlich wird das der arme Teufel doch müde und spricht zu sich: Ei, was sollst du dich mit der Frau plagen? Ich gehe fort, das ist ja ein bitterböses Tier! Er geht und kömmt in die Hölle zurück. Hier wird er gleich gefragt, wo er seine Frau habe? »Ja, Frau! Hat sich was! Ich will keine! Ich will in meinem Leben an die, die ich droben hatte, gedenken! Die nimmt man auch noch mit in die Hölle! Bin froh, daß ich sie wieder los bin.« Da hieß es nun überall: »Dummer Teufel! Dummer Teufel!«

Nun spricht aber ein ganz alter Teufel: »Jetzt will *ich* fort; ich will's den Weibern wohl anstreichen!« Der alte Teufel reiset ab und kömmt auf die Erde; da geht er durch einen jungen Birkenwald und sieht von weitem ein Frauenzimmer. Das war eine Witwe, die noch ganz stattlich sah. Er sieht sie sich an, und sie sieht ihn an, und mit höflichen Reden und artigen Widerreden werden sie handelseinig, und der Pfarrer nagelt und nietet sie zusammen, so fest, wie das Herz nur begehrt. Aber nach der Hochzeit, da sah der Teufel wohl, daß man die Katz nicht im Sack kaufen muß und die Witwen nicht freien auf der Landstraße. Die kannte schon den Rummel, da der heilige Ehestand ihr nicht neu war, schmale Kost und Brunnenwasser war das wenigste, da war offner Laden

für jedermann, und der Mann mußte nur so zusehen, und ward's ihm zu arg, wie denn solches Zusehen kein Teufel vertragen kann, so hängte sie ihn an die Wand und ging mit ihren Liebsten zu Biere. Als sie dann zurückkam, nimmt sie ihn herunter, und da soll er mausen lernen, daß man die Katz sparen kann. Aber da wird's dem Teufel zu arg, er läuft fort in den Wald – denn in die Hölle zu gehen schämt er sich – und will sich Beeren suchen, die sind immer noch besser als Mäuse.

Wie er nun so in den Beeren ist, begegnet er einem Köhler, diesem klagte er seine Not und bat um etwas zu essen. Da sprach der Köhler: »Ja, lieber Alter, ich habe selbsten sieben Kinder und oft keinen Bissen Brot.« – »Du, Köhler, schwarzer Kerl, gib mir einen Rat, wie ich das böse Weib bändige. Ich bitte dich um alles in der Welt, hilf mir!« – Der Köhler antwortete darauf:

»Ein böses Weib, eine herbe Buß
Und weh dem, der ein' haben muß.«

Der Teufel denkt: Ach, wenn das Ding so klingt, so gehst du lieber wieder heim. Wäre ich doch vom Anfang an zu Hause geblieben! – Er sinnt auf Rache gegen die Weiber und spricht: »He! Bruder! du bist auch arm, ich will dich reich machen, du mußt mir aber folgen.« Der Köhler spricht: »O ja, reich wäre ich gerne, und ich will tun, was du nur haben willst.« Da spricht der Teufel: »Höre, Bruder Köhler, ich weiß einen König, der hat drei Prinzessinnen, da will ich in die eine fahren, und du sollst der Doktor sein. Wenn ich in die Prinzessin gefahren bin, so wird der König einen Aufruf ergehen lassen nach einem Doktor, der Knall und Fall austreiben kann. Da gehst du nun hin zu diesem König und sprichst: ›Herr König, ich will der Prinzessin helfen, aber ich muß mit ihr in einer Stube ganz allein sein, versteht sich, in allen Ehren.‹ Wenn du dann bei der Prinzessin eingelassen wirst, so sprichst du zu mir: ›Donner und Teufel, fahr aus!‹ – öffnest ein Fenster, und ich hebe mich von dannen. Das darfst du aber nur zweimal tun, wenn du es dreimal tust, muß ich dir den Hals brechen!« Der Köhler fragte: »Auch wenn ich dir eine schöne, gute Frau zeige?« Darauf erwiderte der

Teufel: »Wir wollen sehen.« Er dachte aber, das kann ich ihm gern versprechen, damit hat es keine Not. Wir Teufel kennen die Frauen. – An einem Abende kam der Köhler aus dem Walde, da sagte ihm seine Frau: »Du, Mann, der reiche König hat ausgeschrieben, daß seine Prinzessin todsterbenskrank ist, ja sehr krank; wer ihr hilft, der soll das halbe Königreich von ihm bekommen oder soviel Gold, als wie der Doktor und der König beide schwer sind. Wenn du nur, Alter! ein gutes Hausmittel wüßtest und könntest der Prinzessin helfen, daß wir auch einmal aus unsrer Armut kämen!« Hierauf sagte der Köhler zu seiner Frau: »Ich will einmal eine Probe machen, vielleicht bin ich glücklich«, – und reisete ab. Als er zum König kam, so fragte dieser: »Alter, getrauest du dir, meine Prinzessin gesundzumachen?« – »O ja, Herr König!« antwortete der Köhler. »Ich muß erst etliche Spezies aus der Apotheke haben, und die muß ich selber holen, und dann muß ich ganz allein bei der Prinzessin sein.« Darauf sprach der König: »Alter! Wie du es verlangst, so soll es geschehen. Machst du meine Prinzessin gesund, so bekommst du mein halbes Königreich oder so viel Gold, als ich und du schwer sind.« Der Köhler tat nun, wie ihm der Teufel anbefohlen hatte, und die schöne Prinzessin war auf der Stelle gesund. Der König stellte dem Köhler die Wahl frei: Gold oder Land, und der Köhler nahm das Gold.

Binnen kurzem wurde nun die andere Prinzessin von dem Teufel besessen. Der König läßt den Köhler wieder kommen und spricht zu ihm: »Alter, du hast meine erste kranke Tochter gesundgemacht, hilf auch dieser!« Der Köhler sagte: »Ich will's versuchen, Herr König!« Und siehe, er half der zweiten Prinzessin auch wieder, und der König gab dem Köhler wieder ebensoviel Gold.

Der Köhler war nun sehr reich, grämte sich aber dennoch, weil er den Teufel nun nicht wieder austreiben durfte, der sich vorgenommen hatte, die Frauenzimmer recht zu plagen, und gewiß davon noch nicht abließ. Die zwei ersten Male war es ausgemacht, das dritte Mal mußte er den Teufel in der Prinzessin lassen, sonst wollte ihm der Teufel den Hals brechen; und konnte er den Teufel nicht das dritte Mal austreiben, so mußte er es wagen, daß ihn der König ums Leben bringen ließ; er sann nach, ob nicht beim dritten Mal es ihm gelingen werde, den Teufel anzuführen.

Nun wurde auch die dritte Prinzessin krank, weil der Teufel in sie gefahren war. Wiederum ließ der König den alten Köhler kommen und sprach zu ihm: »Du, Alter, hilfst du meiner Prinzessin nicht, so laß ich dich aufhenken!« Darauf antwortete der Köhler: »Mein allergnädigster Herr König! ich will eine Probe machen, aber dazu ist nötig, daß alle guten, schönen Mädchen in der ganzen Stadt morgen früh in weißen Kleidern, mit roten Schärpen und in Haarlocken, auch alle Eure Geistlichen sich versammeln, vor dem Schlosse stehen und unter Gesang der Jungfrauen und Geistlichen ich neben der Prinzessin den Berg hinaufgeleitet werde. Da darf aber beileibe keine darunter sein von den landläufigen Dirnen oder von den alten Jungfern, die noch zu freien lüstert, oder den Witwen, die ihren Ehrenstuhl verrücken möchten; und das müßt Ihr Euren Priestern streng befehlen. Wenn wir dann auf der höchsten Höhe sind, dann will ich eine Probe machen.« Der König ließ schleunigst alle Anstalten treffen, daß diese Bedingung erfüllt werde. Den kommenden Morgen war die große Versammlung vor dem Schloß. Der Zug bewegte sich bergan, und auf der höchsten Höhe sprach der Köhler:

»Donner und Teufel, fahr aus!«

Da fuhr der Teufel zwar aus, rief aber dem Köhler zu: »Spitz-

bube, hältst du so dein Wort! Warte, nun breche ich dir den Hals!« Der Köhler aber verantwortete sich und sagte: »Halt! Unser Pakt hat einen Vorbehalt; du darfst mir nichts tun, wenn ich dir eine schöne, gute Frau zeige. Da sieh dich nur um, sieh dir diese an.« Da sah sich der Teufel um und sah eine nach der andern an und erkannte wohl, daß er über diese keine Macht habe. Und da schämte er sich, auf der Erde zu bleiben, und fürchtete sich auch vor seinem Drachen, und so machte er ein Geprassel und einen Gestank und zog ab, wie er gekommen war.

Und da ist der Teufel wieder heim in die Hölle gegangen, und wie er kam, fragten ihn alle seine Kameraden, ob er kein Weib mitbrächte. Und wie er sagte, er bringe keine mit, da hieß es wieder: »Dummer Teufel, dummer Teufel!«, und da war ein Höllenspaß und Spektakel und Teufelsgelächter, daß es krachte und prasselte und die ganze Hölle wie eine alte Wand wackelte und platzte. Und sind noch immer keine Weiber in der Hölle drin, ausgenommen dem Teufel seine alte Großmutter – darum, weil die Weiber so gar gut sind.

Die dankbaren Tiere

Es reiste einst ein Pilger über Land, der kam auf seinem Wege durch den Wald an eine Wolfsgrube und nahm wahr, daß etwas Lebendiges darin sei. Und wie er hinunterblickte, so sah er darin einen Menschen, der war ein Goldschmied, und bei ihm war ein Affe, eine Schlange und eine Ringelnatter; die waren alle drei unversehens in die Grube gefallen. Da gedachte der Pilger bei sich: Übe Barmherzigkeit mit den Elenden und hilf den Menschen von seinen Feinden. Da warf er ein Seil in die Grube und hielt das eine Ende fest in der Hand, willens, den Goldschmied heraufzuziehen, schnell sprang aber der Affe zu, kletterte herauf und sprang aus der Grube. Zum andern Mal warf der Waller das Seil hinab, da ringelte sich die Natter daran empor. Und zum dritten Mal

erfaßte die Schlange das Seil und kam auch zutage. Diese drei Tiere dankten dem Waller für seine Güte und sprachen zu ihm: »Was du uns Gutes getan, das wollen wir dir wiederzuvergelten suchen, und wann dich dein Weg in unsre Nähe trägt, so magst du auf uns rechnen, daß wir nach Kräften dir zu Diensten sind; sei aber treulich gewarnt vor dem Menschen da drunten, denn nichts, was da lebt, ist so undankbar wie er. Dieses haben wir erfahren und sagen es dir an, daß du wissest, dich zu verhalten.«

Damit schieden die drei Tiere von dem Pilger, dieser aber gedachte an seine Pflicht, daß dem Menschen zieme, dem Menschen zu helfen, und warf das Seil wiederum in die Grube und zog den Goldschmied heraus. Dieser bedankte sich mit vielen Worten für die Gnade und Barmherzigkeit, die der Pilger an ihm getan, und bat, ihn ja in der Königsresidenz, wo er wohne, zu besuchen, und verließ ihn.

Auf seinem Weiterwege kam der Waller in die Nähe der Residenz und an den Ort, wo der Affe, die Natter und die Schlange wohnten. Die freuten sich, und der Affe brachte dem Waller, der sehr ermattet war, Obst und süße Feigen, die Natter zeigte ihm eine kühle, angenehme Grotte, wo er ruhen und rasten konnte, und legte sich davor und bewachte seinen Schlaf, denn niemand wagte sich dorthin, wo die große Natter lag. Die Schlange aber schlüpfte in die Königsburg und stahl dort einige güldne Kleinode, die gab sie dem Waller zur Verehrung, sagte ihm aber nicht, woher sie dieselben hatte. Als dieser von den Tieren aufbrach, ging er in die Königsstadt und suchte den Goldschmied auf; dem zeigte er die Kleinode und bot sie ihm zum Kaufe an. Der Goldschmied sahe, daß sie des Königs Eigentum waren, schwieg still, ging zum König und zeigte an, daß er den Dieb dieser Kleinode in seinem Hause gefangen habe. Dafür empfing er eine stattliche Belohnung, und der König sandte seine Häscher, die fingen den Waller, schlugen ihn, führten ihn durch die Straßen und hinaus zum Galgen, um ihn zu henken. Da gedachte der alte Mann auf dem Wege an die Warnung der Tiere und seufzete laut: »Oh, hätte ich euren Rat befolgt, ihr getreuen Tiere, so wäre diese Trübsal mir nicht beschieden worden!«

Nun hatte die Schlange just ihre Wohnung an dem Weg, der zum Hochgericht führte, und hörte die Klagerede des unschuldigen Mannes, an dessen Unglück sie mit schuld war, und betrübte sich und dachte darauf, wie sie ihm helfe. Da nun der Königssohn, ein junger Knabe, auch des Weges geführt ward, damit er des Diebes Strafe zusehe, kroch sie hin und biß ihn in das Bein, daß es bald aufschwoll. Da blieb alles Volk erschrocken stehen, und man sandte eiligst nach Ärzten und nach Astrologen, womöglich zu helfen. Die Ärzte brachten Theriak herbei, eine Arznei, die gepriesen war gegen den Schlangenbiß, er half jedoch nichts. Die Astrologen aber lasen in den Sternen, daß der zum Tode geführte Waller unschuldig war, und der Königsknabe rief selbst mit heller Stimme: »Bringt mir den Pilger her, daß dieser seine Hand auf meine Wunde und meine Geschwulst lege, so werde ich heil sein!«

Da wurde der Pilger vor den König geführt, der fragte nach seinen Schicksalen, und der Pilger erzählte dem König alles treulich, von den guten, dankbaren Tieren und des Goldschmieds, den er vom Tod errettet, schändlichem Undank. Und dann hob er Hände und Augen zum Himmel und flehte: »O allmächtiger Gott, so wahr es ist, daß ich unschuldig bin an dem Diebstahl, so wahr wird meine Hand diesen

Menschen heilen!« Und da wurde von Stund an der Königssohn gesund. Als das der König sah, ward sein Herz froh und freudevoll, und er ehrte den Pilger mit köstlichen Gaben, ließ ihm auch alle Kleinode, um derentwillen der Pilger Todesangst ausgestanden hatte, und ließ zur Stelle den Goldschmied henken, zur Strafe seines großen und schwarzen Undanks.

Die vier klugen Gesellen

Es waren einmal vier Reisegesellen, die wanderten miteinander und hatten sich ganz zufällig auf dem Wege getroffen. Der eine von ihnen war ein Königssohn, der zweite ein Edelmann, der dritte ein Kaufmann, der vierte ein Handarbeiter. Allen vieren war die Barschaft ausgegangen, wie das bisweilen Reichen und Armen auf Reisen zu gehen pflegt, und sie hatten nichts als die Kleider, die sie auf dem Leibe trugen;

ihre Säckel waren leer. Wie sie sich nun einer großen königlichen Residenz näherten und mächtigen Hunger verspürten, so warfen sie die Frage auf, woher sie Geld und Nahrung bekommen würden. Und da sprach der Königssohn: »Wir mögen ratschlagen, wie wir wollen, so geht es doch allein den Weg, den Gott geordnet hat, und wer an Gott hangt mit getreuer Hoffnung, der wird nicht verlassen.« Da sprach der Kaufmann: »Vorsichtigkeit mit Vernunft gepaart geht über alles!« Und der Edelmann: »Eine kräftige, wohlgestalte Jugend ist noch mehr wert.« Darauf bemerkte der Wandergesell, der ein Handarbeiter war: »Nach meinem geringen Verstand halte ich dafür: Sorgsamkeit mit Übung sei das Beste.«

Wie unter solchen Gesprächen die vier Reisegefährten gegen Abend in die Nähe jener Stadt gekommen waren, ruheten sie vor dem Tore aus, und da sprachen die drei andern zu dem vierten, dem Wandergesellen: »Du rühmst vor allen Sorgsamkeit, ei, so gehe du hin und trage Sorge, daß wir alle diese Nacht unsre Speisen bestreiten!« – »Das will ich tun«, antwortete der Arbeiter, »wenn ein jeder hernach auch tun will nach seiner Lehre, daß es uns allen frommt.« Das verhießen ihm die Gefährten, und so ging jener in die Stadt hinein und befragte sich, was wohl ein Mann tun müsse, um so viel zu verdienen, daß vier Männer sich einen Tag lang sättigen könnten. Da beschied man ihn, nichts sei einträglicher, als Holz zu tragen, denn Holz sei teuer, der Wald weit und die Stadtleute seien bequem. Da ging der Mann eilend in den Wald, band sich eine tüchtige, schwere Bürde Holz zusammen, trug es in die Stadt, empfing dafür zwei Silberpfennige, wofür er für sich und seine Gesellen Speise und Trank bestreiten konnte, und schrieb überaus freudig mit Kreide an das Tor der Herberge, worin sie übernachteten: ›Die Sorgsamkeit des Redlichen hat durch Übung seiner Kraft an einem Tage zwei Silberpfennige gewonnen.‹

Am andern Morgen sprachen die drei Gesellen zum vierten, dem Edelmann: »Nun schaue und siehe zu, daß *du* uns heute mit Speise versorgst, und nimm deine Schönheit und Jugendkraft, und was du sonst weißt, dabei zu Hilfe.« Der ging auf die Stadt zu und dachte bei sich: Arbeiten kannst und magst du nicht und weißt auch sonst nichts anzufangen. Und doch wäre es dir eine Schande, mit leerer Hand zu deinen Gefährten zurückzukehren. Und stellte sich in trüben Gedanken an die Säule eines Hauses, willens, sich mit Kummer von seinen Wandergesellen zu scheiden. Da ging eine junge, schöne und reiche Witwe vorüber, sah die jugendliche Wohlgestalt des Edelmanns und wünschte zu erfahren, von wannen er sein möge. Sie sandte ihre Dienerin, ließ ihn zu Gaste bitten, erfuhr seine Umstände und befreundete sich so mit ihm, daß sie ihm, als er von ihr schied, hundert Goldpfennige verehrte. Da kehrte er mit reicher Zehrung zu den Kameraden in die geringe Herberge vor dem Tore zurück und schrieb an die Pforte: ›Mit frischer Jugend gewann einer eines Tages einhundert güldner Pfennige.‹

Nun am dritten Tage sprachen die drei zu dem Kaufmann: »Heute ziehe du hin und gewinne mit deiner Vorsichtigkeit, die mit Vernunft gepaart ist, uns auch einen guten Tag und erwünschte Zehrung.« Da ging der Kaufmann fort und durch die Stadt, welche am Meere lag, hinab nach dem Hafen; da legte sich eben ein Kauffahrer im Hafen vor Anker, und die Kaufleute begrüßten den Patron des Schiffes, fragten nach seinen Waren und wollten mit ihm handeln, aber dieser forderte ihnen allen zu viel, und sie konnten sich nicht mit ihm einigen. Da sprachen sie untereinander: »Wir wollen ihm jetzt nichts weiter bieten; in kurzer Frist gereut ihn seine hohe Forderung, und wenn auch seine Waren soviel wert sind, so ist doch außer uns keiner, der Belieben trägt, sie zu kaufen.« Und da gingen jene Kaufleute von dem Patron hinweg. Der arme Kaufmann aber, welcher der Sohn eines reichen Kaufmanns war, ging zu dem Patron hin, entdeckte sich ihm, nannte ihm den Namen seines Vaters und kaufte ihm die ganze Schiffsladung um fünfzigtausend Gulden ab. Bald kehrten die Kaufleute noch einmal zurück, und weil sie die Waren brauchten, so bezahlten sie dem Käufer fünftausend Gulden Gewinn und bezahlten die Kaufsumme für die Waren. Da ging der junge Kaufmann fröhlich zu seinen Gesellen und schrieb an das Tor, wo die Schrift der Gefährten schon stand: ›Durch Vorsicht und Vernunft hat ein Mann eines Tages fünftausend Gulden gewonnen.‹ Und hielt nun mit seinen Gesellen ein stattliches Freudenmahl.

Am folgenden Morgen sprachen nun die drei zu dem Königssohn, dessen Herkunft sie nicht kannten: »Gesell, es ist an dir, daß du hingehest und uns mit Speise und Trank versorgst. Siehe zu, was Gott dir und deiner getreuen Hoffnung beschert, und möge es reichlich ausfallen!«

Da machte sich der Königssohn auf den Weg in die Stadt und dachte: Was sollst du tun und beginnen? Du hast keine Arbeit gelernt, hast keine Jugendschönheit, hast keinen reichen Kaufmann zum Vater und bist nicht klug und nicht vorsichtig. Du hast nur dein Vertrauen auf Gott, und Gott wird dir helfen. Da setzte sich der Königssohn an die Straße auf einen Stein und versank in tieftrübe Gedanken.

Es war aber in dieser Königsstadt der König abermals gestorben, und man führte an diesem Tage seine Leiche aus der Stadt in ein nahes Kloster, und alles Volk folgte dem Zuge. Der Königssohn aber saß so vertieft in Nachdenken über das widerwärtige Schicksal, welches er erfahren hatte, daß ihn nichts kümmerte, was außer ihm vorging, und so versäumte er aufzustehen, als der Zug mit der königlichen Bahre vorüberging. Da trat ein Gewaltiger hinzu, der ergrimmte über diese Unschicklichkeit, gab dem Königssohn einen Backenstreich und sprach, indem er ihn von dem Stein stieß, auf dem er saß: »Du verwünschter Bösewicht! Trägst du keine Trauer im Herzen über des Königs Tod, den alle beweinen? Hinweg mit dir!«

Der Königssohn ließ schweigend den Zug vorübergehen, und als dieser zurückkam, da saß er wieder auf dem Stein, traurig und in gedankenvollem Sinnen. Da trat jener Gewaltige ihm wieder zornig nahe und fuhr ihn mit harter Rede an: »Sagte ich dir nicht vorhin, du solltest dich hier nicht mehr finden lassen?« Und er winkte den Schergen und ließ ihn in einen Kerker führen. Dort saß er, doch mit voller Hoffnung zu Gott, daß dieser ihn erlösen werde. Und als darauf das Volk zusammentrat, einen neuen König zu wählen, weil der vorige ohne Erben verstorben war, so sprach jener Gewaltige, daß er einen Mann im Kerker habe, der ein Verräter scheine, und man solle ihn öffentlich verhören und Recht über ihn sprechen. So wurde der Gefangene über alles Volk gestellt und gefragt, wie und warum er in dieses Land gekommen sei. Und er sprach: »Wisset, daß ich eines Königs Sohn bin« (und nannte den Namen seines Vaters), »und da mein Vater starb, so fiel an mich das Reich; aber mein jüngerer Bruder hatte mehr Anhang, darum drängte er mich vom Throne, und weil ich besorgen mußte, daß er mich töte, so bin ich entwichen aus meinem Erbe und in dieses Land gekommen.«

Unter dem Volke, welches dies hörte, waren viele Männer, die hatten des Königssohnes Vater gekannt und hatten auch in jenem Reiche gewandelt. Die sagten aus, daß jener König ein gerechter und frommer Mann gewesen und daß sein älterer Sohn auch fromm und tüchtig sei, und einige schrien: »Vivat! Es lebe der König!« Und da schrien die andern auch so: »Vivat! Es lebe der König!« und wählten den Königssohn zu ihrem Herrn. Da wurde er erhoben und im Triumph durch die Stadt geführt nach des Landes Brauch und Sitte und auch um die Stadt, und da kam er mit der Menge an die nahe Herberge, wo er mit seinen Wandergesellen gehaust und an deren Pforte die drei Denksprüche seiner Gefährten standen und sah sie an und befahl dazuzuschreiben: ›Fleißige Sorge, kräftige Jugend, vorsichtige Vernunft und was dem Menschen Gutes und Böses begegnet, das kommt alles von Gott, wie es die Menschen verdienen.‹

Da wunderten sich alle über den Sinn des neuen Königs, freuten sich ihrer Wahl und erkannten, daß Gott ihnen diesen Herrscher gesendet habe. Als nun der König in den Thronsaal geführt ward und auf dem Stuhle des Königtums saß, da sandte er nach seinen Wandergesellen und sammelte um sich alle Edeln des Reichs, alle Weisen und alles Volk, soviel der Saal fassen konnte, und sprach: »Gepriesen sei Gott, der König der Könige, und Dank seinem heiligen Namen! Meine lieben Gefährten glaubten nicht, daß Gott unsre Schritte lenkt, nun müssen sie aber das an mir erkennen, denn weder die Kraft des Leibes, verbunden mit tätiger Sorgfalt, noch die Jugendkraft und Wohlgestalt, noch Handelswitz und Weisheit hat mir zum Throne verholfen. Nie hoffte ich von dem Tage an, als ich durch meinen Bruder aus dem Reich verstoßen wurde, solcher Ehren und Würde wieder teilhaftig zu werden; arm und im Pilgerkleid kam ich hierher, aber Gottes Hand war es, die mich führte, Gott war es, der mich erhöhte, an dem mein Herz mit treuer Hoffnung gehangen!«

Auf diese Rede erhob sich ein Mann aus dem Volke und sprach: »Nun hören wir erst, wie würdig du, o König, dieses Reiches bist, da Gott dir soviel Weisheit und Vernunft verliehen hat. Wir werden mit dir, als einem weisen König, wohl beraten sein, denn seine Treue führte dich nicht ohne Ursache zu jener Gesellschaft. Ihm sei Lob und Dank!« Da stimmte das Volk freudig bei, und der König nahm wieder das Wort und redete: »Als ich vertrieben war, diente ich unerkannt eine Zeitlang einem Edelmann, allein ich fand mich bewogen, den Dienst zu verlassen, und als ich meinen Lohn empfing, so blieben mir nach dem, was ich für meine Kleider zu bestreiten hatte, nur zwei Pfennige. Da dachte ich in meinem Sinn: Einen Pfennig willst du Gott opfern und einen zu deiner Notdurft verwenden. Da begegnete ich einem Vogelhändler, der trug ein Turteltaubenpaar zu Markt, und ich dachte: Nicht besser kann der Mensch Gott dienen, als wenn er ein Geschöpf vom Tod erlöst, und da feilschte ich um die beiden Tauben, und da der Vogler mir beide nicht um einen Pfennig geben wollte, so dachte ich bei mir selbst: Läßt du die eine gefangen, so sind sie voneinander getrennt, und das ist ihnen der schlimmste Dienst. Da gab ich meine beiden Pfennige hin um die zwei Tauben, trug sie auf einen weiten Acker und ließ sie hinfliegen. Da flogen sie auf den Ast eines wilden Birnbaumes, unter dem ich stand, und wie ich wieder von dannen gehen wollte, so hörte ich, daß die eine Taube zu ihrer Freundin sprach: ›Dieser Mann hat uns vom Tod erlöst und uns unser Leben um all sein Gut, soviel er hatte, erkauft. Wir sind ihm Dank und Wiedervergeltung schuldig.‹ Und da riefen mir die Tauben und sagten: ›Du hast an uns große Barmherzigkeit geübt, und es ist unsere Pflicht, daß wir dir wiedervergelten. Unter dieses Baumes Wurzeln liegt ein gro-

ßer Schatz, grabe nach, so wirst du ihn finden.‹ Ich grub und fand den Schatz und bewahrte ihn, lobte Gott und bat ihn, die guten Tauben in seinen Schutz zu nehmen und sie vor allem Übel zu bewahren, dann aber sprach ich zu ihnen: ›Wenn doch eure Vernunft und Weisheit so groß ist, und da ihr sogar zu fliegen vermögt, wie kam es denn, daß ihr in die Haft des Mannes geraten seid, aus dessen Händen ich euch kaufte?‹ Darauf antworteten die beiden Turteltauben: ›O du weiser Frager! Weißt du nicht, daß der Flug der Vögel, die Schnelle der Rehe, die Stärke der Stiere nichts vermag gegen das Verhängnis oder die göttliche Anordnung! Dagegen vermag sich keine Kreatur zu schützen, und sowenig wie ein Geschöpf unsrer Art, so wenig kann auch der Mensch auf Erden göttlicher Schickung entrinnen.‹« – Als der König den Edeln und dem Volke ausgelegt hatte, wie er zu einem ruhevollen Gottvertrauen gelangt sei, wurde er aufs neue gepriesen, und er bestellte, daß seine Wandergesellen in der Nähe blieben. Den Edelmann machte er zu einem Herrn am Hofe, den Kaufmann setzte er über die Einkünfte des Reiches und den Handwerker machte er zum Oberaufseher der Gewerbe, und so war durch Verstand, Vernunft, Klugheit und Gottvertrauen ihrer aller Glück begründet.

Rupert, der Bärenhäuter

Es war einmal ein Bursch von stämmigem Bau, der schaute trutziglich in die Welt und hatte Mut, mit aller Welt anzubinden, ging dieserhalb unter die Soldaten und schlug sich wakker und tapfer mit dem Feind herum, bis man Frieden machte und den Soldaten ihren Abschied gab, daß sie hingehen konnten, woher sie gekommen waren oder wohin sie sonst wollten. Da dachte Rupert: Ich will zu meinen Brüdern gehen – denn Eltern hatte er nicht mehr – und wollte bei ihnen bleiben, bis wieder Krieg wäre. Die Brüder aber sagten: »So einer fehlte uns eben, der auf den Krieg wartet – ei warte, du! Wir wollen nichts wissen von Krieg und von Kriegern, wir wollen Ruhe haben! Hast du dich im Kriege durchgeschlagen, so schlage dich auch im Frieden durch; vor der Türe ist *dein*, daß du es weißt!« Da gab der Soldat Rupert seinen Brüdern kein einziges gutes Wort, nahm seinen Schießprügel und ging wieder fort in die Welt – und kam in einen großen Wald und sprach zu sich: Es ist schändlich, einen tapfern Burschen und Kriegsmann so fortzuschicken mitten in

den Frieden hinein, mit dem unsereiner doch auf der Gotteswelt nichts anzufangen weiß. Ich muß Krieg haben! Wenn nur einer käme, mit dem ich anbinden könnte, und wenn's der Teufel selber wär! Und wie Rupert das dachte, lud er sein Gewehr und tat einen starken Schuß hinein mit doppelter Ladung und auch zwei Kugeln. Da kam ein großer Mann durch den Wald auf Rupert zu, hatte einen schwarzen Schlapphut auf, mit roter Hahnenfeder darauf, eine krumme Habichtnase, einen fuchsfeuerroten Bart und einen grünen Jägerrock an und fragte: »Wo hinaus, Gesell?« – »Was habt Ihr danach zu fragen?« fragte Rupert grob zurück, weil er gern anbinden wollte mit dem ersten besten oder auch mit dem ersten schlimmsten. – »Hoho! Nur nicht so patzig!« rief der Grüne mit dem Schlapphut und der roten Hahnenfeder. »Fehlt dir was, so kann ich helfen!« – »Mir fehlt es bloß am Besten, am Geld!« antwortete Rupert. – »Solltest Geld die Fülle haben, wenn du Mut hättest!« – »Mut? Sappernunditjö! Herr, wer sagt Ihm, daß ich keinen Mut habe? Ich, ein Soldat, und keinen Mut? Mut wie der Teufel!« – »Schau um dich!« sprach der Grüne – und da schaute Rupert um, da stand ein Bär hinter ihm, schier so groß wie ein Nashorn, und sperrte den Rachen auf und brüllte und kam auf den Hinterbeinen gehend auf Rupert zu – der aber nahm sein Gewehr, legte an und sagte: »Willst du eine Prise Schnupftabak? Da hast du eine Prise!« und schoß dem Bär die doppelte Ladung in seine Nase hinein, in jedes Loch eine Kugel, die bis ins Hirn drang, und da tat der Bär einen mächtigen Satz und einen lauten Brüll, fiel um und war hin. – »Schau, schau, Mut hast du, wie ich merke!« sagte der Grüne im Schlapphut mit der roten Hahnenfeder, »und so sollst du auch Geld von mir haben, soviel du nur willst, doch unter einer Bedingung!«

»Die möcht ich hören!« sprach Rupert, der längst gemerkt hatte, mit wem er's zu tun, denn zu dem einen Stiefel hatte der Schuster, wie es schien, ein absonderliches Maß genommen, gerade als wenn er einem Pferde einen Stiefel gemacht. »Soll's etwa die Seligkeit sein – so dank ich schönstens!« fuhr Rupert fort.

»Dummer Kerl!« entgegnete der Waldjäger, »was habe ich

von deiner Seligkeit? die kannst du für dich behalten, an der liegt mir gar nichts. Nein, *das* ist meine Bedingung, daß du in den nächsten sieben Jahren dich nicht wäschst, nicht kämmst, dir nicht den Bart scherst, die Nägel nicht schneidest, in keinem Bette schläfst und kein Vaterunser betest, was ohnehin nicht deines Kriegshandwerks Sache ist. Dafür gebe ich dir Rock und Mantel, die du aber auch einzig und allein in diesen sieben Jahren tragen mußt. Stirbst du innerhalb dieser Zeit, so bist du mein; bleibst du am Leben, so habe ich kein Teil an dir, du aber hast Geld nach wie vor und kannst damit anfangen, was du willst, und ich putze dich wieder sauber, und sollt es mit meiner Zunge sein.«

»So – und das alles nennst du *eine* Bedingung?« fragte Rupert. »Mich dünkt, es wären ihrer schier ein Dutzend, doch es sei darum, ich will es probieren, probiert geht über studiert!« – »Topp!« sagte der Teufel und zog den grünen Rock aus und zog auch sehr geschwind dem toten Bären das Fell ab und fuhr fort: »Hier ist dein Rock, hier ist dein Mantel und deine Bettdecke. In die Rocktasche brauchst du nur zu greifen, so findest du Geld, und die Bärenhaut, mit der deckst du dich, du Bärenhäuter du; das ist der schönste Faulpelz, den einer sich nur wünschen kann, der die Taschen voll Geld hat und daher nicht nötig, etwas zu tun!«

Als Rupert den grünen Rock angezogen hatte, griff er vor allen Dingen in die Tasche, um zu sehen, ob es auch wahr sei mit dem Gelde, denn er traute dem Teufel nicht, dieweil dieser ein Vater der Lügen genannt wird. Da aber die Tasche sich als ein nimmerleerer Fortunatussäckel erwies, so hing Rupert seine Bärenhaut um und ging ohne Adieu vom Teufel hinweg, denn dieser war indes verschwunden.

Rupert lebte nun in den Tag hinein, ließ den lieben Gott einen guten Mann sein und den Teufel auch einen guten Mann, ließ seinen Bart stattlich wachsen, daß er ganz wahlfähig in irgendeinem deutschen oder polnischen Reichstag erschien, denn die Kraft steckt im Haar, das lehrt bereits die Geschichte Simsons, und brachte es dahin, daß er schon im zweiten Jahre aussah wie ein Schubut und Waldschratt, zumal auch seine Fingernägel außerordentlich aristokratisch vornehm noch über das chinesische Maß hinaus gewachsen waren. Die Leute wichen ihm aus, wenn sie ihn von weitem sahen oder rochen, denn obwohl er keinen Tabak rauchte, so roch er doch schon von weitem viel ärger als ein Wiedehopf, der überhaupt mit Unrecht als Stinkhahn verschrien ist, denn der Wiedehopf selbst stinkt gar nicht, nur seine Unreinlichkeit und das, womit er umgeht, bringen ihn in so schlimmen Ruf.

Nun gab aber der Bärenhäuter den Armen immer viel Geld, damit sie beten sollten, daß er die sieben Jahre überdaure, und die Armen nahmen gern das Geld und versprachen, recht fleißig zu beten. Ob sie's getan haben, weiß ich nicht; und die Wirte nahmen ihn auch gern auf, da er viel aufgehen ließ, und überhaupt steht baumfest, daß, wenn einer nur Geld hat und es aufgehen läßt, da darf er ungescheut der ärgste Bärenhäuter sein, er findet stets Anhang und Anklang und Anerkennung, aber Geld gehört ein für allemal dazu.

Nun ging die Bärenhäuterei schon in das vierte Jahr, und der Bärenhäuter hatte sie satt, denn er gefiel sich selbst nicht mehr, geschweige andern; im Gesicht schleppte er einen sehr belebten Urwald von Haarmoos herum, an den Fingern waren ihm Mistgabeln gewachsen, und sonderlichen Spaß hatte er auch nicht, trotz allen Geldes. In den Wirtshäusern gab man ihm stets die hintersten und höchsten Zimmer, drei, vier, fünf Treppen hoch und immer nahe bei den Retiraden. Einst saß er nun so ganz verdrießlich in seinem Zimmerchen, sann über sein Schicksal nach und wünschte sehnlichst seine Zeit herum, wo er einen neuen Menschen an- und den Schweinigelsbart samt den Galgennägeln an den Fingern ablegen wollte, da hörte er nebenan jemand ächzen und krächzen zum Steinerbarmen. Gleich ging er hinüber, dem Nachbar beizustehen, denn der Bärenhäuter hatte von Natur ein mildes und gutes Herz. Da saß ein wehklagender und jammernder alter Mann, der dachte, als der Bärenhäuter kam, der Böse sei es und wolle ihn holen, denn der Bärenhäuter sah dem Teufel viel ähnlicher als sonst einem Geschöpf Gottes, doch ließ er sich endlich besänftigen und bewegen, seine

Not zu klagen. Diese Not war nun gerade dieselbe, die des Bärenhäuters Not auch gewesen war, nämlich die bekannte Geldnot. Der gute Alte hatte drei Töchter und viele Schulden und sollte eben ein sehr eingezogenes Leben führen, weil er den Wirt, der ihn ausgezogen hatte, nicht bezahlen konnte. Der Bärenhäuter lachte darüber; der freilich hatte gut lachen, wie jeder, dem ein Goldborn in der Tasche quillt. Er bezahlte des alten Mannes Schulden bei Heller und Pfennig, und dieser lud ihn ein, mit ihm zu gehen und seine Töchter zu sehen, die nicht wenig schön seien, und eine davon solle ihn aus Dankbarkeit heiraten. Das war dem Bärenhäuter recht, denn er hatte viele Zeit übrig, und ward ihm die Zeit oft lang auf seiner Bärenhaut und ging auf Eroberungen aus, wie ein tapfrer Soldat immer tun soll, nur war es schade, daß er sich nicht nett und niedlich machen durfte, kein Stutz- und Spitzbärtchen, schwarz gewichst, und keine frisierten Löckchen und schlanke Flanken und glatte Nägel und kein Kölnisches Wasser und keine Havannazigarre erster Sorte. Das alles durfte er nicht, sondern mußte ganz Bärenhäuter bleiben und hingehen und Sturm laufen wie er leibte und lebte, war, stand, ging und roch. Die beiden ältesten Töchter des geretteten Mannes entsetzten sich vor dem Ungetüm, das die Perücke mit unterschiedlichen Zöpfen übers Gesicht trug statt auf dem Hinterkopf, das Patschhändchen gab wie der Vogel Greif und das seine Wäsche bereits vier Jahre trug, davon selbige ganz isabellfarbig geworden war, und roch wie ein altes, leeres Essigfaß im Kellergewölbe, nichts weniger als appetitlich. Nur die jüngste Tochter, und zugleich die schönste, hielt stand, indem sie nicht davonlief. Sie behielt im Auge, daß dieser Bärenhäuter ihren Vater gerettet hatte und dadurch sie selbst mit von Schimpf und Schande; sie besaß die schöne Tugend der Dankbarkeit, die so viele nicht besitzen. Da nun der Bärenhäuter wahrnahm, daß dieses schöne Kind nicht vor seiner häßlichen und abschreckenden Gestalt zurückbebte, ja, daß es des Vaters Wort bei ihm erfüllen wollte — so bot er ihr einen schönen Ring, doch nur zur Hälfte — als Wahrzeichen, daß er sich mit ihr verlobe, und bat sie, recht fleißig für ihn zu beten, daß er noch drei Jahre und womöglich auch etwas darüber am Leben bliebe, und nahm auf drei Jahre Abschied, um sich in dieser Zeit zu entbärenhäutern und nach deren Ablauf als ein wohlgelecktes Herrchen wiederzukommen. Dies Kunststück kann auch nicht jeder machen; mancher geht als leidlich guter und zahmer Junge vom Elternhause fort und kommt waldteufelähnlich zurück als der größte Bärenhäuter, den es nur geben kann. Die junge Schönste und schönste Junge, die sich dem Bärenhäuter verlobt hatte, kleidete sich schwarz und hatte von ihren Schwestern ob ihres zotteligen Bräutigams gar viel auszustehen.

Diese spöttelten, bald die eine, bald die andre: »Gib acht, wenn du ihm die Hand reichst, daß er sie dir nicht abbeißt, denn er hat dich freßlieb!« – »Nimm dich in acht, mein süßes Kind, daß er dich nicht aufleckt, Bären lieben Honig!« – »Tue ihm ja allen Willen, sonst brummt er, dein zukünftiger Zottelbär!« – »Ei, was wird das für eine lustige Hochzeit werden, wenn erst der Bärentanz losgeht!« Doch die junge Braut schwieg zu allem still und ließ ihre älteren Schwestern spötteln und witzeln, soviel sie wollten, unterdessen setzte ihr Verlobter sein Leben fort, doch ohne des Guten und Schlimmen zu viel zu tun, lebte sich glücklich durch das letzte der sieben Jahre hindurch und suchte am letzten Tage das Plätzchen wieder auf, wo ihm vor sieben Jahren der Teufel erschienen war. Dieser erschien auch richtig wieder, doch mit einiger Verstimmung, denn er merkte, daß der Bärenhäuter der Bärenhäuterei längst überdrüssig war und mit ihm brechen wollte, wollte daher das Geschäft klug machen und die

Röcke wieder umtauschen, aber der Bärenhäuter sagte: »So geschwind geht es nicht, erst leckst du mich und putzest mich rein, wie du zugesagt, damit ich wieder einem hübschen Menschen gleichsehe und nicht einem Waldschratt oder dir, du unsaubrer Geist!« Da mußte der Teufel den Bärenhäuter hübsch renovieren, ihm die Haare kämmen mit seinen Fingern und mit seiner Zunge, die wie ein Reibeisen kratzte, ihm die Haut rein ablecken, ihm auch die Nägel schneiden und mußte ihn waschen und wieder ganz schön machen. Das kam ihm sauer an und war ein schwer Stück Arbeit, denn man hat gesehen in der Welt, was das mit einjährigen Bärenhäutern schon für eine Hauptmühe kostet, geschweige nun, wenn einer sieben Jahre in der Bärenhäuterei verharrte. Dann bekam der Teufel von dem weiland Bärenhäuter, nunmehrigen Herrn Rupert, einen rechten Tritt zum Valet, und der letztere kleidete sich sehr schön und reiste mit Extrapost und Dampf nach dem Wohnort seiner Verlobten, wo ihn aber niemand kannte. Er gebärdete sich als ein reicher Freier und ließ verlauten, daß er eine der drei Schönen heiraten wolle, davon eine bereits seine Verlobte war. Diese eine hatte gar keine Acht auf ihn, aber ihre Schwestern, die hätten ihn gar zu gern gemocht, und putzten sich wie die Pfauen und zankten sich, welche ihn nehmen sollte. Rupert aber erbat von seiner Braut einen Becher Weines, trank und bat sie, ihm Bescheid zu tun; wie sie das tat, erblickte sie die Hälfte ihres Verlobungsringes in dem Becher und war ganz hin vor Erstaunen und süßer Freude. Er aber umfing sie und küßte sie; da kamen ihre Schwestern geputzt und furchtbar aufgedonnert dazu und wurden grün und gelb im Gesicht aus Neid und Ärger über ihrer Schwester Glück — und rannten davon.

Eine stürzte sich voll Groll und Grimm in den Ziehbrunnen, die andre henkte sich voll Gift und Galle auf dem Boden auf, und da war auch gleich der Teufel bei der Hand, fing beider Seelen auf und sagte: »Eine Seele mußt ich haben – und nun habe ich zwei. Wünsche Glück zur Hochzeit!« Damit fuhr er ab, und Rupert heiratete nach der Austrauer seine liebholde schönste Jüngste und ist niemals mehr wieder ein Bärenhäuter geworden.

Vogel Holgott und Vogel Mosam

In einen See strömten lustige Bäche, und er war voll Fische und war gelegen in einsamer Gegend, dahin weder Menschen kamen noch Fischreiher und andere fischefressende Vögel vom Meere her. Diesen See entdeckte ein bejahrter Vogel, der hieß Holgott und war vom Geschlecht der Fischadler, und es gefiel ihm die angenehme Lage, die friedsame Stille rings um den See und die Reichlichkeit der Nahrung. Da gedachte er bei sich selbst: Hierher willst du ziehen mit deinem Weib und allen den Deinen, denn hier finden wir genug an allem, was wir bedürfen, hier ist niemand mir widerwärtig und entgegen, und meine Kinder mögen dies Gebiet, wenn wir tot sind, als ein schönes Erbe innehaben. Nun hatte Vogel Holgott ein Weib, die saß daheim im Nest auf ihren Eiern, die nahe daran waren, ausgebrütet zu sein, und dieses Weibchen hatte einen lieben Freund, auch einen Vogel, der hieß Mosam. Dieser Freund war ihr so lieb, daß ihr nicht Trank und nicht Speise schmeckte, wenn er nicht um sie war, und ohne ihn hatte sie kein Vergnügen oder Kurzweile.

Als nun ihr Mann seinen Ratschlag und Beschluß entdeckte, in jene schöne Gegend zu ziehen, aber ihr hart verbot, dem Freund Mosam davon zu sagen, so war das ihr außerordentlich leid, und sie sann auf Fünde und Ränke, wie sie diesem ihres Mannes Vorhaben heimlich stecken könne, ohne daß dieser es merke. Und da sagte sie zu ihrem Manne: »Siehe, mein teurer Holgott, nun werden unsre Jungen bald ausschlüpfen, und da ist mir eine Arzenei verraten worden, sie für die Jungen zu brauchen, wenn sie auskriechen, daß ihnen ihr Gefieder stark und fest wächst, auch behütet diese Arznei sie lebenslänglich vor bösen Zufällen. Diese Arznei nun möchte ich gern holen, so du mir das gestattest und es dir gefällig wäre!«

»Was ist das für ein Arkanum?« fragte Vogel Holgott, und die Frau erwiderte: »Das ist ein Fisch in einem See, der um eine Insel fließt, den niemand weiß als ich und der, welcher es mir verraten. Darum rate und bitte ich dich, setze dich an meiner Statt auf die Eier und brüte, so will ich indes den Fisch holen oder zwei, und wir wollen sie dann mitnehmen in den neuen Aufenthalt, den du uns erwählt hast.«

Darauf entgegnete der Mann: »Nicht ziemt es den Vernünftigen, alles zu versuchen, was der erste beste Arzt ihm rät; denn manche raten Dinge uns an, die zu erlangen unmöglich sind. Was frommt das Unschlitt des Löwen wohl dem Kranken oder der Nattern Gift? Soll einer darum den Löwen bestehen und die Nattern in ihrer Höhle besuchen und in die Gefahr selbsteigenen Todes sich wagen auf eines Arztes Rat? Laß ab, o Frau, von deinem törichten Vorhaben, und laß uns an jenen Ort ziehen, während unsre Jungen hierbleiben; dort findest du Fische mancherlei Art, vielleicht auch jene heilsamen, und die weiß niemand dann außer uns. Wer an besorglicher, gefahrvoller Stätte sein Heilkraut sucht, dem möcht es ergehen, wie es dem alten Affen erging.« – »Wie erging es diesem?« fragte das Vogelweibchen, und Vogel Holgott erzählte:

Von zwei Affen

»Ein alter Affe lebte an einem fruchtbaren Ort, wo Bäume und Früchte, Wasser und Weiden im Überfluß vorhanden waren. Da er nur immer im Wohlleben war, so bekam er in seinem Alter die Räude und war damit sehr geplagt, wurde mager und kraftlos, so daß er seine Speise nicht mehr erlangen konnte. Da kam ein andrer Affe zu ihm und fragte ihn verwundert: ›Ei, wie kommt es, daß ich dich so krank und abgezehrt sehen muß?‹ – ›Ach!‹ seufzte der alte Affe, ›ich weiß keine andere Ursache als den Willen Gottes, dem niemand zu entfliehen vermag.‹ Darauf sprach jener: ›Ich kannte einen Freund, der trug dasselbe Siechtum, und es half ihm nichts als das Haupt einer schwarzen Natter. Als er das aß, so genas er, das solltest du auch tun!‹ Ihm entgegnete der alte Affe: ›Wer gibt mir ein solches Natterhaupt, da ich so schwach bin, kaum eine Frucht von dem Baume zu erlangen?‹ Darauf versetzte jener: ›Vor zwei Tagen sah ich vor einer Höhle in einem Felsen einen Mann stehen, der lauerte auf die schwarze Natter, die in der Höhle lag, und wollte ihr die Zunge ausziehen, weil er einer solchen bedürftig war; da will ich dich hinbringen. Hat der Mann die Natter getötet, so nimmst du das Haupt und ißt es.‹ Der alte Affe sprach: ›Ich bin siech und krank, werde ich gesund und stark, so will ich dir gern deinen Dienst vergelten.‹ Da führte jener Affe den alten in die Felsenhöhle, darin er einen Drachen wohnen wußte. Vor der Höhle waren große Fußtritte, wie die eines Menschen, der alte Affe dachte, die habe der Mann zurückgelassen, der die Natter getötet, kroch hinein und suchte das

Haupt. Da zuckte der Drache hervor und erwürgte ihn und fraß ihn. Der junge aber freute sich, daß er seinen Gesellen verlockt und betrogen hatte und nun im alleinigen Besitz der schönen Fruchtbäume war.«

Als Vogel Holgott seinem Weibchen dies erzählt hatte, fügte er noch hinzu: »Dies sage ich der Lehre halber, die darinnen liegt: Es soll kein Vernünftiger sein Leben wagen auf einen törichten und betrüglichen Rat hin.« Aber das Weibchen sprach: »Ich habe dich recht wohl verstanden, allein hier ist es doch ein ganz andrer Fall, denn die Fische, die ich meine, sind ohne Gefahr zu holen und werden unsern Jungen sehr dienlich sein.«

Als Vogel Holgott sahe, daß verständige Überredung bei seiner Frau nicht anschlage, so gab er nach: »Kannst du es nicht lassen, so hole die Fische; bewahre dich aber, daß du niemanden weder das eine noch das andere Geheimnis vertrauest, denn also lehren die Weisen: Löblich ist jeder Vernunft Übung, aber die größte Vernunft beweist der, der sein Geheimnis begräbt, also daß es keiner zu finden vermag.« Darauf flog das Weibchen fort und auf der Stelle zu ihrem lieben Freund Mosam und teilte ihm alles mit, was ihr Mann im Sinn hatte und daß er an einen lustigen Ort ziehen wolle, wo weder von Tieren noch von Menschen etwas zu fürchten sei. Und sprach: »Möchtest du, o Freund, einen Fund finden, daß auch du dorthin kommen könntest, doch mit Wissen und Willen meines Mannes, denn soll mir etwas Gutes widerfahren, so hab ich keine Freude ohne dich.« Darauf erwiderte der Vogel Mosam: »Warum sollte ich gezwungen sein, nur mit Bewilligung deines Mannes dort zu weilen? Wer gibt ihm solche Gewalt an die Hand über mich und andre? Wer verbietet mir, auch dorthin zu ziehen? Zur Stunde will ich hinfliegen und dort mein Nest bauen, da es so eine genügliche Stätte ist. Und wird dein Mann kommen und mich vertreiben wollen, so werde ich ihm das wohl zu wehren wissen und ihm sagen, daß weder er noch seine Vorfahren dort seßhaft waren und er also nicht mehr Recht an jener Gegend hat als ich und andere.« Da erwiderte das Weibchen: »Du hast nicht Unrecht, aber ich wünschte doch deine Gegenwart dort in der Voraussetzung, daß allewege Friede und Eintracht unter uns sei. Gehst du gegen meines Mannes Willen dorthin, so haben wir üble Nachrede zu gewärtigen, und unsre Freundschaft wird sich in Trauer verkehren. Mein Rat ist dieser: Du gehst zu meinem Manne, läßt ihn nicht wissen, daß wir uns gesprochen, und sagst zu ihm (ehe ich zurück bin), du habest jene sehr schöne Gegend gefunden und dir vorgenommen, dorthin zu ziehen, so wird er dir erwidern, daß er auch zuvor schon diese Stätte entdeckt habe und entschlossen sei hinzuziehen; dann sprichst du: O Freund Holgott, so bist du der erste und jener Stätte würdiger denn ich, aber ich bitte dich, laß mich bei dir wohnen, so will ich dir dort ein treuer Freund und Gefährte sein.«

Diesen Rat befolgte Vogel Mosam und flog eiligst zu Vogel Holgott hin, während das Weibchen an den ersten besten Teich flog und zwei Fische fing und heimtrug, als seien es die heilsamen Wunderfische, und Vogel Holgott erwiderte auf den Antrag, daß ihm Mosams Gesellschaft wohlgefällig sei. Das Weibchen aber stellte sich, als wäre ihr ihres Mannes Nachgiebigkeit gegen ihren Freund nicht lieb, damit er ihre Verräterei nicht merke, und sagte: »Wir haben doch jene Stätte für uns allein erwählt, und ich besorge, wird Vogel Mosam mit uns ziehen, so folgen seine vielen Freunde auch nach, und zuletzt müssen wir weichen vor ihrer Überzahl.« Darauf entgegnete ihr Mann: »Du hast recht; aber ich vertraue Mosam und hoffe, mit seinem Beistand werden wir uns der Zudringlinge erwehren, darum ist es vielleicht gut, daß dieser Freund bei uns wohne. Niemand vertraue allzuviel der eigenen Kraft und der eigenen Macht. Wir sind zwar mit die stärksten unter den Vögeln, aber Hilfe dienet dem Schwachen, zu überwinden den Starken, wie die Katzen den Wolf überwanden.«

»Wie war das?« fragte Holgotts Weibchen, und dieser erzählte ihr:

Von dem Wolf und den Maushunden

»Am Meeresgestade war eine Schar Wölfe, darunter war einer besonders blutdürstig, der wollte zu einer Zeit sich einen besondern Ruhm unter seinen Gesellen erwerben und ging in ein Gebirge, wo viele und mancherlei Tiere sich aufhielten, da zu jagen. Aber dieses Gebirge war umfriedet, und die Tiere waren da sicher vor andern Tieren und wohnten in Eintracht beieinander; darunter war auch eine Schar Maushunde oder Katzen, die hatten einen König. Nun war der Wolf mit List durch das Gehege gekommen, verbarg sich und fing sich jeden Tag eine Katze und fraß sie. Das war den Katzen sehr leid, und sie sammelten sich zur Beratung unter ihrem König; und da waren insonderheit drei weise, einsichtsvolle Kater, die berief der König in seinen Rat und fragte den ersten um sein Votum gegen den schädlichen Wolf. Der erste Kater sprach: ›Ich weiß keinen Rat gegen dieses große Ungeheuer, als uns in Gottes Gnade zu befehlen, denn wie möchten wir dem Wolf Widerstand tun?‹ Der König fragte den zweiten Kater, und dieser sprach: ›Ich rate, daß wir gemeinschaftlich diesen Ort verlassen und uns eine andere ruhigere Stätte suchen, da wir hier in großer Trübsal, Leibes- und Lebensgefahr verweilen müssen.‹ Der dritte Kater aber sprach auf des Königs Befragung: ›Mein Rat ist, hierzubleiben und des Wolfs halber nicht auszuwandern. Auch wüßte ich einen Rat, ihn zu überwinden.‹ — ›Sage ihn‹, gebot der König, und der Kater sprach weiter: ›Wir müssen acht darauf haben, wenn der Wolf sich neuer Beute bemächtigt hat und wohin er sie trägt und verzehrt, dann mußt du, o König, ich und unsre Stärksten ihm nahen, als wollten wir das essen, was er übrigläßt, so wird er sich für ganz sicher halten und von uns sich nichts befürchten. Dann will ich auf ihn springen und ihm die Augen auskratzen, und dann müssen alle anderen über ihn herfallen, so daß er sich unsrer nicht mehr erwehren kann, und es darf uns dabei nicht irren, daß einer oder der andre von uns das Leben einbüßt oder Wunden davonträgt; denn wir erlösen dadurch uns und unsre Kinder von dem Feind, und ein Weiser scheidet nicht feig und furchtsam von seinem Vatererbe; nein, er verteidigt es mit Leibes- und Lebensgefahr.‹ Diesen Rat hieß der König gut. Darauf geschah es, daß der Wolf einen guten Fang getan hatte, den er auf einen Felsen schleppte, und da führten die Katzen ihre Tat aus, die der tapfere weise Kater angeraten; und der Wolf mußte schämlich unter ihren Krallen und zahllosen Bissen sein Leben enden.

Dieses Beispiel«, fuhr Vogel Holgott fort, »sage ich dir, liebes Weib, damit du begreifst, daß treue Freundschaft hilfreich ist, und darum nehme ich gern Vogel Mosam zu meinem Freund und Gefährten mit.« Als dieses das Weibchen hörte, jubilierte sie innerlich, daß ihr Anschlag so unverdächtig und nach ihres Herzens Wunsch ausging. Und da erhoben sich die drei Vögel nach jener lustigen Stätte; ließen im alten Nest die indes ausgebrüteten Jungen zurück, bauten dort Nester und wohnten dort friedsam und freundlich bei reichlicher Nahrung eine Zeit miteinander. Und Vogel Holgott, der alt und schwach wurde, und sein Weib hatten den

Vogel Mosam viel lieber in ihren Herzen als er sie, wie sich gleich zeigen wird.

Es kam eine dürre, heiße Zeit, daß alles verdorrte und der See austrocknete und die Fische starben; da sprach Vogel Mosam zu sich selbst: Es ist ein schönes Ding um treue Kameradschaft, und es ist löblich, wenn Freunde zusammenhalten. Aber ein jeder ist doch sich selbst der Nächste. Wer sich selbst nichts nütze ist, wie soll der andern nützlich sein? Wer künftigen Schaden nicht voraussieht und ihn meidet, der wird ihm nicht entgehen, wenn er da ist. Nun sehe ich voraus, wie mir die Gesellschaft dieser Vögel Schaden und Abbruch tun wird, da von Tag zu Tag die Nahrung sich mindert; und zuletzt werden sie mich verjagen. Mir aber gefällt es hier wohl, und ich könnte auch allein, ohne jener Gesellschaft, hier wohnen; da wäre es wohl gut, wenn ich ihnen zuvorkäme und mich ihrer entledigte, und zwar zuerst des Mannes, denn das Weib vertraut mir ganz, die zwinge ich dann ungleich leichter. Sie kann sogar den Mann töten helfen.

Mit solchen argen und schändlichen Gedanken flog Vogel Mosam zu dem Weibchen und nahte ihr ganz traurig und niedergeschlagen. Die fragte ihn: »Warum sehe ich dich so traurig, mein Freund?« Und er antwortete: »Ich traure über die schwere Zeit und sehe schreckvoll daherschreiten des Hungers Gespenst. Und zumeist deinetwegen trauert mein Herz. Eines nur wüßt ich, das dir frommte, wenn mein Rat nicht unweise dir dünkt.« – »Welcher ist das?« fragte das Weibchen, und Mosam sprach: »Bande der Freundschaft sind mehr wert als Bande der Blutsverwandtschaft, denn diese ist oft schädlicher als Gift. Ein Sprichwort sagt: Wer eines Bruders mangelt, der hat einen Feind weniger, und wer keine Verwandten hat, der hat keine Neider. Ich will dir etwas ansinnen, das dir nützlich sein wird, liebe Freundin, obschon es dir hart ankommen wird, es zu vollbringen, und du wirst es mir als ein Unrecht auslegen, daß ich es dir offenbare, wenn auch es in meinen Augen geringfügig erscheint.« Da sprach das Weibchen: »Deine Rede erschreckt mich, ich kann mir nicht denken, was du meinst, und glaube nicht, daß du mir Übels raten wirst. Doch wäre mir ein leichtes, den

Tod zu erleiden um deinetwillen; darum so sprich! Denn wer nicht sein Leben einsetzt für einen treuen Freund, der ist sehr töricht, denn ein Freund ist immer nützlicher wie ein Bruder oder wie Kinder.« Jetzt sprach Mosam mit Arglist: »Mein Rat ist, daß du suchtest, deines alten, schwachen Mannes los und ledig zu werden, für den du so mühevoll sorgen mußt; da wird dir Glück und Heil zureifen und mir mit dir! Und frage nicht nach der Ursache dieses Rates, bis du ihn vollzogen hast, denn hätte ich nicht guten Grund dazu, so glaube mir, würde ich dir solches nicht anraten. Ich schaffe dir schon einen bessern und jüngern Mann, der dich immer lieben und beschützen wird. Und tust du nicht nach meinem Rat, so wird es dir gehen wie jener Maus, die auch guten Rat verachtete.«

Da fragte das Vogelweib: »Wie war das mit jener Maus?«, und Mosam erzählte:

Die Katze und die Maus

»Es war einmal ein Mann, dem taten die Mäuse in seiner Speisekammer vielen Schaden, da nahm er eine Katze an, damit sie die Mäuse vertreibe und vertilge. Nun war unter den Mäusen eine recht große und war auch stärker wie die andern, und wie sie wahrnahm, was geschehen war, da suchte sie eine Gelegenheit, wo sie von einem sichern Ort aus mit der Katze sprechen konnte, und sagte zu dieser: ›Ich weiß, daß dein Herr dich bestellt hat, mich und meine Freunde zu vertreiben und zu töten. Nun freut es mich, deine Bekanntschaft zu machen, und ich möchte mich deiner Gunst empfehlen und guten Frieden mit dir halten.‹ Sprach die Katze: ›Es freut mich ausnehmend, dich kennenzulernen, und es wird mir äußerst schätzbar sein, wenn du mich mit deiner Freundschaft beehren willst. Auch wäre dein Umgang mir der erwünschteste, allein ich darf dir nichts versprechen, was ich dir nicht zu halten vermag. Siehe, verehrteste Maus, mein

Herr hat mich zum Bewahrer seines Hauses gesetzt, daß du und deine Sippschaft ihm nicht länger Schaden zufügst, schonte ich nun deiner, so würde es heißen: Das ist eine schlechte Katze! Darum meide entweder, meinem Herrn zu schaden, oder meide das Haus und suche dir einen andern dir genehmen Aufenthalt, außerdem gib mir keine Schuld, wenn du Schaden hast.‹ Die Maus sprach: ›Ich habe dich höflich gebeten, und so bitte ich nur noch, verzeihe mir meine Freiheit und schenke mir deine Freundschaft.‹ – ›Ja‹, sprach die Katze, ›du bist mir lieb und wert, wie soll ich aber die Freundschaft zu dir vereinigen mit meiner Pflicht bei dem Schaden, den deine Gesellen meinem Herrn zufügen? Lasse ich euch leben, so tötet er mich, das ist billig. Darum, so gewähre ich dir drei Tage Frist, in welcher Zeit du dich nach einer andern Wohnung umtun magst.‹ Die Maus erwiderte: ›Sehr schwer und ungern trenne ich mich von dieser Wohnung; ich werde mich hüten, dir zu nahe zu kommen, und hier bleiben, solange es mir gefällt.‹ Die Katze schonte die Maus, ihrem Wort getreu, drei Tage lang, da wurde diese ganz sicher und tat nun gar nicht mehr, als sei eine Katze im Hause vorhanden; als die drei Tage herum waren und die Maus wieder ganz unbesorgt aus ihrem Löchlein lief, da lag die Katze im Winkel der Speisekammer und lauerte, sprang zu und fing und fraß die Maus mit Haut und Haaren.

Das ist ein Gleichnis«, fuhr Vogel Mosam fort, »an dem du sehen kannst, daß nicht ziemt dem Verständigen, zu verachten der treuen Freunde Rat. Und das Sprichwort sagt, daß der Freunde Rat oft gleiche bittrer Arzenei, die doch heilsam ist und das Siechtum bannt.«

Das Vogelweib bedachte sich lange und schwankte, was sie tun solle und wie es zu vollbringen sei, daß auch kein Schein böser Tat auf sie fiele. Da riet der falsche Freund, sie solle einen Fisch nehmen, durch den die Fischer zur Lockung großer Fische eine spitze Angel gesteckt, und den dem Mann unter die andern Fische, die er speise, legen, so werde er daran erwürgen. Das tat das Weib, und weil Vogel Holgott alt war und nicht selbst mehr Fische fing und sein Weib ihn bisweilen Hunger leiden ließ, so schluckte er gierig den Fisch mit dem Angelhaken in sich hinein und erwürgte daran, und wie das geschah, so verfluchte er die, die ihn so schmählich dem Tod geweiht. Als das geschehen war, lebte der Vogel Mosam noch eine kurze Zeit mit dem ungetreuen Weibe, aber weil die Nahrung immer seltener wurde, so begann er ihrer sehr überdrüssig zu werden und stürzte sich auf sie, sie zu töten. Da flogen gerade ihre Söhne daher, die kamen, um ihre lieben Eltern zu besuchen, und fielen herab auf den Vogel Mosam, als schon ihre Mutter im Sterben lag, die ihnen alles bekannte und verschied. Da hackten sie mit ihren spitzigen Schnäbeln dem Vogel Mosam die Augen aus und ließen ihn elendiglich verhungern und rächten so den Doppelfrevel, der von ihm an ihren Eltern begangen worden war.

Das Rebhuhn

Es war ein reicher Jude, der reiste durch ein Königreich und trug mit sich einen großen Schatz an Geld und Gute. Da ihn nun sein Weg durch einen großen Wald führen sollte, fürchtete er sich, daß er um seines Geldes willen darin etwa sein Leben lassen müsse, und ging daher zu dem Könige des Landes, reichte ihm ein Geschenk dar und bat, daß der König ihm einen sichern Mann mitgebe zum Geleite durch den Wald und durch sein ganzes Reich. Da gebot der König seinem Schenken, dem Juden das Geleit zu geben, und dieser tat, was ihm geboten war, und geleitete den Juden.

Als nun diese beiden in den Wald gekommen waren, da gelüstete dem Schenken nach dem Schatz des Juden, und er stand still auf dem Weg und sprach zu ihm: »Gehe voran!« Der Jude erschrak, ahnete des Schenken böse Absicht und wollte nicht vorangehen. Der Schenke zog alsbald sein Schwert aus der Scheide und rief: »Jud, so mußt du hier von meiner Hand sterben!« – »O lieber Schenke, tut das nicht!« rief der Jude, »solche Mordtat an mir würde nicht verborgen bleiben! Und ob heimlicher Mord von allen Menschen ungesehen vollzogen wird, so werden ihn die Vögel offenbaren, die unter dem Himmel fliegen!«

Wie der Jude das noch sprach, flog eben ein Rebhuhn im Walde auf und über ihnen beiden hin. Da hohnlachte der Schenke und sprach spöttisch: »Hab acht, Jud, das Rebhuhn wird's dem Könige sicherlich ansagen, daß ich dich hier ermordet.« Und so ermordete der Schenke den Juden im Walde, nahm ihm all sein Geld und seinen Schatz, den er bei sich trug, begrub ihn heimlich und ging wieder zu Hofe.

Und es verging ein ganzes Jahr nach des Schenken ungetreuer Tat, da geschah es, daß dem Könige Rebhühner geschenkt wurden, die gab der Schenke dem Koch, ließ sie wohl bereiten und brachte sie zur Tafel. Und wie er die Rebhühner vor den König hin auf den Tisch stellte, dachte er an den Juden, den er ermordet hatte, und an dessen letzte Rede von den Vögeln und mußte lachen. Der König sahe es und fragte, worüber er lache. Der Schenke aber gab dem Könige eine falsche Ursache seines Lachens an.

Nachher über vier Wochen geschah es, daß der König seinen Amtleuten und Dienern ein Gastmahl gab, dabei war auch der Schenke, und der König selbst war sehr fröhlich und heiter, scherzhaft und lustig und ließ so viel Wein und edle Getränke auftragen, daß etliche seiner Diener trunken wurden. Und da alle so lustig waren, sprach der König zum Schenken: »Lieber Schenk, jetzt sage mir die freie Wahrheit, worüber hast du gelacht unlängst, da du mir die Rebhühner auftrugst, denn du hast mich damals nicht mit wahren Worten berichtet!« Der Schenk war trunkenen Mutes, denn wenn der Wein eingeht, geht die Weisheit aus, und sprach: »Ei, mein Herr König, als der Jude schrie, die Vögel würden seinen heimlichen Mord offenbaren, die unter dem Himmel fliegen, da flog eben ein Rebhuhn in die Höhe, dessen mußte ich gedenken und darüber lachen.«

Der König schwieg auf diese Rede still, ließ sich nichts merken und tat, als sei er nicht in seiner Fröhlichkeit gestört. Aber des andern Tages ging er zu Rate mit seinen heimlichen Räten und sprach also zu ihnen: »Was hat der verschuldet, der von des Königs wegen einen durch das Reich sicher geleiten sollte und hat denselben selbst ermordet und beraubet?« Darauf antworteten die Räte einstimmig: »Der hat den Galgen verdient!« Darauf saß der König öffentlich zu Gericht, bestellte einen Kläger, der den Schenken anklagte, und da er seine Tat vor Zeugen im Rausche erzählt, so mußte er sie auch vor Gericht bekennen und wurde zum Galgen verurteilt. So ward der heimliche Mord durch die Rebhühner kund und offenbar.

Das Gruseln

Es waren einmal zwei Brüder, von denen war der eine, der älteste, nicht auf den Kopf gefallen, vielmehr anstellig und pfiffig über alle Maßen; der jüngere aber hatte, wie man so sagt, ein Brett vor dem Kopf. Das machte dem Vater große Sorge, ihm aber keine, denn er lebte ganz sorglos und arglos in die Welt hinein, wie die Dummen leben, und er mochte wohl, ohne daß er's wußte, das Sprüchlein im Kopfe haben: Hänschen lerne nicht zuviel, du mußt sonst zuviel tun. Wenn der

Vater etwas verrichtet haben wollte, so mußt er's allemal dem ältern, dem Matthes, sagen, denn der andre, das Hänschen, richtete alles verkehrt aus, zerbrach den Ölkrug und die Branntweinflasche oder blieb eine Ewigkeit aus. Matthes dagegen machte alles gut, nur einen Fehler hatte er, er war furchtsamer Natur, es gruselte ihn gar zu sehr. Wenn er abends am Kirchhof vorbeiging, so gruselte ihn, und wenn er eine Gespenstergeschichte erzählen hörte, so bekam er vom eitel Gruseln eine Gänsehaut wie ein Reibeisen und klagte: »Ach, ach, ach, es gruselt mich gar zu sehr.« Sein Bruder aber, das dumme Hänschen, lachte ihn oft deshalb aus und sagte: »Hähä, wie kann es einen nur gruseln? Die Kunst möcht ich können, mich gruselt's all mein Lebtage nicht – möchte wahrlich das Gruseln lernen!«

»Du siehst aus wie einer, der was lernen möcht!« schalt der Vater auf Hänschen. »Zeit wär's freilich, du wirst ein großer starker Lümmel – aber mit dem Gruseln lernen, du Hans Dampf, da ist's nichts, das ist keine Kunst, damit verdienst du kein Körnlein Salz zum lieben Brote. Und weißt du denn auch, wie man das Gruseln lernt? Was gilt die Wette, daß du auch dazu zu dumm bist?«

Während der Vater und der Bruder noch das dumme Hänschen auslachten, kam der Nachbar Küster und Schulmeister herüber zum Besuch und hörte noch, wie das Hänschen verlacht wurde, und bekam erzählt, daß der Bube gern das Gruseln lernen wolle. »Das kann er bei mir prächtig lernen!« sprach der Küster. »Mein Schulhaus ist das allerelendeste Nest von einem Hause im ganzen Orte, mich gruselt's den ganzen Tag, daß mir's über den Kopf zusammenfällt und einmal die hoffnungsvollen Rangen miteinander erschlägt. Gebt mir das Hänschen herüber, ich muß ja so manchem Dummbart Wissenschaften beibringen, werd ihm doch wohl auch das Gruseln anlehren können!« Der Vater war den Vorschlag zufrieden, und das Hänschen folgte dem Küster hinüber in das alte, wackelige Schulhaus. Ihn gruselte das aber mitnichten, es war ihm gerade so einerlei, daß das Haus den Einsturz drohte, wie es dem Schulzen und der ehrsamen Gemeinde einerlei war.

Nun sann der Küster auf ein andres Stücklein, das dem Hänschen auf alle Fälle das Gruseln beibringen sollte. Er hieß ihn die Abendglocke läuten, schlüpfte aber noch vor ihm heimlich hinauf in die Glockenstube, und als Hänschen zur Treppe hinauf war und den Strang zur Abendglocke faßte, hörte er von der Treppe her einen dumpfen, stöhnenden Laut. Wie er sich umsah, stand dort eine große, weiße Schleiergestalt starr und unbeweglich. »Wer bist du? Was willst du?« fragte Hänschen, ohne daß ihn nur im mindesten gegruselt hätte. Keine Antwort. »Ich frage dich, wer du bist?« rief Hänschen mit stärkerer Stimme. Keine Antwort. »Hast du kein Maul, Schneemann? Noch einmal: Was willst du?« Keine Antwort. Mein Hänschen, nicht faul, springt mit einem Satz auf die Gestalt los, wie der Kasper im Puppenspiel auf den Teufel, und rennt sie, die sich solcher Herzhaftigkeit nicht versah, pardauz! über den Haufen, daß sie ein ganz Stück die Stiegen hinunterkollert, und was für Stiegen! Stiegen von so einziger Art, wie sie nur auf alten Dorfkirchtürmen anzutreffen sind, ausgetreten, verrottet, eng, voll jahrhundertalten Staubes. Drunten lag das Gespenst und ächzte und krächzte, Hänschen aber läutete zum Abendgebet und schwang gar wacker den Glockenstrang, als wäre eben nichts vorgefallen; dann kletterte er wohlgemut die Stiege hinab und ging aus dem Turme, dessen Türe er hinter sich zuschloß. Die Küsterin wußte gar nicht, wo ihr Mann blieb. »Wo ist denn er?« fragte sie Hänschen. »Wer?« fragte Hänschen. »Er!« sagte die Küsterin. »Er ist ja vor dir hinüber auf den Turm.« – »So!« sagte Hänschen, »ist *er* das gewesen? Es stand ein weißer Labutzel an der Treppe, der wollte mir nicht Red und Antwort geben, da hab ich ihn die Treppe hinabgestoßen, er liegt noch drüben und krächzt.« – »Galgenstrick!« schrie die Küsterin, riß Hänschen den Schlüssel aus der Hand und sprang auf den Turm, da lag ihr Mann in seinem Bettuch und hatte ein Bein gebrochen.

Jetzt erging es Hänschen gar nicht gut; die Küsterin verklagte ihn bei seinem Vater, und der wurde ganz wild und schrie: »Ein Taugenichts ist der Junge, aus den Augen soll er mir! Fort marsch! Hier ist Geld – geh, laß dich henken, wo du willst –, mir kommst du nimmermehr vor die Augen. Schimpf und Schande und Schaden hat man von dir, du Nichtsnutz!«

»Geh mit Gott, Hänschen!« spottete Matthes; »sorge fein, daß du das Gruseln lernest, das Gruseln soll jetzt Mode sein, und den Menschen draußen in der Welt gruselt's vor allerhand, da wirst du schon vom Gruseln auch deinen Teil bekommen!«

Hänschen ging, er hatte Geld, und wenn einer Geld hat, braucht's ihn erst recht nicht zu gruseln. Unterwegs sprach er

öfter vor sich hin: »Wenn mich doch nur gruselte, wenn mich doch nur gruselte!« Das hörte ein Mann, der hinter Hänschen kam, und sprach zu ihm: »Schau dorthin – dort steht der Dreibein, da hängt eine schöne Gesellschaft dran – gerade ihrer sieben, was man so sagt: ein Galgen voll. Dort nimm unter den sieben dein Nachtlager, da lernst du das Gruseln.«

»Wenn das wahr wäre«, sprach Hänschen, »so wollt ich dir morgen früh all mein Geld geben. Kannst zu mir kommen und es holen, oder du kannst ja auch gleich bei mir bleiben!«

»Daß ich ein Narr wäre und unterm lichten Galgen bei dir bliebe!« antwortete jener. »Nein, mein guter Gesell, das Gruseln lernt sich viel besser, wenn einer allein, als wenn er zu zweien ist. *Gute* Nacht! – auf Wiedersehen morgen in der Frühe!« Hänschen setzte sich unter den Galgen, machte sich, weil es kalt war, ein Feuerchen an, das schien hübsch hell hinauf zu den Gehenkten, und der scharfe Nachtwind bewegte ihre schlotternden Körper hin und her, hin und her.

»Ei, ihr gar armen Teufel!« rief Hänschen hinauf. »Euch friert ja, daß ihr schnappert und klappert. Wartet, ich will euch herunterholen, sollt euch wärmen an meinem Feuer.« Und Hänschen, nicht faul, fand eine Galgenleiter, stieg hinauf, knüpfte die Gehenkten los und setzte sie an sein Feuer, das er nun stärker und größer machte. Jene aber schauten gottserbärmlich aus, grün, gelb und jämmerlich, blitzblau, abscheulich, wie das Sprichwort sagt, und regten und rührten sich nicht; das Feuer fraß um sich und begann, die Lumpen und Fetzen anzukohlen, welche um die toten Leichname herumhingen. »Na?« sagte Hänschen, »ihr laßt ja eure Kleider verbrennen! Da heißt's recht bei euch: Gleiche Lumpen, gleiche Lappen! Wartet – ich will euch helfen, so unachtsam sein!« Nahm sie, einen nach dem andern, und hing sie wieder hinauf, hüllte sich in seinen Mantel, streckte sich an sein Feuer und schlief ein. So fand ihn der Mann, mit dem er gestern gegangen, und der heute kam, das Geld zu holen. Da er aber Hänschen so ruhig schlafen sah, wuchs ihm wenig Hoffnung, daß es das Gruseln über Nacht gelernt haben möchte, und als Hänschen nun aufwachte und ihm erzählte, was er vorgenommen habe, da wandte sich der Mann zum Gehen und sprach: »Dein Geld hab ich dasmal nicht verdient, du lernst das Gruseln nimmermehr.«

Wie Hänschen nun auch weiter und seines Weges ging, sprach er vor sich hin: »'s ist doch alleweil schade, daß ich das Gruseln nicht erlernen kann, muß wohl zu dumm dazu sein. Ei, ei – wenn ich doch nur das Gruseln könnte.«

Das hörte ein Fuhrmann, der desselben Weges daherschritt, der sprach zu Hänschen: »Ei, kannst du das Gruseln nicht? da kehre nur dort in dem Wirtshaus am Weg ein, wenn du nämlich Geld hast, der Wirt macht hautschaudrige Zechen, mich hat's noch jedesmal überlaufen, wenn ich hab in dessen Haus einkehren müssen.« – »Das wollen wir sehen!« sprach Hänschen, dankte dem Fuhrmann und schritt auf dasselbige Wirtshaus zu.

»Was schaffen's?« fragte der Wirt. »Möcht's Gruseln lernen«, antwortete Hänschen. »Die Leute auf der Landstraße sagen, bei Euch wär's leicht zu lernen, Ihr machtet so gruslige Rechnungen und führtet eine so gruslige Kreide!« – Warte, Lecker, dachte der Wirt, dir will ich wohl was lehren, daß dich das Gruseln ankommt, und zu Hänschen sprach er: »Mein lieber Wandergesell, Ihr seid mit Unwahrheit berichtet worden; in meinem Hause kann man das Gruseln keineswegs lernen, und ich bediene meine Gäste nicht so, wie Euch irgendein Schalksnarr erzählt und vorgelogen hat. Ist's Euch um Gruseln zu tun, so geht dort hinauf auf das alte, verwünschte Schloß da droben und seht zu, daß Ihr die Königstochter zur Frau bekommt, die ihr Vater dem versprochen hat, der das Schloß von seinen Poltergeistern befreit; da gibt's was zu gruseln und reich zu werden.«

»Ich will so tun, wie Ihr mir ratet«, sagte Hänschen, und der Wirt sprach wieder: »Damit, daß Ihr hinaufgeht, ist's noch nicht getan. Erst müßt Ihr beim König um Erlaubnis bitten und müßt drei Nächte lang drobenbleiben. Kommt Ihr mit dem Leben davon, so ist die Prinzessin Eure Frau.«

»Und wenn ich nicht mit dem Leben davonkomme, was dann?« fragte Hänschen – und der Wirt lachte ihm ins Gesicht und sprach: »Ich merke schon, Ihr seid ein Schlaukopf,

Ihr hättet sicher das Pulver erfunden, wenn's noch nicht erfunden wär!«

Und Hänschen ging eilend zu dem Könige, bat um die Erlaubnis und erhielt sie, auch sprach der König: »Mein Sohn, du darfst dir auch dreierlei mitnehmen, aber nur nichts Lebendiges.« Nun hatte Hänschen schon in seiner Jugend immer gar zu gern Feuer angemacht, an der Schnitzelbank gesessen und auch bisweilen an der Drehbank und verstand mit solchen Dingen umzugehen. Darum begehrte er weiter nichts mit auf das Schloß zu nehmen als ein gutes Feuerzeug, eine Schnitzelbank und eine Drehbank. »Damit mich nicht friert«, sagte er, »und ich mir die Zeit vertreiben kann.« Das ward dem Hänschen gern gegeben, und er schlug seinen Sitz in einem hübschen Zimmer mit großem Kamin im alten Schloß auf. Als es Nacht wurde, machte Hänschen ein helles Feuer an, das wärmte und leuchtete sehr schön. Auf einmal kamen zwei kohlschwarze Katzen, die hatten Augen wie von grünem Feuer und schrien: »Miau, miau, uns friert!« — »Ei, wenn euch friert, so wärmt euch doch; hier ist ein Feuer!« sprach Hänschen. Das taten die Katzen auch, dann sagten sie: »Die Zeit wird uns zu lang, wir wollen zu dritt Karte spielen, Dreiblatt oder Pochens.« — »Meinetwegen Pochens«, sagte Hänschen, »wenn ihr Karten mitgebracht habt.« Die Katzen hatten wirklich ein Kartenspiel und zeigten es Hänschen, und da sah Hänschen, daß sie fürchterliche Krallen an ihren schwarzen Pfoten hatten, und sagte: »Mit Verlaub, eure Frau Mutter hat euch die Nägel recht lange nicht geschnitten, schämt euch was, kommt, ich will sie euch putzen!« und packte die Katzen und klemmte ihnen die Pfoten in die Drehbank. Da bissen sie nach ihm, und so nahm er sein Schnitzmesser und schnitzte ihnen die Köpfe ab und warf Katzenköpfe und Leiber aus dem Fenster in den Schloßgraben. Als er wieder zum Feuer kam, saß ein großer Hund dort und bleckte ihm die Zähne und hatte eine feurige Zunge armslang zum Halse heraushängen. Dies gefiel Hänschen wieder nicht, er nahm abermals sein Schnitzmesser und hieb damit dem Hund gerade zwischen die Zähne in den Rachen, da fiel die Zunge herunter, und der obere Kopf nahm Abschied von seinem Unterteil. Nun meinte Hänschen Ruhe zu haben und wollte sie auch genießen; in der Ecke stand ein Bett, da legte er sich hinein und deckte sich zu. Er war aber noch nicht eingeschlafen, da fing das Bett an zu fahren wie

ein Dampfwagen und fuhr im ganzen Schloß herum, treppauf, treppab, durch Säle und Zimmer – aber Hänschen sagte: »Schau, nun spür ich doch, wie's tut, wenn die großen Herren fahren. Fahre du nur immer zu.« – Endlich mochte das Bett des Fahrens müde sein, es rollte wieder in Hänschens Zimmer, wo das Feuer noch lustig brannte, da stand es still, und Hänschen schlief ein und schlief wie ein Toter.

Am andern Morgen stand der König an seinem Bett und sagte: »Na, das heiß ich einen gesunden Schlaf, wenn *ich* den hätte! So gut schläft kein König. Freut mich, daß der Junge noch lebt und schnarcht. Heda! Hänschen!« – »Schön guten Morgen, Herr König! Schon so frühe?« fragte Hänschen. »Wünsche, wohl geruht zu haben!« sprach der König. »Danke, gleichfalls!« sprach Hänschen. – »Kannst auf meine Rechnung drunten beim Wirt frühstücken und zu Mittag essen, aber abends bist du wieder hier oben, magst du?« sprach und fragte der König. »Ei, freilich wohl«, sagte Hänschen, »drei Nächte müssen's sein.«

Wie Hänschen zum Wirte kam, wunderte der sich sehr und fragte: »Nun? Noch lebendig? – Aber das Gruseln wird man doch gelernt haben in heutiger Nacht?« – »Nicht rühr-an!« erwiderte Hänschen. Da fing es dem Wirt selber an, vor Hänschen über und über zu gruseln. Hänschen ließ sich's wohl sein auf des Königs Rechnung und sorgte sich nicht um diese, und als es Abend wurde, war er schon wieder oben im Spukschloß und machte sich sein Feuer an. Auf einmal prasselte es droben im Schornstein, als breche alles in tausend Trümmer, und da kam ein Kerl heruntergefahren, der war aber nur halb. »Na«, sagte Hänschen, »was soll denn das sein? da fehlt ja noch eine Halbschied, anderthalb Mann sind doch noch keine Gesellschaft.« Kaum hatte Hänschen das gesagt, bautz! kam die andre Hälfte nachgefallen, mitten in das Feuer. Hänschen nahm die beiden Hälften, warf sie aus dem Kamin in die Stube und brachte sein Feuer wieder in Ordnung. Wie er damit zustande war und umschaute, war aus den beiden Hälften ein einziger Kerl geworden, aber kein schöner, der saß auf Hänschens Stuhl.

»Platz da!« schrie Hänschen, »hier sitze ich, marsch, oder ich halbiere dich mit dem Schnitzelmesser!«

Auf einmal polterte es wieder im Schornstein, Totenbeine und Schädel prasselten herab und noch einige Männer vom gräulichsten Aussehen. »Guten Abend, meine Herren!« sagte Hänschen, »Sie sind doch *ganze* Männer, das laß ich mir gefallen. Gehören vielleicht in die Familie Schön? Ach, wie schade, daß kein Spiegel im Zimmer hängt. Womit könnt ich Ihnen denn eigentlich dienen?« Die Männer sahen Hänschen mit furchtbaren Blicken an, einer nahm die Totenbeine, es waren gerade neun, und stellte sie als Kegel auf, die andern nahmen die Schädel und rollten sie nach den Kegeln.

»Kegelschieben tu ich für mein Leben gern!« sagte Hänschen, »erlauben Sie nicht, daß ich auch mitspiele? Spielen Sie Brettspiel oder Partens? Ums Partiegeld? Wie?«

»Hast du Geld?« fragten die Männer grimmig. – »Oui!« sagte Hänschen und fuhr in die Tasche und klimperte.

»Nun, so schieb an!« schrie einer der Männer und reichte ihm einen Totenschädel dar.

»Mit Verlaub, das ist eine eckige Kugel. Gebt her, da hab ich eine Drehbank stehen, wollen sie hübsch rund drehen, damit wir gut alle neun treffen.« Sprach's und setzte sich und drehte die Schädel rund. Dann ging das Spiel an, Hänschen schob gut, aber die Männer schoben noch besser, Hänschen verlor etwas, und das Spiel fing wieder an, Hänschen schob und rief freudig: »Alle neun!« – »Nein, zwölf!« riefen die Männer mit dumpfem Ton und verschwanden mit Knochen und Schädeln, und die alte Uhr auf dem Schloßturm schlug zwölf. »Nun so was!« rief Hänschen. »Ist das auch eine Manier? Erst locken sie mir mein bißchen Geld ab, und nun ich gut schiebe, machen sie sich aus dem Staube.« Darauf legte er sich wieder in das Bett, das heute ganz ruhig blieb, und schlief bis an den hellen Morgen.

»Heute wird er wohl nicht mehr am Leben sein«, sprach der König, als er auf Hänschens Zimmer zuging, »ich höre ihn nicht wie gestern schnarchen, wird wohl aus sein mit ihm.« Aber Hänschen ermunterte sich sehr schnell und sprach: »Wünsche, wohl geruht zu haben, Majestät!« – »Gleichfalls, danke schön!« antwortete der König. »Wie ging es diese Nacht?« – »Recht hübsch, danke der gütigen Nachfrage, Herr König!« antwortete Hänschen. »Es war eine Sorte Schlotfeger da, sie kamen zum Schornstein heruntergefahren, und wir haben mit Totenbeinen gekegelt.« Dem König schauerte die Haut, und er sagte: »Aber das ist ja ganz gruselig!« – »Was denn, Herr König?« fragte Hänschen. – »Das – eben!« erwiderte der König. »Nun, Glück zu zur dritten Nacht!«

's ist doch recht fatal, daß ich nimmermehr das Gruseln lerne! sprach Hänschen zu sich selbst, als die dritte Nacht herbeikam. Auf einmal entstand ein großer Rumor, sechs Männer traten in das Zimmer, die trugen eine Totenlade auf der Bahre, stellten sie vor Hänschen hin und verschwanden. Hänschen dachte: Wer mag da drinnen liegen? und öffnete den Sarg. Da lag einer drin, der war steif und eiskalt. »Ach, den friert, er ist ganz steif vor Frost«, sagte Hänschen, »den muß ich wärmen!«, hob den Toten aus dem Sarge und trug ihn an sein Feuer, aber er blieb kalt. »Der muß ins Bette, da wird er schon erwarmen« – und nahm ihn und legte ihn ins Bette und sich dazu. Nach einer Weile wurde der Tote warm und wachte auf und machte sich breit und sagte: »Wer hat dir geheißen, mich in meiner Ruhe stören? Jetzt sollst du sterben!« – »Ist das eilig?« fragte Hänschen, packte jenen rasch an, warf ihn in die Totenlade, den Deckel darauf und schraubte denselben schnell zu. Da kamen gleich die sechs Männer wieder, die hoben den Sargkasten auf und trugen ihn fort.

Bald darauf trat ein gräulicher Riese herein, mit großem, langem Bart, der schrie: »Wurm! Jetzt mußt du sterben! Du mußt mit mir!« – »Ich gehe nicht mit dir!« sagte Hänschen. »Es pressiert mir nicht; ich habe noch zu tun, wie du siehst!« und setzte sich an die Drehbank und trat das Rad und drehte die Spindel und hielt den Meißel an das Werkholz. Der Riese bog sich über das Rad her und wollte Hänschen fassen. Mit einem Male schrie er aber laut: »Au! Au, mein Bart, mein Bart!« Es war das Ende des Bartes zwischen die Darmsaite, die das Rad umschwingen half, gekommen und hatte sich durch das schnelle Drehen festgewickelt und zog nun den ganzen Kopf nach sich, und Hänschen trat frisch darauflos und sagte: »Kerl, hab acht, jetzt drehe ich dir deine große Nase ab und drehe dir die Augen aus und drehe aus deinem dicken Kopf eine Kegelkugel, so wahr ich Hänschen heiße!« Da gab der Riese die besten Worte, Hänschen solle ihn gehenlassen, er wolle ihm auch die drei Kisten voll Gold zeigen, eine sei dem König, die zweite sei den Armen bestimmt, die dritte wolle er ihm schenken. »Nun wohl«, sagte Hänschen, »gib das Ding her, aber bis ich's habe, bleibst du in den Bock gespannt und trägst die Drehbank auf deinen Schultern.«

Das war ein sehr unbequemes Tragen, die Bank auf den Schultern und den Bart ins Rad verflochten, das zog. Der Riese ging nun in ein andres Zimmer voran und zeigte Hänschen die Kisten voll Gold. Indem schlug es zwölfe, und da verschwand er, und die Drehbank stand ohne Träger. Hänschen war es, als ob die Kisten auch Miene machten zu verschwinden, da rief er: »Halt, halt!« und faßte sie und hielt sie fest und zog sie hinüber in sein Zimmer, worauf er sich schlafen legte, wieder ohne Gruseln.

Am andern Morgen kam der König und fragte: »Nun, *diese* Nacht war dir's doch ganz gewiß recht gruselig?«

»Wieso denn, Herr König?« fragte Hänschen. »Ich habe eine Kiste voll Gold geschenkt bekommen, auch eine für Euch und eine für die Armen. Muß es einem gruselig werden, wenn man Gold geschenkt bekommt?«

»Du hast Großes vollbracht!« sprach der König. »Durch deine Furchtlosigkeit hast du das Schloß von den Poltergeistern befreit und den verzauberten Schatz an das Licht gezwungen. Du sollst auch deinen Lohn haben und meine Tochter heiraten!«

»Obligiert, Herr König!« sagte Hänschen, »es ist aber doch schade, daß ich heiraten soll und bin noch so dumm, daß ich noch nicht das Gruseln gelernt habe.«

»O mein lieber Sohn und Schwiegersohn!« erwiderte der König. »Heirate du nur, da wird sich alles finden. Es hat schon mancher das auch nicht gekonnt und hat geheiratet, und da ist er außerordentlich gruselig geworden und hat die Gänsehaut nicht wieder loswerden können.«

»Selbige Hoffnung freut mich, Herr König!« rief Hänschen vergnügt aus.

Bald war herrliche Hochzeit, Hänschen war sehr glücklich, sehr reich und hatte eine wunderschöne Frau, doch sagte er:

»Weiß nicht, wie lange es noch dauern soll, bis ich's Gruseln lerne.«

Nun warte, Hänschen! Dich soll es doch noch gruseln, sprach zu sich selbst die junge Königin, Hänschens Gemahlin, ließ einen Eimer Wasser mit kleinen Gründlingen und Elritzen herbeischaffen, und da Hänschen schlief, nahm sie ihm die Bettdecke weg und schüttete den Eimer voll Wasser und Fischlein über Hänschen her. »Brrrr!« fuhr er auf und schnapperte vor Kälte. »Mir träumte, ich wäre in den Fischteich gefallen – brrrr! Es gruselt mich, es gruselt mich! Hab eine Gänsehaut wie ein Reibeisen! Siehst du, liebe Frau? Endlich nun – nun kann ich das Gruseln, nun kann ich das Gruseln.«

Auskünfte

Ludwig Bechstein.

Biographische Übersicht

1801 Ludwig (laut Taufregister: Louis Clairant Hubert) Bechstein wird am 24. November in Weimar geboren. Die Mutter, Johanna Karoline Dorothea Bechstein, Tochter eines Konsistorialbotenmeisters in Altenburg, hatte sich zur Entbindung nach Weimar begeben. Der Vater, Louis Hubert Dupoutreau (1772 bis 1840), ein vorübergehend in Deutschland lebender französischer Offizier, spielte im Leben des unehelichen Kindes und der Mutter keine weitere Rolle.

1801–1810 Bechstein wächst unter ärmlichen Bedingungen bei Pflegeeltern auf.

1810 Er findet Aufnahme im Haus seines Onkels (eigentlich ein Vetter siebenten Grades) Johann Matthäus Bechstein, dem Gründer und Direktor der Forstlehranstalt Dreißigacker bei Meiningen, einem über Deutschland hinaus bekannten Naturforscher (›Gemeinnützige Naturgeschichte Deutschlands aus allen drei Reichen der Natur‹ u. a.). Wird Schüler des Meininger Gymnasiums.

1819 Verläßt das Gymnasium vorzeitig, wird Apothekerlehrling in der Kühnschen Apotheke in Arnstadt.

1822 Abschluß der Lehre mit der Gehilfenprüfung. Schon während der Lehrzeit erste literarische Arbeiten.

1823 ›Thüringische Volksmärchen‹, erste Buchveröffentlichung, erscheint unter dem Namen C. Bechstein.

1824–1825 Tätig in der Meininger Hofapotheke.

1825–1829 Apothekergehilfe in der ›Schwan-Apotheke‹ in Salzungen, hier erste Begegnung mit Karoline Wiskemann, seiner späteren Frau.

1828 ›Sonettenkränze‹, dieser Gedichtband lenkt die Aufmerksamkeit Bernhard Erich Freunds, Herzog von Sachsen-Meiningen, auf Bechstein, es kommt zu mehreren Begegnungen.

1829 ›Märchenbilder und Erzählungen‹. ›Die Weissagung der Libussa‹, Roman.

1829–1831 Herzog Bernhard ermöglicht Bechstein den Besuch der Universitäten Leipzig und München. Studium der Philosophie, Literatur und Geschichte. In Leipzig Mitglied der ›Deutschen Gesellschaft‹, einer altehrwürdigen literarischen und sprachpflegenden Vereinigung. In München Bekanntschaft mit den Gelehrten und Schriftstellern Hans Ferdinand Maßmann, Eduard Duller, Karl Spindler, Franz von Pocci; von hier aus eine Reise in die Schweiz.

1830 ›Die Haimonskinder. Ein Gedicht aus dem Sagenkreise Karls des Großen in vier Gesängen‹.

1831 Im August Rückkehr nach Meiningen, Bechstein wird mit der Ordnung des Heldburger Archivs beauftragt. Im November Ernennung zum herzoglichen Kabinettsbibliothekar und zum zweiten Bibliothekar der ›Herzoglichen öffentlichen Bibliothek‹. ›Erzählungen und Phantasiestücke‹. ›Der Totentanz, ein Gedicht mit Kupfern nach Holbein‹.

1832 Im August Heirat mit Karoline Wiskemann, Tochter eines Mechanikers aus Oechsen bei Vacha. Gründet den ›Hennebergischen altertumsforschenden Verein‹, benannt nach einem erloschenen thüringischen Grafengeschlecht; Direktor bis 1857, dann Ehrenpräsident. ›Novellen und Phantasiegemälde‹. ›Arabesken‹, Novellen.

1833 Geburt des Sohnes Reinhold (Professor für Germanistik in Jena und Rostock, gestorben 1894). Bechstein wird erster Bibliothekar der öffentlichen Bibliothek. ›Faustus‹, Verserzählung des mittelalterlichen Sagenstoffes (mit Illustrationen von Moritz von Schwind). ›Der Sonntag, Gedicht in sechs Gesängen‹. ›Grimmenthal‹ und ›Das tolle Jahr‹, Romane.

1834 Tod seiner Frau Karoline. ›Luther‹, ein Gedicht. ›Der Fürstentag‹, Roman.

1835 Reise mit Eduard Duller und O. L. B. Wolff nach Brüssel und Paris, kurze Begegnung mit Heine. ›Des Hasses und der Liebe Kämpfe‹, Drama. ›Novellen und Phantasieblüten‹. ›Der Sagenschatz und die Sagenkreise des Thüringerlandes‹ (bis 1838 vier Bände).

1836 Heirat mit Johanna Therese Schulz aus Untermaßfeld (gestorben 1876). ›Die Reisetage‹, Beschreibung der Belgien- und Frankreichreise vom Vorjahr. ›Gedichte‹. ›Fahrten eines Musikanten‹ (abgeschlossen 1837 mit Band drei), erzählt die Erlebnisse seines Freundes, des Arztes und Komponisten Daniel Elster; fand neben den Märchen- und Sagenbüchern den meisten Widerhall.

1838 Geburt der Tochter Klara (gestorben 1914). ›Wanderungen durch Thüringen‹.

1839 Geburt der Tochter Auguste Ernestine, die schon im Jahr darauf stirbt. ›Aus Heimat und Fremde‹, Erzählungen. ›Fliegende Blätter‹, Gedichte. ›Hallup der Schwimmer‹, Novelle. ›Grumbach‹, Roman.

1840 Einzug ins eigene Haus (heute Ernst-Thälmann-Straße 1 in Meiningen); fast 4000 Gulden Schulden durch den Hausbau und die Sammelleidenschaft (Bücher, völkerkundliche Gegenstände, Kuriositäten; wurden nach seinem Tod in Leipzig und Meiningen versteigert). Ein Sohn wird tot geboren. Ernennung zum Hofrat. ›Klarinette‹, eine Art Seitenstück zu den ›Fahrten eines Musikanten‹. ›Sophienlust‹, Novelle. ›Die Volkssagen, Legenden und Märchen des Kaisertums Österreich‹ (bis 1841 vier Bände).

1841 Geburt des Sohnes Wilhelm (Maschinenbauer).

1842 Eintritt in die Freimaurerloge zu Meiningen. ›Philidor, Erzählung aus dem Leben eines Landgeistlichen‹. ›Der Sagenschatz des Frankenlandes‹. ›Deutsches Museum für Geschichte, Literatur und Altertumsforschung‹ (zweiter Band 1843, Herausgeber).

1843 Geburt des Sohnes Adolf Emil Ludwig (bekannter Illustrator des humoristischen Wochenblattes ›Fliegende Blätter‹, gestorben 1914). ›Thüringen in der Gegenwart‹.

1844 Anstellung als Gehilfe am ›Gemeinschaftlichen Hennebergischen Gesamtarchiv‹, besorgt dessen Neuordnung.

1845 ›Deutsches Märchenbuch‹. ›Geschichte und Gedichte

des Minnesängers Otto von Botenlauben‹, Herausgabe.

1846 ›Neue Naturgeschichte der Stubenvögel‹, humoristisch-didaktische Gedichte. ›Deutsches Dichterbuch‹, Herausgabe.

1847 Tod der Mutter.

1848 Bechstein, anfänglich Hauptmann einer Einheit der Meininger Bürgergarde, zieht sich bald zurück, da ihm die Vorstellungen der revolutionären Demokraten und Republikaner zu radikal sind. Beginn des Zerfalls der langjährigen Freundschaft mit dem Gothaer Schriftsteller, Journalisten und Buchhändler Ludwig Storch (1803–1881), einem entschiedenen Demokraten. Hinwendung zu Adolf Bube (1802–1873), Direktor des herzoglichen Kunstkabinetts in Gotha, der sich auch mit der Herausgabe von Sagen beschäftigte. Umfangreicher Briefwechsel mit beiden Freunden. Wird Archivar des Hennebergischen Gesamtarchivs. ›Dr. Johann Matthäus Bechstein und die Forstakademie in Dreißigacker‹, Würdigung von Leben und Werk seines Onkels.

1850 ›Ein dunkles Los‹, Erzählungen. ›Berthold der Student‹, Roman. ›Wollen und Werden oder Deutschlands Burschenschaft und Burschenleben‹.

1851 ›Die Manuskripte Peter Schlemihls‹, Novelle. ›Der Ring‹, Herausgabe des ersten deutschsprachigen komischen Versepos' von Heinrich von Wittenweiler (lebte um 1400 in dem Schweizer Städtchen Wil).

1852 ›Volkserzählungen‹.

1853 ›Hainsterne‹, Erzählungen. ›Deutsches Sagenbuch‹.

1854 ›Hexengeschichten‹ (1922 neu herausgegeben von Gustav von Meyrink). ›Der Dunkelgraf‹, Roman. ›Neue Volksbücher‹. ›Zweihundert deutsche Männer in Bildnissen und Lebensbeschreibungen‹, Herausgabe.

1855 Reise nach Oberitalien mit dem Erbprinzen Georg (1826–1914, regierte als Herzog Georg II. von Sachsen-Meiningen von 1866 bis zu seinem Tod, leitete seit 1862 das Meininger Hoftheater, das dank seiner künstlerischen Intentionen durch historische Treue in der Ausstattung, durch den Ensemblegeist und lebendige Massenregie reformierend auf das deutsche Theaterschaffen wirkte). ›Romantische Märchen und Sagen‹. ›Das Spiel von den zehn Jungfrauen‹, Urtext und Übertragung des mittelalterlichen Mysterienspiels. ›Mythe, Sage, Märchen und Fabel im Leben und Bewußtsein des deutschen Volkes‹.

1856 ›Die Geheimnisse eines Wundermannes‹, Roman. ›Neues deutsches Märchenbuch‹. ›Mitteilungen aus dem Leben der Herzöge zu Sachsen-Meiningen und deren Beziehungen zu Männern der Wissenschaft‹.

1857 ›Villa Carlotta‹, poetische Reiseschilderung der Oberitalienfahrt. ›Ludwig Bechsteins Märchenbuch‹, zweite illustrierte Ausgabe mit 187 Illustrationen von Ludwig Richter (1803–1884).

1858 ›Thüringer Sagenbuch‹.

1859 Bechstein beginnt zu kränkeln. ›Schloß Wartburg‹, Lieder und Romanzen.

1860 Ludwig Bechstein stirbt in seinem Haus am 14. Mai an Wassersucht, er wird am 17. Mai auf dem Meininger Friedhof unter Anteilnahme der Bevölkerung beerdigt.
Das nachgelassene epische Gedicht ›Thüringens Königshaus‹ erscheint 1865.

In einem Brief aus dem Jahre 1842 klagte Bechstein dem Freund Ludwig Storch sein Leid bezüglich des eigenen schriftstellerischen Schaffens und schrieb: ›... man wird älter, kommt aus der Mode, und wenn man, wie ich, eigentlich gar nie darin war, kommt man im 41. Jahr ... nicht mehr hinein.‹ Mit seinem drei Jahre später erschienenen ›Deutschen Märchenbuch‹ jedoch gelang ihm das Unerwartete. Dieser Sammlung deutscher Volksmärchen, die später den Titel ›Ludwig Bechsteins Märchenbuch‹ trug, war förmlich ein Siegeszug beschieden, zu dem die Illustrationen Ludwig Richters erst von der zwölften Auflage an beitrugen. Die Verbreitung der Bechsteinschen Märchen übertraf im 19. Jahrhundert sogar die der Grimmschen, und der Name Bechstein war der Leserschaft weit vertrauter als der jener Männer, die mit ihren ›Kinder- und Hausmärchen‹ (1812/15 erste Ausgabe) auf dem Gebiet der Sammlung und Bewahrung des deutschen Volksmärchens nicht nur ein Fundament gelegt, sondern zugleich ein dauerhaftes Werk geschaffen hatten. Heute steht Bechstein mit seinen Märchen allzusehr im Schatten der von ihm bewunderten Brüder Grimm, obwohl es sich bei seinem ersten Märchenbuch von 1845 um eine Leistung von Rang handelt, die für immer mit der Geschichte des deutschen Volksmärchens verbunden bleiben wird.

Das Verdienst der Grimms besteht darin, daß sie die deutschen Volksmärchen zum Zeitpunkt ihres Erlöschens als lebendiges Erzählgut schriftlich fixierten. Sie gaben den Märchen, die über viele Jahrhunderte hinweg unwandelbar und doch nicht ohne Einfluß der Zeiten von Mund zu Mund weitergegeben worden waren – seit dem Mittelalter parallel zu den ersten und sich dann mehrenden verstreuten Aufzeichnungen –, gleichsam eine Prägung ein für allemal. Das war sowohl das Ende der Märchen als auch deren Rettung, die ein Fortwirken sicherte. Wir verdanken diese national- wie weltliterarisch bedeutende Leistung der Grimms ihrem auf wissenschaftlicher Grundlage fußenden sicheren Empfinden für den sprachlichen Gestus der Märchen sowie für die Möglichkeiten und Grenzen der Bewahrung des überkommenen Wortschatzes. So entstand, was künftigen Generationen gewissermaßen zum jüngsten Quellenwerk deutscher Volksmärchen wurde. Es braucht wohl nicht betont zu werden, daß es sich bei den Grimmschen Märchen nicht um protokollierte Volksmundüberlieferungen handelt, sondern um Nacherzählungen auf dem schmalen Grat, der durch die selbstgestellte Aufgabe bestimmt war: die Bewahrung der Märchen.

Und Bechstein? Im Vorwort zur 1853 erschienenen zwölften Auflage seines Märchenbuches, wo er, wie an vielen anderen Stellen auch, die Grimms ›mit ihrer anerkannt besten echten Märchensammlung‹ rühmt, sagt er zu seiner eigenen: ›... doch stand der wissenschaftliche Zweck der Sammlung weniger im Vordergrund wie der: eine Märchensammlung als *Volksbuch* zu liefern, welcher Zweck auf das vollständigste erreicht wurde.‹ Diese Charakterisierung *seiner* Absicht besagt nichts anderes, als daß er den Märchen eine unmittelbare Wirkung sichern wollte. Denn sosehr Bechstein in den Jahren, deren Frucht sein erstes Märchenbuch war, den Grad der Wissenschaftlichkeit, das heißt den der Authentizität, für ein ausschlaggebendes Kriterium hielt, sosehr war er auch davon überzeugt, daß Märchen – wenn er dies auch nicht direkt formulierte – stets in ihrer Zeit immer wieder erzählt werden müssen. Das begründete Bechsteins Ruf als Märchenerzähler, und so wurde er zum bedeutendsten Popularisator der deutschen Volksmärchen im vergangenen Jahrhundert.

›Bechsteins Hauptproblem‹, stellt K. Kaiser zutreffend fest, ›ist offenbar der Märchenstil.‹ Er schuf sich für die Märchen eine Sprache und Gestaltungsprinzipien, die – aus der Zeitgenossenschaft heraus mehr unbewußt als bewußt – dem Geschmack und der Haltung breitester Volksschichten entsprachen. Dabei ging er bei den Grimms in die Lehre; wie sie bediente er sich volkstümlicher Redensarten und Vergleiche, flocht Sprichwörter ein und bewahrte überlieferte Wendungen. Den eigenen Reiz jedoch gewannen die von ihm zum Teil nach dem Volksmund, überwiegend aber nach alten

Quellen durchaus getreu und keinesfalls leichtfertig, wie gelegentlich behauptet, erzählten Märchen durch sein Naturell und sein schriftstellerisches Streben, also durch seinen Humor, seine Neigung zum Schwankhaften, zur Ironie und durch seinen bei aller Nüchternheit vorhandenen Hang zur Ausschmückung. Hinzu kam seine didaktische Ader, was unter anderem zur Folge hatte, daß er erotische Direktheiten oder Grausamkeiten vermied oder milderte. Die Verwendung damals geläufiger Fremdwörter, so zum Beispiel des Wortes Residenz, mögen wir heute als modisch empfinden, doch rückten sie die Märchen näher an die Wirklichkeit der Leser heran.

Bechsteins Vortragsstil unterstrich von der Position eines volksverbundenen Liberalen aus den demokratischen Charakter der Märchen und das Selbst- wie auch das Gottvertrauen des Volkes. Das sowohl in der vorrevolutionären Phase als auch – und dies vor allem – nach der gescheiterten Revolution von 1848 und in der nachfolgenden Zeit der Restauration. Der Humor, die Burschikosität und die lieblichen Töne in den Bechsteinschen Märchen wurden, das darf man annehmen, von den Lesern als eine Selbstbestätigung unter mißlichen Zeitumständen empfunden. Gewiß festigten sie auch jene auf biedere Tüchtigkeit bauende Haltung des Bürgertums und breiter Volksschichten, die der zweiten Hälfte des vorigen Jahrhunderts Flügel und Fesseln anlegte.

Ludwig Bechstein war vom unehelichen Pflegekind zu Ansehen und Wohlhabenheit aufgestiegen. Doch die Existenz abseits der Zentren geistiger und politischer Auseinandersetzung und im Dienst eines, wenn auch recht aufgeklärten, Herzoghauses erwies sich trotz aller Möglichkeiten, die sie diesem stolzen, bescheidenen, tüchtigen und geselligen Mann bot, in vieler Hinsicht als problematisch. Schicksalsschläge, die Bechsteins Familie trafen, trugen das ihre dazu bei, daß er sich mit zunehmendem Alter ganz auf sich zurückzog, seiner Arbeit lebte, sich in die Natur versenkte und – nichts mehr erwartete. Er ging sogar so weit, daß er den entschiedenen Demokraten die Schuld am Scheitern des Zustandekommens eines geeinten Deutschland gab, welches er sich als konstitutionelle Monarchie mit verbrieften demokratischen Rechten für das Volk gewünscht hatte.

Über Bechsteins eigene schriftstellerische Werke, seine Gedichte, Novellen und Romane ist die Zeit hinweggegangen. Geblieben sind seine Sagen, geblieben aber sind vor allem seine erste Märchensammlung und die besten Stücke aus seinem ›Neuen deutschen Märchenbuch‹ (1856). In seinen Märchen ist Bechstein mit seiner Eigenart, mit seinen Wünschen und Hoffnungen am gegenwärtigsten. Wurde er mit dem ›Neuen deutschen Märchenbuch‹ auch dem ursprünglichen Grundsatz, bei aller Eigenwilligkeit des Vortragsstils die Angemessenheit und Wissenschaftlichkeit zu wahren, untreu, so sollten wir dadurch unser Urteil über sein erstes Märchenbuch nicht beeinflussen lassen, zumal sich dort bereits ankündigte, was sich später nachteilig auswuchs. Die erste Sammlung wird nicht nur bleiben als ein Zeugnis dafür, in welcher Form ein Großteil der deutschen Volksmärchen im 19. Jahrhundert verbreitet war, sondern auch als eine noch wirksame eigenständige Märchensammlung. Sie weist uns und künftige Märchenerzähler auf den Umstand hin, daß Märchen, sollen sie lebendig bleiben, immer wieder erzählt werden wollen.

Im Schatten der Grimms steht Bechstein so wie alle, die sich nach ihnen dem deutschen Volksmärchen verschrieben haben und verschreiben werden. Nicht Brüder Grimm oder Bechstein ist die Frage, wenn es um den lebendigen Fortbestand der deutschen Märchen geht. Und wollen wir uns nicht darauf verlassen – und wir sollten es nicht –, daß ausschließlich Bearbeiter, Dramaturgen und Regisseure durch Bücher, Filme, Hörspiele, Fernsehinszenierungen oder Einrichtungen für die Schallplatte unsere Kinder mit den Märchen vertraut machen, so müssen wir als Erwachsene uns wieder selbst die Volksmärchen, die ja ursprünglich keine Erfindungen für Kinder waren, aneignen und, geschult an den Grimms und an Bechstein, unseren Kindern erzählen.

Klaus-Dieter Sommer

Ludwig Bechstein
Über das Märchen

Das Märchen ist dem Kindesalter der Menschheit vergleichbar; ihm sind alle Wunder möglich, es zieht Mond und Sterne vom Himmel und versetzt Berge. Für das Märchen gibt es keine Nähe und keine Ferne, keine Jahrzahl und kein Datum, nur allenfalls Namen, und dann entweder sehr gewöhnliche oder sehr sonderbare, wie sie Kinder erfinden.

Wir haben an guten echten Märchensammlungen ... keinen Überfluß, so reich auch die Märchenliteratur überhaupt und die deutsche insbesondere ist ... Aus dem Gelehrtenkreise, der die alt- und mittelhochdeutsche Poesie, mithin auch das ursprüngliche deutsche Märchen pflegte und den Überlieferungen des Volksmundes von Märe und Sage gern lauschte und nachzog – traten die Gebrüder Grimm mit ihrer anerkannt besten echten Märchensammlung der ›Kinder- und Hausmärchen‹. Fast alle Märchen darin sind dem Volksmund entnommen.

In vielen bedeutenden Auflagen erschien von 1812 an bis jetzt diese treffliche Sammlung; ein Werk patriotischen Sammelfleißes, unbehindert durch jenes Witzeln und Spötteln der Neugescheiten, die den Freund von Mär und Sage so gern der Liebe zum Rückschritt beschuldigen. Fast in alle lebenden Sprachen Europas sind die Grimmschen Kinder- und Hausmärchen übersetzt worden, und wie bei ihnen der Mund des Volkes ein Urteil gesprochen, so auch bei der vorliegenden Sammlung [der Bechsteinschen], von welchen in zehn Stereotypausgaben und einer großen illustrierten Ausgabe in Zeit von nur sieben Jahren, von 1845 an – *siebenzigtausend* Exemplare in die Hände der deutschen Kinderwelt gelangten, so daß der Schluß des Vorwortes zu den frühern Ausgaben: ›Möchte diese Sammlung bei den Kennern Nachsicht und bei ihrem Publikum Teilnahme finden!‹ sich in nie geahnter Weise erfüllte.

Zu den erwähnten Kennern ist unbedingt der Herausgeber einer neuesten Sammlung: Deutsche Volksmärchen aus

Schwaben; Stuttgart 1852 – Professor Dr. Ernst Meier zu Tübingen, zu zählen, seine Sammlung ist ebenfalls trefflich und hält den wissenschaftlichen Standpunkt fest. Er nimmt in seiner Vorrede Anlaß, sich über mein Märchenbuch insofern tadelnd zu äußern, daß er ihm ›manches entschieden unechte und selbsterfundene‹ vorwirft und das vereinzelte Vorkommen emphatischer Ausdrucksweise rügt. Darauf ist einfach zu erwidern, daß ich außer der ersten Nummer als einleitender Dichtung: Des Märchens Geburt, nichts Selbsterfundenes gegeben, meines Wissens von andern nicht dergleichen aufgenommen habe; die Wahrheit in der Rüge aber habe ich selbst gefühlt, schon ehe mir Meiers Sammlung zu Händen kam; ich hätte allerdings besser getan, auf die Beihilfe anderer zu verzichten, denn ihnen fällt das Gerügte zur Last, doch stand der wissenschaftliche Zweck der Sammlung weniger im Vordergrund wie der: eine Märchensammlung als *Volksbuch* zu liefern, welcher Zweck auf das vollständigste erreicht wurde. Einmal erbetene und freundlich gewährte Beiträge ließen sich nicht gut abweisen, und sie umzuarbeiten, würde die Verfasser unangenehm berührt haben. Ich selbst bekenne mich mit Herrn Meier zu den entschiedenen Gegnern der Verwässerung echt volkstümlicher Sagen- und Märchenstoffe durch rhetorisches und kunstpoetisches Beiwerk, sofern nicht ein erfundener Märchenstoff als größere Dichtung mit Absicht selbständig behandelt wird. In der vorliegenden Ausgabe ist nun dem Gerügten abgeholfen, mehrere Märchen sind völlig umgearbeitet und neu erzählt, andere ganz ausgeschieden worden, noch andre geeignetere an deren Stelle hinzugekommen ...

Übrigens ist dieses Buch keine Sammlung für ganz kleine Kinder, dies sieht wohl jeder ein, der es zur Hand nimmt, und es kann, ja es *soll* nicht stets der gleiche *Ton* der Erzählung festgehalten werden ...

Groß und reich ist das deutsche Märchengebiet und wert, daß es allseits angebaut werde mit reiner Hand, ein Eldorado der Poesie, die im Volke lebt, im Volke widerhallt und die in den jungen Geschlechtern ihren Kindheitmorgen rosig verklärt und ihren Pfad mit Sternen und Blumen bestreut, an welche die Erinnerung unvergeßlich bleibt durch das ganze Leben.

Aus dem Vorwort zu ›Ludwig Bechsteins Märchenbuch‹ in der zwölften Auflage von 1853, die inhaltlich identisch ist mit unserem Neudruck der Ausgabe von 1857.

Denn das echte und rechte Märchen ist *nur* das Kindermärchen ... Es muß sein Vortrag einfach sein, sein Stil gleich fern von Schwulst, Pathos, Blümelei und Weinerlichkeit; frei von romanhafter Verwickelung und Einschachtelung – das deutsche Märchen weist unbedingt die Episode von sich ab.

... Kindermärchen und Fabel gehören der Kindheit, sie versinnbildlichen sie gleichsam, denn zu dem Kinde reden Tiere und Kinder reden zu Tieren und erwarten Antwort von ihnen. Selbst in Sagen reden Kinder zu Schlangen. Andersen läßt in einem seiner Märchen ein Kind ausrufen: Mutter, was werden die Hunde sagen, wenn sie mein neues Kleid sehen! Parabel und Gleichnis stehen schon eine Stufe aufwärts, sie stellen die Flügelkleidzeit der ersten Schuljahre dar, in denen das Kind belehrt wird, wie es an schlimmen Beispielen Gutes lernen soll, nicht stehlen, wie der diebische Rabe, nicht schmutzig sein, wie das Schwein, welches – wie ein guter Lehrer den Kindern erklärte – das Tier ist, das *seinen Namen mit der Tat* trägt ... Spinnen wir das begonnene Gleichnis fort, so tritt nach zurückgelegter Kinderzeit die *Sage* in ihr Recht, sie ist die poetische *Jugend* voll Minne und Abenteuer, daher auch der aufwachsenden Jugend besonders lieb, während der Ernst der Geschichte dem *reiferen Alter* am meisten zusagt und endlich *hohes Greisenalter* an der Hand der Erinnerung in den Kindergarten zurücktritt, wo fast das ganze zurückgelegte Leben wieder als Märchentraum erscheint.

...

... Johann Karl August Musäus mit seinen ›Volksmärchen der Deutschen‹ ... errang sich ... zu seiner Zeit eine wohlverdiente Palme. Durch und durch Gemütsmensch, erschien er als der glückliche Finder der Wunderblume, der Wiederfinder und Wiedererwecker des verlorengegangenen Märchens, wenn auch, was er Märchen nannte, nicht eigentlich Märchen sind. Das vor allem ist sein großes Verdienst, daß er das Wort *Märchen* zuerst in so schöner Verbindung mit dem *Volke* gebrauchte, in einer Zeit, wo das Wort Volk noch keine hohe und edle Geltung hatte, wo die vornehme Welt sich unter Volk nichts dachte als die verachtete, gemeine, niedere Schicht der Bevölkerung, und daß Musäus seine Begabung nutzte, die gebildete Welt für die reichen Stoffe deutscher Sage wieder empfänglich zu machen, was ihm in hohem Grade gelang, denn das bezeugen die Nachahmer, die er fand, und die zahlreichen späteren Ausgaben seiner Volksmärchen.

...

Der luftige Bau der Märchenwelt war nahe daran zu zerfallen, wie in unserer vielgepriesenen Neuzeit so mancher Bau verfällt, den man früher unvergänglich glaubte ... Das Verdienst der Brüder Grimm war es, durch ihre Sammlung jenen Bau zu retten, ihm für immer gesicherte Stützen zu geben. So wie sie – konnte niemand Märchen sammeln, und ohne ihren Vorgang hätten dann auch Spätere nichts in gleicher oder doch ähnlicher Weise gesammelt. Niemand hat tiefer als wir die Wahrheit jener Worte empfunden, welche die erste Vorrede der Grimmschen Sammlung ausspricht: ›Es war vielleicht gerade Zeit, diese Märchen festzuhalten, da diejenigen, die sie bewahren sollen, immer seltener werden – denn die Sitte darin nimmt selber immer mehr ab, wie alle heimlichen Plätze in Wohnungen und Gärten einer leeren Prächtigkeit weichen, die dem Lächeln gleicht, womit man von ihnen spricht, welches vornehm aussieht und doch so wenig kostet. Wo sie noch da sind, da leben sie so, daß man nicht daran denkt, ob sie gut oder schlecht sind, poetisch oder abgeschmackt, man weiß sie und liebt sie, weil man sie eben empfangen hat, und freut sich daran, ohne einen Grund dafür.‹

Aus: ›Mythe, Sage, Märe und Fabel im Leben und Bewußtsein des deutschen Volkes‹, 1855.

Ludwig Bechstein
Briefe

An Ludwig Storch 22. Dezember 1838

Jüngst schrieb Taubert an mich und wollte einen Roman wie die Fahrten haben und ihn großmütig mit 2 Louisdor pro Bogen honorieren. Als wenn man Lebensstoffe wie die Fahrten aus dem Ärmel schüttelte! Ich trug ihm 2 Bände Novellen an, die *alten*, und er ging darauf ein, doch nur 8 Thlr. pro Bogen. Nun sind die Novellen sehr klein, und ich muß doch eine ganz neue dazuschreiben, für die ich ebenfalls nicht mehr bekomme. Ich werde einen Märchenstoff dazu ausspinnen. Den falschen Barbarossa auf dem Kyffhäuser. Lieber Gott, man plagt sich ab. Man ringt, man ist begeistert und wird oft nur zu gewaltsam aus der süßen Trunkenheit ernüchtert. Das Bild vom Pegasus im Joche bleibt ewig wahr.

An Ludwig Storch 2. März 1840

... nie war ich unruhiger und unaufgelegter zur ... Produktion, und nie sah ich mich so gedrängt. Taubert, dessen Wechsel ich am Ende doch versilbern *mußte*, druckt sehr rasch, holte mich ein, und ich habe noch mehrere Kapitel des 2ten Teils sowie den ganzen dritten von Klarinette zu vollenden.

Die Erzählung für Dein Taschenbuch habe ich zwar begonnen, allein es war mir unmöglich, sie wiederzufinden; der Hausbau zog in der letzten Zeit mich gar zu sehr ab, und wenn Du irgend andres Material hast, so entlaß mich für diesmal meines Versprechens ... Du kennst weit eher als ich aus eigener Erfahrung die Lage, wenn man sich total unfähig zu irgendeiner geistigen Schöpfung fühlt.

An Ludwig Storch 21. März 1840

Gestern habe ich das uns geschenkte neue Glück in einem lieben Kinde – zu Grabe getragen. Am Mittwoch raubte es uns der unerbittliche Tod; und das nun jüngste ist an einem Brustfieber so bedenklich krank, daß wir für sein Leben noch zittern müssen. Ich lebe mit den Meinen sehr trübe Tage, und das Geschick gibt mir das ersehnte Glück des neuen eignen Hauses, auf das wir so sehr uns freuten, nicht ohne Opfer. Da vergeht einem ... alles. Schreibe Du in Gottes Namen eine Novelle und den meinen darunter, dann werden wir die Freude erleben, daß die Kritiker sagen, ich habe mich selbst übertroffen, und es sei meine beste Novelle.

An Ludwig Storch 14. Mai 1840

Heute überbrachte mir Dein ältester Sohn Deine Briefzeilen und Grüße, und ich freute mich über ihn. Gott erhalte Dir Deinen Sohn! Morgen werde ich ihn, wenn das Wetter gut ist, bis Grimmenthal begleiten.

Gestern früh wurde unser armes, bis zum 11. d. fortwährend an Zahnfieber leidendes Augustchen *begraben*. Das Glück scheint nicht mit in unser Haus gezogen! In 8 Wochen 2 Kinder begraben, ist hart.

...

Daß ich in allen Arbeiten zurück bin und geistig flügellahm, kannst Du Dir denken. Ich blase nur noch mit der Klarinette Trübsal; habe meine Bauschulden noch und kein Geld; auch tut sich, was das Schlimmste ist, keine neue Aussicht auf, etwas zu verdienen. Indes was sind Geldsorgen? Null gegen die eines Mannes, der um Leben und Gesundheit seiner Angehörigen zittern muß und eine seiner Lebens- und Hoffnungsblüten nach der andern muß in die Grube sinken sehen.

Komm bald, lieber Storch! Dich bittet und grüßt Dein

Ludwig

An Ludwig Storch 3. Mai 1842

Hoffmann von Fallersleben war auch bei mir, wir brachten einen vergnügten Abend beisammen zu, er schleppt sich viel mit Blätterchen, auf denen seine bereits gedruckten Lieder stehen, und spricht auf alle bestehende Ordnung und Dinge wie ein Rohrsperling. Dergleichen ist mir durchaus zuwider, denn es wird damit nichts geändert und noch weniger gebessert. Die Kluft, welche das Mißtrauen zieht, wird dadurch immer größer, und die Stimmen solcher Schreier gelten für Volksstimme im allgemeinen. Für den Spaß, den diese Sächelchen machen, sind sie zu ernsthaft, und für den Ernst zu spaßhaft.

An Ludwig Storch 25. November 1842

Ich gestehe Dir, daß ich recht besorgt für die Zukunft zu denken anfange. Ich habe nun netto (oder etwas mehr) 4000 Gulden Schulden. Erben vom Schwiegervater werden wir zirka 2500 Gulden . . ., die ich . . . aber doch den Kindern erhalten und nicht zur Schuldentilgung anwenden möchte. Mein Hauswesen vergrößert sich, die Kinder bedürfen mehr, und meine Einnahme – mehrt sich nicht. Was kann ich anfangen mit 800 fl. Besoldung *inklusive* der Naturalien? Der literarische Verdienst mehrt sich auch nicht; man wird älter, kommt aus der Mode, und wenn man, wie ich, eigentlich gar nie darin war, kommt man im 41. Jahr, das ich *gestern* zurückgelegt habe, nicht mehr hinein. Wie es jetzt mit Gedichten ist, weißt Du am besten, und nachahmend politisch zu leiern widerstrebt meiner Neigung wie meiner Stellung. *Novellen?* Auch nicht viel mehr damit anzufangen. Wissenschaftliches? 1 Louisdor Honorar pro Bogen . . . Was ich im Laufe dieses Jahres verdient, übersteigt kaum 600 Gulden, im vorigen Jahr betrug es auch nur 601 Gulden und 40 kr.! 1838 nahm ich 992 fl. Honorar ein, 1839 über 2000! Ich quäle mich ab und habe nichts davon.

Darum wünschte ich, da ich nicht mindern Wert auf Deinen Rat lege, wie Du auf den meinen, einmal Deinen verständigen Rat zu hören, was ich als *Autor* tun soll, um mehr Geld zu erschwingen, denn wenn mir das nicht gelingt, so gehe ich ... der Verarmung entgegen und mach ein Kreuz. Du weißt, daß ich tätig bin, pünktlich im Erfüllen meiner Zusagen, daß mir neben der Befähigung für diese und jene Arbeit auch schöne Quellen zu Gebote stehen, aber ich weiß gar nicht, nach welcher ich jetzt zunächst greifen soll. Genug davon, ich möchte Deine Meinung hören und bitte Dich, diesen Brief, den ich nicht in eine Autographensammlerhand übergehen sehen möchte, auch nicht nach meinem und Deinem Tode, zu vernichten.

An Ludwig Storch 28. Mai 1843

Vor kurzem ereifertest Du Dich, daß ich der jungen Literatur mich abhold zeige ... Ich zeige mich aber keineswegs der modernen Richtung abhold, ich *achte* die tüchtigen Kräfte, wie Gutzkow, Laube, Mundt, und würde mich, wohnte ich unter ihnen, mit ihnen befreunden. Mundt, wie er vorigen Sommer hier war, gefiel mir ausnehmend, und auch ich habe ihm nicht mißfallen, sonst hätte er mir nicht von Berlin aus geschrieben, aber mit Krethi und Plethi will und werde ich mich nicht behängen, sie mir zu meinen Sympathierern machen. Man mag mit Grund manches an meinen Büchern tadeln, man mag die Sagensammlungen verhöhnen, das kann mich nicht irren. Vom gediegenen Tadel lerne ich, schlechter kommt mir nicht an die kleine Zehe. Ich bin mir meines Wollens und Strebens sehr klar bewußt und werde immer klarer in mir selbst, daß ich recht gemütfroh Tadel ertrage. Ich weiß, daß ich mit den Sagensammlungen etwas anstrebe, das die Nachwelt mir danken wird, denn die Poesie, die echte, wahre, die Poesie des deutschen Volkes, die nicht zugrunde ging durch Jahrhunderte voll Abgeschmacktheit und Torheit, die überdauert alle Zeitphasen.

An Adolf Bube 10. September 1848

Man verbreitet viel Unwahres über hiesige Zustände, Aufstand – Anarchie – gottlob, alles nicht wahr. Einige Katzenmusiker mit *klingendem* Spiel, das war alles, und einige merkliche Wechsel in den höhern Behörden. Von all diesen Dingen habe ich nichts, und hätte die liebe Zeit davon – ja, die *liebe* Zeit! Mag sich an ihr begeistern, welchem es gegeben, ich kann es nicht ... Ohnlängst war ich zweimal auf dem Walde, einmal beim herrlichsten Wetter und einmal beim schrecklichsten, und in beiden vergnügt. Auf dem Wald ist es friedlich und schön – da kann man leicht alle dummen Wägereien vergessen.

An Adolf Bube 22. Mai 1849

Mich laß ich von der leidigen gottverfluchten Politik nicht so ganz hinnehmen[?]. Dies ist *mein* Tagesverlauf jetzt. Zwischen 5 und 6 Uhr, je nachdem das Wetter, stehe ich auf. Beim Kaffee arbeite ich ... Dann gehe ich in den Garten herunter, füttere die Nachtigallen und die Grasmücken ..., steche Spargel und empfange Briefe und Zeitungen. Ich lese *alle* vaterländischen Blätter, an der Zahl 13–14, und mehrere auswärtige, darunter auch den Reichsanzeiger und die Gothaische Zeitung. Dann frühstücke ich, ein Glas Wein und Butterbrot, und schreibe einiges, z. B. heute diesen Brief ... Ab und zu singt die Nachtigall, der Grasmück, der Fink, der Rotschwanz, und zuweilen kreischt auch ein miserabler Neuntöter, gegen den ich mit einem Blasrohr gerüstet bin.

Die Nachtigall kommt, indem ich dies schreibe, mir so nahe in die Laube, daß ich sie fast greifen könnte. Dies geschieht aber keineswegs aus Liebe zu mir, dem alten Poeten, sondern weil ein gewisser Herr von Mehlwurm auf dem Tisch liegt, den sie freßgern hat und ihn mit ihrem Magen, nicht mit ihrem Herzen, *vermählen* möchte. O es liegt eine tiefe Sympathie in der Sprache und in Nachtigallen und Mehlwürmern.

Später gehe ich meine Amtsgänge und komme nach 12 Uhr nach Hause. Dann gehe ich — stets gutes Wetter vorausgesetzt, wieder in den Garten und hantiere etwas auf meinen Blumenrabatten, da gibt es immer zu tun, zu gießen, zu jäten, anzubinden u. dgl. Am Nachmittag gehe ich einige Stunden auf das Archiv und dann wieder in den Garten. In Gesellschaft gehe ich gar nicht, und bei mir sehe ich auch nur wenige Freunde. Ich lebe so außerordentlich zufrieden, indem ich mir das Geschwätz der Kannegießer vom Halse halte, noch zufriedener aber würde ich leben, wenn ich etwas bessere Einnahmen hätte. Da sitzt der Knoten.

An Adolf Bube 3. Oktober 1849

Ich spinne mich nun ein, mache Ordnung, lasse Doppelfenster in meiner Arbeitsstube anbringen, versorge den Keller mit Wein, den Stall mit Holz, den Boden mit Korn, soviel als nötig, und hoffe, fleißig zu arbeiten.

An Adolf Bube 24. Februar 1850

Ich lebe so hin, immer noch ringend und strebend, mit Sorgen kämpfend und nicht immer heiter — doch just auch nicht niedergeschlagen.

. . .

Von Storch habe ich, seit ich bei Dir war, weder gehört noch gesehen. Er wird es übelgenommen haben, daß ich ihn damals nicht besucht habe, allein es ging nicht. Durch seine alberne Hinneigung zu den demokratischen Possenreißern, durch seine Lobrederei auf den nichtsnutzen, vorwitzigen Blum ist er mir merklich fatal geworden, und ich kann ihn nicht mehr so lieben wie früher . . .

. . . Bis heute haben wir noch nicht Uli der Pächter zum Lesen erhalten und möchten auch gern Gotthelfs Schweizergeschichten lesen. Hier ist *gar nichts* zu haben. Botokuden sind wir!

Willst Du nicht einmal auf ein paar Tage den Oberkonsistorial-Aktenstaub von Deinen Flügeln schütteln und mit Frau und Kind herüberkommen?

An Ludwig Storch 27. Januar 1851

Von Briefadressen an mich laß doch ja den Ritter weg, ich bitte in allem Ernst darum. Spar doch die Tinte. Ich bin, der ich bin, mit und ohne Titel, mit und ohne Orden ...

Und so bleibe ich auch Dich doch liebend

Dein Ludwig

An Adolf Bube 21. September 1856

Sollte der junge Storch *nicht wissen*, daß ich mit seinem Vater totaliter zerfallen bin, ... dann sage es ihm auch nicht und grüße ihn wieder. Ich will den Groll gegen den Vater nicht auf den Sohn übertragen, und mir wäre tausendmal lieber, Storch und ich wären Freunde geblieben. Ich liebe Storch noch immer – denn ich liebte ihn zu sehr, um ihn jemals hassen zu können.

An Adolf Bube 9. März 1860

Von meinem Ergehen kann ich wenig schreiben, sintemalen ich mich gar nicht ergehe als allenfalls von einer Stube in die andre. Es ist noch ganz die alte Leier, dauernder Husten, abends angeschwollene Füße, bisweilen Schmerzen in den Beinknochen, die an die Tortur spanischer Stiefel mahnen, außerdem bisweilen etwas Schwäche und vermehrte Schläfrigkeit, abgerechnet leidlicher Appetit und schöner Durst. Neben meinem Tee von Wacholderspitzen darf ich und soll ich Apfelwein trinken, habe mir davon sehr guten verschafft und trinke ihn mit Vergnügen. Im Kopf bin ich stets hell. Fieber hatte ich noch keins. Binnen kurzer Zeit schrieb ich eine Novelle ... Es gibt immer zu tun.

Ludwig Bechstein

Summa summarum

Es gibt einen sehr bekannten Spruch: Wer mit dem dreißigsten Lebensjahre nicht *schön*, mit dem vierzigsten nicht *gescheit* und mit dem fünfzigsten nicht *reich* ist, der hat keine Hoffnung, eines oder das andere von diesen dreien noch zu werden.

In diesem Spruch liegt gewiß viel Wahrheit. Nun habe ich nach zurückgelegtem siebenundvierzigsten Jahre, also mich dem fünfzigsten stark nähernd, darüber gedacht, daß ich im dreißigsten Jahre so wenig wie im zwanzigsten eine Schönheit gewesen, doch so leidlich hübsch, daß mein Anblick die Frauen nicht beleidigt, und im vierzigsten Jahre ebenfalls keineswegs ein Salomo, doch auch nicht auf den Kopf gefallen und zu einigen Dingen zu gebrauchen gewesen. So ist denn auch *Reichtum* weder jetzt vorhanden noch zu hoffen, wohl aber für bescherte mäßige Mittel und Wohlstand Gott als dem Geber alles Guten innigst zu danken.

Aber auch die Fortdauer dieses Wohlstandes ist von Erschütterungen, welche die politischen Zeitbewegungen mit sich bringen, mächtig bedroht, und so habe ich mir vorgenommen, mit Ernst prüfende Blicke auf mein ganzes Finanzverhältnis zu werfen, zu dem Anbeginn meines Hausstandes zurückzugehen, dessen Vergrößerung zu folgen, die Entstehung so mancher Schulden vor mir und meinen Angehörigen nachzuweisen und zu rechtfertigen, den Stand der Dinge in der Gegenwart zu überblicken und auf Mittel und Wege zu sinnen, wie allen Forderungen und Ansprüchen gerecht zu werden und doch auch der Verarmung vorzubeugen sei, deren Gespenst in diesen Zeiten so drohend an alle nur mäßig Bemittelten herantritt wie dermalen an unsre kleinen Fürsten das Gespenst der Mediatisation, nur mit dem Unterschiede, daß schlimmsten Falles die Fürsten reiche Herren bleiben, wir aber salva venia zu Lumpen werden. –

›Ich bin nackend vom Mutterleibe kommen‹, war schon Hiobs Klage, und auch ich entsinne mich keiner mündlichen oder schriftlichen Überlieferung, daß ich in einer Glückshaut zur Welt gekommen, wie zum Beispiel mein ältester und erster Sohn Reinhold. Ich war ein armes Kind, das keinen Vater hatte und das die Mutter in zartester Jugend in Mietlingshände gab, wie schwer diese Tat ihrem Herzen auch geworden sein mag.

In dürftigen Verhältnissen wuchs ich auf, und obschon ich nie gebettelt habe, so mag mein Aussehen doch keinen Reichtum verraten haben, denn ich entsinne mich noch eines Hauses in der Nähe der Chorseite der Stadtkirche in Weimar, vor dem ich spielte und aus dessen obern Fenster freundliche Kinder mir einige Pfennige herunterwarfen.

Nachdem ich dem Lebenskreise meiner ersten Jugend entzogen war, habe ich nie Überfluß an Geld gehabt, Taschengeld schon einmal gar nicht, weil ich keines bekam, nur ausnahmsweise etwas an besonders festlichen Tagen, zu Weihnachten oder bei kleinen Ausflügen – desto mehr wurde mir eingeschärft, wie schwer es sei, selbst Geld zu verdienen – und ich sah in der Tat keine Möglichkeit vor mir, wie *ich* es anfangen sollte, jemals dieses Kunststück zu lernen und auszuüben.

Indessen: *vita docet* – ich lernte allmählich das Kunststück, lernte es in der Kühnischen Apotheke zu Arnstadt. Als Lehrling hatte und bekam ich nur wenig Geld, am wenigsten von da, wo ich dessen nach dem Naturrecht zu fordern hatte – doch ließ mein guter unvergeßlicher Onkel mich nicht darben. Als er tot war, öffneten sich neue Quellen. Mein Prinzipal machte große Augen, als eines Tages jemand kam, eine Reihe Taler auf den Rezepttisch hinzählte, und als er danach langte, ihn bedeutete, es sei für *mich*, der verlegen neben ihm stand. Es war mein erstes Honorar für Gedichte in Die Dolzische Jugendzeitung, und der Kasus in der Apotheke des Herrn Kühn noch nicht vorgekommen, daß ein Lehrling Geld für schriftstellerischen Verdienst, noch dazu für Poesien, empfing; vielleicht auch nicht in andern Apotheken. Mir aber machte das erste selbstverdiente Geld Freude, und es ist schade, daß ich selbiges nicht aufgehoben, aber auch ein Beweis, daß mir die Begabung fehlte, Aufhebens vom Gelde zu machen. Meine Gehilfenzeit hier in Meiningen einesteils, in Salzungen andernteils brachte mir nur geringe Subsistenzmittel, und es war eben eine erwünschte Hilfe, daß ich von Zeit zu Zeit einiges Schriftstellerhonorar empfing. Mein Salär hier betrug 100 Gulden rhl. und 20 fl. Biergeld, in Salzungen nur 80 fl.-Bier in natura und 1 Karolin zum Weihnachten. Zu einer Reise nach Leipzig mußte ich mir 12 Taler *borgen.*

Die günstige und glückliche Wendung meines Schicksals durch die gnädige Unterstützung des Herzogs gab mir nun mehr Mittel in die Hand. Von Januar 1829 bis zu meiner Rückkehr nach Meiningen im August 1831 empfing ich monatlich 40 fl. 25 kr. Unterstützungsgelder behufs meiner Studien, im Gesamtbetrag 1 288 fl.

Gleichwohl erforderte namentlich der teure Boden Leipzigs mehr für einen jungen, zum erstenmal ganz unabhängig in die Welt tretenden Mann als monatlich zirka 23 Rtl. Kost, Logis, Bücher, Honorare, Privatstunden, selbst gewöhnliche Spaziergänge, nahmen mehr in Anspruch. Ich habe nie Bälle oder andre teure Lustpartien mitgemacht, nur zwei größere Reisen, eine auf das Riesengebirge, die andre auf den Harz, und doch viel gebraucht, daher es ein Glück war, daß ich ansehnliches durch Schriftstellerei erwarb. Auch meine nächste Verwandte zu Altenburg gab mir Anlaß zu vielfachen nicht eben nötigen Ausgaben für Reisen zu und mit ihr, Geschenke u. dgl. Die Sammellust für Bücher, namentlich alte, in Verbindung mit der Neigung zu alten Holzschnitten war schon in Salzungen erwacht, fand durch die Antiquare in Leipzig und später in München volle Nahrung, und ich verwendete nach meinen Verhältnissen ziemlich viel auf dergleichen Anschaffungen, was nicht bereut werden darf — selbst wenn der Nachlaß von dergleichen sich den Erben nicht fruchtbar zeigen sollte, denn es waren geistige Bildungsmittel, zumal ich zur Autodidaktik mehrseitig hingewiesen war.

Beinahe hätte ich die Narrheit begangen, von andern beredet, Geld für den gänzlich nutzlosen Doktortitel auszugeben, allein mein Verstand besiegte dies abgeschmackte Gelüst, und ich benutzte das dafür schon bestimmte Geld, beim

Weggang von Leipzig eine große Reise durch Thüringer Landesteile, wohin ich noch nicht gekommen war, und von hier über Würzburg, Frankfurt, Mainz, Worms, Heidelberg, Stuttgart und Augsburg nach München zu machen. Ehe ich München verließ, unternahm ich eine Tour in das Bayerische Hochland, die ich bis Berchtesgaden ausdehnte, und dann über Salzburg zurückkehrte. Bald darauf verließ ich München und reiste hierher zurück, um zu versuchen, ob man mich brauchen werde oder ob ich lediglich als Schriftsteller mein Auskommen suchen müsse. Gespart hatte ich nichts, doch verließ ich München ohne Schulden, und besaß noch unverkaufte Manuskripte.

Auf meiner Laufbahn als Schriftsteller hatte ich, namentlich im Beginnen und als Anfänger, ein besseres Los gezogen als manche andre, begabtere, z. B. Jean Paul Friedrich Richter, dafür habe ich wenigern Ruhm davon getragen, mäßigen – nämlich mittelmäßigen. Einmal war ich mehr ein harm- und sorgloses Talent als ein spekulierendes, anderenteils durch Erziehung und spätere Lebenslage viel zu scheu und schüchtern, um keck aus mir selbst herauszugehen. Die Verleger, an die ich geriet, suchten mich auszubeuten, und neben einigen reellen geriet ich an gar manchen Lumpen. Schon mein erstes Auftreten hatte mich einem Lumpen zugeführt, Mirus in Arnstadt – um nicht eines noch frühern in Sondershausen zu gedenken – das war der Unstern, der über mir als Schriftsteller aufging. Hätte mein Los mich an Brockhaus oder Cotta, Reimer oder Campe und Perthes geführt, wäre es besser gewesen. Doch ich murre und hadre nicht, Gott hat es dennoch unendlich gut mit mir gemacht.

Nicht unerwähnt soll bleiben, daß Buchhändler G. Franckh in Stuttgart, den ich zur Ostermesse 1829 in Leipzig kennenlernte, ein großes Vertrauen zu mir faßte und durch Abkauf mehrerer Schriften, wenn auch zu geringem Honorar, mich geistig und materiell fördern half. *Leo* erzeigte sich schlau berechnend und *Hartmann* karg. In München sprach ich Franckh am Abend meiner Ankunft noch einmal; er war eben im Begriff, nach Stuttgart zurückzukehren, und bald darauf trat er seinen Verlag an *Hallberger* ab, den ich in München kennenlernte und nach der Rückkehr hierher das tolle Jahr verkaufte.

Hier knüpfte ich mit *Kesselring* in Hildburghausen an und blieb auch nach dessen Tode mit dem Geschäft eine Reihe von Jahren in freundschaftlicher Verbindung. Einige andre Verleger, *Taubert*, *Polet* (Leipzig), *Kleinknecht* [?] (Schweinfurt), Voigt & Mocker (Würzburg), zeigten sich als Lumpen und mehrere andre mindestens als unsolid, wovon ich jedoch Glaser in Schleusingen ausnehme, obschon er allzu ängstlich verfuhr.

Ich war nun hier und bewohnte ein Stübchen nach Osten im Gasthof zum Erbprinzen. Im November 1831 empfing ich meine Anstellung als Kabinettsbibliothekar des Herzogs und als zweiter Bibliothekar an der Herzogl. öffentlichen Bibliothek. Der Herzog schrieb mir eigenhändig höchstgnädig, daß er sich freue, mich nun unter seine Diener zu zählen. Da mein Vorgänger Tertius Krause gestorben war, der als Bibliothekar 50 fl. bezogen hatte, so ließ mir der Herzog die bisher bezogene Unterstützung als Remuneration, gab mir noch aus der Schatulle 250 fl., und so wurde zunächst für mein Auskommen leidlich gesorgt. Mich zu verheiraten, hätte ich aber doch nicht wagen dürfen, wenn nicht die Hoffnung auf den Ertrag der schriftstellerischen Tätigkeit geblieben wäre.

›Summa summarum, das ist das Buch mit 7 Siegeln‹ wurde von Bechstein am 24. November 1848 begonnen, aber nicht fortgesetzt.

Hoffmann von Fallersleben
Besuch bei Bechstein

25. April [1842]. Wir besuchen Ludwig Bechstein. Ich lasse mich anmelden als Professor Hoffmann aus Jena. Da nun ebendort zwei Hoffmann Professoren der Theologie waren, so kann sich Bechstein nicht anders denken, als daß einer, und zwar der Kirchenrat Andreas Gottlieb Hoffmann, ihn

mit einem Besuche beehren will. Um diesen recht nach Amt und Würden zu empfangen, wirft er sich in seinen besten Frack und kommt feierlich uns entgegen. Er ist nicht wenig verwundert, *mich* zu sehen; obschon ärgerlich, wie es scheint, über seinen Irrtum, empfängt er uns doch recht freundlich.

Wir bleiben nun den ganzen Tag in seiner Gesellschaft. Er führt uns durch den Park, ins Casino, in die Sammlung des hennebergischen altertumsforschenden Vereins und in die fürstliche Bibliothek. Am Nachmittage spazieren wir auf den Landsberg und besehen das neue Schloß, das im reinsten altdeutschen Stile gebaut ist nach Heideloffs Entwürfen. Wir freuen uns der Freskogemälde und Glasmalereien und schönen weiten Aussicht. Dann kehren wir zum Schützenhof ein und beschließen den Tag mit einem heiteren Abend in Bechsteins Hause.

Bechstein ist ein angenehmer Gesellschafter, der lebendig und ergötzlich zu unterhalten weiß. Er scheint mit seinem Schicksale zufrieden: er hat Haus, Frau, Kinder, eine hübsche Bibliothek und Kuriositätensammlung und als Hofbibliothekar einen kleinen Gehalt und denselben Titel, der einst von hier aus Schillern zuteil ward. Von seiner fruchtbaren Schriftstellerei hatte ich am liebsten ›Fahrten eines Musikanten‹. Merkwürdig, daß gerade dies seiner Bücher nur die eigene Aufzeichnung seines Freundes, des Musikers Elster, ist, die er zugestutzt hat, und vielleicht nicht einmal immer glücklich. Seine Vielschreiberei scheint nicht allein aus einem unwiderstehlichen Triebe zu dichten oder zu erzählen hervorgegangen zu sein, sondern auch aus der Notwendigkeit, das, was ihm zur Erhaltung seines Hausstandes und seiner Liebhabereien sehr fehlte, durch Honorare einzubringen. Leider läßt sich auch von seiner Schriftstellerei sagen: ›Etwas weniger wär mehr gewesen.‹

Aus: ›Mein Leben. Aufzeichnungen und Erinnerungen‹, 1868.

Ludwig Richter

Wie ich zum Holzschnitt oder wie dieser zu mir kam

Ich komme jetzt abermals an eines jener kleinen Ereignisse, dessen Folgen bedeutsam waren und meinem ganzen ferneren Leben eine Wendung gaben, die ich mit den Worten bezeichnen und diesem Kapitel meiner Erinnerungen als Überschrift voranstellen könnte: ›Wie ich zum Holzschnitt oder wie dieser zu mir kam‹; und abermals war der gute Papa Arnold [der L. Richter freundschaftlich verbundene Dresdner Verleger] dabei im Spiele, und wieder war es ein Irrtum, welcher zu einem Wendepunkte meines Lebens und Schaffens führte.

Eines Tages kam Arnold mit einem ungewöhnlich griesgrämigen Gesicht zu mir und stellte mich zur Rede, daß ich einem Leipziger Verleger Georg Wigand [bei ihm erschien auch ›Ludwig Bechsteins Märchenbuch‹] meine Zustimmung zum Kopieren einiger Prospekte der sächsischen Schweiz seines Verlages gegeben haben müsse. Mir war weder der betreffende Verleger noch das fragliche Opus bekannt, ich begriff aber wohl, wie der durch Nachdruck schon früher vielfach und schwer geschädigte Papa Arnold durch Eingriffe in seine Rechte in Verbitterung kommen mußte.

Leicht konnte ich ihm mein Unbeteiligtsein an dieser Sache dartun, und wir schieden in alter Freundschaft. Da er nun Wigand mit einer Klage bedrohte, kam dieser nach Dresden, und die beiden Männer verglichen sich. Bei dieser Gelegenheit besuchte mich Wigand, der, damals noch ganz unbekannt mit Kunst und Künstlern, von meiner Existenz in Dresden zuerst durch Arnold erfahren hatte. Er erzählte mir, daß es sich in dem Streite mit diesem um Benutzung einiger Blätter ›Ansichten der sächsischen Schweiz‹ für sein im Entstehen begriffenes Kupferwerk ›Das malerisch romantische Deutschland‹ handle; er habe die von mir radierten Blätter nach London gesandt und dort für den Stahlstich in eine wirkungsvollere Manier übersetzen lassen und sie teuer bezahlen müssen. Schließlich fragte er mich, ob ich einige der noch fehlenden Ansichten zur Sektion der ›sächsischen Schweiz‹

für ihn neu nach der Natur zeichnen und ausführen wolle. Nun hatte ich mich schon in Rom mit der Idee beschäftigt, künftig einmal ein Werk ›Die drei deutschen Ströme, Rhein, Donau, Elbe‹ zu zeichnen und zu radieren, in welchem nicht nur die malerischen, sondern auch die historisch merkwürdigen Gegenden, Städte, Burgen, Klöster usw. in Verbindung mit den Volkstrachten, Festen und Gebräuchen zu einem poetischen Gesamtbilde verarbeitet werden sollten. Ich entwickelte Wigand im Laufe des Gesprächs diese altgehegte Lieblingsidee, und mit Begeisterung rief er aus, das sei es, was ihm, aber ganz unklar, vorgeschwebt habe, und er bat mich, einige Abteilungen des Werkes zu übernehmen. Wir einigten uns über die Sektionen: ›Harz‹, ›Franken‹, ›Riesengebirge‹, und auf diese Weise kam ich zuerst in geschäftliche Verbindung mit Georg Wigand, und die zum ›malerischen und romantischen Deutschland‹ übernommenen Zeichnungen wurden die Brücke zu meinen späteren Kompositionen für den Holzschnitt ... Bald nach Erscheinen des malerisch romantischen Deutschlands unternahm Wigand eine deutsche Ausgabe des ›Vicar of Wakefield‹ von Goldsmith mit Holzschnittillustrationen, deren Komposition er mir übertrug.

Ich hatte damals noch wenig Kenntnis von der Technik des Holzschnittes und erinnerte mich nur, daß Professor Steinla mich einst veranlassen wollte, für ihn eine kleine Aufzeichnung auf Holz zu machen, und mir das Prinzip des Holzschnittes im Gegensatz zum Stich folgendermaßen zu erklären versuchte: Druckt man eine Holzplatte ab, so entsteht eine schwarze Fläche; die abgedruckte, polierte Kupferplatte hingegen läßt das Papier weiß. Während beim Stich das Dunkel ins Licht graviert wird, müssen beim Holzschnitt die Lichter aus der Tiefe geschnitten werden. Der Künstler hat also die durch die Platte gegebene Schwärze vorzugsweise zu benutzen und beim Aufzeichnen aus der Tiefe ins Licht zu arbeiten. Außerdem war mir bekannt, daß die neuere Technik sich von der alten wesentlich unterschied. Zu Dürers Zeiten wurden die Zeichnungen auf Birnbaumtafeln von Langholz übertragen und mit Messern ausgeschnitten, während jetzt auf Buchsbaumplatten von Kernholz gezeichnet wird, das sich leicht mit Sticheln bearbeiten läßt. Das Schneiden mit dem Messer konnte bei weitem nicht so zarte und durcheinanderlaufende Strichlagen hervorbringen als die jetzige Stichelarbeit; die Alten mußten deshalb ihre Aufzeichnungen einfach und in derben Strichen halten, und Kreuzschraffierungen wandten sie wegen Schwierigkeit der Ausführung äußerst selten an. Obwohl ich nun die Einfachheit der alten Zeichnungsweise möglichst beibehielt, erlaubte ich mir doch größere Freiheiten in Verwendung der Strichlagen und suchte hauptsächlich große Licht- und Schattenmassen zu gewinnen; zu weitgehende Ausführung der Modellierung durch Mitteltöne aber vermied ich, weil sie dem Holzschnitt leicht etwas Trübes geben; überhaupt war es mein Bestreben, den Charakter des Holzschnittes, seinen durch das Material bedingten Stil zu bewahren und weder zur Nachahmung der Alten noch zum Wetteifern mit dem Kupferstich zu ge- oder mißbrauchen. Wenn späterhin in Besprechungen meiner Holzschnittbilder hervorgehoben wurde, daß sie etwas wie Sonnenschein an sich trügen, so verdanke ich dieses Lob nicht ganz allein meiner Komposition, sondern dem oben angedeuteten Verfahren; denn kräftige Tiefen gegen große Lichtmassen hingestellt, bringen immer eine gewisse sonnige Wirkung hervor.

Ich ging überhaupt nicht auf malerische Toneffekte aus, sondern auf Reichtum der Motive, klare Anordnung und Schönheit in der Linienführung.

Der Holzschnitt, der wie die Glasmalerei jahrhundertelang unter die in Vergessenheit geratenen Kunstfertigkeiten gehörte, hatte seine Wiederbelebung in London gefunden, wo er gegen Ende vorigen Jahrhunderts durch den Kupferstecher Berwick für künstlerische Zwecke zuerst wieder in Anwendung gebracht wurde.

Von da an hatte sich eine Holzschneideschule in England herangebildet, die durch den Buchhandel reiche Beschäftigung fand. Georg Wigand war auf sie aufmerksam geworden und hatte einige tüchtige Holzschneider veranlaßt, nach Leipzig zu kommen, von denen ich nur Nichols, Benworth,

Allanson nennen will. Ich ging nun mit Freuden an die Kompositionen zum ›Landprediger von Wakefield‹ und zeichnete sie selbst aufs Holz. Beim Fortgang der Arbeit stellten sich aber auch ungeahnte Leiden ein; denn der Anblick mancher der sonst sauber gearbeiteten Holzschnitte trieb mir einen gelinden Angstschweiß auf die Stirne, wenn der Ausdruck, namentlich der Köpfe, die ich oft drei- bis viermal verändert hatte, um den rechten zu finden, so umgewandelt war, daß sie mich höchst fremdartig ansahen. Mir war charakteristischer Ausdruck Herzenssache, während die Engländer ihren Stolz in höchste Eleganz der Strichlagen und Tonwirkungen setzten.

Anziehender als diese Erstlingsarbeit für den Holzschnitt zum Landprediger waren mir dem Stoffe nach die nächstfolgenden zu den deutschen Volksbüchern, die mich auf das mir zusagende Gebiet der Romantik führten und mir schon durch Maydell [Ludwig Freiherr von M., zeitgenössischer Maler und Grafiker] bekannt und lieb geworden waren. Da ich meines Zeichens doch Landschafter war, beängstigte mich bei diesen Illustrationsarbeiten das unheimliche Gefühl, auf ein quasi unbefugtes Revier geraten zu sein, und ich fürchtete, daß diese unter der Hand gemachten Nebenarbeiten in künstlerischen Kreisen kaum beachtet, von der Kritik aber übel behandelt werden könnten. Ich war daher um so angenehmer überrascht, als ich bald nach Erscheinen des Landpredigers eine freundliche Besprechung in der ›Zeitung für die elegante Welt‹ von Sternberg fand, welche die poetische Auffassung mancher dieser Bilder mit großer Wärme hervorhob.

Ähnliche Zeichen anerkennender und aufmunternder Beachtung fanden auch die Bilder zu den Volksbüchern ...

Noch während ich an dem Landprediger arbeitete, war ich von Hübner zur Mitarbeit an dem ihm übertragenen Vorhang zum neuen Theater aufgefordert worden ... Nach Beendigung der Vorhangsarbeit kam mir von Wigand ein neuer, meiner Natur sehr zusagender Auftrag. Eine Sammlung von ›Studenten-, Jäger- und Volksliedern‹ sollte mit Bildern und Melodien in billigen Ausgaben unter das Volk gebracht werden. Obwohl der Raum für die Bilder ein sehr beschränkter war, so boten doch die Stoffe der Phantasie einen weiten Tummelplatz für allerlei Gestaltungen und Capriccios. Die Zeichnungen flogen mir aus der Hand, und es gab ein lustiges Schaffen.

Ich muß hier noch einer vorausgegangenen Arbeit gedenken, nämlich meiner künstlerischen Beteiligung an dem illustrierten Musäus, welcher 1842 in G. Wigands Verlag erschien.

Mein alter, lieber Vetter, Magister Jung im Salomonistor, dessen ich schon zu Anfang dieser Blätter gedacht habe, stieg mit seiner Bücherkiste wie ein Traum aus der Jugendzeit herauf und langte mir die drei Bändchen seiner Musäusausgabe zu. Wie hatte ich doch vor Jahren, an langen Sommerabenden am offenen Fenster sitzend, beim Schwirren der Schwalben über den Stadtgraben in diesem Märchenschatze geschwelgt! Die damals aufgestiegenen Bilder meldeten sich wieder, und ich durfte sie jetzt nur mit dem Bleistift aufs Papier bringen. Sosehr ich mich nun auch in solchem Schaffen glücklich fühlte, so überfiel mich doch bei dem Gedanken an die hochberühmten Namen seiner Mitarbeiter am ›Musäus‹, Jordan und Schrödter, eine große Bangigkeit. Hatte ich doch von jeher eine Scheu gehabt, mit meinem Namen auf den großen Markt der Öffentlichkeit zu treten. Bei denjenigen meiner bisherigen Illustrationsarbeiten, die meinen Namen auf dem Titel nannten, hatte mich vor dem Erscheinen jedesmal eine Art Kanonenfieber befallen, wie es manche Schauspieler, selbst bedeutende und routinierte, vor jedem Auftreten verspüren sollen. Mir hatte schon in jüngsten Jahren ein stilles Inkognitoschaffen vorgeschwebt, bei welchem ich aus glücklicher Verborgenheit heraus beobachten könnte, wie meine Bilder die Leute in freudige Bewegung versetzten. Um schaffen zu können, mußten mir Außenwelt und Publikum ganz entschwunden sein, und der vorliegende Stoff mußte sich meiner so bemächtigt haben, daß ich ganz in ihm und seiner Bilderwelt lebte.

Dieses gänzliche Versenken und Einleben in die vor mir liegende Geschichte steigerte sich zur innigsten Freude und

Produktionslust. Oft, während ich noch an einer Szene komponierte, stiegen schon drei neue in meiner Phantasie auf, und ich bedauerte, wenn der Abend kam und der Bleistift weggelegt werden mußte; denn ich hätte am liebsten die ganze Nacht fortarbeiten mögen. Dieser Überreiz der Phantasie trug etwas Krankhaftes an sich; es folgten Perioden der Abspannung, und ein nervöser Zustand bildete sich aus, welcher mir nachts den Schlaf raubte und die Tage oft schwer machte. Der Wechsel zwischen Aufgeregtheit und Abspannung dauerte auch während der Arbeiten zu ›Bechsteins Märchen‹ fort. Bei der Ergiebigkeit meiner Phantasie bedauerte ich es, wenn der Kostenanschlag des Verlegers nicht zuließ, die Bilderzahl auf das Maß der mir vorschwebenden Kompositionen zu bringen, und ich verpuffte, nur um meinem Schaffensdrang zu genügen, manchen Einfall in kleinen Vignetten und Initialen, welcher eine weitere Ausbildung verdient und zugelassen hätte.

Aus Ludwig Richters ›Lebenserinnerungen eines deutschen Malers‹, 1885.

Aus Ludwig Richters Tagebuch-Aufzeichnungen

13. November 1824

In der Kunst soll Tiefe und Einfachheit mein Bestreben sein. Diese Worte sind leicht ausgesprochen, aber ich fühle jetzt mehr dabei als sonst; um aber die Natur mit tiefster Empfindung und den Gegenstand mit erschöpfendem Geiste zu fassen und mein Gemüt dadurch auszudrücken, treibt mich mein Sehnen und Verlangen nach deutschen, insbesondere nach den heimisch vertrauten Gegenden, weil ich doch diese nur recht kenne, recht tief empfunden und gefühlt habe. Es wird doch Seelen geben, die das Gute in solchen gemütlichen, gedankenvollen, aber kunst- und schmucklosen Arbeiten erkennen, schätzen und wohl auch einst ans Licht ziehen werden, wenn auch Tausende darüber witzeln und spotten.

Ich arbeite ja nicht, um reich zu werden, und Weniges erwirbt man immer.

25. November 1824

Warum soll ich die Regeln dieses und jenes alten Meisters nachahmen? Ich kann und soll nur mich geben und nicht einen anderen, in dessen Geist ich mich doch nie einstudieren kann. Der Kunstzweck strebt ins allgemeine, die Darstellung aber bleibe individuell. Ich soll aus den Werken eines jeden großen Genius lernen, *wie* es seine Kräfte benutzte, wie alles in ihm ein Ganzes ist, alles organisch aus einem Geist, nach einer Regel gebildet. So soll auch mir meine Regel aus meinem Geiste schaffen und bilden, und meine Kunst, mein Leben, meine Ansichten, alles das muß *eins* mit mir sein, aus einem entsprungen.

So war's bei den Alten auch. Shakespeare, Homer und die Sänger der Nibelungen stehen hierin am höchsten da. Bei den neueren, besten Dichtern ist schon viel zuviel Nachahmung, und was bei den Alten natürlich ist, erscheint hier schon künstlich studiert und gesucht.

26. November 1824

Es ist gewiß recht gut für den Landschafter, wenn er die Volkssagen, Lieder und Märchen seiner Nation studiert. Er sieht darin den Geist des Volkes, welcher mit diesen Sagen seine Umgebung belebt. Die örtlichen Sagen und auch die Märchen knüpfen sich fast immer gerade an solche Gegenstände, welche in der Natur unser Gemüt am wunderbarsten erregen. Das Volk sucht diesen Geist zu fassen oder auszudrücken, indem es wunderbare Geschichten daran knüpft. Und wahrlich, er ist auch immer gut getroffen, echt volkstümlich aus der Sage selbst und dem Glauben und Empfinden des Volkes entsprossen! Wie herrlich sind in den Märchen das geheimnisvolle Waldesdunkel, die rauschenden Brunnen, blühenden Blumen und Knospen, die singenden Vögel und die bunten, ziehenden Wolken aufgefaßt, in den Sagen alte Burgen, Klöster, einsame Waldgegenden, sonderbare Felsen dargestellt! Köhler, Schäfer, Pilger, schöne Jungfrauen, Jäger, Müller, Ritter, Nixen und Riesen, das sind die natürlichen, romantischen Personen, welche in jenen Sagen spielen.

Ich möchte wohl recht den Shakespeare studieren. Er scheint mir das Wahre und Rechte in der Kunst erreicht zu haben. Er ist seinen eigenen Weg gegangen und steht einsam und einzig da; von seiner Mitwelt wenig geachtet, bis ihn eine gerechtere Zeit ans Licht zog und er jetzt ganz gewürdigt und erkannt worden ist.

20. Juli 1825

Nicht dann blühte die Kunst am herrlichsten, wenn sich das Leben des Volkes am herrlichsten und frischesten bewegte, sondern immer nachher, wenn das Volk schon im Sinken war.

Homer sang lange nach den Trojanischen Kriegen; der Griechen Kunst blühte am höchsten, als ihre tatenreiche Zeit schon abnahm. Dante und Giotto lebten, als das große Leben Italiens verschwunden war und die großen Kämpfe sich in innere Zwistigkeiten und bürgerliche Zwietracht aufgelöst hatten. Da zogen sich die großen Geister (da die Zeit des äußeren Handelns und der öffentlichen Tat vorüber war) in das abgeschlossene, heilige Gebiet der Kunst und Wissenschaft zurück.

Kunst und Poesie soll für die Modewelt nichts anderes sein als ein angenehmes Reiz- und Aufmunterungsmittel für langweilige Stunden. Daher überall die grellen Lichter, die extremsten und zerbrochensten Darstellungen und die ganz seichte Komposition. Das Einzelne oft reizend, von blendender Schönheit, das Ganze ohne Zusammenhang, die Anordnung locker, Gedanken schwach und flach.

Meines Erachtens soll die Kunst nur unsere schönsten, reinsten Stunden füllen, uns aus der farblosen Wirklichkeit in das bunte Reich der Phantasie versetzen, wo der trübe Flor von den Erscheinungen genommen ist und das ganze Leben sich rein und groß zeigt, Vergangenheit, Zukunft und Gegenwärtiges umschließend. Sie soll den Staub und Schmutz, die Kruste, die sich so bald im Leben um Herz und Gemüt legt, abnehmen und uns mit einem freien, reinen und großen Blick entlassen.

Kunst und Wissenschaft sind eigentlich ein Heimweh, und der Punkt, in welchem alle Teile von Kunst und Wissenschaft zusammentreffen werden, ist die Grenze des Vaterlandes.

22. April 1850

Die Subjektivität ist die allgemeine Krankheit unserer Zeit und macht uns selbst krank. Jeder will seine Zeit bestimmen nach seiner mehr oder minder defekten Taschenuhr, weil er die Sonne leugnet. Wir haben nur Meinungen und Ansichten, aber keine positive normgebende Wahrheit, die sich freilich nicht nach den verkehrten und kleinen Fündlein unserer Vernünfteleien und nach der immer wechselnden Mode richtet, sondern die ihren Gang jedenfalls selbständig fortgeht. Ich gebe mir immer mehr Mühe, meine falsche Zwiebeluhr nach der Sonne zu richten, die wir einmal besitzen und für die wir noch keine bessere selbst erfunden haben.

Oktober 1883 [letzte Tagebucheintragung]

Der 28. September – mein achtzigster Geburtstag – nahte, und ich lehnte das Festdiner, welches die Kunstgenossen mir geben wollten, ab. Nun traf der 28. September mit der Enthüllung des Niederwald-Denkmals (Schillings Germania) zusammen, und das erste Telegramm, welches ich am Morgen dieses Tages erhielt, war vom lieben Meister Schilling, der seinen Ehrentag auf dem Niederwald in Gegenwart des Kaisers beging und an diesem für ihn so wichtigen Morgen meiner gedacht hatte. Das überraschte mich ebensosehr, als es mich rührte. Das nächste Telegramm kam vom Dresdener Oberbürgermeister aus München, wo selbiger sich zur Zeit befand. Bald darauf erschien im Auftrage Sr. Majestät des Königs der von mir stets so innig verehrte Minister v. Nostitz und überreichte den Komturstern des Albrechtsordens, dem er die Glückwünsche der Akademie und seine eigenen beifügte. Es folgten Deputationen des akademischen Rates, des Stadtrates und der Stadtverordneten, der Kunstgenossenschaft, des Vereins der Akademiker, endlich der Münchener

Künstler mit mächtig großem Lorbeerkranz und Diplom. Ein gleiches kam vom Wiener Gewerbe-Museum. Vom Ausstellungs-Komitee der graphischen Künste in Wien erhielt ich den ersten Preis mit der großen goldenen Medaille. Besonders lieblich war die Begrüßung durch die Deputation der Akademiker und des Vereins Mappe, welche einen Lorbeerkranz und Rosensträußchen von vier kleinen, hübschen Mädchen überreichen ließ, wobei das kleinste derselben einige Verse sprach und im Hause ein Gesang vom Vereinssängerchor ertönte. Noch muß ich erwähnen, daß der Stadtrat mir die meisterlich und stilvoll gestaltete Chronik von Dresden zum Geschenk verehrte. Die Telegramme, Briefe und Journale, welche zwischen all diesen Ovationen eintrafen, beliefen sich in die Hunderte, und nach ein Uhr, wo der Strom ziemlich vorüber war, fühlte ich mich wirklich sehr erschöpft. Ich fühlte mich noch in den folgenden Tagen durch diese vielen Ehren- und Liebeszeichen freudig gehoben, aber ebensosehr innerlich gebeugt; denn wodurch hatte ich dieses alles verdient? Meine Arbeiten waren doch meine eigene höchste Lust und Freude gewesen, und das Gute und Lobenswerte daran lag doch gerade in dem, was man nicht bloß lernen oder sich selber geben kann, sondern es war das, was uns geschenkt wird: die Gottesgabe, das Talent.

Meine Jugend war arm, verkümmert, vielfach bedrückt. Die Zwietracht der Eltern, dic beide herzensgut waren, aber sich nicht verstanden, verbitterte das Leben, und das mangelhafte Einkommen und die Sorgen, welche dadurch erwuchsen, fügten ihre Säure dazu. Meine *Lehr*zeit war nur *Arbeits*zeit gewesen; ich lernte nichts oder wenig dabei. Nun kam ich nach Rom, und von allen Seiten wurde mein durstender und hilfsbedürftiger Geist angeregt; ich war überglücklich, und ein reiches Leben und Streben begann. Mein Ideal lag auf der Seite der sog. historischen Landschaft, welche ich auf *meine* Weise zu entwickeln dachte.

In die Heimat zurückgekehrt, erfaßte mich sehr bald wieder die Not des Lebens. Ich hatte glücklich, aber vielleicht doch zu früh geheiratet, wodurch der Weg erschwert wurde. Der Druck, welcher auf mir lag, als ich sieben Jahre in Meißen war, und die darauf folgenden ersten Dresdener Jahre, war so groß, daß mein Streben, in den Gärten des Parnasses, wo die hohen edlen Blumen blühen, ein Plätzchen zu erreichen, unerreichbar erschien. Da kam der Holzschnitt auf, der alte Dürer winkte, und ich pflegte nun diesen Zweig. Kam meine Kunst nun nicht unter die Lilien und Rosen auf den Spitzen des Parnaß, so blühte sie auf denselben Höhen, an den Wegen und Hängen, an den Hecken und Wiesen, und die Wanderer freuten sich darüber, wenn sie am Wege ausruhten, die Kindlein machten sich Sträuße und Kränze davon, und der einsame Naturfreund erquickte sich an ihrer lichten Farbe und ihrem Duft, welcher wie ein Gebet zum Himmel stieg. So hat es denn Gott gefügt, und mir ist mehr geworden auf Wegen, die ich vorher nicht gekannt noch gesucht hatte, mehr als meine kühnsten Wünsche sich geträumt hatten. Goethe sagt einmal zu Eckermann: ›Es beschränkt sich selten ein Künstler auf das, was er vermag, die meisten wollen mehr tun, als sie können und gehen gar zu gern über den Kreis hinaus, den die Natur ihrem Talent gesetzt hat.‹ – Ein wahres und sehr beherzigenswertes Wort. Wie manche schöne Talente würden Bedeutenderes, Originales geleistet haben, wenn sie nicht durch wohlgemeinte, aber irrige Reflexionen *nach dem Höchsten zu streben*, dieses Höchste in den erhabensten Stoffen, sondern vielmehr in dem Höchsten einer vielleicht untergeordneteren Kunstgattung, die aber mehr ihren Naturanlagen entsprochen haben würde, gesucht hätten, z. B. anstatt symbolischer oder erhabener Geschichtsstoffe Landschaften oder Darstellungen aus dem Volks- und Gesellschaftsleben gemalt hätten usw.

Zu dieser Ausgabe

Es handelt sich bei unserer Ausgabe um einen Neudruck von: Ludwig Bechstein's Märchenbuch. Mit 187 Holzschnitten nach Originalzeichnungen von Ludwig Richter. Zweite illustrierte Ausgabe. Leipzig, Verlag von Georg Wigand. 1857.

Als Vorlage diente das in der Deutschen Staatsbibliothek, Berlin/DDR, unter der Signatur B IV 1b, 577² R (Kinder- und Jugendbuchabteilung) befindliche Exemplar. Das Format der Vorlage beträgt 15 × 21 cm. Die Illustrationen wurden für unsere Ausgabe um 23 Prozent verkleinert bzw. – auf den Seiten 13, 15, 31, 49, 52, 53, 61, 92, 127, 130, 150, 153, 162, 149, 194, 211, 216, 230, 244, 272, 278, 279, 316, 341, 361, 367, 368, 380, 384 – in Originalgröße reproduziert. Orthographie und Interpunktion wurden modernisiert, grammatische und lautliche Eigentümlichkeiten aber weitgehend beibehalten.

Hervorgegangen ist ›Ludwig Bechsteins Märchenbuch‹ in der Ausgabe von 1857 aus dem 1845 in erster Auflage erschienenen ›Deutschen Märchenbuch‹. Dieses ›Deutsche Märchenbuch‹ erlebte innerhalb weniger Jahre zehn Stereotypausgaben sowie, 1846, eine Lexikon-Oktavausgabe mit zehn Stahlstichen. 1853 erschien, auf dem ›Deutschen Märchenbuch‹ fußend, bei Wigand ›Ludwig Bechstein's Märchenbuch‹ als ›Zwölfte Auflage. Erste illustrierte Ausgabe‹. Sie enthält 174 Holzschnitte nach Zeichnungen von Ludwig Richter. Inhaltlich unterscheidet sie sich wie folgt: Es entfielen die Märchen ›Des Märchens Geburt‹ (einer Eigenschöpfung Bechsteins), ›Die Rosenkönigin‹, ›Des Teufels Pate‹, ›Die Jagd des Lebens‹, ›Vom Hänschen und Gretchen, die in die roten Beeren gingen‹, ›Der Schäfer und die Schlange‹, ›Die drei Nüsse‹, ›Fippchen Fäppchen‹, ›Der Fuchs und der Krebs‹, ›Das Märchen vom wahren Lügner‹, ›Die Perlenkönigin‹, ›Vom Knäblein, vom Mägdlein und der bösen Stiefmutter‹, ›Der Garten im Brunnen‹, ›Besenstielchen‹, ›Helene‹, ›Die Nonne, der Bergmann und der Schmied‹, ›Die drei Bräute‹, ›Das goldene Ei‹. Neu aufgenommen wurden die

Märchen ›Das Rotkäppchen‹, ›Der Mann ohne Herz‹, ›Der Wettlauf zwischen dem Hasen und dem Igel‹, ›Oda und die Schlange‹, ›Siebenschön‹, ›Rupert, der Bärenhäuter‹, ›Der weiße Wolf‹, ›Die Geschichte vom Wacholderbaum‹, ›Das Gruseln‹. Eine größere Veränderung erfuhr ›Das Märchen von den sieben Schwaben‹, völlig umgearbeitet wurden ›Die verzauberte Prinzessin‹ und ›Die Königskinder‹ (nunmehr mit dem Titel ›Die Hexe und die Königskinder‹).

›Ludwig Bechsteins Märchenbuch‹ von 1857, die als ›zweite illustrierte Ausgabe‹ bezeichnete und als 13. Auflage geführte Ausgabe mit den nun 187 Illustrationen von Ludwig Richter ist textlich identisch mit der von 1853.

Der Deutschen Staatsbibliothek sei an dieser Stelle noch einmal nachdrücklich dafür gedankt, daß sie uns die Originalausgabe von 1857 zur Verfügung stellte.

Unser Dank gilt auch den Nationalen Forschungs- und Gedenkstätten der klassischen deutschen Literatur in Weimar (Goethe- und Schiller-Archiv), die uns aus dem Ludwig-Bechstein-Nachlaß die Veröffentlichung einiger Briefe sowie des autobiographischen Fragments ›Summa summarum‹ ermöglichten, sowie den Staatlichen Museen Meiningen.

7 *Hölle:* Raum unter dem Schneidertisch.
8 *Losament:* von frz. logement, Unterkunft.
freislich: schrecklich, grimmig.
9 *stracklich:* stramm, unbeirrbar.
12 *einfahen:* einfangen.
13 *Fahrnis:* Gefahr, Abenteuer.
Ablaß: in der katholischen Kirche Nachlassung zeitlicher Sündenstrafen nach dem Tode, nicht grundsätzliche Sündenvergebung.
Gewild: wildes Tier.
15 *bletzen:* machen.
16 *Gewaffen:* Waffen.
bygott: bei Gott.
Zahnstihrer: Zahnstocher.
18 *Nesteln:* Bänder, Riemchen.
Heumond: Juli.
Näche: Nähe.
Bardohn: Pardon.
20 *Brohde:* Brodem, Dunst.
fürbaß: voran, vorwärts.
Klafter: Längenmaß, die Spannweite der Arme eines Mannes.
Sprungriemen: unten an den Hosenbeinen befestigte Riemen, die unter den Stiefeln zusammengeknöpft werden.
Bräuer: Brauer.
21 *Malzdarre:* Vorrichtung zum Trocknen des Malzes.
22 *Wiesbaum:* Wiesenbaum; Baumstamm, der die Heuladung auf dem Wagen, längs darübergespannt, festhält.
Maltersack: im Sinne von *schwerer Sack, Malter* ist ein altes Getreidemaß.
der hoilich Krischdof: der heilige Christoph oder Christophorus (grch.: Christusträger), einer der vierzehn Nothelfer (gegen Hagelschlag und plötzlichen Tod) der katholischen Kirche, Schutzpatron der Fährleute

und Fischer; nach der Legende trug er Wanderer über einen Fluß, einmal auch das Christuskind.

23 *allgemach:* allmählich.

Mores lehre: Mores lehren; Anstand, gutes Benehmen beibringen.

Strohlkerl: Strahlkerl.

24 *Heerstraße:* mehrere Orte miteinander verbindende Fahrstraße, Landstraße.

Runkunkel: vermutlich *grobschlächtiges Weib* und abgeleitet von *Runks* (lat.: runcus), ungeschlachter Mensch.

rumkalfaktern: herumtreiben.

25 *Märzenbier:* ursprünglich ein im März stark eingebrautes Bier, das den Sommer über im Eiskeller lagerte und im Oktober ausgeschenkt wurde.

26 *Kern:* Starkbier.

Kovent: auch *Kofent*; Dünnbier, das in den Klöstern von der Klosterbruderschaft (lat.: conventus, mhd.: covent) getrunken wurde.

Sapperment: Fluch, entstellt aus: Sakrament.

27 *reputierlich:* ansehnlich, achtbar.

29 *Schlafittich:* Rockschoß, eigentlich Bezeichnung für die Schwungfeder der Gans.

31 *Heilige Remische Reich:* Heiliges Römisches Reich (Deutscher Nation), im 15. Jahrhundert aufgekommene Bezeichnung für das alte Deutsche Reich (962–1806), das man für die Fortsetzung des römischen Kaiserreichs hielt und wegen seiner Verbundenheit mit der römischen Kirche heilig nannte.

34 *Gehänge oder Geräusch:* Leber.

39 *justement:* justament; gerade, in diesem Augenblick.

40 *Gerichtsbann:* Gerichtsbereich.

42 *Gaudieb:* gewerbsmäßiger Dieb.

44 *Leinlacken:* Leinenlaken, Bettuch.

45 *Apostel Petrus:* einer der zwölf Jünger Jesu, galt als der Wahrer des Christentums nach Jesu Tod.

Dicketonnen: Laubtaler; eine französische Münze, in die ein Laubkranz geprägt war.

46 *Bach Kidron ... Tal Josaphat:* Wasserlauf im Tal Ki-

dron bei Jerusalem; das Tal Josaphat der Bibel, Joel 3,17, bezog man auf das Tal Kidron, es galt als die Stätte des Jüngsten Gerichts und der Auferstehung.

57 *nachsimulieren:* umgangssprachlich für nachsinnen, grübeln.

drein und drauf: was das Zeug hält.

59 *Friedrich II.:* 1194–1250, 1208 König von Sizilien, 1212 als deutscher König anerkannt, seit 1220 Kaiser und seit 1229 auch König von Jerusalem.

Rüstmeister: Waffenmeister.

Heer- und Bannerwagen: Die italienischen Städte führten ihr Banner auf einem besonderen Wagen, dem Carroccio, im Kampf mit.

61 *akkordieren:* einen Vertrag schließen, übereinkommen.

Herr Urian: Bezeichnung für den Teufel.

63 *Wappner:* bewaffneter Krieger.

71 *absonderlich:* besonders, vor allem.

76 *Wackelstein:* Bechstein merkt zum Märchen von den sieben Geißlein an: ›Wackelsteine oder Wackersteine, rundliche Basalttrümmer‹. Als Wacke oder Wackerstein bezeichnet man einen größeren Stein oder einen Felsbrocken.

84 *Magschaft:* Verwandtschaft.

90 *probat:* bewährt, vortrefflich.

98 *biderb:* bieder.

Kofent: s. zweite Anm. zu S. 26.

Kriemhild: Gestalt aus dem ›Nibelungenlied‹, Frau Siegfrieds, wird zur Rächerin ihres erschlagenen Mannes.

99 *Schwäher:* Schwiegervater.

beweglich: bewegend.

103 *vermaß sich großen Zorns:* hier wohl im Sinne von: gab sich zornig.

104 *Bertram:* ein Name für die Sumpfgarbe und andere Garben sowie Bezeichnung für die daraus gewonnenen Heil- und Gewürzstoffe.

Nieswurz: Name einer Pflanze sowie Bezeichnung des aus deren Wurzeln gewonnenen Schnupfpulvers.

107 *Demantstein:* Diamant.
111 *Basilisken:* grauenhafte, giftige Fabelwesen, die Hahn-, Kröten- und Schlangengestalt in sich vereinen.
117 *Vogel Greif:* Fabeltier mit dem Leib eines Löwen, vier Krallenfüßen, zwei Flügeln und dem Krummschnabel eines Raubvogels.
120 *Gekommen:* Herkommen.
123 *zwagen:* waschen.
127 *Hafendeckel:* Topfdeckel.
St. Oswalds Kirchtag: 5. August, nach dem Todestag des 642 gestorbenen Königs Oswald von Northumbrien (Nordostengland), der zum Christentum übertrat. Die Legende seines Lebens wurde Gegenstand eines mittelalterlichen Spielmannsepos.
128 *Schirmhut:* Schutzschild, Schutzwache.
Zweihander: Schwert, das mit zwei Händen zu führen ist.
herabschroten: Das Verb *schroten* bezeichnet das Fortschieben oder Bewegen einer schweren Last.
Philister ... Goliath: nach 1. Samuel 17 Gegner des jüdischen Königs Saul, Goliath wurde von David getötet.
Schimpfspiel: Schwank- oder Possenspiel.
Halsberge: Panzerhemd.
129 *Metze:* altes Hohlmaß.
135 *verpaschen:* hier im Sinne von eintauschen gebraucht, obwohl *paschen* eigentlich schmuggeln bedeutet.
151 *Verurzen:* von Bechstein erklärt als ›mutwillig verderben‹.
161 *Strickt zu!:* Bindet zu!
162 *Staffelstock:* Stütz- oder Tragestock.
Welle: walzenförmiges Reisigbündel.
163 *welsch:* romanisch, besonders italienisch und französisch.
Vesper: Gottesdienst am Spätnachmittag.
164 *Evangelist Lucas:* Er war neben Matthäus, Markus und Johannes einer der vier Evangelisten des Neuen Testaments.

165 *Schenk:* ursprünglich der Diener für die Getränke, später ein hoher Hofbeamter, der die Aufsicht über die Schenken hatte.

169 *simulieren:* s. erste Anm. zu S. 57.

171 *eitel:* nichts als.

175 *apart:* abgesondert, für sich.

179 *Weife:* Haspel, Gerät zum Garnspinnen.

183 *Felleisen:* Ranzen, Rucksack.

184 *Klinse:* Spalte.

185 *huzen:* zum Narren halten.

188 *Bettelvogt:* eine Art Polizist zur Unterbindung des Bettelns.

213 *Trift:* Weidefläche.

214 *Vesperzeit:* Zeit der Mahlzeit zwischen Mittagessen und Abendbrot.
flüchtig: schnell.

215 *einsprechen:* einkehren, vorsprechen, hineinschauen.

221 *Schloßen:* Hagelkörner.

222 *Karfunkelstein:* roter Granat.

223 *Springwurzel:* Zauberwurzel, die Schlösser öffnet und auch zu Schätzen führt.
Kannrück: Kannenbord, Küchenregal.

225 *Hinde:* Hirschkuh.

226 *Spruch des Apostels Petrus:* Petrus s. erste Anm. zu S. 45. Der erwähnte Spruch ist frei zitiert nach Psalm 90,4, einem Gebet des Mose, er findet sich aber auch, in etwas anderer Formulierung, in 2. Petrus 3,8.

230 *Wackelsteine:* s. Anm. zu S. 76.

231 *untranchiert:* unzerschnitten, im Stück.

233 *marode:* erschöpft, entkräftet.

240 *Lebzelte:* Lebkuchen.
Malvasier: griechischer Likörwein.

241 *Kapaun:* kastrierter, meist gemästeter Junghahn.
Krammetsvogel: eine Drosselart.

242 *Kästen:* Kastanien, von Bechstein erklärt als ›gute Kastanien‹.
Schaube: weites, langes Übergewand.
Gros de Naples: starkfädiges Seidengewebe.

Barège: durchsichtiger Seidenstoff.
Madras: Baumwollstoff.
Nanking: naturfarbenes, glattes chinesisches Baumwollgewebe.
ombriert: schattiert.
Chemisett- und Mantelettnadeln: Schmucknadeln für Vorhemden und Schulterumhänge.
Chatelaine: verzierter Gürtel aus Metallgliedern, Uhrkette.
Marabouts: Schwanzfedern des Marabu.
Schmelz: Schmelzglas, Email.

243 *Gesellenstechen:* altes Geschicklichkeitsspiel, ein Ringstechen.

257 *Alrune:* Seherin.

261 *Stichblatt:* Zielscheibe des Spotts, des Gelächters.

263 *Bajazzo:* Possenreißer.

264 *Kapriolen:* Luftsprünge.

266 *Hindin:* s. Anm. zu S. 225.

267 *Planetenzauber:* Weltenzauber.
Wünschelweiblein: Zauberweiblein.
Schnur: Schwiegertochter.

268 *Palas:* Hauptgebäude der mittelalterlichen Burg.

272 *Spezerei:* Gewürze.

275 *raritätisch:* kostbar, erlesen.

281 *frommen:* nützen.

282 *Ambra:* vom Pottwal ausgeschiedene duftende graue Masse, ein Grundstoff für die Parfümherstellung.

285 *Meierhof:* Gutshof.

290 *Wallbruder:* Pilger.

292 *Haue:* Hacke zur Bodenbearbeitung.

300 *Lujedor:* Louisdor, französische Goldmünze; in Deutschland auch Bezeichnung für andere Goldmünzen.

312 *mit ungebrannter Asche laugen:* mit einem Holzknüppel schlagen.
Was nutzt der Kuh Muskate: nach dem Sprichwort: ›Was nutzt der Kuh Muskate, sie frißt nur Haberstroh‹.

313 *vermöbelieren:* vergeuden.

316 *Plätzer:* Klaps, Schlag.
317 *Schnur:* s. dritte Anm. zu S. 267.
318 *Leinknotten:* Samenkapseln des Flachses.
319 *Weiflein:* s. Anm. zu S. 179.
323 *gräsig:* zornig, böse.
324 *Großohm:* Großonkel.
336 *Bettel:* Plunder, so gut wie nichts.
340 *traktieren:* bewirten.
346 *Küßmond:* Flitterwochen, Flittermonat.
347 *Klingelbeutel:* an einem Stab befestigter Beutel, mit dem während des katholischen Gottesdienstes Geldspenden eingesammelt werden.
349 *mausen lernen:* das Mäusefangen lernen.
359 *Vivat!:* Er soll leben!
364 *Fortunatussäckel:* ein nie versiegendes Geldsäckchen, das Fortunatus und seine Söhne, die Helden des mittelalterlichen Volksbuches ›Fortunatus‹, besitzen.
die Geschichte Simsons: Simson verliert seine Kraft, als ihm Delila die Haare abschneidet; Richter 13–16.
365 *Retirade:* Toilette.
368 *Valet:* Abschied, Lebewohl.
Extrapost: Postwagen, den jemand extra für sich zum Reisen bestellt.
370 *Fünde:* List.
Arkanum: Geheim-, Wundermittel.
Unschlitt des Löwen: Eingeweidefett oder Talg des Löwen.
374 *Votum:* Urteil, Meinung.
382 *Schulze:* Gemeindevorsteher, Bürgermeister.
384 *Labutzel:* Gespenst, Geist.
386 *Was schaffen's?:* Was wünscht, was befehlt Ihr?
387 *Dreiblatt:* auch *Tippen* genannt, ein dem Mauscheln ähnliches Kartenspiel.
Pochens: Pochen; ein Glücksspiel mit Spielkarten und einem Spielbrett (Pochbrett), auf dem die Einsätze gemacht werden.
389 *Halbschied:* Halbscheid, Hälfte.
Partens: Kegelspiel, bei dem nicht die Summe der

Würfe, sondern der Unterschied zwischen den Parteien angeschrieben wird.

Partiegeld: Einsatz für eine ganze Partie.

oui: ja auf französisch.

391 *pressieren:* drängen, eilig sein.

392 *obligieren:* (zu Dank) verpflichten.

Inhalt

Vom tapferen Schneiderlein 7
Das Märchen von den sieben Schwaben 16
Vom Schwaben, der das Leberlein gefressen 33
Die Probestücke des Meisterdiebes 37
Die verzauberte Prinzessin 47
Der Teufel ist los 53
Der Schmied von Jüterbog 59
Hänsel und Gretel 63
Das Rotkäppchen 71
Der alte Zauberer und seine Kinder 76
Die Goldmaria und die Pechmaria 80
Gevatter Tod 84
Hirsedieb 89
Der goldne Rehbock 93
Vom Zornbraten 97
Das Nußzweiglein 107
Der Mann ohne Herz 112
Der Richter und der Teufel 119
Star und Badewännlein 123
Die beiden kugelrunden Müller 127
Die drei Federn 130
Hans im Glücke 132
Die schöne junge Braut 138
Die sieben Raben 140
Die drei Hochzeitsgäste 145
Das Tränenkrüglein 147
Vom Hühnchen und Hähnchen 148
Die Kornähren 150
Der Hase und der Fuchs 152
Der beherzte Flötenspieler 154
Der Hasenhüter und die Königstochter 157
Das Märchen vom Mann im Monde 162
Der König im Bade 163
Der kleine Däumling 168
Der Zauberwettkampf 174
Oda und die Schlange 179

Das Kätzchen und die Stricknadeln 181
Tischlein deck dich, Esel streck dich, Knüppel aus dem Sack 182
Siebenschön 190
Die drei Musikanten 194
Der Müller und die Nixe 202
Goldener 207
Des kleinen Hirten Glückstraum 212
Des Königs Münster 219
Die Hexe und die Königskinder 221
Der Mönch und das Vögelein 226
Die sieben Geißlein 228
Des Hundes Not 231
Die drei Hunde 234
Das Märchen vom Schlaraffenland 240
Schneeweißchen 245
Das Dornröschen 256
Schwan, kleb an 261
Die sieben Schwanen 266
Mann und Frau im Essigkrug 273
Das Mäuslein Sambar 279
Der Mann und die Schlange 283
Der Hahn und der Fuchs 285
Die Lebensgeschichte der Maus Sambar 289
Der Wettlauf zwischen dem Hasen und dem Igel 298
Zitterinchen 303
Aschenbrödel 307
Die drei Gaben 311
Gott Überall 314
Die Knaben mit den goldnen Sternlein 317
Der Wacholderbaum 321
Der weiße Wolf 331
Bruder Sparer und Bruder Vertuer 336
Goldhähnchen 337
Das Märchen vom Ritter Blaubart 343
Die drei dummen Teufel 346
Die dankbaren Tiere 352
Die vier klugen Gesellen 355

Rupert, der Bärenhäuter 362
Vogel Holgott und Vogel Mosam 369
Von zwei Affen 371
Von dem Wolf und den Maushunden 374
Die Katze und die Maus 377
Das Rebhuhn 379
Das Gruseln 381

AUSKÜNFTE

Biographische Übersicht 397
Nachbemerkung 402
Ludwig Bechstein, Über das Märchen 406
Ludwig Bechstein, Briefe 410
Ludwig Bechstein, Summa summarum 417
Erinnerungen an Bechstein 421
Ludwig Richter, Wie ich zum Holzschnitt oder wie dieser zu mir kam 423
Aus Ludwig Richters Tagebuch-Aufzeichnungen 428
Zu dieser Ausgabe 434
Wort- und Sacherklärungen 436